Bürgergesellschaft und Demokratie
Band 44

Herausgegeben von
A. Klein, Berlin, Deutschland
R. Kleinfeld, Osnabrück, Deutschland
H. Krimmer, Berlin, Deutschland
F. Nullmeier, Bremen, Deutschland
B. Rehder, Bochum, Deutschland
S. Teune, Berlin, Deutschland
H. Walk, Berlin, Deutschland
U. Willems, Münster, Deutschland
A. Zimmer, Münster, Deutschland

Weitere Bände in dieser Reihe
http://www.springer.com/series/12296

Die Schriftenreihe wird unterstützt vom Verein „Aktive Bürgerschaft e.V." (Berlin)

Thomas Bibisidis • Jaana Eichhorn
Ansgar Klein • Christa Perabo
Susanne Rindt
(Hrsg.)

Zivil – Gesellschaft – Staat

Freiwilligendienste zwischen
staatlicher Steuerung und
zivilgesellschaftlicher Gestaltung

 Springer VS

Herausgeber
Thomas Bibisidis
Berlin
Deutschland

Jaana Eichhorn
Frankfurt a. M.
Deutschland

Ansgar Klein
Berlin
Deutschland

Christa Perabo
Marburg
Deutschland

Susanne Rindt
Berlin
Deutschland

Der vorliegende Band ist im Kontext der langjährigen Arbeit des Arbeitskreises „Bürgergesellschaft und Aktivierender Staat" der Friedrich-Ebert-Stiftung (http://www.fes.de/buergergesellschaft/) entstanden. Er wurde mit Mitteln des Erich-Brost-Sondervermögens in der Friedrich-Ebert-Stiftung ermöglicht.

ISBN 978-3-658-05563-9   ISBN 978-3-658-05564-6 (eBook)
DOI 10.1007/978-3-658-05564-6

Die Deutsche Nationalbibliothek verzeichnet diese Publikation in der Deutschen Nationalbibliografie; detaillierte bibliografische Daten sind im Internet über http://dnb.d-nb.de abrufbar.

Lektorat: Jan Treibel, Stefanie Loyal

Redaktion: Johanna Neuling

Gedruckt auf säurefreiem und chlorfrei gebleichtem Papier

Springer VS ist eine Marke von Springer DE. Springer DE ist Teil der Fachverlagsgruppe Springer Science+Business Media
www.springer-vs.de

Vorwort

Gesetzlich geregelte Freiwilligendienste gibt es in Deutschland bereits seit 50 Jahren. 1964 wurden die gesetzlichen Grundlagen für das Freiwillige Soziale Jahr (FSJ) geschaffen. Seither hat es eine stetige Weiterentwicklung gegeben: Die Anzahl und Vielfalt der Träger ist vor allem im vergangenen Jahrzehnt enorm gestiegen. Parallel dazu sind die Einsatzfelder und -möglichkeiten weit über den ursprünglichen sozialen Kontext hinaus gewachsen. Zudem fanden ein Ausbau und schließlich auch eine gesetzliche Verankerung der Freiwilligendienste als Bildungsdienst sowie als besondere Form des bürgerschaftlichen Engagements statt. Neben der Etablierung von gesetzlich geregelten Auslandsfreiwilligendiensten hat es den größten, vor allem auch finanziellen, Entwicklungsschub mit der Schaffung des Bundesfreiwilligendienstes (BFD) als Kompensation für den weggefallenen Zivildienst gegeben. Zu den inzwischen etwa 100.000 Freiwilligen in gesetzlich geregelten Diensten gehören – durch die Öffnung des BFD auch für Menschen, die über 27 Jahre alt sind – nicht mehr ausschließlich Jugendliche.

Im Zentrum aller Freiwilligendienste steht nach wie vor die Idee vom „Dienst für das Gemeinwohl". Freiwillige übernehmen in der intensiven Form einer befristeten (Vollzeit-)Tätigkeit Verantwortung für andere, Verantwortung für gesellschaftliche Belange im Bereich des Sozialen, der Kultur, des Sports, der Umwelt und der Freizeit. Zunehmend bedeutsam wird aber auch die Selbstwirksamkeitserfahrung, die die Freiwilligen durch ihr Engagement erleben. Sie setzen sich mit – ihnen zumeist unbekannten – Lebens- und Arbeitswelten auseinander und vollziehen dabei besondere Bildungserfahrungen. Das Lernen mit Kopf, Herz und Hand wird zu einem Gewinn für sie selbst und gleichzeitig für die Menschen und die Kontexte, in denen sie sich engagieren. Die vielfältigen Erfahrungen fördern überdies die Nachhaltigkeit des Engagements und sind deshalb von großer gesellschaftspolitischer Bedeutung.

Für die Zukunft des bürgerschaftlichen und ehrenamtlichen Engagements sowie der Freiwilligendienste als einer besonderen Form dieses Engagements und als eine Grundlage für dessen Nachhaltigkeit ist es von weitreichender Bedeutung, ob und wie die Zivilgesellschaft auf die Gestaltung der Freiwilligendienste Einfluss nehmen kann und wie sie dabei von der Politik unterstützt wird. Unumgänglich ist dafür einerseits ein Dialog innerhalb der Zivilgesellschaft über die Bedeutung und die angemessene Struktur von Freiwilligendiensten. Dabei geht es etwa um die Verständigung über die Rollen und Einflussmöglichkeiten von Zentralstellen, Trägern, Einsatzstellen und Freiwilligen – unabhängig vom jeweiligen Format. Andererseits muss es bei der Gestaltung der Freiwilligendienste verstärkt ein dialogisches Miteinander zwischen den staatlichen Institutionen und den zivilgesellschaftlichen Trägern über ihre unterschiedlichen Rollen und ihr Verhältnis zueinander geben, über die gemeinsamen Ziele und über die jeweiligen Kompetenzen und Verantwortlichkeiten.

Das vorliegende Buch nimmt das 50-jährige Jubiläum des FSJ-Gesetzes und die Tagung „Zivil.Gesellschaft.Staat." im März 2013 zum Anlass, die Aufmerksamkeit auf die Klärung dieser Fragen und auf die große Bedeutung der Freiwilligendienste für die Zivilgesellschaft und für die Gesellschaft insgesamt zu richten, auf ihre Potenziale und Wirkungen, auf die Handlungsfelder und Rahmenbedingungen und auf die beteiligten Akteure.

Es wendet sich vor allem an die Fachöffentlichkeit und die Freiwilligendienstakteure, also an Verbände, Träger und Einsatzstellen von Freiwilligendiensten, an die zivilgesellschaftlichen Organisationen, die Raum und Struktur für bürgerschaftliches Engagements bieten, an Einrichtungen der Jugendhilfe, an die Wissenschaft und, nicht zu vergessen, an die Politik und die Verwaltung.

Diesem breiten Spektrum von Adressaten gehören die Autorinnen und Autoren dieses Buches ebenso an wie die Herausgeberinnen und Herausgeber. Sie kommen aus der Wissenschaft, sind Mitarbeiterinnen und Mitarbeiter zivilgesellschaftlicher Organisationen oder staatlicher/politischer Institutionen. Sie befassen sich mit den unterschiedlichen Dimensionen des Konzepts „Freiwilligendienst" und beziehen die aktuellen Herausforderungen und Risiken, die Vielfalt der Formate und Schwerpunkte mit ein.

Den Autorinnen und Autoren danken wir sehr herzlich für die Bereitschaft, mit ihrem Beitrag wichtige und sehr unterschiedliche Impulse zu setzen für die uns erforderlich erscheinende Diskussion über eine zukunftsfähige Weiterentwicklung der Freiwilligendienste als Element der Zivilgesellschaft. Angesichts der neuen politischen Regierungsformation auf Bundesebene ist es den Herausgeberinnen und Herausgebern wichtig, fachliche Grundlagen für anstehende politische Entscheidungen präsentieren zu können.

Am Beginn des Sammelbandes steht ein Grundsatzbeitrag von *Prof. Thomas Olk*. Er geht der Frage nach, wie das Verhältnis von zivilgesellschaftlichen Organisationen einerseits, staatlichen Rahmenbedingen andererseits beschaffen sein muss für eine den Besonderheiten des bürgerschaftlichen Engagements entsprechende Weiterentwicklung der Freiwilligendienste. Er entwickelt Qualitätskriterien, die helfen sollen, eine zukunftsorientierte Fortentwicklung der Freiwilligendienste durch die staatlichen und zivilgesellschaftlichen Akteure gleichermaßen sicherzustellen.

Kommentiert wird dieser Beitrag aus der Sicht einer verbandlichen Zentralstelle von *Susanne Rindt*, vom Standpunkt einer Bundestagsfraktion von *Sönke Rix* und *Anne-Katrin Fischer* sowie von *Michael Panse* aus der Perspektive eines Vertreters einer Landesregierung.

Es folgen acht weitere Beiträge, die das Verhältnis zwischen staatlicher Steuerung und zivilgesellschaftlicher Selbstorganisation in den Mittelpunkt stellen und dabei sehr verschiedene Betrachtungsperspektiven einnehmen.

Prof. Gisela Jakob beschreibt die Folgen des quantitativen Ausbaus und der gesellschaftlichen Aufwertung der Freiwilligendienste in jüngerer Zeit und führt aus, dass der Staat angesichts neuer gesellschaftlicher Bedarfe und knapper öffentlicher Mittel eine verstärkte Indienstnahme der Freiwilligen vornehme und versuche, Freiwilligendienste in seinem Sinn zu steuern.

Prof. Thomas Klie analysiert die rechtlichen und politischen Rahmenbedingungen der Freiwilligendienste. Er geht Fragen ihrer Weiterentwicklung nach, der Bundeskompetenz für die Engagementförderung und der Finanzierungszuständigkeit von Bund und Ländern.

Jens Kreuter führt aus, dass ausgehend von der Etablierung des BFD eine beispielgebende Zusammenarbeit zwischen Staat und Zivilgesellschaft bei der Schaffung von förderlichen Rahmenbedingungen für Freiwilligendienste realisiert wurde.

Mario Junglas richtet an die zivilgesellschaftlichen Akteure die Aufforderung, ihr Verhältnis zu bürgerschaftlichem Engagement und Freiwilligendiensten zu klären und erörtert, wie diese unter Wahrung der Prinzipien und Funktionen der Zivilgesellschaft Ausdruck bürgerlicher Freiheit sein können.

Prof. Reinhard Liebig betrachtet die vor allem mit dem BFD an die Freiwilligendienste gerichteten sehr divergierenden und miteinander auch konfligierenden Erwartungen: den zivilgesellschaftlichen und engagementpolitischen, den betriebswirtschaftlichen und den sozialstaatlich inspirierten Erwartungen.

Jörn Fischer und *Benjamin Haas* diskutieren das bei den internationalen Freiwilligendiensten etwas andere Verhältnis zwischen Staat und Zivilgesellschaft und argumentieren, dass das Prinzip der politischen Verantwortung dem Subsidiaritätsprinzip auch Grenzen setzen kann.

Ralf Schulte erklärt, unter welchen Voraussetzungen Freiwilligendienste als Sonderform des bürgerschaftlichen Engagements ein geeignetes Instrument sein können, um die Zivilgesellschaft und die Mitverantwortlichkeit der Bürgerinnen und Bürger zu stärken.

Peter Klenter befasst sich vor allem mit dem virulenten Problem der Arbeitsmarktneutralität von Freiwilligendiensten und diskutiert, welche Kriterien geeignet sein können, um die Arbeitsmarktneutralität zu sichern. Er stellt vor diesem Hintergrund u. a. die Möglichkeit einer verstärkten betrieblichen Mitbestimmung durch die Personalvertretungen vor.

Kommunen und zeitintensive Engagementformate stehen im Fokus der nachfolgenden vier Beiträge.

Nicole Wein-Yilmaz stellt dem hohen Bedarf an Freiwilligen in den Kommunen die Kontingentierung beim BFD gegenüber und fordert deren Aufhebung.

Christa Perabo sieht für die Kommunen und ihre Spitzenverbände in den Freiwilligendiensten einen nicht hinreichend beachteten und geförderten Ansatz zur Stärkung der Zukunftsfähigkeit der Kommunen und der Bindungskraft der kommunalen Gesellschaft.

Elke Kiltz unterstreicht die Notwendigkeit verlässlicher Engagementstrukturen für Ältere durch Projekte wie den Freiwilligendienst aller Generationen (FDaG) und fordert eine Bundesförderung für deren Begleitung und Qualifizierung, wie dies eine erneut eingebrachte Bundesratsinitiative vorsieht.

PD Ansgar Klein geht von einer sichtbaren Verengung der Engagementpolitik auf Freiwilligendienste aus. Im Rahmen einer allgemeinen Förderung des bürgerschaftlichen Engagements benötigen Formen eines zeitintensiven Engagements besondere Förderung. Er macht deutlich, warum Engagement unterhalb von 20 Wochenstunden nicht als Freiwilligendienst bezeichnet werden sollte.

Die verbleibenden sechs Beiträge stehen unter der Überschrift „Bildungschancen".

Prof. Thomas Rauschenbach diskutiert den besonderen und für die individuelle Entwicklung von Jugendlichen wichtigen Bildungsbeitrag, den Freiwilligendienste ergänzend zur schulischen und formalen Bildung leisten können. Auch deshalb müsse einer Indienstnahme der Freiwilligendienste als Reservoir kostengünstiger Arbeitskräfte entgegengewirkt werden.

Ana-Maria Stuth und *Kristin Reichel* stellen die Vorzüge und Risiken von Qualitätsmanagement und Wirkungsmessung in Freiwilligendiensten dar und machen deutlich, wie diese Instrumente dazu beitragen können, die Zufriedenheit der Mitarbeitenden und vor allem der Freiwilligen zu verbessern.

Kerstin Hübner und *Jens Maedler* zeigen auf, wie über die individuelle Lebensgestaltung hinausweisende zivilgesellschaftliche Bildungsprozesse, die in

Freiwilligendiensten stattfinden und sich durch informelle und non-formale Settings auszeichnen, zu Selbstbildung und zu individuell sowie institutionell nutzbaren Erfahrungen führen.

Thomas Bibisidis geht der Frage nach, warum es trotz besonderer Förderprogramme bislang nicht gelungen ist, die Integration junger Menschen aus benachteiligten Lebensverhältnissen in den Jugendfreiwilligendiensten in angemessenem Umfang umzusetzen, und identifiziert Ansatzpunkte für eine mögliche Umstrukturierung des derzeit realisierten Förderprogramms in den Jugendfreiwilligendiensten.

Annelie Beller, *Rabea Haß* und *Georg Mildenberger* fassen die Ergebnisse ihrer qualitativen Untersuchung zur „neuen" Generation der über 27-Jährigen beim BFD zusammen: Deren Teilnahme sei wesentlich begründet in der Erwartung einer ergänzenden beruflichen Qualifizierung und einer Alternative zum Arbeitsmarkt bzw. von Sinnstiftung für ihren Alltag. Daraus dürften neue Ansprüche für die Freiwilligendienste erwachsen.

Katrin Ventzke stellt fest, dass sich mit der Öffnung des BFD für die Gruppe der über 27-Jährigen die Fragen der pädagogischen Begleitung und attraktiver Bildungsangebote neu stellen. Sie weist auf die unterschiedlichen Anforderungen hin, die sich aufgrund der neuen Altersstruktur ergeben und macht deutlich, wie sensibel die pädagogische Begleitung sein muss, damit Engagement als Ressource wachsen kann statt verbraucht zu werden.

Das Buch und die vorausgegangene Fachtagung 2013 wurden in enger Kooperation des Bundesnetzwerks Bürgerschaftliches Engagement (BBE) mit dem Bundesarbeitskreis Freiwilliges Soziales Jahr (BAK FSJ) und weiteren Partnern realisiert. Der vorliegende Band ist im Kontext der langjährigen Arbeit des Arbeitskreises „Bürgergesellschaft und Aktivierender Staat" der Friedrich-Ebert-Stiftung (http://www.fes.de/buergergesellschaft/) entstanden. Er wurde mit Mitteln des Erich-Brost-Sondervermögens in der Friedrich-Ebert-Stiftung ermöglicht.

Unser Dank gilt allen Partnern und Unterstützern von Tagung und Buch und insbesondere natürlich den Autorinnen und Autoren. Mit ihren Beiträgen ermöglichen sie einen Einblick in den aktuellen Diskussionsstand über die an Bedeutung wie auch an Vielfalt gewachsenen Freiwilligendienste und geben damit für den Diskurs über die Fortentwicklung der Freiwilligendienste wertvolle Anstöße.

Thomas Bibisidis
Jaana Eichhorn
Ansgar Klein
Christa Perabo
Susanne Rindt

Inhaltsverzeichnis

Mitarbeiterverzeichnis

Annelie Beller gfa | public GmbH, Berlin, Deutschland
E-Mail: ab@gfa-public.de

Thomas Bibisidis Deutsches Rotes Kreuz e.V. - Generalsekretariat, Berlin, Deutschland
E-Mail: bibisidt@drk.de

Jaana Eichhorn Deutsche Sportjugend, Frankfurt a. M., Deutschland
E-Mail: eichhorn@dsj.de

Anne-Katrin Fischer Berliner Büro des MdB Sönke Rix, Berlin, Deutschland
E-Mail: soenke.rix@bundestag.de

Jörn Fischer Lehrstuhl für Vergleichende Politikwissenschaft Universität zu Köln, Köln, Deutschland
E-Mail. joern.fischer@uni-koeln.de

Benjamin Haas Wirtschafts und Sozialwissenschaftliche Fakultät Universität zu Köln, Köln, Deutschland
E-Mail: benjamin.haas@uni-koeln.de

Rabea Haß Hertie School of Governance GmbH, Berlin, Deutschland
E-Mail: hass@hertie-school.org

Kerstin Hübner Bundesvereinigung Kulturelle Kinder- und Jugendbildung e.V. (BKJ), Berlin, Deutschland
E-Mail: huebner@bkj.de

Gisela Jakob Hochschule Darmstadt, Darmstadt, Deutschland
E-Mail: gisela.jakob@h-da.de

Mario Junglas Deutscher Caritasverband e.V., Berlin, Deutschland
E-Mail: mario.junglas@caritas.de

Elke Kiltz Hessisches Ministerium für Soziales und Integration, Wiesbaden, Deutschland
E-Mail: elke.kiltz@hsm.hessen.de

Ansgar Klein Bundesnetzwerk Bürgerschaftliches Engagement, Berlin, Deutschland
E-Mail: ansgar.klein@b-b-e.de

Peter Klenter Berlin, Deutschland
E-Mail: peter@klenter.net

Thomas Klie Evangelische Hochschule Freiburg, Freiburg, Deutschland
E-Mail: klie@eh-freiburg.de

Jens Kreuter Bundesministerium für Familie, Senioren, Frauen und Jugend, Bonn, Deutschland
E-Mail: jens.kreuter@bmfsfj.bund.de

Reinhard Liebig Fachhochschule Düsseldorf, Düsseldorf, Deutschland
E-Mail: reinhard.liebig@fh-duesseldorf.de

Jens Maedler Bundesvereinigung Kulturelle Kinder- und Jugendbildung e.V. (BKJ), Berlin, Deutschland
E-Mail: maedler@bkj.de

Georg Mildenberger Ruprecht-Karls-Universität Heidelberg, Heidelberg, Deutschland
E-Mail: georg.mildenberger@csi.uni-heidelberg.de

Thomas Olk Martin-Luther-Universität Halle-Wittenberg, Halle (Saale), Deutschland
E-Mail: thomas.olk@paedagogik.uni-halle.de

Michael Panse Thüringer Ministerium für Soziales, Familie und Gesundheit, Erfurt, Deutschland
E-Mail: vz_bzg@tmsfg.thueringen.de

Christa Perabo Marburg, Deutschland
E-Mail: landesehrenamtsagentur-hessen@gemeinsam-aktiv.de

Thomas Rauschenbach Deutsches Jugendinstitut, München, Deutschland
E-Mail: rauschenbach@dji.de

Kristin Reichel Akademie für Ehrenamtlichkeit Deutschland, Berlin, Deutschland
E-Mail: reichel@ehrenamt.de

Susanne Rindt Arbeiterwohlfahrt Bundesverband e.V., Berlin, Deutschland
E-Mail: susanne.rindt@awo.org

Sönke Rix Mitglied des Deutschen Bundestages, Berlin, Deutschland
E-Mail: soenke.rix@bundestag.de

Ralf Schulte NABU-Bundesgeschäftsstelle, Berlin, Deutschland
E-Mail: Ralf.Schulte@NABU.de

Ana-Maria Stuth Akademie für Ehrenamtlichkeit Deutschland, Berlin, Deutschland
E-Mail: stuth@ehrenamt.de

Katrin Ventzke PARITÄTISCHE Freiwilligendienste Sachsen, Dresden, Deutschland
E-Mail: ventzke@parisax-freiwilligendienste.de

Nicole Wein-Yilmaz Deutscher Städtetag, Berlin, Deutschland
E-Mail: nicole.wein-yilmaz@staedtetag.de

Abkürzungsverzeichnis

AA	Auswärtiges Amt
ABM	Arbeitsbeschaffungsmaßnahme
ABV	Abschnittsbevollmächtigter der Volkspolizei
ADiA	Anderer Dienst im Ausland
AKLHÜ	Arbeitskreis Lernen und Helfen in Übersee e.V.
ALG	Arbeitslosengeld
ANBest-P	Allgemeine Nebenbestimmungen für Zuwendungen zur Projektförderung
ArbG	Arbeitsgericht
AWO	Arbeiterwohlfahrt Bundesverband e.V.
BAFzA	Bundesamt für Familie und zivilgesellschaftliche Aufgaben
BAG	Bundesarbeitsgericht
BAK FSJ	Bundesarbeitskreis Freiwilliges Soziales Jahr
BAZ	Bundesamt für Zivildienst
BBE	Bundesnetzwerk Bürgerschaftliches Engagement
BetrVG	Betriebsverfassungsgesetz
BFD	Bundesfreiwilligendienst
BFDG	Bundesfreiwilligendienstgesetz
BGBl.	Bundesgesetzblatt
BHO	Bundeshaushaltsordnung
BKJ	Bundesvereinigung Kulturelle Kinder- und Jugendbildung e.V.
BMF	Bundesministerium der Finanzen
BMFSFJ	Bundesministerium für Familie, Senioren, Frauen und Jugend
BMI	Bundesministerium des Innern
BMZ	Bundesministerium für wirtschaftliche Zusammenarbeit und Entwicklung
BR-Drucksache	Bundesratsdrucksache

BUND	Bund für Umwelt und Naturschutz Deutschland e.V.
CSI	Centrum für soziale Investitionen und Innovationen
CSR	Corporate Social Responsibility
DGB	Deutscher Gewerkschaftsbund
DJI	Deutsches Jugendinstitut e.V.
DLRG	Deutsche Lebens-Rettungs-Gesellschaft e.V.
DQR	Deutscher Qualifikationsrahmen
DRK	Deutsches Rotes Kreuz e.V.
EFD	Europäischer Freiwilligendienst
FDaG	Freiwilligendienst aller Generationen
FÖJ	Freiwilliges Ökologisches Jahr
FSJ	Freiwilliges Soziales Jahr
GIZ	Deutsche Gesellschaft für internationale Zusammenarbeit
GMBI	Gemeinsames Ministerialblatt
GÜF	Generationsübergreifender Freiwilligendienst
IJFD	Internationaler Jugendfreiwilligendienst
ISS	Institut für Sozialarbeit und Sozialpädagogik e.V.
JFD	Jugendfreiwilligendienst
JFDG	Jugendfreiwilligendienstegesetz
LAG	Landesarbeitsgericht
NABU	Naturschutzbund Deutschland e.V.
NPO	Non-Profit-Organisation
QM-Systeme	Qualitätsmanagement-Systeme
Quifd	Agentur für Qualität in Freiwilligendiensten
RL-JFD	Richtlinie zur Förderung der Jugendfreiwilligendienste
SAM	Strukturanpassungsmaßnahme
SGB	Sozialgesetzbuch
U27	Erwachsene unter 27 Jahren
Ü27	Erwachsene ab 27 Jahren
WZB	Wissenschaftszentrum Berlin für Sozialforschung
ZDG	Zivildienstgesetz
ZiviZ	Zivilgesellschaft in Zahlen
ZWST	Zentralwohlfahrtsstelle der Juden in Deutschland
zze	Zentrum für zivilgesellschaftliche Entwicklung

Freiwilligendienste zwischen zivilgesellschaftlicher Organisation und staatlichen Rahmenbedingungen

Kriterien für ihre Weiterentwicklung

Thomas Olk

Zusammenfassung

Der Beitrag beginnt mit einem kurzen historischen Rekurs, um zu verdeutlichen, in welcher Gemengelage von Erwartungen und Leistungen der Freiwilligendienst gesellschaftlich angesiedelt ist: Welche Erfahrungen und Erkenntnisse hat er im Verlauf seiner Entwicklung ermöglicht und mitgenommen und welche Erwartungen haben sich akkumuliert, die es vorher nicht gab oder die anders gewichtet wurden, die aber heute eine Rolle spielen und deshalb neu bewertet werden müssen.

Daran soll sich die Frage der Identität anschließen: Was ist das Besondere von Freiwilligendiensten? Welchen Nutzen erzeugen sie für unterschiedliche Akteursgruppen?

Im Zentrum soll dann die Frage stehen: Wie könnten und sollten die Qualitätskriterien aussehen, an denen sowohl die Jugendfreiwilligendienste als auch der

Die Verschriftlichung dieses Beitrags konnte vom Verfasser selbst nicht vorgenommen werden. Ich danke daher Gottfried Wolf für die Erstellung der Mitschrift auf der Grundlage der Bandaufnahme sowie Dr. Christa Perabo und Dr. Ansgar Klein für inhaltliche Korrekturen des Manuskripts. Der Verfasser hat eine letzte Durchsicht übernommen und trägt auch die Verantwortung für mögliche Fehler und Irrtümer in der Argumentation.

T. Olk (✉)
Martin-Luther-Universität Halle-Wittenberg, Halle (Saale), Deutschland
E-Mail: thomas.olk@paedagogik.uni-halle.de

T. Bibisidis et al. (Hrsg.), *Zivil – Gesellschaft – Staat,*
Bürgergesellschaft und Demokratie 44, DOI 10.1007/978-3-658-05564-6_1

1

Bundesfreiwilligendienst (BFD) ausgerichtet werden könnten. Eine Bewertung nach dem Muster „die Zivilgesellschaft ist gut und der Staat ist schlecht" führt hier nicht weiter. Vielmehr ist zu klären, welche Qualitätskriterien geeignet sind, damit eine zukunftsorientierte Fortentwicklung der Freiwilligendienste durch die staatlichen und zivilgesellschaftlichen Akteure gleichermaßen sichergestellt werden kann.

1 Vorbemerkung

Bei der Behandlung dieses Themas nehme ich eine Doppelrolle ein: Die des wissenschaftlichen Analytikers und die des Vorsitzenden im Sprecherrat des Bundesnetzwerks für Bürgerschaftliches Engagement. Meine Betrachtung erfolgt also einerseits aus der Distanz des Elfenbeinturms, ich argumentiere auf der Grundlage wissenschaftlicher Befunde und Ergebnisse. Andererseits geschieht sie auf der Basis engagementpolitischer Erfahrungen und bezieht sich auf Fragen der praktischen Weiterentwicklung von Perspektiven und Rahmenbedingungen dieser besonderen Form des bürgerschaftlichen Engagements. Vorab möchte ich aber feststellen: Ich argumentiere hier nicht als Jurist! Wenn also später von rechtlichen Konsequenzen die Rede ist, dann meine ich damit, dass bestimmte Fragen einer rechtlichen Würdigung und genauen Prüfung unterworfen werden müssen.

2 Problemstellung

Am Beginn soll ein kurzer historischer Rekurs stehen, um deutlich zu machen, in welcher Gemengelage von Erwartungen und Leistungen der Freiwilligendienst gesellschaftlich angesiedelt ist: Welche Erfahrungen und Erkenntnisse hat er im Verlauf seiner Entwicklung ermöglicht und mitgenommen und welche Erwartungen haben sich akkumuliert, die es vorher nicht gab oder die anders gewichtet wurden, die aber heute eine Rolle spielen und deshalb neu bewertet werden müssen.

Daran soll sich die Frage der Identität anschließen: Was ist das Besondere von Freiwilligendiensten? Welchen Nutzen erzeugen sie für unterschiedliche Akteursgruppen? Dies zu wissen ist von zentraler Bedeutung, um die teilweise sehr massiven, auch partikularen und entsprechend kontroversen Interessen, die sich an den Freiwilligendienst richten, im Hinblick auf die zukünftige Ausgestaltung abwägen und einordnen zu können.

Im Zentrum soll dann die Frage stehen: Wie könnten und sollten die Qualitätskriterien aussehen, an denen sowohl die Jugendfreiwilligendienste als auch der Bundesfreiwilligendienst (BFD) ausgerichtet werden könnten. Eine Bewertung nach dem Muster „die Zivilgesellschaft ist gut und der Staat ist schlecht" führt hier nicht weiter. Vielmehr ist zu klären, welche Qualitätskriterien geeignet sind, damit eine zukunftsorientierte Fortentwicklung der Freiwilligendienste durch die staatlichen und zivilgesellschaftlichen Akteure gleichermaßen sichergestellt werden kann.

Für die Entwicklung solcher Qualitätskriterien ist es wichtig, den Hintergrund zu kennen. Der Freiwilligendienst war früher ein Nischenprodukt und quantitativ relativ unbedeutend. Das ist er heute nicht mehr! Es gibt heute unter Berücksichtigung aller Dienste über 100.000 von Freiwilligen besetzte Plätze. Das ist eine relevante Größe sowohl bezüglich der von den Freiwilligen erbrachten Leistungen wie auch der dabei eingesetzten Mittel. Die erreichte Bedeutung weckt Begehrlichkeiten und erhöht die Spannungen zwischen den schon längere Zeit vorhandenen Erwartungen und Interessen: Es gibt arbeitsmarkt- und beschäftigungspolitische Erwartungen sowie sozialpolitische Erwartungen für anders nicht finanzierbare Leistungen. Es gibt die seit 2002 formulierten sozialpädagogischen Erwartungen – der Freiwilligendienst soll benachteiligten Jugendlichen beim Übergang in Arbeit und Beruf helfen (das war vorher nicht der Fall, und wurde so stark nicht betont) und es gibt bildungspolitische Erwartungen, die deutlich über die beim bürgerschaftlichen Engagement zu erwerbenden Kompetenzen hinaus gehen, denn sie betreffen auch den Aufbau berufsbezogener Kompetenzen. Und schließlich gibt es versorgungspolitische Erwartungen, die besonders deutlich beim Übergang vom Zivildienst zum Bundesfreiwilligendienst sichtbar wurden. Hier ging es in allererster Linie um die Antwort auf die Frage: Wie können wir die wegfallenden Zivildienstplätze ersetzen und kompensieren? Das ist eine versorgungspolitische Frage. Durch sie ist eine erhebliche Brisanz in das Thema gebracht worden.

Neben der quantitativen Ausweitung mit einer deutlichen Zunahme der öffentlichen Mittel erfolgte auch eine qualitative Diversifizierung. Inzwischen wird viel Geld für den BFD und die anderen Freiwilligendienste ausgegeben. Es wird ein erheblicher Etat von rund 350 Mio. € für den Freiwilligendienst bereitgestellt. Auch das weckt neue Begehrlichkeiten, sogar bei den Finanzbehörden. Gleichzeitig stellt sich allerdings auch die Frage der Balance bei der Förderung der verschiedenen Bereiche des bürgerschaftlichen Engagements: Für die allgemeine Engagementförderung werden im Bundesministerium für Familie, Senioren, Frauen und Jugend (BMFSFJ) nur rund 50 Mio. € ausgegeben – bei stagnierendem Etat! Ist dieses Förderverhältnis zwischen einer allgemeinen Engagementförderung für Rahmenbedingungen und Infrastruktur von 23 Mio. Engagierten und 100.000

Freiwilligendienstplätzen denn überhaupt noch angemessen? Haben wir hier eine
Tendenz zur „Verdienstlichung" des Engagements?
  Nicht alle aufgeführten Fragen sollen in diesem Kontext verfolgt werden. Hier
wird es im Wesentlichen um die Betrachtung der völlig neuen Situation bei den
Freiwilligendiensten gehen, um ein relevantes quantitatives Größenwachstum und
um die unterschiedlichen gesellschaftlichen Interessen an den Freiwilligendiensten.
Auch wenn diese Interessen zum Teil für sich genommen legitim sind, ist es erfor-
derlich, sie nach fachlichen Anforderungen zu sortieren. Die Neueinführung des
BFD hat dazu geführt, dass diese Fragen endlich auf der Tagesordnung stehen. Man
kommt auch deshalb nicht mehr an ihnen vorbei, weil es jetzt zwei verschiedene
Strukturen gibt, aber keine zwei unterschiedlichen Konzepte für die beiden gleich
großen Dienstformen Freiwilliges Soziales Jahr (FSJ)/Freiwilliges Ökologisches
Jahr (FÖJ) und BFD, die die Landschaft dominieren. Sie sind unterschiedlich gesteuert, aber inhaltlich weiß man nicht so richtig, was sie unterscheidet, außer, dass
der BFD auch für über 27-Jährige geöffnet ist.
  Bei den Überlegungen zur Entwicklung von Qualitätskriterien bilden daher
die Fragen nach Sinn, Zweck, Profil, organisatorischer und rechtlicher Rahmung
von Freiwilligendiensten und damit auch das Verhältnis von Staat und Zivilgesellschaft den Hintergrund (s. dazu die Kontroverse in der Zeitschrift „Soziale Arbeit",
12/2011, 1/2012 und 7/2012).

3   Zwischen Staat und Zivilgesellschaft: Ein kurzer Abriss zur historischen Entwicklung von Freiwilligendiensten

Heute gelten Freiwilligendienste als besondere Form bürgerschaftlichen Engagements. Sie zeichnen sich durch die folgenden gemeinsamen Merkmale aus: Sie sind
vertraglich geregelt, überwiegend öffentlich gefördert, Dauer, Inhalt, Art freiwilliger Tätigkeit, Einsatzstellen und Trägerstrukturen sind verbindlich geregelt. Beim
FSJ und FÖJ nehmen junge Menschen nach Beendigung allgemeiner Schulpflicht
bis 27 Jahre teil. Es handelt sich um einen Vollzeitdienst, in der Regel 12 Monate, Ausnahmefälle: bis zu 18 bzw. 24 Monate. Die Teilnehmer_innen erhalten
Taschengeld, Unterkunft, Verpflegung; sie sind sozialrechtlich abgesichert.
  Diese Struktur gab es nicht von Anfang an, sie ist kontinuierlich gewachsen.
Zunächst gab es in den 1950er Jahren das Diakonische Jahr. Es enthielt Elemente
des heutigen Verständnisses: Einerseits wollte man in einer Situation der Vollbeschäftigung junge Mädchen und Frauen in soziale Berufe lenken. Der Arbeitsmarkt
war relativ entspannt, und es gab bessere Entlohnungsbedingungen in anderen Be-

rufen als bei den Pflegediensten in Krankenhäusern und in der Altenpflege. Das Diakonische Jahr sollte dazu beitragen, diese mit Arbeitskräften zu versorgen – eine in der damaligen Situation schwierige Aufgabe. Verknüpft damit war als zweiter Schwerpunkt die Wertevermittlung, sich für andere Menschen zu engagieren.

Diese Gemengelage von Arbeitskräftelenkung und Wertevermittlung setzte sich 1964 mit dem ersten Gesetz zum Freiwilligendienst fort: Die Bewältigung des Pflegenotstandes in den Krankenhäusern war ein Ziel dieses Gesetzes. Beim Freiwilligendienst ging es also auch, das soll nicht vergessen werden, um Arbeitskräftelenkung und um arbeitsmarktpolitische und beschäftigungspolitische Fragen. Dies war von Anfang an wichtig. Ein zweiter Aspekt betraf die Unterstützung junger Menschen in ihrer persönlichen, beruflichen und sozialen Entwicklung. Und drittens ging es um die Übertragung gesellschaftlicher Aufgaben an junge Frauen. Die Männer machten ja Wehrdienst oder Zivildienst.

Erst 1993, mit dem FÖJ-Gesetz, geht es erstmalig dezidiert um den Aspekt der Bildung, um die Stärkung des Bildungscharakters, um den Freiwilligendienst als Lerndienst. Das stand vorher noch nicht so stark im Mittelpunkt. Die Bildungsthematik wurde entsprechend der gesellschaftlichen Bedeutungsaufwertung von Bildung deutlich aufgewertet, gestärkt und nach vorne gebracht.

Eine geradezu revolutionäre, dynamische Entwicklung setzt seit 2002 mit dem FSJ-/FÖJ-Änderungsgesetz ein: Die Einsatzfelder werden ausgeweitet um die Bereiche Sport, Denkmalpflege und Kultur, die Dienstzeiten flexibilisiert und die Zielgruppe auf unter 18-Jährige erweitert. Die Ausweitung auf 16-Jährige, die ihre Schulpflicht absolviert haben, war ein ganz wichtiger sozialpädagogischer Schritt. Damit sollte jungen Menschen mit schlechten Abschlüssen und entsprechenden Berufsaussichten eine Chance geboten werden, sich durch einen Freiwilligendienst quasi nach zu entwickeln und nach zu qualifizieren. Ergänzend dazu gab es entsprechende Sonderprogramme wie „Freiwilligendienste machen kompetent". Eine weitere wichtige Neuerung war der § 14 c im Zivildienstgesetz, der es jungen Männern ermöglichte, anstelle des Zivildienstes einen 12-monatigen Freiwilligendienst zu absolvieren. Darüber hinaus wurden FSJ und FÖJ auch im Ausland möglich.

2008 schließlich wird die heutige Rechtslage für die Jugendfreiwilligendienste formuliert. Zwei Punkte gilt es hierbei festzuhalten: Mit diesem Gesetz von 2008 wurden die Jugendfreiwilligendienste auch rechtlich als besondere Form des bürgerschaftlichen Engagements anerkannt. Dies ist auch eine Form der generellen Aufwertung des bürgerschaftlichen Engagements in der Folge der Enquete-Kommission und der Debatten, die damals um die Zivilgesellschaft und das bürgerschaftliche Engagement stattgefunden hatten. Eine zweite neue Dimension der Freiwilligendienste wird im § 1 des Jugend-Freiwilligendienste-Gesetz benannt: Sie fördern die Bildungsfähigkeit der Jugendlichen. Richtiger müsste es eigentlich heißen: Freiwilligendienste sind eine Form informellen und nonformalen Lernens.

Im ersten Jahrzehnt nach der Jahrhundertwende ist ein Trend zur Pluralisierung und zu neuen Formen von Freiwilligendiensten zu beobachten. Das Image der Freiwilligendienste ist jetzt so positiv, dass auch in anderen Ressorts neben dem BMFSFJ neue Freiwilligendienst-Formate entwickelt werden. Es gibt allerdings keine wirkliche Koordination dieser neuen Entwicklungen mit den bestehenden Formen, was immer auch die Gefahr in sich birgt, dass daraus eine Art Sozialpraktikum wird, also etwas Beliebiges, und dass es dann auch Profilprobleme gibt. Aus diesen Gründen wird auch über ein Freiwilligendienstestatusgesetz diskutiert, um das Kernprofil der Freiwilligendienste bei allen Unterschieden deutlich zum machen. Als Forderung steht ein solches Freiwilligendienstestatusgesetz nach wie vor auf der politischen Agenda.

Seit 2005 hat das BMFSFJ zudem – salopp formuliert – Lockerungsübungen zu Freiwilligendiensten in puncto zeitliche Flexibilisierung nach unten und in der Alterszusammensetzung nach oben unternommen. Das Wichtige an den Modellprojekten GÜF (Generationsübergreifender Freiwilligendienst) und FDaG (Freiwilligendienste aller Generationen) ist einerseits die Öffnung für andere Altersgruppen und andererseits die zeitliche Flexibilisierung. Es sollte erprobt werden, was dabei herauskommt, wer mitmacht, wer darauf eingeht und unter welchen Bedingungen. Beim GÜF von 2005 bis 2008 haben über 6700 Menschen teilgenommen, zumeist ältere, aber auch Erwerbslose als eine neue Zielgruppe. In diesem Bereich haben sich auch neue Träger gefunden. Beim FDaG, das zwischen 2009 und 2011 vom Bund gefördert wurde, waren insgesamt 4000 bis 5000 Freiwillige engagiert mit mind. 8h/Woche für 6 Monate. Neu bei diesem Projekt waren die besonders geförderten 46 Leuchtturmprojekte, die in Kommunen dauerhafte Engagementstrukturen entwickeln helfen sollten. Ihr zentrales Ziel war die Entwicklung einer Infrastruktur zur Förderung neuer Bereiche für den FDaG. Eine bedeutsame Erfahrung dieser Modellprojekte ist: Je weniger Stunden vorgegeben werden, desto mehr Menschen sind bereit, mitzumachen. Seitdem wird kontrovers diskutiert, wie damit in Bezug auf Freiwilligendienste umgegangen werden soll, ob man zeitliche Untergrenzen formulieren soll oder nicht, und ob diese Formen einen eigenen rechtlichen Rahmen erhalten sollen.

Dann die eigentliche „Revolution" 2011: Der überraschende Verzicht auf den Wehrdienst und die Einführung des Bundesfreiwilligendienstes hat die Situation völlig verändert. Bisher waren alle Entwicklungen in diesem Feld der Freiwilligendienste gemächlich und organisch. Hier nun gab es einen brachialen – und man kann sagen: überstürzten – Eingriff. Innerhalb von nur einem Jahr wurden 35.000 Plätze nach einem – auf den ersten Blick – ganz neuen Schema in der Szene organisiert und mit Freiwilligendienstlern besetzt. Es ist ein Dienst entstanden, der völlig anders gesteuert wird als die Jugendfreiwilligendienste: Er wird zentral durch das BAFzA, das Bundesamt für Familie und zivilgesellschaftliche Aufgaben (ehemals Bundesamt für Zivildienst, BAZ), gesteuert. Hinsichtlich der öffentlichen Finanzierung gibt es erhebliche Differenzen, die bereitgestellten Mittel für den BFD sind höher als für die Jugendfreiwilligendienste und im Unterschied zu diesen ist der BFD altersoffen. Er kann zudem nach jeweils 5-jähriger Frist mehrmals durchlaufen werden. Die Einsatzfelder sind weiter gefächert und es werden – unabhängig von Profilfragen eines zivilgesellschaftlichen Lerndienstes – alle früheren Zivildienstplätze pauschal anerkannt.

Für Personen ab 27 Jahren gibt es die Option eines Teilzeitdienstes mit mindestens 20 Wochenstunden. Es gibt keine einheitliche Regelung der pädagogischen Begleitung für die Teilnehmer_innen unter 27 Jahren und die über 27 Jahren. Mit der Öffnung für alle Altersgruppen ist auch die wichtige Frage aufgeworfen worden, welchen Charakter der BFD für die über 27-Jährigen haben soll. Ist es auch für sie ein Lerndienst? Ist der BFD bürgerschaftliches Engagement oder Arbeitsmarktersatz? Wie steht es mit der Arbeitsmarktneutralität? Diese Fragen kommen nun in aller Schärfe auf die Agenda.

Strukturell unterscheidet sich die Organisation des BFD von den Jugendfreiwilligendiensten vor allem durch die Nähe zum Staat: Der Bund ist unmittelbarer Vertragspartner der Dienstleistenden, es gibt ein öffentlich-rechtliches Vertragsverhältnis zwischen jedem einzelnen Freiwilligen und dem Bund. Nach dem BFD-Gesetz haben Träger keine klar definierte Funktion: Sie werden zwar genannt, das Gesetz gesteht ihnen aber weder Rechte noch Pflichten zu. Mit sehr rudimentären Aufgaben werden laut Gesetzestext die neu eingeführten Zentralstellen betraut. Sie sollen nur darauf achten, dass die Durchführung bei den Einsatzstellen und Trägern ordnungsgemäß verläuft. Eine derartige Rechtsüberprüfungskontrolle ist aber keine inhaltliche Steuerung oder Begleitung. Das ist ein großes Manko gegenüber der Rolle, die die Träger bei den Jugendfreiwilligendiensten spielen.

Das BAFzA spielt beim BFD eine problematische Doppelrolle: Es ist gleichzeitig eine koordinierende und steuernde Behörde und hat zudem selbst die Aufgaben einer Zentralstelle inne. Der BFD setzt auf den alten Strukturen des Zivildienstes auf, deren Aufrechterhaltung offiziell mit der Vorhaltepflicht des Staates (für eine mögliche Rücknahme der Aussetzung des Wehrdienstes) begründet wird. Diese Begründung sichert vor allem die Fortexistenz des ehemaligen Bundesamtes für Zivildienst mit neuen Funktionen ab. Mit der Steuerungsstruktur durch das nun umbenannte alte Bundesamt für Zivildienst wird ein direkter Einfluss des Staates auf den BFD ermöglicht und bei nüchterner Betrachtung ist hier auch deutlich ein stärkerer Einfluss des Staates festzustellen. Dass der Staat Einfluss nimmt, war auch bei den Jugendfreiwilligendiensten bereits seit der Regelung von 1964 festgeschrieben. Zu fragen ist aber, in welchem Umfang und in welcher Form er dies heute beim BFD tut und tun sollte. Die Antworten darauf sind kontrovers.

4 Was verstehen wir unter Freiwilligendiensten und welchen Nutzen erzeugen sie für die unterschiedlichen Akteursgruppen?

Bemerkenswert ist, dass der neue Bundesfreiwilligendienst innerhalb von weniger als zwölf Monaten eingeführt wurde und die Nachfrage hoch ist. Gleichzeitig gibt es nun mit dem BFD und den Jugendfreiwilligendiensten zwei Säulen, die unterschiedliche Steuerungsstrukturen aufweisen. Wenn Qualitätskriterien für beide entwickelt werden sollen, muss zunächst danach gefragt werden, welche Erwartungen und Nutzeffekte diese Freiwilligendienste jeweils erzeugen.

Zunächst einmal ist festzuhalten: Freiwilligendienste finden seit 1964 im Zusammenspiel von gemeinnützigen Organisationen – die ausdrücklich nicht gleichgesetzt werden sollen mit Zivilgesellschaft und dem Verständnis von Zivilgesellschaft – und Staat statt. Dieses Zusammenspiel stand bisher außerhalb jeder Kritik. Ganz in Gegenteil: Es galt als optimal, dass im Spannungsfeld zwischen staatlicher Förderung und Regulierung und den Zielsetzungen der gemeinnützigen Organisationen die Freiwilligendienste entwickelt und gestaltet wurden. In jüngerer Zeit ist im öffentlichen Leben das Element von Bürgerbeteiligung und Bürgerverantwortung hinzugekommen. Dies kommt in der Betonung zum Ausdruck, dass Freiwilligendienste eine besondere Form des bürgerschaftlichen Engagements und zivilgesellschaftliche Lerndienste sind. Obwohl mit diesem besonderen Profil der Freiwilligendienste die Übernahme gesellschaftlicher Verantwortung und die Erfüllung eines Bildungsanspruchs deutlich benannt sind und für den Dienst insgesamt eine „Win-win"-Situation angenommen werden kann, gibt es unterschiedliche Erwartungen an diese Dienste.

4.1 Nutzen des Freiwilligendienstes aus Sicht der Einsatzstellen

Für die Einsatzstellen gibt es verschiedene Gründe, Freiwillige zu gewinnen: Sie erwarten frische und innovative Zugänge zu Arbeitsvollzügen und damit auch Anregungen für die Hauptamtlichen und die Erweiterung des Angebotsspektrums. Die Freiwilligen können Dinge erledigen, die von den Hauptamtlichen nicht mehr geleistet werden können, z. B. in der Krankenhauspflege: Zuhören, persönliche Ansprache, wofür den Hauptamtlichen die Zeit fehlt.

Der Freiwilligendienst ist für die Einsatzstellen eine gute Gelegenheit der Arbeitskräftelenkung, um vor allem junge Menschen für bestimmte Berufe zu motivieren oder als neue Mitarbeiterinnen und Mitarbeiter zu gewinnen. Wichtig ist auch die Möglichkeit, sie längerfristig als Engagierte an die Einrichtung zu binden.

Auch wenn dies nicht offen gesagt wird, schwingt die Erwartung mit, dass es eine Zufuhr an Arbeitskraft gibt, die Entlastung für die Hauptamtlichen bringt und nicht so teuer ist wie die Einstellung von regulär entlohnten Arbeitskräften. Das entspricht den Erfahrungen vieler früherer Zivildienstler aber auch Freiwilligendienstler, dass sie wie selbstverständlich in den normalen Arbeitsablauf eingegliedert wurden.

4.2 Nutzen des Freiwilligendienstes aus Sicht der Träger

Für die überwiegend gemeinnützigen Träger ist der Imagegewinn wichtig: Die Bereitschaft der Freiwilligen, sich für ihre Ziele und Werte zu engagieren. Unter dem Gesichtspunkt der wachsenden Verbetriebswirtschaftlichung des gemeinnützigen Bereichs, die wir gerade erleben, und dem damit einhergehenden Konkurrenzdruck ist für die Wohlfahrtsverbände wichtig, dass sie ihre zivilgesellschaftliche Komponente erkennbar stärken können, indem sie Freiwilligendienste anbieten und Freiwillige haben. Darüber hinaus wollen auch sie Arbeitskräftenachwuchs gewinnen; sie wollen Engagierte sowohl für die Einsatzstellen als auch für ihre Trägeraufgaben gewinnen. Alle diese Erwartungen richten sich an die Freiwilligen.

4.3 Nutzen des Freiwilligendienstes aus Sicht der staatlichen/kommunalen Institutionen und der Gesellschaft

Die Erwartungen aus gesellschaftlicher Sicht sind auf die Stärkung der Bereitschaft zur Verantwortungsübernahme im Sinne von bürgerschaftlichem Engagement gerichtet. Es geht um freiwilliges, unentgeltliches Engagement für relevante gesellschaftliche Bereiche, zum Beispiel für den sozialen Bereich und die durch den demografischen Wandel bedingten neuen Bedarfe, oder um unterstützendes Engagement im Bildungsbereich vor allem für benachteiligte Kinder und Jugendliche. Insgesamt geht es um die Stärkung von Human- und Sozialkapital.

Der Staat macht sich als Akteur stark für diese Dinge. Er hat Interesse an Freiwilligendiensten für die Bewältigung von Versorgungsengpässen und zur Bearbeitung öffentlicher Aufgaben. Mit der Aussetzung des Wehrdienstes muss der Staat aber auch einstehen für die Kompensation der weggefallenen Zivildienstplätze durch Freiwillige. Er sieht sich in der Pflicht, diesen versorgungspolitischen Auftrag zu erfüllen, indem er den BFD einführt. Der Staat tritt also ein, um die soziale Infrastruktur aufrecht zu erhalten unter Bedingungen, wie sie bisher waren.

Bereits die bisher beschriebenen Erwartungen an den Freiwilligendienst zeigen eine deutlich ambivalente Gemengelage.

4.4 Nutzen des Freiwilligendienstes aus Sicht der Freiwilligen selbst

Die Erwartungen der Freiwilligen sind am umfassendsten. Hier geht es um den Nutzen des Freiwilligendienstes für biografische Reflexionen und die berufliche Orientierung. Es geht darum, sich durch Engagement als nützliches Mitglied der Gesellschaft zu erleben, eigene Ideen und Anliegen zu verwirklichen. Bürgerschaftliches Engagement ist in diesem Sinne auch Selbstermächtigung für zivilgesellschaftliche Aufgaben. Erwartet werden aber auch Anerkennung und Wertschätzung für das erbrachte Engagement. Darüber hinaus bietet der Freiwilligendienst non-formal, informelle Lernmöglichkeiten und Erfahrungen, aber auch eine Öffnung zu neuen, anderen Lebenskontexten, zu denen die jungen Leute bisher keinen Zugang gehabt haben oder auch in Zukunft hätten.

Mit der gesetzlichen Änderung 2002 können Jugendliche mit dem Freiwilligendienst auch die Erwartung verknüpfen, dass sie die bisher versäumten schulischen Abschlüsse nachholen können und eine Vorbereitung auf Ausbildung und Erwerbsarbeit erhalten. Vor allem bei langzeitarbeitslosen Freiwilligen im BFD ist die Frage nach dem Nutzen für eine größere Chance auf dem Arbeitsmarkt nahe liegend. In diesem Zusammenhang ist allerdings zu fragen: Worin besteht die zivilgesellschaftliche Qualität dieser Freiwilligendienste: Sind sie bereits Teil eines Übergangssystems von der Schule zum Arbeitsmarkt oder von der Arbeitslosigkeit zum Arbeitsmarkt? Diese Fragen werden verstärkt, aber nicht nur, durch den Bundesfreiwilligendienst aufgeworfen. Sie kommen auch über andere Aspekte in die Diskussion: Über die gesetzlich vorgegebene, aber immer wieder bezweifelte Arbeitsmarktneutralität der Freiwilligendienste.

5 Zivilgesellschaftliche Qualitätskriterien und deren Folgen für die rechtliche und organisatorische Ausgestaltung der Freiwilligendienste

An die Freiwilligendienste werden unterschiedliche Interessen und Erwartungen geknüpft. Diese Erwartungen sind unterschiedlich stark und mächtig und gerade durch die Einführung des BFD nochmals deutlich in den Blick geraten. Sie erscheinen je nach Position unterschiedlich legitim. Für die Weiterentwicklung und Ausgestaltung der Freiwilligendienste ist daher eine Klärung nötig, welche Interessen und Erwartungen als besonders förderungswürdig gelten und anerkannt werden sollen und welche nicht. Die Frage ist: Haben wir Qualitätskriterien, nach denen wir diese

Erwartungen an die Freiwilligendienste sortieren können? Die Beantwortung dieser Frage ist das eigentliche Anliegen dieses Beitrags. Der Staat fördert Freiwilligendienstplätze und setzt dafür Steuergelder ein. Wenn dies nicht der Fall wäre, wäre eine Diskussion über die besondere Förderungswürdigkeit bestimmter Interessen irrelevant. So aber tritt der Staat auf als Förderer und Unterstützer und Steuerer. Und in diesem Zusammenhang erhebt sich die Frage: Was ist ein durch die öffentliche Hand förderungswürdiges Ziel und was nicht.

Als erstes gilt es festzuhalten: Es kann kein förderungswürdiges Ziel sein, bestimmten Einsatzstellen und gemeinnützigen Organisationen Arbeitskräfte zuzuführen, die unter schlechten Bedingungen wirtschaften oder, am Rand der ökonomischen Existenz befindlich, auf andere Weise keine Arbeitskräfte beschäftigen könnten. Dieses Ziel kann nicht legitim und förderungswürdig sein. Es interessiert in diesem Zusammenhang nicht, ob gemeinnützige Organisationen aufgrund ihrer schlechten Arbeitsbedingungen oder ihrer schlechten Tariflohnbedingungen Schwierigkeiten haben oder wegen zu geringer finanzieller Ausstattung nicht hinreichend Arbeitskräfte finden. Es kann also nicht legitim sein, junge Menschen, nur weil man sie dort braucht, in Dienste hinein zu drängen, die für sie nicht attraktiv sind. Das ist übrigens auch ökonomisch ineffizient, weil die Motivation missachtet wird. Die Ökonomen haben diese Kritik bereits beim Zivildienst geäußert und diese Kritik gilt weiterhin auch für den Einsatz von Freiwilligen bei einem Teil der bisherigen Zivildienstplätze, der ökonomisch suboptimal ist und eine „Faktor-Fehlallokation" darstellt. Auch gesamtwirtschaftlich ergibt es keinen Sinn, einen freiwilligen Arbeitsdienst für schlechte Arbeitsplätze mit Hilfsdienstgepräge zu unterstützen. Eine besondere öffentliche Förderungswürdigkeit lässt sich also nicht aus (wirtschaftlichen) Partialinteressen ableiten.

Dagegen soll ein erstes allgemeines Qualitätskriterium gesetzt werden, ein Generalkriterium: Die zentrale Legitimation für den Freiwilligendienst kann nur die Förderung von Verantwortungsübernahme und Stärkung des bürgerschaftlichen Engagements in der Gesellschaft sein. Damit eng verknüpft ist die Qualität des Freiwilligendienstes als Lerndienst, weil er dadurch das Generalziel stützt. Wenn der Freiwilligendienst als Lerndienst ausgestaltet ist, ermöglicht er Selbstwirksamkeitserfahrungen und Kompetenzentwicklung als Grundlage für selbst gesteuerte Verantwortungsübernahme und die Umsetzung sozialer Kompetenz. Dieser Argumentation liegt ein handlungslogisches Verständnis von Zivilgesellschaft zugrunde: Der Freiwilligendienst ist deshalb zivilgesellschaftlich, weil er eine besondere Form des bürgerschaftlichen Engagements darstellt und weiteres bürgerschaftliches Engagement durch entsprechende Sozialisationsprozesse nachhaltig stärkt.

Alle anderen Ziele und Gründe für den Freiwilligendienst sind zunächst nicht ausgeschlossen, aber sie müssen sich an diesem Generalziel messen lassen, dem sie nicht zuwider laufen dürfen. So ist bei den Einsatzstellen und Trägern das Arbeitskräfte-Gewinnungs-Argument im sozialen Bereich zwar legitim, aber es darf nicht eine Form annehmen, die das Generalziel gefährdet. Es muss sich ihm unterordnen und anpassen. Das ist die Grundüberlegung für die Prüfung der unterschiedlichen Erwartungen und Interessen hinsichtlich ihrer Förderungswürdigkeit. Dass Frauen und Männer im Freiwilligendienst Berufsqualifikationen erwerben, ist aus deren Sicht völlig legitim und vernünftig. Aber auch dieses Qualifizierungsinteresse darf nicht dem Generalziel der Förderung von Verantwortungsübernahme und Stärkung des bürgerschaftlichen Engagements zuwider laufen. Wenn das der Fall wäre, dann würde der Freiwilligendienst schlicht zu einem Teil des Arbeitsmarkt-Übergangssystems mutieren.

Bei diesem Versuch einer Entwicklung von Qualitätskriterien für die Freiwilligendienste wird ein Verständnis von Zivilgesellschaft unterlegt, das nicht einfach davon ausgeht, dass alle Akteure und Organisationen, die dem gemeinnützigen Bereich angehören, „die" Zivilgesellschaft sind. Das ist ein verdünnter, sektoraler Begriff von Zivilgesellschaft. Dem hier vertretenen Begriff liegt ein Verständnis von zivilgesellschaftlicher Handlungslogik zugrunde. Zivilgesellschaft soll als ein Handlungsprinzip und eine Handlungslogik verstanden werden, die an Gemeinwohlorientierung, an gewaltfreier Auseinandersetzung, an Verantwortungsübernahme und Selbstermächtigung orientiert ist. Diese Handlungslogik gibt es auch im gemeinnützigen Bereich, sehr ausgeprägt sogar. Aber es gibt dort auch andere Handlungslogiken. Bei Betrachtung der Wohlfahrtsverbände wird deutlich: Sie unterliegen immer auch einer wirtschaftlichen Handlungslogik. Sie sind nämlich Sozialunternehmen. Und insofern gibt es in ihren Einrichtungen und Diensten zwar zivilgesellschaftliche Bestandteile. Aber sie sind nicht einfach die Zivilgesellschaft. Die Diskussion im Feld der Sozialunternehmen, das in Deutschland ja schon eine sehr lange Geschichte hat, hinsichtlich einer Stärkung der zivilgesellschaftlichen gegenüber einer zunehmend dominanten ökonomisch-betriebswirtschaftlichen Handlungslogik ist daher nicht zuletzt vor diesem Hintergrund dringend erforderlich.

Darüber hinaus kann es, z. B. in öffentlichen Altersheimen, zivilgesellschaftliche Elemente geben, wenn dort etwa bürgerschaftliches Engagement systematisch eingebaut wird. Es geht hier also nicht um eine Gegenüberstellung von „Staat" als nicht-zivilgesellschaftlich und dem „gemeinnützigen Bereich" als zivilgesellschaftlich. Hier wird nicht zugrunde gelegt, dass staatliche Institutionen a priori nicht-zivilgesellschaftlich seien, dafür aber grundsätzlich alle gemeinnützigen Organisationen. Vielmehr bedeutet dies: Es muss qualitativ ermessen werden, ob in einem bestimmten Bereich zivilgesellschaftlich agiert werden kann und wird, oder ob dies nicht ermöglicht wird. Das ist der springende Punkt!

Abgeleitet von dem allgemeinen Qualitätskriterium für alle Freiwilligendienste soll ein erstes konkretes Qualitätskriterium benannt werden, das sich auf die *Einsatzstellen* bezieht: In den Einsatzstellen wird die zivilgesellschaftliche Qualität des Freiwilligendienstes sicher gestellt, indem attraktive Tätigkeiten angeboten werden, die eine Übernehme von Verantwortung und Partizipation ermöglichen, anspruchsvolle Gelegenheiten zum Kompetenzerwerb bieten und reguläre Erwerbsarbeit nicht ersetzen.

Diesem Qualitätskriterium sollten alle Einsatzstellen folgen, egal ob sie Einsatzstellen des BFD sind, von FSJ/FÖJ, von *weltwärts* oder von einem anderen Freiwilligendienst. Dies hat Konsequenzen für rechtliche und organisatorische Rahmenbedingungen aller Einsatzstellen. Es geht zum einen um die Sicherstellung des Gebots der Arbeitsmarktneutralität, auch wenn sie den eigenen Interessen entgegensteht und sie schwierig umzusetzen ist. Das kann etwa durch Hinzuziehung des Betriebsrates geschehen. Dem Qualitätskriterium zu genügen bedeutet gleichzeitig, die pädagogische Begleitung der Freiwilligen in den Einsatzstellen gesetzlich festzuschreiben. Die Einsatzstellen müssen die Begleitung – sowohl die pädagogische als auch die Betreuung und Begleitung im Arbeitsalltag – sicherstellen. Und schließlich müssen sie dafür sorgen, dass die Freiwilligen Partizipationsmöglichkeiten haben, dass sie mitgestalten können, dass Selbstermächtigung überhaupt stattfinden kann. Möglicherweise ist dafür eine gesetzliche Regelung erforderlich.

Das zweite konkrete Qualitätskriterium für Freiwilligendienste bezieht sich auf die Bildungsmaßnahmen und die pädagogische Begleitung und lautet: Um den Charakter der Freiwilligendienste als Lerndienst sicher zu stellen, muss neben der Begleitung in Einsatzstellen eine pädagogische Begleitung durch Seminartage in angemessenem Umfang geregelt sein. Die Bildungsmaßnahmen müssen über ein klares pädagogisches Konzept und eine geeignete Didaktik und Methodik verfügen, so dass unterschiedliche Kompetenzen gleichgewichtig gefördert werden können. Angesichts der Heterogenisierung der Freiwilligen müssen zielgruppenbezogene Konzepte entwickelt und erprobt werden, wobei benachteiligte junge Menschen sowie junge Menschen mit Migrationshintergrund Beachtung finden sollten.

Die aus diesem Qualitätskriterium folgenden Konsequenzen für rechtliche und organisatorische Rahmenbedingungen der Bildungsmaßnahmen sind:

Es müssen Seminartage in je angemessenem Umfang stattfinden. Bei den unter 27-Jährigen gibt es eine klare Vorgabe: die in den Gesetzen vorgeschriebenen 25 Bildungstage. Bei den über 27-Jährigen – im Rahmen des BFD – definiert das Gesetz nur die Vorgabe „in angemessenem Umfang". Die Erlasslage reduziert diesen auf einen Tag pro Monat. Ob dies ausreichen kann, muss diskutiert werden. Durch eine so kurze Seminarzeit gefährdet man bei der Gruppe der über 27-Jährigen die

Arbeitsmarktneutralität. Diese Frage ist konzeptionell zu klären, nur auf dieser Grundlage kann auch ein angemessener Umfang von pädagogischer Begleitung festgelegt werden.

Zu beantworten ist aber zunächst, was die pädagogische Begleitung für welche Gruppen überhaupt leisten soll. Es muss zudem bedacht werden, dass angesichts der Heterogenität der Freiwilligendienstler zielgruppenspezifische Konzepte entwickelt werden müssen. Und es müssen strukturelle Voraussetzungen vorhanden sein, etwa spezifisch qualifiziertes pädagogisches Personal, das in der Kultur der Freiwilligkeit verankert ist. Es geht nicht mehr – wie in den Anfangsjahren der Jugendfreiwilligen-dienste – darum, nur für ein bestimmtes Profil von jungen Menschen – früher war es „die Pfarrerstochter mit Abitur" – Bildungskonzepte zu entwickeln. Heute finden wir unter den Interessenten unter 18-Jährige, Jugendliche mit Bildungsproblemen und mit anderen Defiziten, die große Gruppe der 18- bis 27-Jährigen, eine große hete-rogene Gruppen von Menschen über 27 Jahren, darunter Arbeitslose, Menschen im Rentenalter etc. Das macht eine Vielfalt an Bildungs-und Unterstützungsangeboten erforderlich.

Wenn es um die gleichmäßige Entwicklung unterschiedlicher Kompetenzen – der sozialen Kompetenzen und der politischen Bildung – gehen soll, ist zu klären, was hier politische Bildung heißt, ob und warum es sie etwa für über 27-Jährige geben soll. Auch dazu bedarf es zwingend eines schlüssigen Konzepts.

Den Freiwilligendienst als Lerndienst zu realisieren bedeutet auch, dass alle Anbieter, die Seminartage offerieren, über pädagogische Konzepte für ihre jewei-ligen Teilnehmergruppen verfügen. Es kann und darf hier aber nicht um eine Art Zwangs-Bildungsmaßnahme gehen. Auch die Bildungszentren des Bundes, die frü-her für Zivildienstleistende zuständig waren, müssen ein auf die Gegebenheiten des Freiwilligendienstes passendes Bildungskonzept, eine Didaktik und Methodik neu entwickeln, differenziert nach unter und über 27 Jahren.

Das dritte konkrete Qualitätskriterium betrifft die Träger und Zentralstellen. Ob-wohl die Träger im Bundesfreiwilligendienstgesetz zwar erwähnt, ihre Funktion allerdings nicht klar geregelt ist, sollen sie in diesem Kontext mit einbezogen wer-den. Sie müssen auch deshalb mit in die Betrachtung aufgenommen werden, weil sie eine zentrale Rolle bei den Jugendfreiwilligendiensten spielen. Das dritte Qua-litätskriterium lautet: Um die Einsatzstellen in ihren anspruchsvollen Aufgaben angemessen unterstützen und eine kriteriengeleitete Durchführung des Freiwilligen-dienstes gewährleisten zu können, ist die mittlere Steuerungsebene – die Träger und Zentralstellen – in ihren Rechten und Pflichten zu stärken. Die Aufgaben der Steue-rung und Kontrolle von Abläufen in Einsatzstellen sollen nicht von Bundesbehörden übernommen werden.

Die daraus folgenden Konsequenzen für rechtliche und organisatorische Rahmenbedingungen der Aufgabenwahrnehmung von Trägern und Zentralstellen sind: Die mittlere Steuerungsebene hat für den zivilgesellschaftlichen Charakter des Freiwilligendienste eine besondere Bedeutung. Hier erfolgen Qualitätsentwicklung, Beratung und pädagogische Begleitung der Freiwilligen und verlässliche Absprachen mit ihnen, die Beratung der Einsatzstellen, die Unterstützung, aber auch Überprüfung der Abläufe in den Einsatzstellen. Deshalb muss – unabhängig von der Begrifflichkeit „Träger" oder „Zentralstelle" – die mittlere Steuerungsebene klar als Vertragspartner der Einsatzstelle benannt und mit den oben genannten Aufgaben rechtlich betraut werden. Das gilt für alle Träger/Zentralstellen, gleich ob es sich um den BFD oder um die Jugendfreiwilligendienste handelt. Es geht hier um die Wahrnehmung der ihnen übertragenen Aufgaben für die zivilgesellschaftliche Gestaltung der Freiwilligendienste.

Nicht nur hinsichtlich der Beratung und Begleitung der Freiwilligen, sondern vor allem auch hinsichtlich der Beratung und Begleitung der Einsatzstellen ist die mittlere Steuerungsebene unverzichtbar. Die Überprüfung der Abläufe in der Einsatzstelle ist deshalb wichtig, weil die Einsatzstelle ganz eigene Erwartungen an die Freiwilligen hat: In erster Linie geht es hier um die Verfügbarkeit von Arbeitskraft. Die Nähe der Träger und die Prüfung durch sie ist hier von besonderer Bedeutung, weil sie nicht von Bundesebene erfolgen kann, da die Kontrollspanne zu groß ist. Ganz abgesehen davon widerspricht ein solcher Zugriff des Bundes dem Prinzip der Subsidiarität. Deshalb braucht es die mittlere Ebene des Trägers, der freilich nicht zu groß sein darf und nicht zu viele Stellen unter sich haben sollte, damit die Zusammenarbeit mit den Einsatzstellen und die Betreuung der Freiwilligen auf fachlich anspruchsvollem Niveau durchgeführt werden kann.

Träger und Einsatzstelle müssen Vertragspartner sein und als solche auch klar benannt werden. Es ist nicht ausreichend, wenn lediglich festgeschrieben wird, die Zentralstellen sollten darauf achten, dass alles ordnungsgemäß abläuft. Das ist eine reine Rechtskontrolle, eine Rechts-Konformitätskontrolle. Die Steuerung muss vielmehr vor allem inhaltlich-fachlich erfolgen. Auch das muss klar gesetzlich geregelt sein.

Dieses Aufgabenspektrum macht es erforderlich, dass es klare Kriterien für die Anerkennung der Träger und der Einsatzstellen gibt, durch die ihr Verhältnis zueinander klar geregelt ist. Diese Kriterien müssen inhaltlich definieren, welche Qualität der Träger gewährleisten muss, um die genannten Steuerungsaufgaben übernehmen zu dürfen.

Das letzte Qualitätskriterium betrifft *den Staat*. Es lautet: Staatliche Institutionen haben die Aufgabe, die Selbststeuerungsfähigkeit und Autonomie des Dritten Sektors zu stärken und gemeinnützige Organisationen bei der Erfüllung zivilgesellschaftlicher Aufgaben zu unterstützen (Subsidiaritätsprinzip). Der Staat agiert als Rahmengeber und Förderer von Freiwilligendiensten, er sorgt dafür, dass junge Menschen über dieses Angebot informiert werden und wirkt (in Kooperation mit den Partnern) darauf hin, dass bislang unterrepräsentierte Gruppen junger Menschen verstärkt Zugang zum Freiwilligendienst erhalten. Er enthält sich jeder direkten Einflussnahme und vermeidet unnötigen Verwaltungsaufwand (Bürokratieabbau). Die Bundesregierung stellt sicher, dass der Freiwilligendienst als ein systematischer Bestandteil einer umfassenden Engagementpolitik behandelt und entwickelt wird.

Die aus diesem Qualitätskriterium für den Staat folgenden Konsequenzen für rechtliche und organisatorische Rahmenbedingungen lauten:

Fast wie eine heilige Kuh wird im deutschen System im Verhältnis zwischen Staat und Drittem Sektor das Subsidiaritätsprinzip hochgehalten. Seine Gültigkeit muss an dieser Stelle nochmals ausdrücklich betont werden. Es bedeutet: Der Staat ist Unterstützer, Förderer, setzt auch Rahmenbedingungen für den gemeinnützigen Bereich. Aber er nimmt ihm keine Aufgaben weg! Für den Freiwilligendienstbereich heißt dies: Er soll als Rahmengeber und Förderer agieren. Er soll sich aber jeder direkten Einflussnahme enthalten und unnötigen Bürokratieaufwand vermeiden.

Im Sinne dieses Qualitätskriteriums hat der Staat für Angleichung des (sozial-) rechtlichen Status der Freiwilligen in unterschiedlichen Freiwilligendienst-Formaten zu sorgen. Für die rechtliche Umsetzung heißt das: Es gibt zwar verschiedene Dienste und der einzelne Freiwillige weiß oftmals gar nicht, ob er beim BFD gelandet ist oder beim Jugendfreiwilligendienst und warum. Er will aber gleichgestellt sein, nicht benachteiligt. Deshalb muss es vergleichbare Bedingungen geben, auch wenn sie unterschiedlich bedingt sind, auch wenn es verschiedene Förderstrukturen gibt. Eine rechtliche Angleichung ist daher sehr wichtig.

Der Staat schafft Rahmenbedingungen dafür, dass die Attraktivität der Freiwilligendienste auch für bislang unterrepräsentierte Gruppen junger Menschen ansteigt. Er muss in diesem Zusammenhang auch dafür sorgen – und das kann nur der Staat – dass Freiwilligendienste nicht als ein Teil der Arbeitsmarkt- und Beschäftigungspolitik missbraucht werden und dass sie nicht Teil des Übergangssystems werden. Diese Gefahr ist virulent, wenn für junge Menschen mit schlechten Abschlüssen und Lebenschancen nur bei den Freiwilligendiensten eine Chance besteht, besonders gefördert zu werden. Auch für diese Gruppe muss die zivilgesellschaftliche Qualität von Freiwilligendiensten mit der Ermöglichung besonderer Erfahrungen und der Stärkung individueller Kompetenzen immer gegeben sein, neben der Förderung für eine berufliche Zukunft. Der Unterschied zu Maßnahmen der beruflichen Förderung besteht darin, dass die gemeinwohlorientierte praktische Tätigkeit im Rahmen eines Freiwilligendienstes in einer Einrichtung für diesen jungen Menschen und seine Entwicklung eine ergänzende Stärkung bedeuten kann. Nur in diesem Zusammenhang macht es Sinn, Freiwilligendienste für benachteiligte junge Menschen einzurichten, ansonsten sollte ihnen eine Übergangssystem-Maßnahme angeboten werden. Hier muss es bei aller Schwierigkeit in der praktischen Umsetzung eine klare Trennung im konzeptionellen und im rechtlichen Bereich geben.

Zur staatlichen Engagementpolitik gehören auch Rahmenbedingungen für die Anerkennungskultur. Wenn davon ausgegangen wird, dass der Staat Rahmengeber und Förderer von Freiwilligendiensten ist, dann stehen staatlich organisierte Freiwilligendienste im Widerspruch dazu. Er muss deshalb – bezogen auf die Organisation der Freiwilligendienste – sicherstellen, dass im Bereich eigener, nachgeordneter Behörden problematische Aufgabenzuweisungen bzw. Wettbewerbsverzerrungen im Verhältnis zu anderen Zentralstellen aufgelöst werden. Das müsste auch bedeuten, das bisher im Bundesfreiwilligendienstgesetz geltende öffentlich-rechtliche Vertragsverhältnis zu ersetzen durch das in den Jugendfreiwilligendiensten bewährte privatrechtliche Dreiecksverhältnis zwischen Freiwilligendienstler, Einsatzstelle und Träger. Die im BFD verankerte direkte Vertragsvereinbarung zwischen Staat und Freiwilligem ist hoch problematisch und entspricht nicht dem Subsidiaritätsprinzip.

Aufgabe des Staates entsprechend dem Qualitätskriterium ist es auch, das spezifische Profil der Freiwilligendienste zu sichern, nämlich ein Teil des bürgerschaftlichen Engagements zu sein, ein Lerndienst zu sein und den Freiwilligendienst in den Kontext einer allgemeinen Engagementpolitik zu stellen. Zwei Dinge sind dabei von Bedeutung: Die trennscharfe Abgrenzung der Freiwilligendienste von Formen eines zeitintensiven Engagements. Durch die Ermöglichung von nur wenige Stunden umfassenden Diensten, wie sie bei der Modellmaßnahme FDaG bestand, wird das Profil der Freiwilligendienste als Dienstform, die für eine festgelegte Zeit Lebensschwerpunkt des Freiwilligen ist, aufgeweicht. Er bekommt dann den Charakter eines Nebenher-Dienstes, der mit anderen (bezahlten) Beschäftigungsformen kombiniert werden kann, was von einigen Trägern sicher aufgegriffen werden würde. Die zahlreichen und bedeutenden zeitintensiven Formen des Engagements sind durch eigene gesetzliche Regelungen eigenständig zu fördern.

Wie bereits erwähnt gilt es noch ein weiteres Missverhältnis zu korrigieren: Das der Förderung von 100.000 Freiwilligen mit der Summe von 350 Mio. € einerseits und der Förderung von 23 Mio. Engagierten mit der Summe von 50 Mio. € andererseits. Diese enormen Ungleichgewichte in der Engagementförderung zugunsten der Freiwilligendienste vernachlässigen Rahmenbedingungen und Infrastrukturbedarfe der allgemeinen Engagementförderung. Damit verknüpft und gefördert ist derzeit auch die unterschiedliche öffentliche Aufmerksamkeit für das allgemeine Engagement und seinen erheblichen Bedarf an Infrastrukturmaßnahmen und die

Freiwilligendienste. Eine Korrektur dieses Missverhältnisses kann freilich nur Ergebnis eines Entwicklungsprozesses sein, bei dem der Freiwilligendienst als ein systematischer Bestandteil einer umfassenden Engagementpolitik behandelt und entwickelt wird.

Die Freiwilligendienste müssen Teil einer umfassenden Engagementpolitik sein.

Die derzeitige Förderlogik steht im Widerspruch zu einer solchen umfassenden Engagementpolitik, indem sie den Freiwilligendiensten eine prioritäre Rolle zuweist. Da wackelt der Schwanz mit dem Hund. Das Problem muss gelöst werden, zumal die soziografische Zusammensetzung der Dienstleistenden nicht der Bevölkerung entspricht. Wir haben hier de facto derzeit eine Art von Mittelstandsförderung, die auf Dauer die Legitimationsgrundlagen der öffentlichen Förderung von Freiwilligendiensten gefährden kann.

6 Fazit

Die gegenwärtige Situation ist geprägt durch eine verwirrende Vielfalt von Freiwilligendienstformaten. Es gibt zurzeit einen Verlust an Transparenz und eine Gefahr der Verwischung des Profils der Freiwilligendienste durch existierende Parallelstrukturen mit ungleicher rechtlicher Stellung der Freiwilligen in den unterschiedlichen Diensten.

Mit der Einführung des BFD sind zwei quantitativ gleichgroße Freiwilligendienstformate mit unterschiedlicher rechtlicher und organisatorischer Struktur entstanden, die nebeneinander her existieren, ohne dass unterschiedliche inhaltlich-konzeptionelle Profile erkennbar wären. Insofern ist die Frage der Auswirkungen des einen auf den anderen Dienst weiterhin nicht geklärt, weil es diese klare Profilierung nicht gibt. Es findet derzeit auch eine eher zufällige Verteilung junger Menschen auf die beiden Freiwilligendienstformate statt. Diese Doppelstruktur kann auf Dauer nicht befriedigen, weil sie inhaltlich nicht nachvollziehbar ist und potenzielle Konkurrenzsituationen im Kontext des demografischen Wandels schafft.

Die Regulierung des quantitativen Verhältnisses zwischen beiden Dienstformen liegt faktisch in der Kompetenz allein der Bundesregierung (z. B. durch die Koppelungsregelung per Erlasslage und Mittelzuweisung). Dies kann der Bund jeden Tag ändern. Es gibt ergo keine Bestandsgarantie für die Jugendfreiwilligendienstsäule. Deren Bestand hängt von den jeweiligen politischen Konstellationen ab.

Wir brauchen daher eine Neuordnung. Eine Zusammenlegung scheint zum jetzigen Zeitpunkt nicht realistisch zu sein. Derzeit würde sie nach den Konditionen des BFD ausfallen. Das aber ist politisch gefährlich. Deshalb sollte der hier vorgeschlagene Weg als pragmatische Lösung verfolgt werden: Die schrittweise Angleichung der beiden Freiwilligendienstformate soll durch Orientierung an den aufgeführten zivilgesellschaftlichen Qualitätskriterien erfolgen. Entscheidend ist dabei die Beachtung des Subsidiaritätsprinzips, die Stärkung der Selbstorganisationsfähigkeit der Gesellschaft und die nachhaltige Förderung des bürgerschaftlichen Engagements. Der Einstieg in ein Freiwilligendienstestatusgesetz könnte ein Lackmustest dafür sein, ob die Politik eine solche Orientierung an zivilgesellschaftlichen Qualitätskriterien für Freiwilligendienste will oder nicht.

Literatur

Anheier, Helmut K., Beller, Annelie, Haß, Rabea, Mildenberg, Georg, Then, Volker. 2012. Ein Jahr Bundesfreiwilligendienst. Erste Erkenntnisse einer begleitenden Untersuchung. http://www.hertie-school.org/fileadmin/images/Downloads/bundesfreiwilligendienst/Report_Bundesfreiwilligendienst.pdf. Zugegriffen: 11. June 2013.

BMFSFJ/ISG. 2006. *Ergebnisse der Evaluation des FSJ und FÖJ*. Abschlussbericht des Instituts für Sozialforschung und Gesellschaftspolitik e.V. Berlin/Bonn. http://bmfsfj. de/RedaktionBMFSFJ/Pressestelle/Pdf-Anlagen/evaluierungsbericht-freiwilligendienste, property=pdf,bereich=bmfsfj,sprache=de,rwb=true.pdf. Zugegriffen: 11. June. 2013.

Bundesfreiwilligendienstgesetz vom 28. April 2011. (BGBl. I S. 687). http://www.gesetze-im-internet.de/bundesrecht/bfdg/gesamt.pdf. Zugegriffen: 11. June.2013.

Deutscher Bundestag. 2012a. Fehlsteuerung beim Bundesfreiwilligendienst. Drucksache 17/8501. http://dip21.bundestag.de/dip21/btd/17/085/1708501.pdf. Zugegriffen: 11. June 2013.

Deutscher Bundestag. 2012b. Freiwilligendienste in zivilgesellschaftlicher Verantwortung stärken. Drucksache 17/9926. http://dip21.bundestag.de/dip21/btd/17/099/1709926.pdf. Zugegriffen: 11. June 2013.

Eberhard, Angela. 2002. *FSJ-Engagement für andere – Orientierung für sich selbst. Gestalt, Geschichte, Wirkungen des freiwilligen sozialen Jahres*. München: Landesstelle f. Kath. Jugendarb. in Bayern.

Eberhard, Angela. 2003. Essentials aus Studien zu Freiwilligendiensten. In *Freiwilligendienste haben es in sich*, Hrsg. Eugen, Baldas und Rainer A., Roth, 383–406. Freiburg: Lambertus.

Engels, Dietrich, Leucht, Martina, und Machalowski, Gerhard. 2008. *Evaluation des Freiwilligen Sozialen Jahres und des Freiwilligen Ökologischen Jahres*. Wiesbaden: In Auftrag gegeben und herausgegeben vom BMFSFJ.

Fischer, Jörn. 2011. Freiwilligendienste und ihre Wirkung – vom Nutzen des Engagements. *Aus Politik und Zeitgeschichte* 48:54–62.

Gesetz über den Bundesfreiwilligendienst (Bundesfreiwilligendienstgesetz – BFDG). 2011. http://www.gesetze-im-internet.de/bundesrecht/bfdg/gesamt.pdf. Zugegriffen: 11. June 2013.

Gesetz zur Förderung von Jugendfreiwilligendiensten (Jugendfreiwilligendienstegesetz – JFDG). 2008. http://www.gesetze-im-internet.de/bundesrecht/jfdg/gesamt.pdf. Zugegriffen: 11. June 2013.

Gleich, Johann Michael. 2003. Zukunft der Freiwilligendienste – Einsatzmöglichkeiten in Diensten und Einrichtungen im Verbandsbereich des Deutschen Caritasverbandes. In *Freiwilligendienste haben es in sich*, Hrsg. Eugen, Baldas und Rainer A., Roth, 213–266. Freiburg: Lambertus.

Jakob, Gisela. 2011a. Freiwilligendienste. In *Handbuch Bürgerschaftliches Engagement*, Hrsg. Thomas Olk und Birger Hartnuß, 185–201. Weinheim: Beltz Juventa.

Jakob, Gisela. 2011b. Freiwilligendienste zwischen Staat und Zivilgesellschaft. *Soziale Arbeit* 12:461–469.

Klie, Thomas, und Theodor, Pindl. 2008. Das Bundesmodellprogramm „Generationsübergreifende Freiwilligendienste". *Neue Praxis* 1:58–77.

Kreuter, Jens. 2012. Freiwilliges Engagement im staatlich geregelten Dienst. Eine Erfolgsgeschichte. *Soziale Arbeit* 1:24–31.

Liebig, Reinhard. 2012. Freiwilligendienste und Zivilgesellschaft. Ein Klärungsversuch. *Soziale Arbeit* 7:261–268.

Olk, Thomas und Klein, Ansgar. 2014. Bildung in Freiwilligendiensten. *Journal für politische Bildung* 1:18–25.

Rauschenbach, Thomas. 2010. Freiwilligendienste für junge Menschen – diesseits und jenseits des Zivildienstes. *Theorie und Praxis der Sozialen Arbeit* 6:404–415.

Schmidle, Marianne. 2012. Erfahrungen in der Begleitung junger Menschen mit Migrationshintergrund im Freiwilligen Sozialen Jahr (FSJ). In *Integration durch Mitmachen. FSJ für junge Menschen mit Migrationshintergrund*, Hrsg. Marianne Schmidle, Barbara Schramkowski, und Slüter, Uwe, 93–102. Freiburg: Lambertus.

Strachwitz, Rupert Graf. 2011. Der neue Bundesfreiwilligendienst. Eine kritische Bewertung auf Sicht der Zivilgesellschaft. http://www.institut.maecenata.eu/resources/2011_Opusculum48.pdf. Zugegriffen: 11. June 2011.

Prof. Dr. Thomas Olk seit April 1993 Inhaber des Lehrstuhls für Sozialpädagogik und Sozialpolitik am Fachbereich Erziehungswissenschaften der Martin-Luther-Universität Halle-Wittenberg. Arbeits- und Forschungsschwerpunkte: Dritte-Sektor- und Wohlfahrtsverbändeforschung, Kindheits- und Jugendforschung, Engagementforschung. Seit 2003 ist er Vorsitzender des Sprecherrats des Bundesnetzwerks Bürgerschaftliches Engagement (BBE).

Staatliche Einflussnahme auf die Freiwilligendienste aus der Perspektive der verbandlichen Zentralstellen

Susanne Rindt

Zusammenfassung

Der Beitrag ist die leicht überarbeitete Fassung eines mündlichen Kommentars im Rahmen der Tagung „Zivil.Gesellschaft.Staat.", den die Autorin zum vorangegangenen und in diesem Band abgedruckten Tagungsvortrag von Thomas Olk gehalten hat. Die Autorin befasst sich mit dem Verhältnis von Zivilgesellschaft und Staat und kritisiert in diesem Zusammenhang Tendenzen der Instrumentalisierung und die Überbürokratisierung der Freiwilligendienste. Sie hebt hervor, dass die freien Träger unter hohen Qualitätsansprüchen die Freiwilligendienste als Bildungs- und Engagementangebot weiterentwickeln und für diese Aufgabe gute Rahmenbedingungen benötigen, mit denen ihre Rolle gestärkt wird.

1 Einleitung

Ich bedanke mich für die Gelegenheit, den Tagungsvortrag von Herrn Professor Olk aus der Perspektive der verbandlichen Zentralstellen kommentieren zu dürfen. Im Folgenden werde ich keine zwischen allen Zentralstellen abgestimmten Positionen wiedergeben, sondern möchte einige wichtige Linien nachzeichnen, die

S. Rindt (✉)
Arbeiterwohlfahrt Bundesverband e.V., Berlin, Deutschland
E-Mail: susanne.rindt@awo.org

© Springer Fachmedien Wiesbaden 2015   21
T. Bibisidis et al. (Hrsg.), *Zivil – Gesellschaft – Staat,*
Bürgergesellschaft und Demokratie 44, DOI 10.1007/978-3-658-05564-6_2

für uns Verbände die Debatte zum Verhältnis Staat und Zivilgesellschaft in den Freiwilligendiensten bestimmen.

2 Die zunehmende staatliche Einflussnahme auf die Freiwilligendienste – Kritik und Befürchtungen der Verbände

Wir haben im Bundesarbeitskreis FSJ (Freiwilliges Soziales Jahr) und innerhalb der Bundesarbeitsgemeinschaft der Freien Wohlfahrtspflege in den zurückliegenden Jahren – und dies nicht erst seit Einführung des Bundesfreiwilligendienstes (BFD) – intensiv, kontrovers und durchaus kritisch über die zunehmende staatliche Einflussnahme auf die Freiwilligendienste diskutiert. Ich möchte die Kritik an diesen Entwicklungen und die Befürchtungen der Träger und Verbände entlang von drei Diskussionslinien nachzeichnen.

2.1 Instrumentalisierung der Freiwilligendienste

Staatliche Einflussnahme und Steuerung geschieht erstens dort, wo Freiwilligendienste für freiwilligendienstfremde Zwecke instrumentalisiert werden. Wir Verbände weisen auch in der allgemeinen engagementpolitischen Debatte auf die spürbare Tendenz einer staatlichen Instrumentalisierung des bürgerschaftlichen Engagements hin und kritisieren, dass hierdurch der Eigensinn des Engagements und das Prinzip der Freiwilligkeit beschädigt werden.

Auf die Freiwilligendienste bezogen, wird seit Jahren von vielen Trägern kritisiert, dass Freiwilligendienste für bildungs-, integrations- und arbeitsmarktpolitische Zielstellungen instrumentalisiert werden. Es geht hier, so die Befürchtung, weniger darum, neue – und ja längst überfällige – Zugänge etwa für Bildungsbenachteiligte oder Menschen mit Migrationshintergrund zu schaffen und ihnen individuelle Lern- und Teilhabemöglichkeiten zu bieten. Die Freiwilligendienste sollen vielmehr, so wird befürchtet, Aufgaben übernehmen, die auf den herkömmlichen Politikwegen nicht hinreichend zu bewältigen oder eben nicht (mehr) finanzierbar sind. Diese Diskussion wurde z. B. im Zusammenhang mit dem Bundesprogramm „Freiwilligendienste machen kompetent" geführt. Aktuell wird sie auf einer etwas anderen Ebene wieder geführt, im Zusammenhang mit dem BFD. Der Wegfall von nach wie vor notwendigen arbeitsmarktpolitischen Instrumenten birgt die Gefahr, dass hier der Freiwilligendienst v. a. bei der Altersgruppe der über

27-Jährigen für arbeitsmarktpolitische Zwecke instrumentalisiert wird – nicht aktiv vom Bundesministerium für Familie, Senioren, Frauen und Jugend (BMFSFJ), sondern in diesem Falle von der staatlichen Arbeitsverwaltung.

2.2 Bürokratisierung der Freiwilligendienste

Ebenfalls als wachsende staatliche Einflussnahme werten wir zweitens die Bürokratisierung der Freiwilligendienste – also den in den vergangenen Jahren deutlich gewachsenen Aufwand bei der Verwaltung und dem Nachweis der Mittelverwendung. Uns ist bewusst, dass die immensen Verwaltungsanforderungen bei der Mittelverwendung im Freiwilligen Sozialen Jahr auch eine Folge des Prüfberichts des Bundesrechnungshofs sind und dass die komplizierten Verwaltungsanforderungen im BFD nicht zuletzt mit dessen überhasteter Einführung zusammenhängen. Wir gehen davon aus, dass die Rolle des Bundesfinanzministeriums in diesen Prozessen oft unglücklich war und ist. Uns ist gleichzeitig natürlich auch bewusst, dass wir es bei den Fördermitteln mit Steuergeldern zu tun haben und gegenüber der Gesellschaft eine Verpflichtung haben, diese Mittel ordnungsgemäß, dem Zweck entsprechend und sparsam zu verwenden.

Bei aller Freude über den großen Mittelzuwachs und damit auch über die gestiegene Bedeutung und die öffentliche Aufmerksamkeit für die Freiwilligendienste: Man muss klar konstatieren, dass die haushaltsrechtlichen Rahmenbedingungen für die Freiwilligendienste schlecht sind und dass sie in den vergangenen Jahren schlechter geworden sind. Wir Träger und Verbände empfinden den immensen Bürokratieaufwand, den wir bewältigen müssen und der im BFD sogar noch über dem im Zivildienst liegt, auch als staatliche Gängelung, mit der wir in unserer Autonomie und in unseren Gestaltungsmöglichkeiten deutlich eingeengt werden. Die Bürokratie schränkt uns letztlich bei dem ein, was wir am besten können, nämlich Freiwillige gut zu begleiten, damit der Freiwilligendienst für sie eine positive und nachhaltig wirkende Bildungs- und Engagementerfahrung wird. Wir wünschen uns hier vom Staat deutlich mehr Augenmaß.

2.3 „Verstaatlichung der Freiwilligendienste"

Unter dem Begriff einer „Verstaatlichung der Freiwilligendienste" kritisieren die Vertreter_innen des FSJ und FÖJ (Freiwilliges Ökologisches Jahr) drittens seit Jahren, dass sich der Staat zunehmend vom Subsidiaritäts- und Trägerprinzip abwendet. Als Beleg dafür wurde zuerst die Einführung neuer Freiwilligendienstformate auf staatliche Initiative und deren staatliche Steuerung angeführt – *weltwärts* und *kulturweit* sind hier die Beispiele.

Mit der Einführung des BFD hat die Diskussion um die Verstaatlichung aus verschiedenen Gründen neue Nahrung erhalten. Im Bundesfreiwilligendienstgesetz ist das im FSJ und FÖJ sehr bewährte Trägerprinzip nicht gesetzlich festgeschrieben oder es wurde zumindest neu definiert. Im BFD ist außerdem der Staat selbst als Vertragspartner aller Freiwilligen ganz unmittelbar am Freiwilligendienst beteiligt. Überdies greift der Staat mit Hilfe des zuständigen Bundesamtes für Familie und zivilgesellschaftliche Aufgaben (BAFzA) in einer problematischen Doppelrolle steuernd in die Freiwilligendienste ein, weil das Bundesamt, neben seiner Funktion der Aufsicht über die Durchführung des BFD, der Einsatzstellenanerkennung, der Verwaltung und Auszahlung von Zuschüssen usw. eben zugleich auch selbst Zentralstelle ist, sich damit also selbst beaufsichtigt.

Wir Verbände und Trägerorganisationen führen seit einiger Zeit untereinander und mit dem BMFSFJ eine Diskussion darüber, inwieweit die Freiwilligendienste ein genuin zivilgesellschaftliches Format sind und inwieweit die Umsetzung daher auch in zivilgesellschaftliche Hände, also in die Hände freier Träger gehört. Der Staat solle sich, so wird von den Verbänden gefordert, möglichst weitgehend aus der Steuerung, vor allem aber aus der Umsetzung der Dienste heraushalten und nicht Freiwilligendienste im Rahmen einer staatlichen Zentralstelle selbst betreiben.

In dieser Diskussion werden zwischen Vertreter_innen des Staates und der Verbände die immer gleichen Argumente ausgetauscht, etwa darüber, was eigentlich eine zivilgesellschaftliche Zentralstelle ist und was nicht. Ist eine kleine verbandsunabhängige Einsatzstelle, die sich der BAFzA-Zentralstelle angeschlossen hat, „zivilgesellschaftlicher" als die große wohlfahrtsverbandliche Zentralstelle samt ihren Trägern und Einsatzstellen? Und was wären die Kriterien dafür?

Zum Teil haben sich in die Diskussion meiner Wahrnehmung nach auch ein paar, ich will das mal so nennen, normativ gefärbte Missverständnisse eingeschlichen. Uns nicht-staatlichen Zentralstellen wird mehr oder weniger direkt vorgehalten, wir würden mit dem Label „zivilgesellschaftlich" für uns zu beanspruchen versuchen, wir seien „die Guten" und würden uns damit in eine normativ wertende Gegenstellung zum Staat bringen. Dies zum Ausdruck zu bringen, lag nie in unserer Absicht und entspricht auch nicht unserer Sichtweise.

In jedem Fall sind wir bei diesem Schlagabtausch einem befriedigenden Diskussionsergebnis über Rollen und Aufgaben von Staat und Zivilgesellschaft im Bereich der Freiwilligendienste nicht erkennbar nähergekommen. Das können sicherlich alle hier im Saal Anwesenden bestätigen. Für uns ist diese Tagung daher auch eine Chance, noch einmal innezuhalten, sich im Gespräch miteinander mit unserem je-

weiligen Selbstverständnis auseinanderzusetzen und uns über unsere Aufgaben und
Rollen zu verständigen.

3   Die zivilgesellschaftliche Qualität der Freiwilligendienste

Herr Professor Olk hat in seinem Vortrag die zivilgesellschaftliche Qualität der
Freiwilligendienste betont und in seiner Argumentation deren besondere Förderungswürdigkeit aus eben dieser Qualität hergeleitet. Er argumentiert dabei nicht
bereichslogisch, also aus der bloßen Zugehörigkeit der Trägerorganisationen zur Zivilgesellschaft oder zum Dritten Sektor heraus, sondern handlungslogisch, aus den
Besonderheiten des bürgerschaftlichen Engagements heraus. Damit führt er eine
Argumentation in die Debatte ein, die ich für hilfreich halte.

Freiwilligendienste gelten, auch wenn dieses Moment zum Zeitpunkt ihrer Entstehung in den 1950er und 1960er Jahren noch nicht so vordergründig war, längst als
eine besondere Form des bürgerschaftlichen Engagements. Freiwilligendienste als
zivilgesellschaftliche Lerndienste ermöglichen Sozialisations- und Lernprozesse,
die dazu führen, dass sich Menschen für andere Menschen und für gesellschaftliche Belange verantwortlich fühlen und dass sie sich aktiv – und im Idealfall auch
nachhaltig im weiteren Lebensverlauf – in die Gesellschaft einbringen.

Von der Qualität als zivilgesellschaftlicher Lerndienst lassen sich Qualitätskriterien ableiten, mit denen sich die Aufgaben und Rollen aller an der Organisation
der Freiwilligendienste Beteiligten gut beschreiben lassen.

Damit die Träger ihre zentrale Aufgabe der pädagogischen Begleitung auf hohem
Niveau erfüllen können, muss ihre Rolle definiert und durch förderliche Rahmenbedingungen gestärkt werden. Nur so können die Träger Qualität sichern und
weiterentwickeln, neue Konzepte für neue Zielgruppen erarbeiten und umsetzen
– z. B. für bildungsbenachteiligte oder lebensältere Freiwillige. Nur so lässt sich
die produktive Vielfalt an Freiwilligendienstangeboten, an verbandlichen Einbin-
dungen und inhaltlichen Schwerpunktsetzungen gewährleisten. Diese Vielfalt sorgt
dafür, dass sich für jeden an einem Freiwilligendienst interessierten Menschen ein
passendes Angebot finden lässt, das Raum gibt für individuelle Lernerfahrungen
und gesellschaftliches Engagement. Diese Vielfalt ermöglicht es, dass wir den
Freiwilligen auch nach dem Freiwilligendienst ein passendes Engagementangebot
machen können, sei es in unseren Jugendverbänden oder in den unterschiedlichsten
Organisationen und Einrichtungen.

Aus dieser Perspektive der Vielfalt ist für uns im Übrigen nicht einzusehen,
warum im BFD auf Dauer allein die staatlichen Bildungszentren die politische

Bildung durchführen sollen. Wir können das ebenso gut, haben hier in den Freiwilligendiensten langjährige Erfahrungen und können das staatliche Angebot mit unseren bewährten Angeboten gut ergänzen.

Zu einer starken Trägerrolle gehört aber auch, dass diese nicht nur im Hinblick auf Seminarangebote definiert wird, sondern auch und gerade im Dreiecksverhältnis zwischen Freiwilligem, Einsatzstelle und Träger. Dazu gehört die Beratung und Begleitung der Einsatzstellen und dazu gehört vor allem die individuelle pädagogische Begleitung der Freiwilligen außerhalb der Seminare. Dies diskutieren wir mit unseren staatlichen Partnern vor allem in Bezug auf den BFD und kommen eher mühsam voran. Es kann nicht sein, möchte ich kritisch anmerken, dass das BAFzA und seine Bildungszentren aus Gründen der Inkompatibilität mit den eigenen staatlichen Strukturen die individuelle pädagogische Begleitung, wie wir sie ermöglichen, gewissermaßen als ein Angebot für besonders betreuungsbedürftige und unselbständige Freiwillige abwertet, während das eigene, vor allem aus Seminaren bestehende Angebot als eines für mündige Erwachsene dargestellt wird.

4   Schlussbemerkungen

Abschließend noch ein paar Bemerkungen zur Rolle des Staates, so wie sie Herr Olk in seinem Vortrag beschrieben hat. Ich habe die Notwendigkeit förderlicher Rahmenbedingungen für die Träger ja schon angesprochen. Diese zu schaffen, um damit soziales Lernen und bürgerschaftliches Engagement von Freiwilligendienstleistenden zu unterstützen, ist die zentrale Aufgabe des Staates. Dafür, und da kann ich die Aussagen von Herrn Olk nur unterstreichen, muss auch die Selbstorganisationsfähigkeit und Autonomie der Trägerorganisationen gefördert werden. Das gilt für das bürgerschaftliche Engagement im Allgemeinen und für die Freiwilligendienste im Besonderen. Es kann nicht darum gehen, Engagement zu lenken, zu steuern, zu beeinflussen oder inhaltlich zu bewerten, sondern es geht darum, es zu ermöglichen, es anzuerkennen und die notwendige Infrastruktur zu fördern. Herr Olk hat verschiedene mögliche Maßnahmen genannt, denen an dieser Stelle nichts hinzuzufügen ist. Sicher gibt es im Rahmen dieser Tagung viele Gelegenheiten, sie im Einzelnen zu diskutieren.

Susanne Rindt M.A.   Leiterin der Abteilung Verbandsangelegenheiten, Engagementförderung und Zukunft der Bürgergesellschaft beim Arbeiterwohlfahrt Bundesverband e.V. Zuvor war sie u. a. im Institut für Sozialarbeit und Sozialpädagogik e.V. (ISS) als wissenschaftliche Mitarbeiterin, Leiterin des Projektbüros zum Bundesprogramm *Freiwilligendienste machen kompetent* und der *Koordinierungsstelle Jugendfreiwilligendienste* beschäftigt.

Spannende Zeiten für die Freiwilligendienste

Sönke Rix und Anne-Katrin Fischer

Zusammenfassung

Nach einem kurzen Abriss über die Etablierung und Ausdifferenzierung der gesetzlich geregelten Freiwilligendienste wird der Wandel in der Freiwilligendienstlandschaft, der sich nach der Aussetzung des Zivildienstes massiv beschleunigt hat, geschildert. Die Einführung des Bundesfreiwilligendienstes und die damit einhergehende Gesetzgebung werden demzufolge besonders in den Fokus gerückt. Insbesondere greifen die Autoren die aktuellen politischen Diskussionen rund um die Freiwilligendienste auf und identifizieren Handlungsbedarfe und Spannungsfelder.

S. Rix (✉)
Mitglied des Deutschen Bundestages, Berlin, Deutschland
E-Mail: soenke.rix@bundestag.de

A.-K. Fischer
Berliner Büro des MdB Sönke Rix, Berlin, Deutschland
E-Mail: soenke.rix@bundestag.de

© Springer Fachmedien Wiesbaden 2015   27
T. Bibisidis et al. (Hrsg.), *Zivil – Gesellschaft – Staat,*
Bürgergesellschaft und Demokratie 44, DOI 10.1007/978-3-658-05564-6_3

1   Einleitung

„Aber es gibt Dienste, die die Dienstleistungsgesellschaft weder kaufen noch bezahlen kann, die aber geleistet werden müssen, wenn unsere Gesellschaft nicht erfrieren soll."[1]

Dienste, die unsere Gesellschaft vor dem Erfrieren bewahren, werden freiwillig und ehrenamtlich geleistet. Ob in einem Sportverein, der Freiwilligen Feuerwehr, einer Stiftung, einer Selbsthilfegruppe, als „Grüne Dame und Herren" im Krankenhaus, als Mitglied des Gemeinderates, als Lesepat_in in Schulen oder auch als Spender_in von Geld: Bürgerschaftliches Engagement hat viele Gesichter. Es ist der Kitt innerhalb unserer Gemeinschaft, ist eigensinnig und vielfältig.

Eine besondere Form des bürgerschaftlichen Engagements sind die gesetzlich geregelten Freiwilligendienste. Hier entscheiden sich die Teilnehmenden für ein längerfristiges Engagement, und zwar für mindestens 20 h in der Woche und für mindestens ein halbes Jahr.

In den vergangenen Jahren kam Bewegung in die Freiwilligendienstlandschaft. Die beliebten Formate Freiwilliges Soziales Jahr (FSJ) und Freiwilliges Ökologisches Jahr (FÖJ) wurden evaluiert und weiterentwickelt. Mit *kulturweit* und *weltwärts* haben sich zwei internationale Jugendfreiwilligendienste etabliert, der Freiwilligendienst aller Generationen (FDaG) schloss als Modellprojekt an die Generationsübergreifenden Freiwilligendienste (GÜF) an und wird mittlerweile nicht mehr aus dem Bundeshaushalt gefördert. Zuletzt wurden der Bundesfreiwilligendienst (BFD) und der Internationale Jugendfreiwilligendienst (IJFD) eingeführt, nachdem der Grundwehr- und der Zivildienst als Pflichtdienste ausgesetzt worden waren. Die Freiwilligendienstlandschaft stellt sich damit so vielfältig dar wie noch nie. Allerdings werden wir uns im Folgenden insbesondere auf die Inlandsjugendfreiwilligendienste FSJ und FÖJ sowie auf den Bundesfreiwilligendienst konzentrieren.

2   Geschichte und Entwicklung

Die Freiwilligendienste gehen auf eine jahrzehntelange Tradition zurück. Bereits 1954 rief die Diakonie vor dem Hintergrund eines großen Personalmangels in den pflegerischen und sozialen Einrichtungen und dem gleichzeitigen Mangel an Lehrstellen junge Christen dazu auf, ein Jahr ihres Lebens für andere Menschen zur

---

[1] Johannes Rau in seiner Rede anlässlich der Auftaktveranstaltung zum Internationalen Jahr der Freiwilligen in Deutschland am 5. Dezember 2000 in Bonn.

Verfügung zu stellen. Das „diakonische Jahr" richtete sich vor allem an Frauen zwischen 18 und 36 Jahren und sollte nicht nur Hilfe bieten, sondern den Teilnehmenden auch Bildung vermitteln. Allerdings war die Resonanz nur mäßig. In der katholischen Kirche wurde erstmals 1958 zu einem „Freiwilligen Hilfsdienst in Flüchtlingslagern" aufgerufen. Im folgenden Jahr riefen die katholischen deutschen Bischöfe zum „Jahr für die Kirche" auf. Anfang der 1960er Jahre, als der wirtschaftliche Aufschwung schon deutlich zu spüren war, folgten immer mehr junge Menschen dem Appell beider Kirchen, so dass ein gesetzlicher Rahmen für die Freiwilligendienste geschaffen werden musste. 1964 wurden mit dem „Gesetz zur Förderung eines freiwilligen sozialen Jahres" die Einsatzmöglichkeiten, Zulassungsvoraussetzungen für Träger und eine Altersgrenze geregelt. Von Anfang an war klar: Eine pädagogische Begleitung der Freiwilligen muss sein. Und klar war damals auch, dass Freiwillige nicht als kostengünstige Arbeitskräfte missbraucht werden sollten. Diese Grundsätze sind nach wie vor Gegenstand aktueller Diskussionen.

Knapp 30 Jahre später, 1993, wurde dieses Gesetz zum ersten Mal novelliert. Seitdem sind auch einjährige Auslandseinsätze möglich. Gleichzeitig wurde das Freiwillige Ökologische Jahr (FÖJ) gesetzlich geregelt und erfreute sich innerhalb kürzester Zeit großer Beliebtheit.

2002 wurden die Freiwilligendienste flexibler gestaltet. Seitdem ist eine Dienstdauer von sechs bis 18 Monaten möglich; das Mindestalter wurde auf die Erfüllung der Vollzeitschulpflicht herabgesetzt. Anerkannte Kriegsdienstverweigerer konnten anstelle eines Zivildienstes ein FSJ oder FÖJ absolvieren und wurden aus dem Zivildiensthaushalt gefördert. Gleichzeitig wurden die Einsatzfelder um die Bereiche Sport, Kultur und Denkmalpflege erweitert (vgl. BMFSFJ 2004).

3 Aussetzung des Zivildienstes und Einführung des Bundesfreiwilligendienstes

Mit dem Wehrrechtsänderungsgesetz 2010, das zum 1. Juli 2010 in Kraft trat, wurden sowohl der Wehrdienst als auch der Zivildienst auf eine Dauer von sechs Monaten verkürzt. Zugleich wurde die Möglichkeit zur sogenannten freiwilligen Verlängerung des Zivildienstes geschaffen. Für dieses Konstrukt waren 75 Mio. € im Bundeshaushalt eingestellt. Die Jugendpolitiker_innen der SPD-Bundestagsfraktion und die SPD-Mitglieder_innen des Unterausschusses Bürgerschaftliches Engagement haben sich allerdings schon früh gegen die Verkürzung

und gegen das Modell der freiwilligen Verlängerung ausgesprochen. Sie befürch-
teten eine Mogelpackung und sahen in der Regelung die Gefahr, dass besonders
begehrte Stellen nur an diejenigen jungen Männer vergeben werden, die sich von
Anfang an für eine freiwillige Verlängerung des Dienstes entscheiden.

Nachdem das neue Gesetz in Kraft getreten war, wurde weiter über eine Neu-
strukturierung der Bundeswehr und damit auch des Wehrdienstes diskutiert. Es
zeichnete sich eine Umstellung auf eine freiwillige Wehrpflicht ab, die dann auch
kam: Zum 1. Juli 2011 wurde mit dem Wehrrechtsänderungsgesetz 2011 die
allgemeine Wehrpflicht ausgesetzt.

Politische und gesetzliche Entscheidungen zur Wehrpflicht waren immer auch
Entscheidungen über den Zivildienst. Im Zuge der Aussetzung der Wehrpflicht
wurde so in logischer Konsequenz auch der Zivildienst ausgesetzt. Dies schlug
hohe Wellen, fürchtete man doch, dass nun eine maßgebliche Säule der sozialen
Infrastruktur wegbrechen würde: die Zivis. Diese Befürchtungen waren unserer
Meinung nach unbegründet. In den betreffenden Einsatzbereichen, machten Zivildienstleistende nur gut ein Prozent aller Beschäftigten aus. Abgesehen davon
sollte immer klar gewesen sein, dass Zivildienststellen arbeitsmarktneutral sind –
die Infrastruktur musste also auch ohne sie funktionieren. Dass Zivildienstleistende
in den vergangenen Jahrzehnten wertvolle Arbeit geleistet und wichtige Aufgaben
übernommen haben, bleibt unbestritten. Vor allem spendeten sie Zeit und Aufmerksamkeit und verfügten über andere zeitliche Ressourcen als eine hauptamtlich
beschäftigte Kraft.

In die Debatte um die Zukunft des sozialen Engagements von jungen Menschen
mischten sich immer wieder Stimmen, die sich explizit oder implizit für einen
allgemeinen sozialen Pflichtdienst für junge Männer und Frauen aussprachen. Einen
solchen Pflichtdienst hielten und halten wir nicht für zielführend. Die SPD hat sich
bereits im Regierungsprogramm zur Bundestagswahl 2009 gegen einen allgemeinen
Pflichtdienst ausgesprochen und bekräftigte diese Position noch einmal durch den
Jugendpolitischen Beschluss des Parteikonvents im Juni 2012. Daran haben wir
stets festgehalten, denn genau wie bei der Wehrpflicht setzten und setzen wir auch
beim sozialen Engagement auf Freiwilligkeit.

Das damals CDU-geführte Bundesfamilienministerium sah dies ähnlich, zog
daraus aber andere Konsequenzen. Es reagierte unmittelbar auf die Sorge, dass die
Abschaffung des Zivildienstes eine Lücke in die soziale Infrastruktur reißen würde
und legte einen Vorschlag zur Einführung eines freiwilligen, allerdings staatlich organisierten Zivildienstes vor. Diesen Vorschlag haben wir abgelehnt. Denn statt in
einem staatlich organisierten freiwilligen Zivildienst sahen wir Sozialdemokratin-
nen und Sozialdemokraten die Zukunft des Engagements junger Menschen in den
bereits bestehenden Jugendfreiwilligendiensten FSJ und FÖJ. Wir wollten diese mit

den Bundesmitteln, die vormals für den Zivildienst zur Verfügung standen, massiv ausbauen, die bereits vorhandenen Strukturen nutzen und den Freiwilligen mehr Anerkennung verschaffen. Nicht zuletzt hätten wir so auch der großen Nachfrage nach Plätzen im FSJ und FÖJ nachkommen können.

Die schwarz-gelbe Koalition führte stattdessen zum 1. Juli 2011 und parallel zur Aussetzung der Wehrpflicht den freiwilligen Zivildienst ein, der im Zuge der Planungen in Bundesfreiwilligendienst (BFD) umbenannt wurde. Damit etablierte sie eine Doppelstruktur in der Freiwilligendienstlandschaft. Während das FSJ und FÖJ weiterhin zivilgesellschaftlich durch Träger und Einsatzstellen organisiert werden sollten, sollte der BFD ein vorerst auf 35.000 Plätze kontingentierter, größtenteils staatlich organisierter Freiwilligendienst sein. Im Zuge dessen wurde das Bundesamt für Zivildienst (BAZ) umbenannt in das Bundesamt für Familie und zivilgesellschaftliche Aufgaben (BAFzA). Es wurde nun u. a. auch für die Organisation des BFD zuständig, zugleich aber auch Träger für kleinere oder kommunale Einsatzstellen. Gleichzeitig wurde die aus dem Bundeshaushalt finanzierte Pauschale für die pädagogische Begleitung in den Jugendfreiwilligendiensten von 72 € pro Platz/Monat (FSJ) bzw. 153 pro Platz/Monat (FÖJ) auf bis zu 200 € erhöht.

Die hastige Gesetzgebung und Einführung des BFD führte zu Unsicherheiten und Unstimmigkeiten auf Seiten aller Beteiligten: Die Freiwilligendienstträger, die nun parallel Träger des Bundesfreiwilligendienstes und der Jugendfreiwilligendienste sein mussten, verbuchten einen starken Anstieg der Bürokratie. Aber auch viele Einsatzstellen und insbesondere junge Menschen und ihre Eltern waren irritiert. Fragen zu den Auswirkungen einer BFD-Teilnahme auf Kindergeldzahlungen, BAföG-Berechtigungen von Geschwistern und zur Vereinbarkeit mit arbeitsmarktpolitischen Leistungen waren bedauerlicherweise keine Seltenheit. Zahlreiche Kleine Anfragen an die Bundesregierung zum Thema „Einführung des Bundesfreiwilligendienstes" aus den Reihen aller Oppositions-Fraktionen waren parlamentarischer Ausdruck und Konsequenz dieser Verunsicherung (parlamentarische Anträge, siehe Literaturverzeichnis).

Trotz dieser Startschwierigkeiten entwickelte sich der BFD jedoch innerhalb eines kurzen Zeitraums zu einem begehrten Modell. Dabei ist es vor allem den Trägern und den Teilnehmenden zu verdanken, dass innerhalb nur eines Jahres dieser neue Freiwilligendienst etabliert werden konnte. Das große Interesse von Seiten der Teilnehmenden hat uns nicht verwundert – war doch die Nachfrage im Bereich der Jugendfreiwilligendienste FSJ und FÖJ stets meist doppelt so hoch wie das Angebot. Erfreulich ist, dass trotz der Einführung des BFD sowohl das FSJ als auch das FÖJ keine Einbußen hinnehmen mussten und die Freiwilligendienste finanziell gestärkt aus dieser Zeit des Umbruchs hervorgingen.

4   Aktuelle Herausforderungen

Durch die Einführung des Bundesfreiwilligendienstes und des Internationalen Jugendfreiwilligendienstes sowie durch die massive Erhöhung der Bildungspauschalen für FSJ und FÖJ sind der Bekanntheitsgrad und die finanzielle Förderung der Freiwilligendienste so hoch wie nie. Im Zuge dessen ist die Freiwilligendienstlandschaft auch vielfältiger geworden – sowohl in Bezug auf die Zielgruppen als auch hinsichtlich der Einsatzfelder. Die Freiwilligendienste sind quantitativ enorm gewachsen. Damit einhergehend muss aber auch ihre Qualität gewährleistet sein.

Denn Freiwilligendienste sind nicht nur eine besondere Form des bürgerschaftlichen Engagements, sondern viel mehr: Junge Menschen können als Freiwilligendienstleistende ihre sozialen Kompetenzen festigen, Neues erlernen und sich auf ihrem Weg in den Beruf orientieren. So entsteht auch ein ganz persönlicher Nutzen für die Teilnehmenden. Dass für die SPD-Bundestagsfraktion das Wohl der jungen Frauen und Männer im Vordergrund steht, wird in zahlreichen Anträgen deutlich, die wir in der letzten Legislaturperiode zu diesem Thema in den Deutschen Bundestag eingebracht haben (SPD-Bundestagsfraktion 2010a, b).

Mit der Einführung des Bundesfreiwilligendienstes sind neue Zielgruppen in den Blick geraten. Durch die altersoffene Struktur des BFD muss uns nun daran gelegen sein, dass nicht allein junge Menschen von den Freiwilligendiensten profitieren, sondern auch Lebensältere. Wenn auch an einigen Stellen bereits nachgebessert wurde, so gibt es im BFD doch weiterhin grundsätzliche Schwachstellen. Zum einen ergeben sich diese aus der „Pflichtdienstlogik" – schließlich sollte der BFD die Lücke schließen, die der Zivildienst vermeintlich hinterlassen hat. Zum anderen stellt uns gerade die altersoffene Gestaltung vor neue Fragen, zum Beispiel zur Arbeitsmarktneutralität und zur pädagogischen Begleitung. Im Juni 2012 hat die SPD-Bundestagsfraktion einen Antrag vorgelegt, der u. a. fordert, den Bundesfreiwilligendienst stärker in zivilgesellschaftliche Verantwortung zu legen und ihn den Jugendfreiwilligendiensten anzugleichen (SPD-Bundestagsfraktion und Fraktion Bündnis90/Die Grünen 2012).

Wichtige Punkte sind dabei:

• die rechtliche Verankerung des Trägerprinzips
• das Befolgen des Subsidiaritätsprinzips
• die Umsetzung eines Bildungsdienstes
• die Beachtung der Arbeitsmarktneutralität

Die Verankerung des Trägerprinzips im Bundesfreiwilligendienstgesetz ist eines unserer dringendsten Anliegen. Im Jugendfreiwilligendienstegesetz ist diese Verankerung elementar: Die Träger sind Vertragspartner der Freiwilligen und Schnittstelle zwischen Einsatzstelle und Freiwilligen. Zugleich sind sie erster Ansprechpartner für die Freiwilligen. Sie stellen sicher, dass die Freiwilligen von pädagogischen Fachkräften begleitet werden, bieten Seminararbeit an, übernehmen die Verwaltungsarbeit, unterstützen die Einsatzstellen in allen das FSJ betreffenden Fragen, machen Qualifizierungsangebote für die Einsatzstellen und deren Anleiter_innen und vieles mehr. Vor allem stellen sie durch ihre eigene Vielfalt die Vielfalt der Einsatzstellen und damit der Jugendfreiwilligendienste sicher. Insofern ist es auch nur logische Konsequenz, dass ihre Rolle und Verantwortung gesetzlich verankert ist.

Im Bundesfreiwilligendienst stellt sich dies anders dar. Hier sind die Träger zwar wichtige Ansprechpartner für die Freiwilligen. Sie nehmen eine koordinierende Funktion wahr und sind für die Qualitätssicherung zuständig, sind aber im BFD keine Vertragspartner. Das muss sich ändern. Neben dem Grundsatz der Subsidiarität, den es hier zu wahren gilt, stellt die momentane Situation die Träger allein schon verwaltungstechnisch vor unlösbare Aufgaben – müssen sie doch auch hinsichtlich ihres Kontingents den Überblick über die Anzahl und die Daten „ihrer" Freiwilligen behalten.

Die Forderung nach einer gesetzlichen Verankerung des Trägerprinzips im BFD lässt es schon vermuten: Die Doppelrolle des Bundesamtes für Familie und zivilgesellschaftliche Aufgaben (BAFzA) sehen wir mehr als kritisch. Denn einerseits ist das BAFzA steuernde, koordinierende und kontrollierende Behörde und verwaltet die Zuschüsse an die zivilgesellschaftlichen Zentralstellen. Andererseits ist es selbst insbesondere für kleine und kommunale Träger Zentralstelle und Dienstleister. Somit tritt das BAFzA in Konkurrenz zu den Zentralstellen der zivilgesellschaftlichen Träger. Das widerspricht wiederum dem Subsidiaritätsgebot. Aus diesem Grund fordern wir, dass diese zweite Rolle des BAFzA aufgegeben wird.

Freiwilligendienste sind Bildungsdienste. Das muss auch für den BFD gelten. Unsere Erfahrungen zeigen, dass die Fachöffentlichkeit, also die Träger und auch viele Einsatzstellen wissen, was den BFD ausmacht bzw. welche Funktion er erfüllen soll und dass er eben nicht nur ein Ersatz für den weggefallenen Zivildienst ist. Die dort Tätigen geben sich in aller Regel Mühe, die Freiwilligendienstleistenden gemeinsam pädagogisch zu begleiten und ihnen möglichst gleiche Rahmenbedingungen zu bieten – ganz gleich, ob sie ein FSJ, FÖJ oder einen BFD absolvieren. Dies lässt sich leichter bei denjenigen unter 27 Jahren organisieren als bei den Älteren.

Die SPD-Bundestagsfraktion fordert, dass der BFD auch für Ältere – genau wie die Jugendfreiwilligendienste – seinem Anspruch als Bildungsdienst gerecht wird. Noch ist dies nicht hinreichend der Fall. Die Seminarteilnahme, die bei den jüngeren Teilnehmerinnen und Teilnehmern eine wichtige Rolle im Hinblick auf den Bildungscharakter spielt, ist nicht eins zu eins auf die älteren Freiwilligen übertragen, zumal diese häufig noch andere, z. B. familiäre Verpflichtungen haben. Und nicht zuletzt finden sich hier noch Relikte aus der Zivildienstzeit: Die verpflichtenden Seminartage zur politischen Bildung halten wir in einem Freiwilligendienst für nicht mehr zeitgemäß. Stattdessen sollten sie zwar als Angebot erhalten bleiben, aber nicht als Pflichtprogramm vorgeschrieben sein.

Manche der Älteren, die einen BFD absolvieren, sind sich nicht im Klaren darüber, dass es sich beim BFD auch um einen Bildungsdienst handelt. In einigen Jobcentern wird der BFD außerdem durchaus als Alternative zu Arbeitsmarktmaßnahmen beworben. Und wir haben Kenntnis von zumindest einem Fall, in dem die Leistungen nach SGB II für einen Empfänger gekürzt wurden, als dieser nach sechs Monaten den BFD abbrach. Genau diese Konsequenzen müssen verhindert werden.

Zudem stellt sich die Frage nach der Arbeitsmarktneutralität neu, wenn Menschen in einem Freiwilligendienst tätig werden, die aufgrund ihres bisherigen (Berufs-)Lebens bereits einen weiten Erfahrungshorizont und womöglich auch einschlägige Fähigkeiten haben. Der Versuchung nachzugeben, diesen älteren Teilnehmenden mehr Verantwortung zu übertragen als jüngeren, ist in unseren Augen nur allzu verständlich.

Verantwortungsübernahme ist natürlich auch im Freiwilligendienst erlaubt. Bei dem sperrigen Begriff *Arbeitsmarktneutralität* handelt es sich bekanntermaßen um eine Grauzone. Natürlich wollen wir mit der Betonung dieses Wunsches nicht bezwecken, dass eine Freiwilligendienstleistende bzw. ein Freiwilligendienstleistender keine eigenen Aufgaben übernimmt oder nur nebenher läuft. Das würde auch ihrer Motivation zuwider laufen. Es geht darum, dass die Aufgaben, die von einer Freiwilligen bzw. einem Freiwilligen übernommen werden, zusätzlicher Natur sind. Freiwillige dürfen keinen Arbeitsplatz verdrängen. Dass dies dennoch nicht selten der Fall ist, ahnen wir. Ein Fahrer, der in einem Pflegeheim im Rahmen eines geringfügigen Beschäftigungsverhältnisses angestellt ist, könnte zusätzlich noch 20 weitere Stunden in der gleichen Einrichtung im Rahmen eines Freiwilligendienstes seine Tätigkeit fortführen. Diese 20 h Arbeit müssen gemacht werden und sind fest bei der Einsatzstelle eingeplant. Insofern würde hier ein Arbeitsplatz verdrängt. Durch die Absenkung der Mindeststundenanzahl auf 20 h bei über 27-Jährigen sind derartige „Mitnahmeeffekte" durchaus möglich, aber alles andere als gewünscht oder gar intendiert. Hier müssen Lösungen gefunden werden, die den Prinzipien der Freiwilligendienste gerecht werden.

Insbesondere im Bundesfreiwilligendienst spielen der Verdienst bzw. das Taschengeld eine große Rolle. In unseren Gesprächen hören wir – insbesondere von Ü-27 Bundesfreiwilligen – öfter Klagen über das Gefühl, eine billige Arbeitskraft zu sein. Damit einher geht häufig das Unverständnis darüber, dass für Freiwillige keine finanziellen Entlastungen vorgesehen sind – wie beispielsweise die Befreiung von der Rundfunkgebühr. Das Gefühl einer zu geringen Wertschätzung bei einzelnen Teilnehmenden ist unerfreulich genug. Wird es durch ehemalige Freiwillige weitergetragen, kann dies auch dazu führen, dass die Freiwilligendienste insgesamt in der öffentlichen Wahrnehmung Schaden nehmen und sich weniger junge wie auch lebensältere Menschen bereit erklären, an einem Freiwilligendienst teilzunehmen.

Um dies zu verhindern, muss die Anerkennung gestärkt, Arbeitsmarktneutralität sichergestellt und Qualität garantiert werden. Stets muss klargestellt werden, dass es sich bei einem Freiwilligendienst eben nicht um eine Form der Erwerbstätigkeit oder um eine arbeitsmarktpolitische Maßnahme handelt, sondern um einen Dienst, der auch dem bzw. der Einzelnen einen großen Gewinn bietet. Dennoch ist eine Diskussion über eine Taschengelduntergrenze alles andere als überflüssig. Denn auch das Taschengeld ist Teil der Anerkennung und Wertschätzung.

Darüber hinaus müssen wir Anreize schaffen, um die Attraktivität der Freiwilligendienste zu steigern. Das beinhaltet beispielsweise die Anrechenbarkeit eines Freiwilligendienstes als doppeltes Wartesemester oder als Praktikum für ein späteres Studium bzw. eine Ausbildung, einen allgemein gültigen und bekannten Freiwilligendienstausweis und finanzielle Entlastungen, wie z. B. die Befreiung von Rundfunkgebühren. Wünschenswert sind außerdem freie, mindestens jedoch ermäßigte Fahrten in öffentlichen Verkehrsverbünden und der Deutschen Bahn.

5 Ausblick

Im Idealfall macht die Teilnahme an einem Freiwilligendienst in einer wichtigen Lebensphase Lust auf ein Engagement im späteren Leben und hilft dabei, die Zivilgesellschaft zu stärken. Die Statistiken weisen darauf hin (Picot 2000, S. 111 ff.). Damit das so bleibt, muss der Freiwilligendienst als sinnstiftende und positive Erfahrung verbucht werden. Wir dürfen den Teilnehmenden an einem Freiwilligendienst weder Steine in den Weg legen, noch ihnen das Gefühl vermitteln, ein Freiwilligendienst sei nur etwas für diejenigen, die sich dies ohnehin und von Haus aus leisten können.

Aktuell ist das Interesse an Freiwilligendiensten sehr hoch und alle Plätze sind besetzt. Dies kann sich allerdings ändern, wenn sich beispielsweise die Auswirkungen der doppelten Abiturjahrgänge entschärfen. Um alle Formate der Freiwilligendienste zu bewerben, aber auch um darüber aufzuklären, was ein Freiwilligendienst ist, welche Rechte und Pflichten er beinhaltet und welchen Gewinn Jugendliche aus dieser Form des geregelten Engagements ziehen, sollten regelmäßig in Schulen Informationsveranstaltungen stattfinden. Und dies gilt eben nicht nur für Gymnasien, sondern auch für andere Schulformen, nicht zu vergessen die Berufsschulen.

Auch für aktuelle und zukünftige Arbeitgeber können Freiwilligendienste ein Gewinn sein. Die Mitarbeiterinnen und Mitarbeiter, die einen Freiwilligendienst geleistet haben, bringen wertvolle Kompetenzen, Fertigkeiten und Erfahrungen in ihre Ausbildung oder in ihren Beruf ein, von denen Kolleginnen und Kollegen und Arbeitgeber profitieren. Allein dies müsste für Unternehmen Anreiz genug sein, Freiwilligendienste in positiver Weise anzuerkennen. Da diese Entwicklung aber beschleunigt werden sollte, müssen auch von politischer Seite Initiativen ausgehen, die Arbeitgebern verdeutlichen, wie wichtig Engagement auch für das Arbeitsleben sein kann. Es könnten Anreize für Unternehmen geschaffen werden, die gegenüber Freiwilligen Offenheit praktizieren, zurückliegendes Engagement in besonderer Weise anerkennen und/oder diejenigen fördern, die auch nach dem Jobeinstieg ein längerfristiges Engagement planen – auch wenn sich dies auf die Arbeitszeit niederschlägt oder gar einen temporären Ausstieg aus dem Job bedeutet.

Die Zahl der Teilnehmenden an einem Freiwilligendienst hat sich durch die Einführung des BFD in den vergangenen zwei Jahren stark erhöht. Gleichzeitig stellen sich – wie oben ausführlich erläutert – nun neue Fragen zu den Rahmenbedingungen und dem grundsätzlichen Verständnis von Freiwilligendiensten. Die Teilnehmenden benötigen deshalb eine zentrale und neutrale Anlaufstelle. Eine unabhängige, ggf. auf parlamentarischer Basis eingerichtete Vertrauens- bzw. Ombudsstelle kann mithelfen, rechtliche, finanzielle und arbeitsmarktrelevante Probleme von Freiwilligen aus dem Weg zu räumen. Selbstverständlich sind die zivilgesellschaftlichen Träger von Freiwilligendiensten auch weiterhin wichtige Ansprechpartner für die Freiwilligen – diese Rolle soll ihnen durch die Einrichtung einer Ombudsstelle nicht streitig gemacht werden. Allerdings bleiben sie immer auch beteiligter und betroffener Akteur, während eine Ombudsstelle Neutralität gewährleisten kann.

Ein Thema, das uns in dieser Legislaturperiode sicher beschäftigen wird, ist das Incoming – also die Teilnahme von ausländischen jungen Männern und Frauen an einem Freiwilligendienst in Deutschland. Bis vor kurzem wurde dieses Thema nur am Rande diskutiert. Inzwischen aber ist das Incoming auch als politisches Anliegen in der Diskussion über die Zukunft der Freiwilligendienste angekommen. Das für den entwicklungspolitischen Freiwilligendienst *weltwärts* zuständige Bundesministerium für wirtschaftliche Zusammenarbeit und Entwicklung (BMZ) hat deshalb die sogenannte Süd-Nord-Komponente eingeführt. Dabei handelt es sich um eine Programmkomponente, die vorerst auf eine Pilotphase von drei Jahren beschränkt ist und den entwicklungspolitischen Fokus des *weltwärts*-Programms verstärken soll. Im Rahmen dieses Programms soll Menschen zwischen 18 und 29 Jahren aus dem Globalen Süden ein Freiwilligendienst in Deutschland ermöglicht werden. Durch eine Kooperation mit dem BFD für Einsatzstellen und Organisationen in Deutschland wird diese Komponente umgesetzt. Dies geht nicht zu Lasten des BFD-Kontingents, denn alle Plätze werden durch das BMZ im Rahmen von *weltwärts* gefördert und zusätzlich zum BFD-Kontingent des BMFSFJ eingerichtet. Insgesamt stehen im ersten Jahr 100 Plätze für Freiwillige aus Afrika und Lateinamerika zur Verfügung. Darüber hinaus verfolge das Familienministerium inzwischen konkretere Überlegungen bezüglich einer breiter angelegten Nutzung des BFD für die Aufnahme ausländischer Freiwilliger in Deutschland (Gildemeister und Klimisch 2013, S. 172 ff.).

Von zivilgesellschaftlicher Seite gab und gibt es durchaus Bestrebungen, ein eigenständiges durch den Bund gefördertes Incoming-Programm zu etablieren. Angesichts der bisherigen Überlegungen und Planungen aus Regierungskreisen werden die Hoffnungen auf eine kurzfristige Berücksichtigung dieses Wunsches aber gedämpft. Trägervertreter folgern daraus: „Für die Trägerlandschaft internationaler Freiwilligendienste bedeutet das, sie sollte gegenwärtig vorrangig auf eine Verbesserung der Rahmenbedingungen für Incoming im BFD (. . .) setzen und das Ziel eines eigenständigen Förderprogramms (. . .) zurückstellen" (Gildemeister und Klimisch 2013, S. 174).

Wir werden die Pilotphase und ihre Auswirkungen auf die Freiwilligendienstlandschaft sowie die weiteren Planungen bezüglich einer Incoming-Komponente im BFD mit großem Interesse begleiten. Die Fragestellungen, die diese neue Freiwilligendienstform aufwirft, sind bereits jetzt zum Teil schon absehbar: Steuerrechtlicher Umgang mit den Freiwilligen, der höhere Förderungsbedarf von ausländischen Freiwilligen, arbeits- und sozialversicherungsrechtlicher Status, Seminargestaltung für in- und ausländische Freiwillige u. v. m.

Grundsätzlich müssen wir uns der Frage stellen, wie wir uns die Freiwilligendienstlandschaft in Zukunft vorstellen. Das beinhaltet Diskussionen zum Incoming, zu einem ausgewogenen Verhältnis zwischen jungen und lebensälteren Freiwilligen, zur zukünftigen pädagogischen Begleitung und zur Rolle von ALG II-Empfängerinnen und -Empfängern im BFD im Sinne der Arbeitsmarktneutralität und natürlich zu administrativen und organisatorischen Zuständigkeiten in den unterschiedlichen Diensten. Hinsichtlich des letzten Punkts strebt die SPD-Bundestagsfraktion klar eine deutliche zivilgesellschaftliche Verantwortung an – einschließlich der Verankerung des Trägerprinzips im Bundesfreiwilligendienstgesetz. Für uns folgt daraus auch eine klare Träger-Zuständigkeit für die pädagogische Begleitung.

Als mit dem Thema eng vertraute Abgeordnetenmitarbeiterin und als für diesen Themenbereich zuständiger Sprecher der SPD-Bundestagsfraktion werden wir auch in den kommenden Jahren mithelfen, die Vielfalt der Freiwilligendienste zu bewahren, gute und sinnvolle Rahmenbedingungen zu schaffen und jungen wie auch älteren Menschen eine sinnstiftende Freiwilligendiensterfahrung zu ermöglichen. Wir müssen darauf achten, dass Freiwilligendienste nicht zum Lückenbüßer für sozialstaatliche Aufgaben werden. Alles in allem – und das steht jetzt schon fest – bleibt es eine spannende Zeit für diejenigen, denen die Freiwilligendienste am Herzen liegen.

Literatur

BMFSFJ. 2004. *Material für die Presse anlässlich des 40-jährigen Jubiläums des Freiwilligen Sozialen Jahres*. http://www.bmfsfj.de/RedaktionBMFSFJ/Pressestelle/Pdf-Anlagen/fsj-jubilaeum-fakten. Zugegriffen: 26. Okt. 2013.

Gildemeister, Jan, und Jan-Thilo Klimisch. 2013. Entsendung und Aufnahme zusammendenken – Im Bundestagswahljahr konkretisieren sich die Pläne für einen Ausbau der Incoming-Programme. In *Voluntaris Zeitschrift für Freiwilligendienste*, Hrsg. Jörn Fischer, Haas Benjamin, und Sonja Richter, 164–176. Köln: Wissenschaftsverlag.

Picot, Sybille. 2000. Jugend und freiwilliges Engagement. In *Freiwilliges Engagement in Deutschland – Freiwilligensurvey 1999; Bd. 3: Frauen und Männer, Jugend, Senioren, Sport*, Hrsg. Sybille Picot, 111–207. Stuttgart: kohlhammer stuttgart.

Weiterführende Literatur

Fraktion Bündnis90/Die Grünen: „Aussetzung des Zivildienstes und Einführung eines Bundesfreiwilligendienstes" Bundestagsdrucksache Nr. 17/4737.

Fraktion Bündnis90/Die Grünen: „Aussetzung des Zivildienstes und Einführung eines Bundesfreiwilligendienstes sowie Freiwilligendienste aller Generationen" Bundestagsdrucksache Nr. 17/6215.

Fraktion Bündnis90/Die Grünen „Weiterentwicklung der Freiwilligendienste" Bundestagsdrucksache Nr. 17/12563.

Fraktion Die Linke „Bundesfreiwilligendienst und Freiwillige über 27 Jahre" Bundestagsdrucksache Nr. 17/13797.

Fraktion Die Linke „Steuer- und sozialrechtliche Behandlung der Leistenden des freiwilligen Wehrdienstes und des Bundesfreiwilligendienstes" Bundestagsdrucksache Nr. 17/8977.

Fraktion Die Linke „Weiterentwicklung des Bundesfreiwilligendienstes" Bundestagsdrucksache Nr. 17/9123.

SPD-Bundestagsfraktion „Fehlsteuerungen beim Bundesfreiwilligendienst" Bundestagsdrucksache Nr. 17/8501.

SPD-Bundestagsfraktion „Umsetzung des Bundesfreiwilligendienstes" Bundestagsdrucksache Nr.17/6553.

SPD-Bundestagsfraktion. 2010a. „Stärkung der Jugendfreiwilligendienste – Platzangebot ausbauen, Qualität erhöhen, Rechtssicherheit schaffen". Bundestagsdrucksache Nr. 17/2117.

SPD-Bundestagsfraktion. 2010b. „Chancen nutzen – Jugendfreiwilligendienste stärken." Bundestagsdrucksache Nr. 17/3429.

SPD-Bundestagsfraktion und Fraktion Bündnis90/Die Grünen. 2012. „Freiwilligendienste in zivilgesellschaftlicher Verantwortung stärken" Bundestagsdrucksache Nr. 17/9926.

Sönke Rix MdB zwischen 2005 und 2013 Obmann im Unterausschuss Bürgerschaftliches Engagement und Sprecher der Arbeitsgruppe Strategien gegen Rechtsextremismus. Seit Januar 2014 ist er Sprecher der SPD-Bundestagsfraktion für Familie, Senioren, Frauen und Jugend. Vor seiner Wahl zum Bundestagsabgeordneten arbeitete Sönke Rix in einer Einrichtung der Norddeutschen Gesellschaft der Diakonie und war dort unter anderem für die Betreuung von Freiwilligendienstleistenden zuständig.

Anne-Katrin Fischer M.A. seit 2006 wissenschaftliche Mitarbeiterin im Abgeordnetenbüro von Sönke Rix. Beschäftigt sich seither eingehend mit den Freiwilligendiensten, den politisch intendierten Veränderungen in diesem Themenfeld und den damit einhergehenden Auswirkungen für die beteiligten Akteure.

Kommentar zu Olk: aus der Sicht eines neuen Bundeslandes

Michael Panse

Zusammenfassung

Ausgehend von einem historischen Rekurs auf die Bedingungen freiwilligen Engagements in der DDR, wird die heutige Situation in den neuen Bundesländern skizziert. Dabei wird näher auf die besondere Altersstruktur des Bundesfreiwilligendienstes in den neuen Bundesländern eingegangen. Daraus ergeben sich wiederum spezielle Anforderungen an die Bildungsangebote, die noch näher zu untersuchen sind. Es schließt sich ein Ausblick auf die demografische Entwicklung an, die die Freiwilligendienste vor neue Herausforderungen stellen wird.

1 Historischer Rekurs

Um die Entwicklung des ehrenamtlichen Engagements und der Freiwilligendienste in den neuen Ländern im bundesdeutschen Zusammenhang verorten zu können, ist ein Rückblick auf frühere Verhältnisse hilfreich. In der DDR bestand der Anspruch, ihrem Charakter einer totalitären Diktatur entsprechend, sämtliche Bereiche des

M. Panse (✉)
Thüringer Ministerium für Soziales, Familie und Gesundheit, Erfurt, Deutschland
E-Mail: vz_bzg@tmsfg.thueringen.de

© Springer Fachmedien Wiesbaden 2015
T. Bibisidis et al. (Hrsg.), *Zivil – Gesellschaft – Staat,*
Bürgergesellschaft und Demokratie 44, DOI 10.1007/978-3-658-05564-6_4

Lebens der Lenkung und Leitung durch die Staatspartei SED zu unterwerfen. Vormals große Felder für freiwilliges, ehrenamtliches Engagement, wie sie Kirchen und Vereine boten, waren zum Teil schon in der Zeit des Nationalsozialismus beginnend zurückgedrängt, aufgelöst oder vereinnahmt worden. Nur noch unter dem Dach der Kirchen existierten kleine Nischen für eigenverantwortliche und selbst organisierte Gruppen und Initiativen, die aber auch dort einem permanenten Verfolgungsdruck durch die „Sicherheitsorgane" der DDR unterlagen. Bis auf wenige, die sich hier engagierten, kannten alle anderen DDR-Bürger_innen „zivilgesellschaftliches" Engagement nur in Form der geforderten so genannten „gesellschaftlichen Aktivitäten" und der Übernahme von ehrenamtlichen Funktionen in den offiziellen Massenorganisationen. Poldrack (1993, S. 37) spricht in diesem Zusammenhang vom Entstehen „einer schwer fassbaren Mentalität von formeller Akzeptanz, verdeckter passiver Verweigerung und dem Versuch, die staatsparteiliche Struktur für die eigenen Zwecke zu instrumentalisieren".

In einem Arbeiter- und Bauernstaat hatte man das entsprechende Klassenbewusstsein zu zeigen, wenn man nicht verdächtigt werden wollte, kleinbürgerlich beschränkt zu sein, oder gar die Interessen der entmachteten Kapitalistenklasse zu vertreten.

Etwas freiwillig zu tun setzt voraus, dass man die Wahl hat, es auch zu lassen. Aber wer verpflichtet ist, aus voller „Überzeugung" mit den Anforderungen der Partei- und Staatsführung übereinzustimmen, für den können sich im Grunde keine Wahlmöglichkeiten ergeben. Der explizite Begriff der Freiwilligkeit wurde daher in der DDR auch nur selten verwendet, so bei den „Freiwilligen Helfern der Volkspolizei", die in der Regel dem für ein Wohnviertel zuständigen ABV (Abschnittsbevollmächtigter der Volkspolizei) zuarbeiteten und den weniger bekannten „Freiwilligen Helfern der Grenztruppen". Bei der Mehrzahl der DDR-Bürger_innen lösten diese Freiwilligen allerdings keine positiven Assoziationen aus, erinnerten sie in ihrem Wirken doch häufig an die Blockwarte der Nazi-Zeit, an Schnüffelei und Denunziation, oder erweckten den Eindruck nicht ernst zu nehmender Möchtegern-Polizisten.

Nach der friedlichen Revolution durften auch in der DDR junge Männer straffrei den Wehrdienst verweigern und es wurde ebenfalls der Zivildienst eingeführt. In der Handhabung und im Selbstverständnis war er kein „Wehrersatzdienst", sondern eher ein Alternativdienst. Im Sommer 1990 gab es eine kurze Diskussion ihn – im Sinne eines allgemeinen Pflichtdienstes für junge Männer und Frauen – weiterzuentwickeln. Diese Idee wurde allerdings im Kreuzfeuer der Kritik von „wir brauchen keinen neuen Reichsarbeitsdienst wie zu NS-Zeiten" bis hin zu „Frauen leisten mit der Geburt und dem Aufziehen von Kindern bereits den wichtigsten Dienst für die Gesellschaft" rasch wieder fallen gelassen. Der Gedanke, einen allgemeinen

Freiwilligendienst einzurichten, schien vor dem Hintergrund der DDR-Erfahrungen allerdings noch ferner zu liegen.

2 Heutige Situation in den neuen Bundesländern

In den Freiwilligensurveys schneiden die neuen Länder, trotz positiver Entwicklungstendenz, bisher regelmäßig schlechter als die alten Bundesländer ab. Vor dem geschilderten Hintergrund erscheint das nicht überraschend. Eine ausgeprägte Freiwilligenkultur kann sich nur langsam entwickeln. Auch die durch die DDR-Sozialisation ausgeprägte Erwartungshaltung an den Obrigkeitsstaat wirkt immer noch nach. Ehrenamtlich Tätige berichten immer noch davon, wie häufig sie bei Dritten auf große Überraschung und Unverständnis stoßen, dass sie freiwillig etwas tun, ohne dafür bezahlt zu werden.

Diesem Bild scheint ein anderer Befund vordergründig zu widersprechen. Im Bundesfreiwilligendienst (BFD) engagiert sich in den neuen Bundesländern ein deutlich höherer Anteil von Personen als in den alten Bundesländern. Dieser Effekt kommt insbesondere dadurch zustande, dass sich die Altersstruktur der Bundesfreiwilligen in West und Ost deutlich unterscheidet. Thüringen lag nach den Zahlen der Statistik im September 2013 mit 135 Freiwilligen auf 100.000 Einwohner_innen auf dem Spitzenplatz, weit vor dem bundesdeutschen Durchschnitt von 54 Freiwilligen. 88 % der Bundesfreiwilligen in Thüringen waren allerdings älter als 27 Jahre. In den alten Bundesländern waren demgegenüber 85 % jünger als 27 Jahre. Von den damaligen 2934 Thüringer Bundesfreiwilligen waren die 51–65 Jährigen sogar mit 1345 Bundesfreiwilligen (46 %) die größte Gruppe. Schaut man sich diese Altersverteilung näher an, wie es Rabea Haß und Annelie Beller (2013, S. 52–74.) getan haben, so fällt als der häufigste Typ unter den älteren Bundesfreiwilligen derjenige auf, der eine Alternative zur Erwerbsarbeit bzw. zu Maßnahmen der Arbeitsagenturen sucht. Eine wichtige Rolle spielen sowohl der finanzielle Anreiz als auch die gesellschaftliche Teilhabe. Häufig besteht auch das Interesse, den Dienst auf 18 Monate zu verlängern. Die Ü27 Teilnehmerinnen und Teilnehmer vergleichen sich überwiegend mit den Hauptamtlichen in den Einsatzstellen und weniger mit den Ehrenamtlichen. Geringer vertreten sind diejenigen, die den BFD als Qualifizierungschance sehen – meist die unter 27-Jährigen – oder als Sinnstifter – meist die über 65-Jährigen. Wir haben es bei der Mehrheit der Bundesfreiwilligen in den neuen Ländern offenkundig also mit einer Personengruppe zu tun, die durch die massiven wirtschaftlichen Umstrukturierungsprozesse in den neuen Bundesländern seit 1989 gebrochene Erwerbsbiografien aufweisen und häufig nur noch geringe Chancen auf dem regulären Arbeitsmarkt haben.

Positiv ist zu verzeichnen, dass die Bereitschaft sich in einem Freiwilligendienst zu engagieren relativ groß ist und viele Ältere nicht in Passivität verharren wollen. Anderseits fällt auf, dass diese Bereitschaft zum Engagement meist erst dann realisiert wird, wenn konkrete Angebote und feste Strukturen vorhanden sind, wie dies im BFD der Fall ist. Man könnte auch etwas salopp formulieren, hier scheinen sich obrigkeitsstaatliches Handeln und darauf gerichtete Erwartungen gesucht und gefunden zu haben. Von Personen, die eigenverantwortlich lokale Projekte mit Freiwilligen aufbauen, wird hingegen immer wieder berichtet, dass es ihnen zwar relativ leicht fällt, freiwillige Mitarbeiter_innen für konkrete und überschaubare Aufgaben zu gewinnen, aber Freiwillige, die bereit sind, selbst Verantwortung zu übernehmen und eigenständige Initiativen zu entwickeln, oft nur sehr schwer zu finden sind. Wenn Thomas Olk von „Förderung von Verantwortungsübernahme und Stärkung des bürgerschaftlichen Engagements", von „Selbstwirksamkeitserfahrungen und Kompetenzentwicklung als Grundlage für selbstgesteuerte Verantwortungsübernahme" spricht, so ist dies die Beschreibung eines Ziels, für dessen Erreichung in den neuen Bundesländern noch einiges zu tun ist.

Damit kommen wir zu einem interessanten nächsten Punkt; zur Frage wie Bildungsangebote für diese Personengruppe der Älteren gestaltet werden sollten, um sich diesen Zielen zu nähern.

3   Bildungsangebote

Die besondere Schwierigkeit bei der Gestaltung von Bildungsangeboten für ältere Bundesfreiwillige liegt darin, dass wir es trotz ähnlicher Sozialisation und vergleichbaren Lebenserfahrungen dennoch mit einer recht heterogenen Zielgruppe zu tun haben. Zur Veranschaulichung sei hier die Äußerung des für Bildungskonzepte zuständigen Mitarbeiters eines Trägers zitiert: „Warum ich sie nicht erreiche? Also, ich habe ein paar Leute, die haben schlicht und ergreifend Sprachschwierigkeiten. (. . .). Wenn ich ein Schreiben so dermaßen einfach formuliere, dass es für manche nachvollziehbar ist, dann finden andere sich unter Umständen veräppelt." (Haß und Beller (2013 S. 71) Träger können so vor der durchaus schwierigen Aufgabe stehen, Bildungsangebote zu entwickeln, in denen sich sowohl der funktionale Analphabet als auch der Diplomingenieur mit Leitungserfahrung wiederfinden. Es wird spannend sein zu beobachten, ob es tatsächlich gelingt, in einem Maße zielgruppenspezifische

Bildungsangebote zu entwickeln, die sowohl den differenzierten Bildungsinteressen der Freiwilligen entsprechen als auch praktikabel umsetzbar sind und dabei die Gefahr vermeiden, in kontraproduktive formale „Berieselung" und „Bespaßung" zur „Abrechnung auf dem Papier" abzugleiten. Dass Zwischenergebnisse der Evaluation eine sehr hohe Zufriedenheit der Teilnehmenden mit den Bildungsangeboten auch bei den älteren Bundesfreiwilligen zeigen, führt zu der Frage, ob dies stärker an der hohen Qualität der Angebote liegt, oder stärker an den vielleicht relativ niedrigen Ansprüchen der Teilnehmer_innen. Interessant wird insbesondere sein, in welchen Bereichen die angestrebten Lerneffekte eintreten und in welchem Umfang, ob beim impliziten Lernen während der eigentlichen Freiwilligentätigkeit oder durch den Besuch von Bildungsseminaren und -veranstaltungen.

4 Ausblick

Die hier für die neuen Bundesländer beschriebene Situation ist eine Momentaufnahme und wird sich in den nächsten Jahren sicher deutlich verändern. Die jetzigen Jahrgänge älterer Bundesfreiwilliger mit ihren besonderen Prägungen und Erfahrungen werden ins Rentenalter eintreten. Bedingt durch die allgemeine demografische Entwicklung wird es weniger Jugendliche und junge Erwachsene geben, die zudem wegen bereits immer früher an sie herangetragenen Bildungs- und Beschäftigungsofferten geringeren Bedarf an Orientierungsmöglichkeiten und damit auch an Freiwilligendiensten haben könnten.

Das bedeutet, dass die Freiwilligendienste durch die Anstrengungen ihrer Träger weiter an Attraktivität gewinnen müssen und es sich nicht erlauben können, potenzielle Freiwillige zu verprellen. Wenn Thomas Olk als Qualitätskriterium anlegt, dass „attraktive Tätigkeiten angeboten werden, die eine Übernahme von Verantwortung und Partizipation ermöglichen, anspruchsvolle Gelegenheiten zum Kompetenzerwerb bieten und reguläre Erwerbsarbeit nicht ersetzen" so kann ihm – mit Blick auf die Zukunft in den neuen Bundesländern – nur zugestimmt werden. Sinnvoll sind sicher auch Maßnahmen, die dazu führen, dass alle Freiwilligen einen einheitlichen Status erhalten, dass die Rolle der Träger gestärkt wird und sich der Staat gemäß dem Subsidiaritätsprinzip aus Aufgaben zurückzieht, in denen er nicht erforderlich ist. Hier wäre es, abhängig von der weiteren Entwicklung der Gesetzeslage – Stichwort mögliche Wiederaufnahme des Wehrdienstes – und der damit verbundenen organisatorischen Implikation im Bereich der Bundesverwaltung, sinnvoll für den Bereich des Bundesfreiwilligendienstes bereits so etwas wie eine staatliche Exit-Strategie, zumindest konzeptionell, vorzubereiten, ohne jedoch die nötige Förderung zurück-zufahren. Ziel sollte es sein, dass Freiwilligendienste für Jugendliche so anziehend werden, dass immer mehr Jugendliche eines Jahrgangs dort wertvolle Erfahrungen sammeln wollen und darüber hinaus zu weiterem bürgerschaftlichen Engagement nach ihrer Dienstzeit angeregt werden.

Literatur

Haß, R., und A. Beller. 2013. Experiment Altersöffnung: Politische Ziele und nichtinten-dierte Folgen – empirische Befunde aus der Pionierphase des Bundesfreiwilligendienstes. *Voluntaris Zeitschrift für Freiwilligendienste* 1/2013:52–74.
Poldrack, H. 1993. *Soziales Engagement im Umbruch. Zur Situation in den neuen Bundesländern.* Köln: ISAB-Verlag.

Michael Panse seit 2010 Beauftragter für das Zusammenleben der Generationen des Frei-staats Thüringen, von 1999 bis 2009 war er Abgeordneter des Thüringer Landtags. Zu seinen Aufgaben gehört es, sich für einen generationsübergreifenden Dialog einzusetzen, der sich um einen Ausgleich bemüht zwischen den berechtigten Interessen von Kindern und Jugendli-chen, Familien und Alleinerziehenden sowie Senior_innen und Ruheständler_innen und dabei darauf zu achten, dass keine Generation ungerechtfertigt belastet wird.

Zwischen Aufwertung und Indienstnahme

Zur gesellschaftlichen Bedeutung von Freiwilligendiensten

Gisela Jakob

Zusammenfassung

Freiwilligendienste haben sich von einem Nischenbereich zu einem gesellschaftlich relevanten Handlungsfeld entwickelt. Nach der Aussetzung der Wehrpflicht und dem Wegfall des Zivildienstes sind die „Dienste" massiv ausgebaut worden, so dass mittlerweile zwischen 90.000 und 100.000 Teilnehmerinnen und Teilnehmer im In- oder Ausland tätig sind.

Die gesellschaftliche Bedeutung der Freiwilligendienste resultiert aus ihren Leistungen, die sie in den Einrichtungen und Organisationen erbringen. Darüber hinaus eröffnen sie Gelegenheiten für umfassende Bildungsprozesse. Insbesondere mit der Zielsetzung, soziales Lernen und Verantwortungsübernahme zu ermöglichen, kommt ihnen auch eine zivilgesellschaftliche Bedeutung zu.

Der quantitative Ausbau und die gesellschaftliche Aufwertung gehen mit einem neu erwachten staatlichen Interesse an den Freiwilligendiensten einher. Mit dem Bundesfreiwilligendienst ist ein staatlich organisierter Freiwilligendienst etabliert worden, der die Rolle der bisherigen Träger und zivilgesellschaftlichen Organisationen in Frage stellt und massiv in das Verhältnis von Staat und Zivilgesellschaft eingreift. Betrachtet man die Entwicklung bei den Freiwilligendiensten in einem weiteren Kontext, dann verdichten sich die Hinweise darauf, dass der Staat angesichts neuer gesellschaftlicher Bedarfe und knapper öffentlicher Mit-

G. Jakob (✉)
Hochschule Darmstadt, Darmstadt, Deutschland
E-Mail: gisela.jakob@h-da.de

© Springer Fachmedien Wiesbaden 2015   47
T. Bibisidis et al. (Hrsg.), *Zivil – Gesellschaft – Staat,*
Bürgergesellschaft und Demokratie 44, DOI 10.1007/978-3-658-05564-6_5

tel versucht, auf die Zivilgesellschaft und das bürgerschaftliche Engagement zuzugreifen und sie in seinem Sinn zu steuern. Die gesetzliche Grundlage und die öffentliche Förderung der Freiwilligendienste bieten den Rahmen für diese stärkere staatliche Steuerung und Indienstnahme dieser geregelten Formen bürgerschaftlichen Engagements.

1 Gesellschaftliche Aufwertung und staatliche Steuerung

Freiwilligendienste haben sich von einem Nischenbereich zu einem bedeutsamen gesellschaftlichen Handlungsfeld entwickelt. Bereits seit den 1990er Jahren lassen sich eine Ausdifferenzierung und ein langsamer Anstieg der Teilnehmerzahlen beobachten. Mit der Aussetzung der Wehrpflicht und dem Wegfall des Zivildienstes hat dieser Trend eine ungeahnte Dynamik bekommen, so dass mittlerweile, 2013/14, zwischen 90.000 und 100.000 Personen einen Freiwilligendienst im In- oder Ausland absolvieren. Neben dem Wegfall des Zivildienstes, der Schaffung des Bundesfreiwilligendienstes und der insgesamt stärkeren öffentlichen Förderung dieser geregelten Formen eines bürgerschaftlichen Engagements haben auch Veränderungen im Bildungssystem wie die doppelten Abiturjahrgänge in manchen Bundesländern diese Entwicklung forciert.

Der quantitative Ausbau und die gesellschaftliche Aufwertung gehen mit einem neu erwachten staatlichen Interesse einher. Freiwilligendienste sind in den vergangenen Jahren zum zentralen engagementpolitischen Instrument der Bundesregierung avanciert, mit dem versucht wird, auf die Zivilgesellschaft und das bürgerschaftliche Engagement zuzugreifen. Mit dem Bundesfreiwilligendienst ist ein staatlich organisierter Freiwilligendienst etabliert worden, der die Rolle der bisherigen Träger und zivilgesellschaftlichen Organisationen in Frage stellt (vgl. ausführlicher Jakob 2011, 2013a). Ein Blick in den Koalitionsvertrag deutet darauf hin, dass sich diese Entwicklung in Richtung auf eine staatliche Steuerung fortsetzen könnte. Engagementpolitik wird darin vor allem als Förderung und weiterer Ausbau der Freiwilligendienste verstanden (Deutschlands Zukunft gestalten 2013, S. 111 f.). Während die Ausführungen zur Unterstützung bürgerschaftlichen Engagements äußerst dürftig ausfallen (vgl. den kritischen Kommentar von Klein und Embacher 2013), werden die Freiwilligendienste als zentrale Instrumente konstruiert, um engagementpolitische Zielsetzungen zu verwirklichen. Die gesetzliche Grundlage und öffentliche Förderung bieten dabei den Rahmen für eine stärkere staatliche Steuerung und Indienstnahme dieser geregelten Formen bürgerschaftlichen Engagements.

In dem vorliegenden Beitrag wird zunächst herausarbeitet, worin die gesellschaftliche Bedeutung der Freiwilligendienste besteht, um anschließend auf die
Folgen eines verstärkten staatlichen Zugriffs einzugehen.

2 Facetten der gesellschaftlichen Bedeutung von Freiwilligendiensten

2.1 Freiwilligendienste als Dienstleistungen

Wenn die Freiwilligen in Einrichtungen im Gesundheitswesen, in der Pflege, in
der Kinder- und Jugendhilfe, im Sport und im Kulturbereich, im Naturschutz, in
der Katastrophenhilfe oder in kommunalen Einrichtungen tätig sind, erbringen sie
wertvolle soziale Dienstleistungen. Deren „Wert" ergibt sich daraus, dass die Freiwilligen zur Entlastung des beruflichen Personals beitragen, ihre Zeit zur Verfügung
stellen und damit Beiträge erbringen, die im Alltagsbetrieb einer Einrichtung so nicht
möglich gewesen wären. Die Freiwilligen bringen neue Ideen mit und verwirkli
chen – je nach Einsatzstelle – eigene kleine Projekte, für die es ansonsten keine
Ressourcen gegeben hätte. Wenn die Freiwilligen in den Einrichtungen Aufgaben
erledigen und unterstützend tätig werden, hat ihr Einsatz auch einen handfesten
betriebswirtschaftlichen Nutzen für die jeweilige Einrichtung. Dies war sicherlich
einer der Gründe für die Schaffung des Bundesfreiwilligendienstes (BFD), der ja
mit dem Hinweis auf eine zumindest teilweise Kompensation der wegfallenden
Zivildienststellen legitimiert wurde.

Die Rolle der Freiwilligendienste als „Dienstleister" ist eine ambivalente Angelegenheit. Einerseits ist sie Voraussetzung dafür, dass Einrichtungen Freiwillige
in ihre Strukturen einbinden, was den Freiwilligen zugleich Erfahrungen mit einer
ernsthaften und verantwortungsvollen Tätigkeit ermöglicht. Andererseits stellt sich
aber nicht selten auch die Frage nach der Abgrenzung zur beruflichen Arbeit. Die
Verbindung von ernsthafter Tätigkeit und Bildungserfahrung als Markenzeichen der
Freiwilligendienste sowie die gesetzliche Vorgabe der Arbeitsmarktneutralität und
der Zusätzlichkeit eines Freiwilligendienstes sollen sicher stellen, dass die Freiwilligen nicht als reguläre Arbeitskräfte missbraucht werden. Allerdings ist der Grad
zwischen einer freiwillig geleisteten Tätigkeit im Rahmen eines Freiwilligendienstes
und einer erwerbsmäßig erbrachten Dienstleistung beruflicher Mitarbeiter_innen
manchmal sehr schmal. Die aktuellen Diskussionen um die Arbeitsmarktneutralität
des Bundesfreiwilligendienstes insbesondere bei älteren Teilnehmern verweisen auf
diese Problematik (vgl. Klenter 2013).

2.2 Freiwilligendienste zur Nachwuchsgewinnung

Für die Einrichtungen und Organisationen spielen die Freiwilligendienste in Bereichen wie zum Beispiel in der Pflege auch eine Rolle, um damit Auszubildende zu gewinnen. Bei der – allerdings schon zehn Jahre zurückliegenden – Evaluation der Freiwilligendienste wird dies von den Einsatzstellen auch so formuliert. 89 % der Einsatzstellen im FSJ und 98 % im FÖJ sehen einen großen Nutzen der Dienste für ihre berufliche Nachwuchsgewinnung (Engels et. al. 2008, S. 158). Der Freiwilligendienst ermöglicht den Einrichtungen, sich als attraktiver Ort für eine spätere Ausbildung zu präsentieren und interessierte junge Erwachsene anzusprechen. Für die Freiwilligen selbst eröffnet sich damit die Möglichkeit, ein potenzielles Berufsfeld zu erkunden und möglicherweise über den Freiwilligendienst einen Zugang zu einem Ausbildungsplatz zu erhalten.

Diesen Effekt der Mitarbeitergewinnung gibt es zumindest vereinzelt auch bei älteren Freiwilligen im Bundesfreiwilligendienst. Eine kleine Untersuchung in Baden-Württemberg hat gezeigt, dass einzelne Freiwillige im Anschluss an ihren Freiwilligendienst in der Einrichtung eine andere Tätigkeit oder einen Ausbildungsplatz gefunden haben (vgl. Gölz 2012). Dies setzt allerdings einen Arbeitsmarkt voraus, der Ausbildungs- bzw. Arbeitsplätze bereithält. Während es in Baden-Württemberg vereinzelt gelungen ist, zuvor arbeitslosen Freiwilligen nach dem BFD eine Anschlussperspektive zu eröffnen, ist dies für ältere BFD-Teilnehmerinnen und Teilnehmer in Ostdeutschland bislang kaum möglich. Angesichts einer hohen Langzeitarbeitslosigkeit und fehlender Ausbildungs- und Arbeitsplätze werden Erwartungen auf eine weitere Beschäftigung nach dem BFD in der Regel enttäuscht (vgl. Beller und Haß 2013).

2.3 Freiwilligendienste als Instrumente zur sozialen Integration

Wenn es gelingt, benachteiligte junge Menschen, die aufgrund fehlender oder niedriger Bildungsabschlüsse, gesundheitlicher und psychischer Probleme oder auch aufgrund ihrer Herkunft von Ausgrenzung bedroht sind, in einen Freiwilligendienst zu integrieren, ist dies auch ein Beitrag zur gesellschaftlichen Integration. Den Teilnehmerinnen und Teilnehmern werden damit Bildungschancen und Möglichkeiten eröffnet, Anerkennung zu erhalten und Erfahrungen der Selbstwirksamkeit zu machen. Bislang gelingt es nur unzureichend, benachteiligte junge Menschen in die Freiwilligendienste zu integrieren, und hier liegt sicherlich noch eine Aufgabe für die Zukunft (vgl. Liebig 2009).

Dieser Aspekt der gesellschaftlichen und sozialen Integration spielt auch im Bundesfreiwilligendienst, insbesondere für über 27-jährige Freiwillige, eine Rolle. Eine erste vorliegende Untersuchung der Gruppe älterer Teilnehmer im BFD zeigt, dass 73 % der Befragten arbeitslos sind und Arbeitslosengeld II beziehen (Beller und Haß 2013, S. 58 f.). Für diese Gruppe erhält der Freiwilligendienst als unzulänglicher Ersatz für eine Erwerbsarbeit Bedeutung. Insbesondere in Ostdeutschland wird der BFD damit zu einem arbeitsmarkt- und beschäftigungspolitischen Instrument, das den Freiwilligen den Zugang zu einer sinnstiftenden Tätigkeit eröffnet und zumindest ein Minimum an sozialer Integration bietet. Hinzu kommt, dass die anrechnungsfreie Gewährung des Taschengeldes in Höhe von bis zu 200 Euro für Bezieher von Arbeitslosengeld II auch einen kleinen Beitrag zur Einkommensverbesserung darstellt.

Auch diese Facette der gesellschaftlichen Bedeutung von Freiwilligendiensten ist mit Dilemmata und Ambivalenzen behaftet, die bei einer genaueren Betrachtung sichtbar werden. Projekte, die das Modell Freiwilligendienst gezielt nutzen, um damit sozial benachteiligten jungen Menschen neue Chancen zu eröffnen, bewegen sich auf dem schmalen Grat zwischen einer Maßnahme der Jugendberufshilfe und einem freiwilligen Engagement und müssen die damit verbundene Gratwanderung immer wieder reflektieren und bewältigen (vgl. Hinz-Rommel et. al. 2012).

Beim Bundesfreiwilligendienst ergeben sich Ambivalenzen vor allem aus seiner arbeitsmarkt- und beschäftigungspolitischen Instrumentalisierung in strukturschwachen Regionen mit einer hohen Zahl von Arbeitslosen. Der Freiwilligendienst ermöglicht zwar für eine kurze Zeit Zugehörigkeit und Integration und kann in Einzelfällen auch neue Optionen für eine anschließende berufliche Tätigkeit eröffnen. Für das Gros der älteren Freiwilligen, die auf der Suche nach einer sinnvollen Beschäftigung und Erwerbsarbeit sind, kann es allerdings keine zufrieden stellende Lösung sein, auf einen Freiwilligendienst verwiesen zu werden, der ihnen keine Anschlussmöglichkeiten eröffnet und keine Lösung für ihre berechtigte Erwartung auf eine Integration in den Arbeitsmarkt bietet.

2.4 Zur zivilgesellschaftlichen Bedeutung der Freiwilligendienste

2.4.1 Freiwilligendienste als bürgerschaftliches Engagement

Freiwilligendienste stellen eine besondere, geregelte Form freiwilligen bürgerschaftlichen Engagements dar (vgl. Enquete-Kommission „Zukunft des Bürgerschaftlichen Engagements" 2002, S. 251 ff.; Jakob 2002). Sie sind Ausdruck eines freiwilligen Engagements, und bieten zugleich Gelegenheiten und Räume, um sich bürgerschaftliche Haltungen und soziale Kompetenzen anzueignen. Diese Zielsetzung ist auch in den gesetzlichen Grundlagen festgehalten, wenn der Auftrag der Freiwilligendienste u. a. darin gesehen wird, „Verantwortungsbewusstsein für das Gemeinwohl zu stärken" (vgl. § 3 und 4 JFDG und § 4 BFDG).

Wenn hier von bürgerschaftlichem Engagement die Rede ist, dann sind damit all jene Formen von gemeinwohlorientierten Tätigkeiten gemeint, in denen sich Bürgerinnen und Bürger freiwillig, unentgeltlich, gemeinsam mit anderen engagieren und dabei öffentliche Güter „herstellen" (vgl. Enquete-Kommission „Zukunft des Bürgerschaftlichen Engagements" 2002, Olk und Hartnuß 2011). Bürgerschaftliches Engagement bezeichnet demnach nicht nur politisches Engagement im engeren Sinne, sondern umfasst freiwillige Tätigkeiten, in denen sich die Bürgerinnen und Bürger jenseits von Familie und Erwerbsarbeit in den zahlreichen zivilgesellschaftlichen Organisationen, in Initiativen und sozialen Bewegungen, aber auch in staatlichen Einrichtungen wie zum Beispiel Schulen oder Gerichten engagieren. Ihr Handeln ist dabei keineswegs selbstlos und nur altruistisch motiviert, sondern ist Teil ihrer Biografie und weist auch immer einen Selbstbezug auf. Voraussetzung für die Kennzeichnung als bürgerschaftliches Engagement ist allerdings, dass die Engagierten mit ihrem Handeln über die Verfolgung von Eigeninteressen hinausgehen und einen Beitrag für das Gemeinwohl erbringen (vgl. Münkler 2000).

In diesem Sinne lassen sich auch die Freiwilligendienste als eine besondere Form bürgerschaftlichen Engagements bestimmen. Die Freiwilligen stellen eine gewisse Zeit ihres Lebens zur Verfügung, um sich zu engagieren. Auch für sie gilt, dass sie dabei keineswegs nur altruistisch motiviert sind, sondern ihren „Dienst" mit vielfältigen individuellen Erwartungen verbinden: pragmatischen Überlegungen bezüglich der eigenen Lebensplanung, der Suche nach persönlichem Sinn, dem Wunsch nach beruflicher Orientierung oder auch eben Vorstellungen, damit etwas Sinnvolles zu tun, was anderen Menschen oder dem Gemeinwesen zugute kommt. Die individuellen Haltungen sind in einen organisatorischen Rahmen eingebettet, in dem die Teilnehmerinnen und Teilnehmer freiwillig verantwortungsvolle Tätigkeiten übernehmen und sich dabei für einen gewissen Zeitraum an eine Einrichtung oder Trägerorganisation binden.

Mit der „Besonderheit" von Freiwilligendiensten ist kein Qualitätsanspruch verbunden, sondern ihre Kennzeichnung als „besonders" im Unterschied zu anderen Formen des Engagements ergibt sich aus ihrer formalen Struktur als einer gesetzlich und vertraglich geregelten Vollzeit- oder zumindest Teilzeittätigkeit, die in der Regel zwölf Monate, mindestens jedoch drei Monate und in Ausnahmefällen auch bis zu 24 Monate, dauern kann. Darin unterscheiden sie sich von anderen Formen freiwilligen Engagements.

Eine Dimension der Besonderheit resultiert auch aus dem expliziten Bildungsauftrag der Freiwilligendienste, dem insbesondere mit dem Instrument der pädagogischen Begleitung Rechnung getragen wird. Bildung meint dabei nicht nur persönliche und berufliche Orientierungs- und Lernprozesse, sondern auch soziales Lernen in einem umfassenden Sinne. Die Auseinandersetzung mit fremden Lebenswelten und das verantwortliche Handeln zur Unterstützung anderer Menschen oder zur Bearbeitung gesellschaftlicher oder ökologischer Probleme sollen auch dazu beitragen, bürgerschaftliche Haltungen wie etwa Empathie, Toleranz oder Solidarität zu stärken und Fähigkeiten zur Verantwortungsübernahme und Mitbestimmung auszubilden bzw. zu erweitern. Derartige Haltungen sind nicht naturwüchsig gegeben, sondern müssen in jeder Generation neu erzeugt und gesichert werden (vgl. Mader 2000).

In der Fachdebatte wird davon ausgegangen und Berichte aus der Praxis deuten ebenfalls darauf hin, dass Freiwilligendienste dazu beitragen, für gesellschaftliche Probleme zu sensibilisieren, soziales Lernen und Verantwortungsübernahme zu befördern. Ob und wie der pädagogische Auftrag, zum Engagementlernen beizutragen, umgesetzt wird, ist empirisch allerdings kaum erforscht. Die vereinzelt vorliegenden Ergebnisse warnen vor überzogenen Erwartungen und weisen darauf hin, dass die Teilnehmerinnen und Teilnehmer in den Jugendfreiwilligendiensten bereits vorab hoch engagiert waren, so dass nur schwer rekonstruierbar ist, ob und wie Gemeinsinn im Freiwilligendienst erworben wurden (vgl. Eberhard 2002, Picot 2004). Hinzu kommt, dass die Freiwilligen selbst ihre Tätigkeit sicher nicht in abstrakten Termini oder wissenschaftlichen Begriffen begründen. Um herauszufinden, mit welchem Wissen und welchen Haltungen die Teilnehmer_innen in einen Freiwilligendienst kommen und ob und welche Bildungsprozesse dort stattfinden, bräuchte es forschungsmethodische Settings, die über quantitative Befragungen hinausgehen und fallanalytisch Bildungsprozesse rekonstruieren.

2.4.2 Zivilgesellschaftlicher Nutzen für die Einrichtungen und Organisationen

Wenn Einrichtungen und gemeinnützige Organisationen Plätze für Freiwilligendienste bereitstellen, können sie damit auch ihr zivilgesellschaftliches Profil stärken. Die Organisationen sind keineswegs nur Anbieter von Dienstleistungen und basieren nicht allein auf beruflich erbrachter Arbeit. Wenn man zum Beispiel den umfassenden gesellschaftlichen Auftrag der Wohlfahrtsverbände, die mit den Kirchengemeinden und Kommunen zu den so genannten geborenen Trägern von Freiwilligendiensten gehören, ernst nimmt, dann haben sie auch eine gesellschaftlich integrierende Funktion. Sie gewinnen und binden Mitglieder, übernehmen eine sozialanwaltschaftliche Funktion und generieren bürgerschaftliches

Engagement (vgl. Olk et. al. 1995). Insofern ist die Integration von Freiwilligendiensten in die Arbeitsabläufe von Einrichtungen und Organisationen auch Ausdruck der zivilgesellschaftlichen Seite von Vereinen und Verbänden. Sie stellen damit Gelegenheiten für ein freiwilliges Engagement bereit und betreiben so aktive Engagementförderung.

Freiwilligendienste können über den „Dienst" hinausgehend dazu beitragen, die Freiwilligen auf längere Sicht an die Organisation zu binden und sie als engagierte Bürger und Ehrenamtliche[1] zu gewinnen. Einige Verbände zum Beispiel im Sport oder im Rettungswesen haben entsprechende Strukturen entwickelt, um sowohl den Freiwilligendienst attraktiv zu machen als auch den Nachwuchs für spätere ehrenamtliche Tätigkeiten zu qualifizieren. So können sich Teilnehmerinnen und Teilnehmer im Freiwilligen Sozialen Jahr im Sport zu Übungsleitern weiter qualifizieren. Rettungsdienst-Organisationen bieten die Möglichkeit, während des Bundesfreiwilligendienstes eine Kurzausbildung zur Rettungssanitäterin bzw. zum Rettungssanitäter zu absolvieren. Derartige Maßnahmen können zur Attraktivität eines Freiwilligendienstes beitragen und die Nachwuchsgewinnung im Ehrenamt erleichtern. Da sie die monetäre Seite eines späteren Engagements betonen, können sie allerdings auch eine Monetarisierung des Bereichs mit all ihren Folgen forcieren.

Große Vereine und Verbände sind nicht per se genuine Orte der Zivilgesellschaft. Verschiedene Autoren haben darauf hingewiesen, dass eine bereichslogische Fassung von Zivilgesellschaft, nach der Organisationen des Dritten Sektors mit Zivilgesellschaft gleich gesetzt werden, nicht trägt (vgl. Evers 2011, Klein 2011). Die zivilgesellschaftliche Qualität von Vereinen und Verbänden muss sich vielmehr in ihrem Handeln, im Umgang mit dem bürgerschaftlichen Engagement, erweisen. Dies ist in den vergangenen Jahren insbesondere für die weitgehend professionalisierten und durch Pflegesätze finanzierten Bereiche von Vereinen und Verbänden zunehmend schwieriger geworden. Im Zuge des Ausbaus sozialer Dienste und Angebote dominiert in vielen Einrichtungen und Verbänden ein „Lobbying- und Dienstleistungscharakter"(Heinze 2011, S. 472). Hinzu kommen gesellschaftliche Modernisierungsprozesse wie die Erosion tradierter Sozialmilieus und eine zunehmende Orientierung an ökonomischen Prinzipien und Wettbewerbsstrukturen, die durch neue Regelungen in der Sozialgesetzgebung forciert worden sind.

Im Zuge dieser gesellschaftlichen Veränderungen ist das bürgerschaftliche Engagement in Teilen der Verbände und Einrichtungen in den Hintergrund getreten. Gleichwohl binden die gemeinnützigen Organisationen aber nach wie vor eine

---

[1] Ich passe mich hier dem Sprachgebrauch in vielen Vereinen und Verbänden an, in dem häufig noch der Ehrenamts-Begriff präsent ist, um die freiwilligen Tätigkeiten engagierter Bürgerinnen und Bürger zu bezeichnen.

große Zahl von Mitgliedern und Ehrenamtlichen. In manchen Untergliederungen der Vereine und Verbände lassen sich Aufbrüche beobachten, indem professionelle Strukturen zur Engagementförderung geschaffen und neue Engagementprojekte vor Ort aufgelegt werden. Auch die Aufwertung des Themas, zum Beispiel in Zusammenschlüssen wie der Bundesarbeitsgemeinschaft der Freien Wohlfahrtspflege (2013), lässt sich als Hinweis für eine neue Rolle des bürgerschaftlichen Engagements interpretieren.

Der Ausbau der Freiwilligendienste könnte Teil dieser Entwicklung in den gemeinnützigen Organisationen sein, die Förderung von Ehrenamt und bürgerschaftlichem Engagement aufzuwerten. Dies setzt allerdings voraus, dass die Freiwilligen nicht als kostengünstige Arbeitskräfte eingesetzt werden, sondern dass sie in ihrem Status als freiwillig Engagierte mit einem Bildungsanspruch ernst genommen und die entsprechenden Rahmenbedingungen dafür geschaffen werden.

2.5 Zur quantitativen Bedeutung

Im Jahr 2013/14 absolvieren zwischen 90.000 und 100.000 Freiwillige einen Freiwilligendienst, etwas mehr als 49.000 einen Bundesfreiwilligendienst[2] und knapp 49.000 ein Freiwilliges Soziales Jahr.[3] Der BFD umfasst ein Kontingent von 35.000 Plätzen. Da insbesondere über 27-jährige Teilnehmer_innen einen Teilzeit-Freiwilligendienst übernommen haben, erhöht sich die Zahl der Teilnehmer_innen auf ca. 49.000. Knapp 41 % (absolut 20.093) sind so genannte ältere Teilnehmer_innen zwischen 27 und mehr als 65 Jahren (vgl. BAFzA 2014 und eigene Berechnungen). Bezogen auf die Gesamtzahl der Teilnehmerinnen und Teilnehmer bedeutet dies, dass 2013/14 etwa 80.000 junge Menschen und ca. 20.000 über 27-Jährige einen Freiwilligendienst absolviert haben.

Damit sind die Freiwilligendienste zu einem gesellschaftlich relevanten Bereich geworden, der auch aus betriebswirtschaftlicher Perspektive und aus sozialstaatlicher Sicht zu einer bedeutsamen Größe geworden ist. Angesichts einer gesellschaftlichen Situation, die von neuen Handlungsanforderungen im Pflegebereich, im Gesundheitswesen und in sozialen Einrichtungen sowie gleichzeitiger Finanzknappheit und einer restriktiven Haushaltspolitik bestimmt ist, richtet sich das staatliche

---

[2] Die Zahlen zum BFD sind der Statistik des Bundesamtes für Familie und zivilgesellschaftliche Aufgaben (2013) vom Januar 2014 entnommen.

[3] Hinzu kommen noch die Teilnehmerinnen und Teilnehmer im Freiwilligen Ökologischen Jahr und in den verschiedenen internationalen Freiwilligendiensten, so dass sich die Zahl der Freiwilligen auf ca. 100.000 summieren dürfte.

Interesse in neuer Weise auf die Freiwilligendienste. Als gesetzlich geregelte und
öffentlich geförderte besondere Formen freiwilligen Engagements geraten sie in
den Sog eines staatlichen Zugriffs, der ihre zivilgesellschaftlichen Wurzeln und
Zielsetzungen in Frage stellt.

3   Der Bundesfreiwilligendienst als staatlich organisierter Freiwilligendienst[4]

Mit dem Bundesfreiwilligendienst ist ein staatlich organisierter Freiwilligendienst
etabliert worden, der die bisherige zivilgesellschaftliche Verantwortung der Freiwilligendienste in Frage stellt. Dies lässt sich an verschiedenen Dimensionen
festmachen:

* Die zentrale Steuerungskompetenz für den BFD liegt beim Bundesamt für
  Familie und zivilgesellschaftliche Aufgaben (BAFzA), das aus dem früheren
  Bundesamt für Zivildienst (BAZ) hervorgegangen ist. Über die Überwachung der
  gesetzlichen Vorgaben und die öffentliche Förderung der pädagogischen Begleitung hinausgehend hat das Bundesamt beim BFD damit weitreichende Aufgaben
  und umfassende Steuerungsmöglichkeiten. Es entscheidet über die Kontingen-
  te an Plätzen, die den einzelnen Zentralstellen zustehen. Zugleich fungiert das
  Bundesamt aber auch selbst als Zentralstelle, die etwa 15.000 Plätze in seiner Regie verwaltet und umsetzt. Diese Doppelfunktion als politisch steuernde
  und kontrollierende sowie selbst anbietende Instanz ist aus einer ordnungs- und
  machtpolitischen Perspektive eine heikle Angelegenheit. Das Bundesamt erhält
  damit im Vergleich zu anderen Zentralstellen und als größte Anbieterin des BFD
  eine dominante Position.
* Im Bundesfreiwilligendienst ist das so genannte Trägerprinzip aufgehoben. Bei
  den bestehenden Jugendfreiwilligendiensten haben die Träger wie Vereine und
  Verbände eine wichtige Rolle inne. Sie sind Vertragspartner der Freiwilligen
  und sind für ihre Gewinnung und pädagogische Begleitung zuständig. Darüber
  hinaus kommt ihnen auch die Aufgabe zu, mit den Einsatzstellen, in denen die
  Freiwilligen tätig sind, zu kooperieren.

---

[4] Die folgenden Ausführungen basieren auf Gedanken, die ich bereits in einem Beitrag für
die Reihe „betrifft: bürgergesellschaft" der Friedrich-Ebert-Stiftung im Oktober 2013 erstellt
habe (vgl. Jakob 2013a).

- Im BFD ist das BAFzA Vertragspartner der Freiwilligen und schließt auch die Verträge mit den Einsatzstellen. Fünf Tage der begleitenden Bildungsarbeit sind als Politische Bildung verpflichtend und müssen in den Bildungszentren des Bundes, den verbliebenen ehemaligen Zivildienstschulen, erfolgen. Wenn das BAFzA selbst als Zentralstelle fungiert, findet die gesamte Seminararbeit in den Bildungszentren statt.
- Das heißt, beim Bundesfreiwilligendienst haben die Träger an Einfluss verloren bzw. spielen gar keine Rolle mehr, wenn das Bundesamt selbst als Zentralstelle fungiert. Damit wird die Idee einer subsidiären Leistungserbringung, wie sie den Freiwilligendiensten bislang zugrunde lag und in den Jugendfreiwilligendiensten auch nach wie vor gilt, im BFD zugunsten einer staatlichen Steuerung des Bereiches aufgegeben. Auch wenn das Subsidiaritätsprinzip angesichts der Einführung von Wettbewerbsprinzipien und neuen Vertragsmodalitäten an Bedeutung eingebüßt hat, hat die zugrunde liegende Idee einer Kooperation, aber auch einer sorgfältigen Aufgabentrennung zwischen Staat und Zivilgesellschaft, nichts an Aktualität eingebüßt. Dies wird in der aktuellen Debatte um den Bundesfreiwilligendienst und staatliche Zugriffe auf die Zivilgesellschaft einmal mehr offensichtlich.
- Aus der Perspektive der Zivilgesellschaft erweisen sich die nachwirkenden Zivildiensttraditionen im Bundesfreiwilligendienst als Problem. Dies betrifft die Kooperation mit dem BAFzA, das die Nachfolge des BAZ angetreten ist, ebenso wie die pädagogische Arbeit der Bildungszentren, die aus den Zivildienstschulen hervorgegangen sind. Die „Kultur" und die Gepflogenheiten von Organisationen, die hoheitliche Aufgaben hatten und einen Pflichtdienst umsetzen mussten, sind bis heute andauernd spürbar.
- Im Nachhinein kristallisieren sich auch die Probleme heraus, die sich aus der Regelung ergeben, dass Dienststellen für Zivildienstleistende ohne weitere Prüfung in Einsatzstellen für Freiwillige im BFD umgewandelt wurden (§ 6, Abs. 3 BFDG). Anfang 2012 waren 24.463 BFD-Freiwillige in ehemaligen Zivildienststellen tätig (Bundestagsdrucksache 17/8668 2012, S. 5). Berichte aus Organisationen und Einrichtungen verweisen darauf, dass die Zivildiensttraditionen nach wie vor spürbar sind, und es an einer „Kultur der Freiwilligkeit" im Umgang mit den BFD-Freiwilligen mangele.
- In den nächsten Jahren wird es interessant sein zu beobachten, ob dies nur eine vorübergehende Situation ist oder ob sich dieser Umgang mit den Freiwilligen im BFD verfestigt und ein neues Verständnis von Freiwilligendiensten basierend auf einem neuen Pflichtbegriff etabliert wird.
- Die Altersöffnung im Bundesfreiwilligendienst hat den Nebeneffekt, dass damit der Dienstleistungscharakter der Tätigkeiten verstärkt wird. Viele der über 27-

jährigen Freiwilligen, die zuvor arbeitslos waren, bringen bereits Wissen und Kompetenzen mit, die sie in vorherigen beruflichen Kontexten erworben haben und die im Freiwilligendienst „gut einsetzbar" sind. Die damit verbundene Problematik wird am Beispiel der Äußerung des Leiters eines Bauhofes einer ostdeutschen Kleinstadt deutlich, der in einer Radiosendung öffentlich davon berichtete, wie froh er über die elf BFD-Freiwilligen sei, ohne die er ansonsten den Bauhof nicht betreiben könne. Auch Berichte aus anderen Kommunen und Einrichtungen deuten darauf hin, dass insbesondere die Tätigkeit älterer Freiwilliger eine wichtige Rolle als Dienstleistung bekommt, um Personallücken zu schließen.[5] Darüber hinaus fungiert der Dienst als arbeitsmarktpolitische Maßnahme. Beides ist problematisch, weil es der Idee und Konzeption eines Freiwilligendienstes widerspricht und die Bedingung der Arbeitsmarktneutralität völlig konterkariert.

4 Veränderungen im Verhältnis zwischen Staat und Zivilgesellschaft

Betrachtet man die Entwicklungen bei den Freiwilligendiensten in einem weiteren Kontext, dann verdichten sich die Hinweise darauf, dass der Staat derzeit versucht, stärker auf die Zivilgesellschaft und das bürgerschaftliche Engagement zuzugreifen und sie in seinem Sinn zu steuern. In der Nationalen Engagementstrategie der letzten Bundesregierung wird „Engagementpolitik (. . .) zu einem politischen Handlungsfeld, das der Steuerung und Gestaltung bedarf" (BMFSFJ 2010, S. 65). Im ersten Engagementbericht der Bundesregierung wird bürgerschaftliches Engagement vor allem als „Bürgerpflicht" konzipiert (BMFSFJ 2012). Das 2013 in Kraft getretene Gesetz zur Stärkung des Ehrenamtes, das vor allem auf monetäre Anreize für Engagement setzt, wird damit begründet, dass der Staat die Zivilgesellschaft in „Zeiten knapper öffentlicher Kassen" fördern müsse, „denn die öffentliche Hand wird sich wegen der unumgänglichen Haushaltskonsolidierung auf ihre unabweisbar notwendigen Aufgaben konzentrieren müssen" (Entwurf eines Gesetzes zur Stärkung des Ehrenamtes 2002).

Angesichts drängender gesellschaftlicher Probleme zum Beispiel bei der Versorgung alter Menschen, einer chronischen und sich verschärfenden Unterausstattung

---

[5] So auch der Tenor eines Papiers der Bundesvereinigung der Kommunalen Spitzenverbände zum Bundesfreiwilligendienst (2013) (kritisch dazu Perabo 2013).

der öffentlichen Haushalte, verordneter Sparprogramme und so genannter Schuldenbremsen rückt das kostengünstige Engagement der Bürgerinnen und Bürger in den Fokus des staatlichen Interesses. Aus der Sicht des Staates sind dabei vor allem die Engagementformen besonders interessant und förderungswürdig, mit denen „'Löcher' im Dienstleistungsspektrum des modernen Sozialstaats" aufgespürt und gestopft werden können (Röbke 2012, S. 13). Bürgerschaftliches Engagement wird dabei auf seine Rolle als Dienstleistung reduziert, die mit den klassischen staatlichen Steuerungsinstrumenten, Geld und Recht, gefördert werden. Der Umgang mit den Freiwilligendiensten scheint paradigmatisch für diesen Trend. Angesichts ihrer gesetzlichen Grundlagen und öffentlichen Förderung sind sie – im Verhältnis zu anderen Engagementformen – am ehesten im Interesse staatlicher Akteure zu steuern.

5 Schlussbemerkung

Die Entwicklungen bei den Freiwilligendiensten haben die Frage nach dem Verhältnis von Staat und Zivilgesellschaft in der fachpolitischen und –wissenschaftlichen Debatte aufgeworfen, ohne dass es bislang zufriedenstellende Antworten darauf gäbe. Der Verweis auf das Subsidiaritätsprinzip trägt nur noch begrenzt, weil es angesichts neuer Kooperationsformen zwischen Staat und Verbänden ausgehöhlt ist. Aber auch Hinweise auf den ermöglichenden Staat oder die Rede von einer neuen Governance erweisen sich als Leerformeln angesichts eines staatlichen Handelns, bei dem – im Fall des Bundesfreiwilligendienstes – neue Strukturen in klassischer Manier, mittels politischer Macht und finanzieller Zugaben, von staatlichen Akteuren durchgesetzt wurden. Wenn die im Koalitionsvertrag formulierte Absicht umgesetzt würde, „einen weiterentwickelten Freiwilligendienst bei der Bundeswehr" neu zu schaffen (vgl. Deutschlands Zukunft gestalten o. J., S. 112), wäre dies eine weitere Aushöhlung des Profils von Freiwilligendiensten als bürgerschaftlichem Engagement und würde ihre zivilgesellschaftliche Ausrichtung noch stärker konterkarieren.

Die Frage nach dem Verhältnis von Staat und Zivilgesellschaft wird noch komplexer, wenn man die Rolle der Verbände als organisierte Zivilgesellschaft sowie auch den Part der Kommunalen Spitzenverbände miteinbezieht. Die Verbände tragen – bis auf wenige kritische Stimmen – die Entwicklung mit. Angesichts der Lücken nach dem Wegfall des Zivildienstes und einer chronischen Unterfinanzierung in vielen Bereichen werden der Bundesfreiwilligendienst und die stärkere Förderung der Jugendfreiwilligendienste zu einer wichtigen Einnahmequelle. Dabei wird in Kauf genommen, dass das fachliche Profil der Freiwilligendienste diffundiert und eine „'Verdienstlichung' des Engagements" (Jakob 2013b) forciert wird.

Diese Situation verweist auf das grundlegende Dilemma einer staatlichen Engagementpolitik und wirft die Frage auf, ob eine staatliche Förderung bürgerschaftlichen Engagements überhaupt möglich ist – ohne dabei das Engagement im staatlichen Interesse zu formen und für die Erledigung öffentlicher Aufgaben zu instrumentalisieren. Diese zugegebenermaßen provozierende Frage resultiert nicht nur aus einem kritischen Blick auf die Entwicklungen bei den Freiwilligendiensten. Auch der Umgang mit dem Bundesnetzwerk Bürgerschaftliches Engagement (BBE) in den vergangenen Jahren, die Ignoranz staatlicher Akteure gegenüber dem vom BBE 2009/10 koordinierten Nationalen Forum für Beteiligung und Engagement[6] sowie die skizzierten engagementpolitischen Vorstellungen, in denen bürgerschaftliches Engagement vor allem in seiner Rolle als Dienstleistung gesehen wird, deuten auf Grenzen einer staatlichen Engagementpolitik hin.

Literatur

Beller, Annelie, und Rabea Haß. 2013. Experiment Altersöffnung: Politische Ziele und nicht-intendierte Folgen – empirische Befunde aus der Pionierphase des Bundesfreiwilligendienstes. *Voluntaris. Zeitschrift für Freiwilligendienste* 1 (1): 51–72.

BFDG – Gesetz zur Einführung eines Bundesfreiwilligendienstes, Bundesgesetzblatt Teil I Nr. 19 vom 2. Mai 2011. Bonn, 687–692.

Bundesamt für Familie und zivilgesellschaftliche Aufgaben. 2014. BFD im Dienst. Januar 2014. http://www.bafza.de/presse/statistikenO.html. Zugegriffen: 30. Jan. 2014.

Bundesarbeitsgemeinschaft, der Freien Wohlfahrtspflege. Hrsg. 2013. Bürgerschaftliches Engagement in der Freien Wohlfahrtspflege. Berlin, Dezember 2013. http://www.bagfw.de. Zugegriffen: 20. Jan. 2014.

Bundesministerium für Familie, Senioren, Frauen und Jugend (BMFSFJ). Hrsg. 2010. Nationale Engagementstrategie der Bundesregierung. http://www.forum-engagement-partizipation.de. Zugegriffen: 20. Mai 2013.

Bundesministerium für Familie, Senioren, Frauen und Jugend (BMFSFJ). Hrsg. 2012. Für eine Kultur der Mitverantwortung. Erster Engagementbericht. Berlin. http://www.bmfsfj.de. Zugegriffen: 20. Jan. 2013.

Bundestagsdrucksache 17/8668 vom 13.02.2012.

Bundesvereinigung, der kommunalen Spitzenverbände. 2013. Bilanz und Weiterentwicklung des BFD und der Freiwilligendienste. http://www.staedtetag.de/imperia/md/

---

[6] Zu Themen und Ergebnissen des vom BBE koordinierten Nationalen Forums für Engagement und Partizipation siehe http://www.b-b-e.de/publikationen/publikationen-engagementpolitik/.

content/dst/internet/fachinformationen/2013/bv_positionierung_bilanz_bfd_jfd.pdf. Zugegriffen: 28 Jan. 2014.

Deutschlands Zukunft gestalten. Koalitionsvertrag zwischen CDU, CSU und SPD. 2013. 18.
Legislaturperiode.

Eberhard, Angela. 2002. *Engagement für andere und Orientierung für sich selbst. Gestalt,
Geschichte und Wirkungen des freiwilligen sozialen Jahres.* München: Fachverlag für
Jugendpastoral.

Engels, Dietrich, Martina Leucht, und Gerhard Machalowski. 2008. *Evaluation des freiwilligen sozialen Jahres und des freiwilligen ökologischen Jahres,* Hrsg. Bundesministerium
für Familie, Senioren, Frauen und Jugend. Wiesbaden: Springer VS Verlag.

Enquete-Kommission „Zukunft des Bürgerschaftlichen Engagements", Deutscher Bundestag. 2002. Bericht. Bürgerschaftliches Engagement: auf dem Weg in eine zukunftsfähige
Bürgergesellschaft.

Entwurf eines Gesetzes zur Stärkung des Ehrenamtes. o. J. http://www.buendnis
-gemeinnuetzigkeit.org/_pdf/2012_10_15_Kabinettsvorlage.pdf. Zugegriffen: 20. Juli.
2013.

Evers, Adalbert. 2011. Zivilgesellschaft. Definitionen und ihre Konsequenzen für die En-
gagementforschung. *Soziale Arbeit* 90 (6): 202–219. (Erstabdruck in Hrsg. Priller,
Eckhard, Mareike Alscher, Dietmar Dathe, und Rudolf Speth. 2011. *Zivilgesellschaft.
Herausforderungen für Gesellschaft, Politik und Wissenschaft.* Berlin).

Gölz, Gisela. 2012. Ältere Freiwillige im Bundesfreiwilligendienst. Eine Befragung zu Motivation und Zufriedenheit des ersten Jahrgangs. *Blätter der Wohlfahrtspflege* 159 (6):
213–215.

Heinze, Rolf G. 2011. Verbände. In *Handbuch Bürgerschaftliches Engagement,* Hrsg. Olk,
Thomas und Birger Hartnuß, 465–473. Weinheim: Juventa Verlag.

Hinz-Rommel, Wolfgang, Ralf Nuglisch, und Karin Renz. 2012. Neue Perspektiven. Ar-
beitsweltbezogene Benachteiligtenförderung im Freiwilligen Sozialen Jahr. *Blätter der
Wohlfahrtspflege* 159 (6): 217–220.

Jakob, Gisela. 2002. Freiwilligendienste in der Bürgergesellschaft. Aktuelle Diskussion und
politischer Handlungsbedarf. *Aus Politik und Zeitgeschichte* 1. März 2002:22–29.

Jakob, Gisela. 2011. Freiwilligendienste zwischen Staat und Zivilgesellschaft. *Soziale Arbeit*
60 (12) 461–469.

Jakob, Gisela. 2013a. Freiwilligendienste zwischen Staat und Zivilgesellschaft. http://
www.fes.de/buergergesellschaft/publikationen/documents/BB-40Freiwilligendienste
Internet.pdf. Zugegriffen: 20. Jan. 2014.

Jakob, Gisela. 2013b. „Verdienstlichung" des Engagements. Freiwilligendienste als neuer
Hoffnungsträger der Engagementförderung. In *Jahrbuch Engagementpolitik 2013. Staat
und Zivilgesellschaft,* Hrsg. Klein, Ansgar, Rainer Sprengel, und Johanna Neuling, 22–28.
Schwalbach/Ts: Wochenschau Verlag.

JFDG, Gesetz zur Förderung von Jugendfreiwilligendiensten, Bundesgesetzblatt Teil I Nr.
19 vom 26. Mai 2008, 842–848. Bonn.

Klein, Ansgar. 2011. Zivilgesellschaft/Bürgergesellschaft. *Forschungsjournal Neue Soziale
Bewegungen* 13 (2): 29–40.

Klein, Ansgar, und Serge Embacher. 2013. Der schwarz-rote Koalitionsvertrag aus engagementpolitischer Sicht. *BBE-Newsletter* 25/2013. Zugegriffen: 21. Dez. 2013.

Klenter, Peter. 2013. Über den Missbrauch von Freiwilligendiensten. In *BBE-Newsletter* 20/2013. http://www.b-b-e.de. Zugegriffen: 10. Dez. 2013.

Liebig, Reinhard. 2009. *Freiwilligendienste als außerschulische Bildungsinstitution für benachteiligte junge Menschen*. Wiesbaden: Springer VS Verlag.

Mader, Wilhelm. 2000. Freiwillige soziale Dienste als Erfahrungsfelder einer zivilen Gesellschaft. In *Jugend erneuert Gemeinschaft. Freiwilligendienste in Deutschland und Europa*, Hrsg. Guggenberger, Bernd, 214–229. Baden-Baden: Nomos Verlagsgesellschaft.

Münkler, Herfried. 2000. Ehre, Amt und Engagement. Wie kann die knappe Ressource Bürgersinn gesichert werden?. *Forschungsjournal Neue Soziale Bewegungen* 13 (2): 22–32.

Olk, Thomas, und Birger Hartnuß. 2011. Bürgerschaftliches Engagement. In *Handbuch Bürgerschaftliches Engagement*, Hrsg. Olk, Thomas und Birger Hartnuß, 145–161. Weinheim: Juventa Verlag.

Olk, Thomas, Thomas Rauschenbach, und Christoph Sachße. 1995. Von der Wertgemeinschaft zum Dienstleistungsunternehmen. Oder: über die Schwierigkeit, Solidarität zu organisieren. In *Von der Wertgemeinschaft zum Dienstleistungsunternehmen. Jugend- und Wohlfahrtsverbände im Umbruch*, Hrsg. Rauschenbach, Thomas, Christoph Sachße, Thomas Olk, 11–33. Frankfurt a. M: Suhrkamp.

Perabo, Christa. 2013. Kommunen und Bürgerschaftliches Engagement. Anmerkungen zum Papier: „Bilanz und Weiterentwicklung des BFD - Bundesfreiwilligendienst und der Freiwilligendienste" der Bundesvereinigung der kommunalen Spitzenverbände vom Juni 2013. In *BBE-Newsletter* 16/2013. http://www.b-b-e.de. Zugegriffen: 15. Nov. 2013.

Picot, Sibylle. 2004. Freiwilliges Soziales Jahr: Eine nachhaltige Form des Engagements? In *Bürgerschaftliches Engagement. Grundlage für Freiwilligendienste*, Hrsg. Slüter, Uwe, Marianne Schmidle, Sabine Wißdorf, 59–88. Düsseldorf: Altenburg Verlag.

Röbke, Thomas. 2012. Bürgerschaftliches Engagement und sozialstaatliche Daseinsvorsorge. Bemerkungen zu einer verwickelten Beziehung. *betrifft: Bürgergesellschaft* 38. http://www.fes.de/buergergesellschaft/publikationen. Zugegriffen: 15. Mai. 2012.

Prof. Dr. Gisela Jakob an der Hochschule Darmstadt im Studiengang Soziale Arbeit tätig. Lehr- und Forschungsschwerpunkte: Zivilgesellschaft und bürgerschaftliches Engagement, Theorie und Methoden der Sozialen Arbeit, Engagementförderung in Kommunen und zivilgesellschaftlichen Organisationen, Freiwilligendienste.

Freiwilligendienste

Rechtliche und politische Rahmenbedingungen

Thomas Klie

Zusammenfassung

In der Engagementpolitik der neuen Bundesregierung kommt Freiwilligendiensten eine entscheidende Rolle zu, so steht es im Koalitionsvertrag. Umso wichtiger ist die Reflexion und die Weiterentwicklung der rechtlichen und politischen Rahmenbedingungen. Dabei geht es um zweierlei: Zum einen um eine in sich konsistente Konzeption für Freiwilligendienste bei all ihrer Unterschiedlichkeit und unterschiedlichen Geschichte und zum anderen um die Einordnung der Freiwilligendienste in eine Politik der Engagementförderung und ihre rechtliche Rahmung.

1 Einleitung

Freiwilliges soziales und ökologisches Jahr, *weltwärts*, Bundesfreiwilligendienst (BFD), Freiwilligendienst aller Generationen u. a. m.: Die Vielfalt von Freiwilligendiensten nimmt zu und ist beeindruckend. In der Koalitionsvereinbarung der schwarz-roten Regierung wird den Freiwilligendiensten besondere Aufmerksamkeit geschenkt. Alle Freiwilligendienstplätze sollen besetzt werden können, hatte

T. Klie (✉)
Evangelische Hochschule Freiburg, Freiburg, Deutschland
E-Mail: klie@eh-freiburg.de

© Springer Fachmedien Wiesbaden 2015
T. Bibisidis et al. (Hrsg.), *Zivil – Gesellschaft – Staat,*
Bürgergesellschaft und Demokratie 44, DOI 10.1007/978-3-658-05564-6_6

das Bundesministerium für Familie, Senioren, Frauen und Jugend (BMFSFJ) am Ende der vergangenen Legislaturperiode versprochen – die neue Regierung ist an das Versprechen gebunden, das mit erheblichen Mehrkosten verbunden ist. Freiwilligendienste sind zu einem wesentlichen Baustein der Engagementpolitik des Bundes avanciert. In welchem Sinne, als Lerndienst oder als Leistungsgrenzen des Sozialstaates kompensierende Dienstleistung, das erscheint nicht in jeder Hinsicht klar.

Die Diskussion um Freiwilligendienste und ihre rechtliche Rahmung ist seit Aussetzung der Wehrpflicht und des Zivildienstes und der damit verbundenen Einführung des Bundesfreiwilligendienstes durch (neue) Kontroversen geprägt. Ihre Verortung zwischen Staat und Zivilgesellschaft wird debattiert. Die Betonung der Freiwilligendienste in der Koalitionsvereinbarung bietet neben den im engeren Sinne rechtlichen Fragestellungen Anlass, das oder die Profil(e) von Freiwilligendiensten in puncto Lerndienst zwischen politischer Bildung, tätigkeitsbezogener Qualifikation, Persönlichkeitsentwicklung und Erwerb sozialer Kompetenz sowie als gemeinwohlorientierter Dienstleistung neu zu bestimmen und auszutarieren. Je nach Zuständigkeit und Tradition werden unterschiedliche Akzente gesetzt, Forderungen aufgestellt und Strategien verfolgt.

Die zentrale Frage nach den rechtlichen Rahmenbedingungen für Freiwilligendienste wirft zugleich Rückfragen in Bezug auf eine übergreifende engagementpolitische Verortung der Freiwilligendienste auf, die bei aller Unterschiedlichkeit ein gemeinsames Dach, eine gemeinsame strategische Zielbestimmung benötigen. Auch das Verhältnis von Bund und Ländern im kooperativen Föderalismus mit seinen verfassungsrechtlichen Restriktionen steht auf der Agenda, wenn es um die rechtlichen Rahmenbedingungen für Freiwilligendienste geht. Der erste Engagementbericht der Bundesregierung hat sich damit beschäftigt (BMFSFJ 2012). Die baden-württembergische Engagementstrategie hat den Jugendfreiwilligendiensten ein eigenes, so genanntes Forschungs- und Entwicklungsteam gewidmet (Hinz-Rommel 2013). Die Arbeitsgemeinschaften und Ligen der Freien Wohlfahrtspflege positionieren sich zu den Freiwilligendiensten (vgl. etwa Liga der Freien Wohlfahrtspflege Baden Württemberg 2013).

2   Vielgestaltigkeit der Dienste

Der Begriff „Freiwilligendienste" hat in der vergangenen Dekade einen starken Bedeutungswandel erfahren. Der Horizont dessen, was heute als Freiwilligendienste bezeichnet wird, hat sich erweitert. Dadurch ist der Begriff selbst aber unschärfer

geworden. Bis zum Ende der 1990er Jahre wurde er fast ausschließlich für eine überschaubare Anzahl zumeist einjähriger, ganztägiger Dienste für Jugendlichen und
junge Erwachsene im In- oder Ausland verwendet. Obwohl „klassische" Freiwilligendienste wie das Freiwillige Soziale Jahr (FSJ) und das Freiwillige Ökologische
Jahr (FÖJ), an ihren Teilnehmer_innenzahlen gemessen, gegenwärtig immer noch
eine große Bedeutung haben, sind seit einem Jahrzehnt eine ganze Reihe neuer Modelle entstanden, die sich in Hinblick auf Altersgruppen, Zeitformen, Einsatzfelder
und Bildungsprogramm zum Teil stark von ihren „klassischen" Vorbildern unterscheiden, aber ebenfalls unter dem Begriff „Freiwilligendienste" firmieren. Die
Vielgestaltigkeit von Freiwilligendiensten entspricht der Vielfalt jugendlichen Engagements, aber auch der Interessenlage erwachsener Menschen. Insofern scheint
die Vielfalt von Freiwilligendiensten der Vielfalt von Engagementfeldern und -
traditionen zu entsprechen. Sie eröffnet unterschiedliche Optionen für Freiwillige
und Verbände. Die Vielfalt gefährdet aber zugleich ein klares Profil von Freiwilligendiensten und lässt Parallelstrukturen entstehen, die auf Kosten von Einrichtungen
und Einsatzstellen gehen. Sie verursachen Kosten – sowohl auf der nationalen und
Landesebene als auch für die Träger und Vermittler von Freiwilligendiensten.

3   Rechtliche Rahmung

Betrachtet man die rechtliche Rahmung von Freiwilligendiensten, so lassen sich
gesetzlich geregelte und nicht geregelte Freiwilligendienste unterscheiden. Manche
sind Produkt und Ergebnis politischer Modellprogramme, andere kennen eine langjährige Tradition; so steht etwa der Bundesfreiwilligendienst in der Tradition des
Zivildienstes. Prägend sind Praxis und Erfahrungen der Jugendfreiwilligendienste
im freiwilligen sozialen Jahr, später im ökologischen Jahr. Auf der Landesebene
haben sich darüber hinaus – im Windschatten angedockt oder eigenständig – weitere Freiwilligendienste etabliert, vom Freiwilligen Sozialen Jahr in der Politik z. B.
in Sachsen, Rheinland-Pfalz und Niedersachsen bis hin zu Freiwilligendiensten
im Bereich der Schule. Entsprechende Programme wurden in fünf Bundesländern aufgelegt und gezielt Einsatzstellen für Jugendfreiwilligendienste an Schulen
geschaffen. Hierzu zählen Rheinland-Pfalz („FSJ Ganztagsschule" seit 2007),
Hessen („FSJ in der Schule" seit 2008), Berlin und Mecklenburg-Vorpommern
(„fsj@school" seit 2003 bzw. 2006) sowie Nordrhein-Westfalen („FSJ Schule").

3.1   Gesetzlich geregelte Freiwilligendienste

Das freiwillige soziale Jahr als ältester Freiwilligendienst für Jugendliche ist seit
1964 gesetzlich geregelt. Die im Jugendfreiwilligendienstegesetz (JFDG, letzte
Änderung 2011) bestimmten Regelungen beziehen sich auf die Trägerverantwort-
lichkeit, das Dienstverständnis, die Anforderungen an Bildungsangebote sowie die
Struktur freier Träger, die die wesentliche Regiefunktion auf der Landesebene ausüben. Mit ihnen verbunden sind sozial- und steuerrechtliche Privilegierungen und
Finanzierungsfragen. Kompetenzrechtlich wird die Bundeskompetenz aus Artikel
74, Abs. 1, Ziffer 7, GG abgeleitet – keine ganz unproblematische Ableitung, aber
weithin akzeptiert.

Der Bundesfreiwilligendienst ist inzwischen im Bundesfreiwilligendienstgesetz
geregelt. Die bundesrechtliche Kompetenz zur Kodifizierung des Bundesfreiwilligendienstes beruht weiterhin auf der Kompetenz des Bundes für die Wehrpflicht aus
Artikel 73, Abs. 1, Ziffer 1, GG. Solange die Wehrpflicht (nur) ausgesetzt ist, bietet
sie „die Krücke" für die Bundeskompetenz eines auf Dauer gedachten Bundesfreiwilligendienstes. Das Bundesfreiwilligendienstgesetz (BFDG) ist in gewisser
Weise dem Zivildienstgesetz nachempfunden und bewahrt somit seine Struktur für
den Freiwilligendienst. Dies führt zu einer vielfach kritisierten staatlichen Regie
des BFD, die im Falle der anderen Freiwilligendienste bis dato bei freien Trägern,
also zivilgesellschaftlich, verortet wurde. Es mag jeweils auch um Interessen gehen: Auf der einen Seite Steuerungsinteressen auf der Bundesebene, Interesse am
Erhalt von Institutionen, die gewissermaßen in einer Reservefunktion für den Zivildienst erhalten werden sollen. Auf der anderen Seite Gestaltungsinteressen der
im Bereich der Jugendfreiwilligendienste starken Träger der freien Wohlfahrtspflege, für die die Freiwilligendienste ein Standbein sowohl in engagementpolitischer
Hinsicht darstellen als auch in der Vermittlung von Ressourcen für Einsatzstellen,
insbesondere im Bereich von Teilhabe, Pflege, Gesundheit sowie Jugend.

Gesetzlich geregelt ist auch der Freiwilligendienst aller Generationen. Seine
Verortung ist schwer auffindbar und versteckt im Unfallversicherungsrecht. Seine
Legaldefinition findet sich in § 2 Abs. 17 SGB VII. Mehr war in der Implementations-
phase des Dienstes nicht durchsetzbar. Die Kompetenz für den Freiwilligendienst
aller Generationen (FDaG), der aufgrund seiner geringen Formalisierung nicht
immer als „echter" Freiwilligendienst akzeptiert wird, ist ebenfalls – wie beim Jugendfreiwilligendienst – aus der Kompetenz der öffentlichen Fürsorge (Artikel 74,
Abs. 1, Ziffer 7, GG) abgeleitet. Die Position, er sei kein echter Freiwilligendienst,
problematisiert die Grenze zwischen Dienst und freiwilliger Tätigkeit sowie bürgerschaftlichem Engagement. Sie gelte es strenger zu ziehen, um das Profil zu erhalten.
Die Position, die den FDaG als Freiwilligendienst qualifiziert, macht sich für die

Berücksichtung der heterogenen Lebenslagen stark, aus denen heraus Menschen aller Altersgruppen einen geregelten, auf Zeit angelegten, von Qualifikationsmaßnahmen begleiteten Dienst in persönlichen Passagesituationen nutzen wollen (zze 2012).

So einleuchtend die Forderungen nach einer bundeseinheitlichen „Umbrella-Regelung" für alle Freiwilligendienste erscheinen, so wenig trivial sind die jeweils mit zu bedenkenden verfassungsrechtlichen und politischen Hintergründe für die Unterschiedlichkeit der gesetzlich geregelten Freiwilligendienste und ihrer rechtlichen Verortung. Es geht um nicht unerhebliche Haushaltsmittel, die für den Bundesfreiwilligendienst mit einer ganz anderen politischen Rationalität zur Verfügung gestellt werden als die Mittel für die Jugendfreiwilligendienste. Es geht auch um nicht bis ins Letzte geklärte verfassungsrechtliche Fragen, die in kompetenzrechtliche Bedenken münden (vgl. Ossenbühl 2012). Sicherlich konkurrieren auch unterschiedliche engagementpolitische Vorstellungen miteinander, wie etwa Bund und Länder um ihren Einfluss auf Freiwilligendienste einerseits und die Träger um die Sonderstellung der freien Wohlfahrtspflege andererseits. Das bisweilen durchaus von Misstrauen und Vorbehalten geprägte kritische Verhältnis bundespolitischer Akteure zum Feld der Freiwilligendienste, das die freie Wohlfahrtspflege als ihre eigene Domäne erlebt, trägt das Seinige zur „Gefechtslage" bei.

Auf der Regelungsebene finden sich Unterschiede in der gesetzlichen Rahmung von Freiwilligendiensten. Diese Unterschiede bestehen im Bereich der Steuerung, der Struktur, der Finanzierung, der Organisation, der Zielgruppen, der pädagogischen Begleitung, der Einmaligkeit respektive Wiederholbarkeit von Freiwilligendiensten. Auch die Rechtsverhältnisse sind unterschiedlicher Natur: hier hoheitlich, dort zivilrechtlich. Diese Unterschiede provozieren, wie angedeutet, ein Mehr an Managementaufwand für die, die beide oder noch andere Dienste nutzen. Und diese Unterschiede provozieren Plausibilitätsdefizite vor Ort: Die einen Freiwilligen erhalten weniger als die anderen, die Zuständigkeiten sind unterschiedlich, obwohl die Tätigkeiten identisch sein können. Dabei treffen Freiwillige aus den Jugendfreiwilligendiensten vor Ort – im In- und Ausland – mit Freiwilligen aus dem Bundesfreiwilligendienst zusammen. Das macht nicht unbedingt Sinn, das schafft Schnittstellen, an denen Reibungen entstehen können. Ob die Reibungen produktiv sind, wird von den einen bezweifelt, von den anderen unterstellt. Ob die Probleme der unterschiedlichen rechtlichen Steuerungen durchschlagen, hängt auch von der Managementqualität und der vor Ort installierten oder in Kooperationsabreden verankerten Abpufferung ab. Eine solche Abpufferung, das Management der Unterschiedlichkeit der Spielregeln und Finanzierung, provoziert nicht nur die beschriebenen Mehraufwendungen, sondern auch eine gewisse Selektivität: Diesen Managementaufwand kann sich nicht jeder leisten.

3.2 Optionen: Freiwilligendiensterecht

Seit langem wird in Deutschland über ein Freiwilligendienstestatusgesetz diskutiert (Jakob 2010). Es ließe sich entweder als gemeinsames Freiwilligendienstgesetz für alle Dienste kodifizieren mit unterschiedlichen Abschnitten und Regelungsbereichen. Es ließe sich auch als „Umbrellagesetz" denken. In jedem Fall würde es die bei allen Freiwilligendiensten auszumachenden Gemeinsamkeiten – Bildungsorientierung, Verbindlichkeit, Taschengeld, Versicherungsschutz, zeitliche Befristung – in einer gemeinsamen, rechtlich verbindlichen Rahmenkonzeption verankern. Es würde der Harmonisierung dienen und übergreifende Organisationsstrukturen schaffen oder bestehende koordinieren helfen. So könnten gemeinsame Qualitätskriterien für Freiwilligendienste verbindlich gemacht werden. Die Diskussion um ein Freiwilligendienstrecht böte den Rahmen für die Klärung politischer Zielsetzungen, die mit den Freiwilligendiensten jeweils verbunden werden.

Am Ende könnte u. a. eine einheitliche privatrechtliche Vertragsgestaltung zwischen Freiwilligen und Diensten wie Dienstgebern stehen – also eine Vereinfachung der Rechtslage, die heute zu den maßgeblichen Unterschieden in der Ausgestaltung des Freiwilligenstatus führt: dort öffentlich-rechtlich, dort privatrechtlich. Ein Freiwilligendienst, der im Rahmen eines öffentlich-rechtlichen Dienstverhältnisses ausgestaltet wird, provoziert Störgefühle, wenn man die Freiwilligendienste im Sektor der Zivilgesellschaft verortet. Es ist aber auch anderen Staaten nicht fremd, Dienstpflichten und öffentlich-rechtlich flankierte Zeiten sozialen Lernens staatlicherseits zu rahmen, zu unterstützen und zu fördern. Bei der langen und erfolgreichen Tradition der Jugendfreiwilligendienste in Deutschland liegt es allerdings nahe, die privatrechtliche Vertragsgestaltung gegenüber einer öffentlich-rechtlichen sowohl als traditionsgerecht als auch als inhaltlich angemessen zu werten. Durchgreifende Bedenken, eine privatrechtliche Vertragsgestaltung im Bereich des Bundesfreiwilligendienstes zu verankern, sind schwer nachzuvollziehen – und dies mit oder ohne Freiwilligendienstestatusgesetz.

3.3 Qualitätskriterien und rechtliche Rahmung

Die Freiwilligendienste haben sich in den vergangenen Jahren deutlich weiterentwickelt und profiliert. Ihre multiple Zielorientierung – politische Bildung, tätigkeitsbezogene Qualifikation, Erwerb von sozialen Kompetenzen und Persönlichkeitsentwicklung – haben sie zu Lernformaten für junge, aber auch für erwachsene Menschen werden lassen. Diese Profilierung in Richtung Bildungsdienst hat sich mehr als bisher in den rechtlichen Vorgaben niederzuschlagen. Die

Sicherstellung des Lerndienstes, die Vorlage eines pädagogischen Konzeptes, die Entwicklung zielgruppenbezogener Konzepte – all das gehört zu den Essentials der pädagogischen Begleitung von Freiwilligendiensten. Dies hätte sich bei einer Weiterentwicklung der rechtlichen Rahmenbedingungen auch in den Gesetzen niederzuschlagen, indem geeignete Konzepte in methodisch-didaktischer Hinsicht ebenso niedergelegt oder vorausgesetzt werden sollten wie eine Nachweis- und Evaluationspflicht der Bildungsträger.

Auch hinsichtlich der Einsatzstellen entwickeln sich die Freiwilligendienste weiter. Das gilt in besonderer Weise für den Bundesfreiwilligendienst, der sich in vielfacher Hinsicht vom Zivildienst emanzipiert, dessen Nähe zur Wehrpflicht die Pflichten und den Verfügbarkeitscharakter der Zivildienstleistenden wesentlich stärker betonte. Die zivilgesellschaftliche Qualität der Freiwilligendienste, auch und gerade des Bundesfreiwilligendienstes, gilt es in den Einsatzstellen sicherzustellen. Es muss sich um eine in dieser Hinsicht attraktive Tätigkeit handeln, die nicht Arbeitsengpässe etwa in einem Pflegeheim oder in der Behinderteneinrichtung kompensiert. Die Übernahme und das Erlernen von Verantwortung, der Kompetenzerwerb und die Arbeitsmarktneutralität des Einsatzes gehören somit zu Qualitätskriterien von Einsatzstellen aller Freiwilligendienste. Auch hier bestehen die Möglichkeit und der Anlass, einen gesetzlichen Regelungsbedarf bei den bestehenden Freiwilligendienstgesetzen zu formulieren, etwa hinsichtlich der pädagogischen Begleitung, der Partizipationsmöglichkeiten und der Arbeitsmarktneutralität.

In Bezug auf die Träger und Zentralstellen gilt es mit Blick auf die bei Freiwilligendiensten gesammelten Erfahrungen Qualitätskriterien zu formulieren und festzulegen. Die mittlere Steuerungsebene gilt es zu stärken (die Träger- und Zentralstellen). Nur sie ist in der Lage, regionale Besonderheiten zu berücksichtigen und notwendige örtliche Steuerungsmaßnahmen zu erkennen. Rechte und Pflichten gilt es ebenso zu betonen wie die Aufgabe der Qualitätsentwicklung und der Verschränkung mit regionalen Strukturen. Sollten doch Freiwilligendienste Teil einer umfassenden Engagementstrategie sein, die sie insbesondere vor Ort in lokalen und landesrechtlich respektive landespolitisch gerahmten Engagementkonzeptionen als bewährte Bausteine erscheinen lassen. Auch in diesem Zusammenhang ist ein gesetzlicher Regelungsbedarf auszumachen: Das Leitbild der Vertragspartnerschaft liegt nahe, die Beschreibung der inhaltlich-fachlichen Aufgaben der mittleren Steuerungsebene lässt sich genauso gesetzlich festschreiben wie die Anerkennungsverfahren und -kriterien.

Schließlich lassen sich auch Qualitätskriterien für die staatlichen Aufgaben feststellen, die im Zusammenhang mit Freiwilligendiensten stehen. Gern wird an den Staat die Anforderung gerichtet, das Subsidiaritätsprinzip zu achten und auszugestalten. In der Tat macht es Sinn, zivilgesellschaftliche Strukturen subsidiär zu denken. Dabei macht dieses Prinzip allerdings nicht bei den Wohlfahrtsverbänden als „formal" betrachtet subsidiärer Ebene halt. Auch wenn es gerade aus der Sicht der freien Wohlfahrtspflege als wünschenswert erscheinen mag, den Bundesfreiwilligendienst mit dem Argument „Subsidiarität" in die Jugendfreiwilligendienste zu überführen bzw. die Trägerschaft des Bundesfreiwilligendienstes nach dem Vorbild der Jugendfreiwilligendienste auszuformen, dürften hier strategisch und taktisch verfassungsrechtliche Argumente geltend gemacht werden, die eine solche Forderung nicht nur als opportun erscheinen lassen. Ist doch der politische Wille, in einem umfassenden Maße allen potenziell zu Freiwilligendiensten bereiten Bürgerinnen und Bürgern – ihre Zahl wurde zunächst unterschätzt – ein solches Angebot zu machen, nicht ohne weiteres vorhanden und erweisen sich die Mittel des Bundesfreiwilligendienstes durchaus als wertvolle und nicht selbstverständliche Ressourcen. Als Qualitätskriterien, die an den Staat zu richten wären, lassen sich im Sinne einer subsidiären Aufgabenwahrnehmung und eines entsprechenden Aufgabenverständnisses die Rolle des Staates als Rahmengeber und Förderer ebenso betonen wie der notwendige Bürokratieabbau verankern, wobei Letzteres die zivilgesellschaftlichen Organisationen vor unnötigen Sekundärkosten und Aufwänden verschonen könnte. Es ergibt sich weiterhin ein gesetzlicher Regelungsbedarf hinsichtlich einer Harmonisierung des rechtlichen Status, der Rahmenbedingung für die Attraktivität, insbesondere für unterrepräsentierte Gruppen, die Abgrenzung zum Arbeitsmarkt und hinsichtlich der Formulierung von Rahmenbedingungen für eine Anerkennungskultur für alle Freiwillige.

3.4 Diensterecht oder Recht der Engagementförderung?

Freiwilligendienste werden als wesentlicher Baustein der Engagementförderung verstanden – und das zu recht. Gleichzeitig genießen sie einen Sonderstatus und eine besondere politische Aufmerksamkeit, wie zuletzt in der Koalitionsvereinbarung der großen Koalition vom November 2013 dokumentiert (CDU/CSU/SPD 2013, S. 78 f.) Engagementpolitik darf sich aber nicht reduzieren auf den gegebenen Stand der Freiwilligendienste in ihren jeweiligen Ausprägungen und Ausformungen. Insofern lässt sich auch unter engagementpolitischen und rechtlichen Gesichtspunkten fragen, ob es gegebenenfalls weniger vordringlich eines einheitlichen Freiwilligendiensterechtes bedarf, sondern vielmehr eines Rechts der Engagementförderung. Hier wären Freiwilligendienste wichtige Bausteine der Engagementpolitik. Es wären die Grenzen zeitintensiver Engagementformen zu bestimmen, Übergangsformen zu regeln und Formen der Gratifikation in ein Gesamtsystem einzubinden. Sind doch die Alimentierungen wie Taschengeld und sozialversicherungsrechtliche

Privilegierungen faktisch – vergleichsweise – teure politische Maßnahmen für Freiwilligendienste, die unbestritten wichtig sind, aber immer nur einen begrenzten Teil der Engagementförderung und der Engagementpolitik ausmachen (dürfen).

Eine Gesamtkonzeption und Strategie ist gefragt, die sich nicht allein auf Freiwilligendienste kapriziert. Das ist noch komplizierter als die Vereinheitlichung von Bundesfreiwilligendienst- und Jugendfreiwilligendienstegesetzen. Es werden jedoch in vielfältiger Weise Kooperationsformen im kooperativen Föderalismus berührt, bei denen schnell die Konnexitätssperre greift, verfassungsrechtliche Kompetenzrangeleien beginnen und Deutschland von einem Gesamtkonzept noch vergleichsweise weit entfernt scheint. Ein Recht der Engagementförderung würde sich im Übrigen als synthetisch darstellen, sowohl steuerrechtliche als auch sozialversicherungsrechtliche Fragen einbeziehen wie solche des Vereins-, Stiftungs- und Genossenschaftsrechts, des Beamten- und Dienstrechtes, des Gemeindeverfassungs- und Schulrechts und eben des Rechtes der Freiwilligendienste. Die nachvollziehbar engagiert geführte Diskussion um die Freiwilligendienste und ihre rechtliche Rahmung darf den Blick auf eine breit angelegte Engagementpolitik inklusive Klärung der mit einer solchen verbundenen Rechtsfragen nicht randständig werden lassen.

Dabei stellen sich dann auch zentrale Fragen der Bundeskompetenz für die Engagementförderung. Wie sieht es mit der Finanzierungszuständigkeit aus? Die Verwaltungskompetenz ergibt sich aus Artikel 104a, GG, die Mischverwaltung ist grundsätzlich ausgeschlossen, die Bundesverwaltung abschließend geregelt (Artikel 87 ff, GG). Lässt sich eine Finanzierungsaufgabe im Sinne einer Verpflichtung über das Bundesfreiwilligendienstgesetz und das Jugendfreiwilligendienstegesetz konstruieren? Woraus erfolgt die Finanzierungsbefugnis für die Engagementförderung? Lässt sich die Gesetzgebungskompetenz akzessorisch aus der Kinder- und Jugendhilfe, der Altenhilfe, dem SGB XI und SGB VIII ableiten, kann man eine Finanzierungsbefugnis aus der Natur der Sache per Kraft Sachenzusammenhang konstruieren (vgl. dazu ausführlich Igl 2009)? Die Konstruktion der Bundeskompetenz über die widerlegbare Vermutung der Zuständigkeit der Länder, die Konstruktion kompetenzfreier Zonen und die Aufnahme der Engagementförderung als Staatsaufgabe ließen sich ebenso diskutieren wie die Notwendigkeit einer strikten Kompetenztrennung und das Abstimmungserfordernis über die Kooperations- und Koordinierungsinstrumente zwischen Bund, Ländern und Kommunen. Die Fragen sind keineswegs abschließend geklärt. Auch Gutachten haben bisher keine gemeinsame Grundlage für übergreifende politische Strategien schaffen können. Igl kam zwar zu dem Ergebnis, dass „der Bund hier im Sinne gesetzesakzessorischer Verwaltungstätigkeit auf dem Gebiet des bürgerschaftlichen Engagements lokale und regionale Projekte durch Zuwendungen fördern darf" (Igl 2009, S. 23),

das Bundesministerium der Finanzen (BMF) lehnte sein Gutachten aber aus verfassungsrechtlichen Bedenken bei der Herleitung der Parallelkompetenz von Bund
und Ländern sowie aus haushaltspolitischen Gründen ab. Zu unterschiedlich und
divergent scheinen die politischen Zielsetzungen und Interessenslagen.

4   Bestandteil einer Engagementstrategie

Die Diskussion um die rechtlichen Rahmenbedingungen für Freiwilligendienste
dreht sich nicht zuletzt auch um Geld. Es geht um Haushaltsmittel für die Dienste. Eine Zusammenlegung scheint derzeit kaum opportun. Aktuell steht die Generierung
von Wissensbeständen über die Wirkung und Reichweite von Freiwilligendiensten
im Zentrum, wie sie die aktuelle Evaluation des FSJ und BFD vorsieht, deren
Ergebnisse im Laufe des Jahres 2014 veröffentlicht werden sollen. Dabei stehen
Lebenslagen und regionale Differenzen im Mittelpunkt des Interesses. Eine Harmonisierung zugunsten der einen und zu Lasten der anderen Regelungsoption wäre
zum gegenwärtigen Zeitpunkt noch nicht wissensgetragen. Die in Auftrag gegeben
Evaluationen stehen vor dem Abschluss und vermitteln hoffentlich die Rationale
für eine weitere politische Diskussion. Die Ansprache von besonders bedeutsamen
Zielgruppen – Ältere, Menschen mit Migrationsgeschichte, junge Menschen mit
Startschwierigkeiten und Bildungsbenachteiligungen – gilt es, unter engagementpolitischen Zielsetzungen, vornehmlich in den Blick zu nehmen. Sie gehören bis
heute nicht zu denjenigen, die die Jugendfreiwilligendienste auf der Nachfrage-
seite dominieren. Genau dies wäre aber ein wichtiges und vornehmes Ziel einer
zivilgesellschaftlich ausgerichteten und bildungsorientierten Engagementpolitik.

Auch geht es um die „Qualifizierung der Qualifizierung" im Rahmen von Freiwilligendiensten. Hier sind sicher in besonderer Weise Fragen an die Qualifizierung
in der Tradition der Zivildienste im Rahmen des Bundesfreiwilligendienstes zu
richten. Und es geht auch um die Rolle des Staates – sowohl verfassungsrechtlich
als auch politisch gestaltend. In diesem Rahmen sollten die Diskussionen um eine Weiterentwicklung der rechtlichen Rahmenbedingungen für Freiwilligendienste
einerseits und eine umfassende Engagementpolitik andererseits gestellt werden.

5 Gestaltungsperspektiven

Dabei ergeben sich rechtliche Gestaltungsperspektiven im Bereich der Engagement-politik. Zu ihnen gehört die Engagementförderung als Gemeinschaftsaufgabe – gegebenenfalls im Rahmen einer Infrastrukturförderung von der Jugendhilfe bis zu den Mehrgenerationenhäusern, wenn man sie paradigmatisch nimmt für generationsübergreifende Infrastrukturen der Daseinsvorsorge vor Ort. Es gilt darüber hinaus, Strukturen für die Koordination und Kooperation zu schaffen und dies im Rahmen und der Weiterentwicklung des kooperativen Föderalismus voranzutreiben. Hier wird man besondere Aufmerksamkeit – sowohl im Blick auf die Gegebenheiten als auch auf die Veränderung des verfassungsrechtlichen Rahmens – walten lassen müssen. Ein Baustein im Rahmen rechtlicher Gestaltungsperspektiven könnte das erwähnte Freiwilligendienstestatusgesetz darstellen, das bereits mehrfach diskutiert und auch vom Bundesrat beschlossen wurde (vgl. Bundesratsdrucksache 373/12).

Die neue Bundesregierung ist bei der besonderen Betonung der Freiwilligen-dienste im Koalitionsvertrag gut beraten sich, mit Blick auf die unterschiedlichen Traditionen der beiden großen Parteien in puncto Engagementpolitik und Frei-willigendienste, auf ein konsistentes Gesamtkonzept zu verständigen. Nicht alles hängt allerdings vom Recht ab. Bereits auf der geltenden gesetzlichen Basis der Freiwilligendienste sind Harmonisierungen möglich. Soweit möglich, sollten sie „untergesetzlich" verankert werden, soweit nötig, mittelfristig gesetzlich geregelt. Dabei wären die Evaluationsergebnisse zu berücksichtigen.

Über die sinnvolle und allenthalben geforderte Harmonisierung hinaus ist eine politische Debatte gefragt, die die Bedeutung des Engagements ebenso zum Gegen-stand macht wie die Aufgabenverteilung zwischen Bund, Ländern und Kommunen auf der einen Seite und zivilgesellschaftlichen Organisationen (z. B. Wohlfahrtver-bände) auf der anderen Seite. Aus den Bemühungen um Harmonisierung und einer entsprechenden politischen Debatte könnte ein gesetzgeberisches Gesamtkonzept entstehen, das die Freiwilligendienste ebenso berücksichtigt wie andere zeitintensi-ve Engagementformen, z. B. den Freiwilligendienst aller Generationen und andere Entwicklungsmotoren im Bereich der Engagementinfrastruktur und -förderung. Da-bei gilt, dass Engagementpolitik konsequent aus einer Querschnittperspektive zu verfolgen ist. Es macht keinen Sinn, Engagementpolitik nur als Teil der Jugend-politik zu verstehen oder als Aspekt einer komplementären Pflegepolitik, wenn es um die Generierung von Ehrenamtlichen zur Ergänzung der Hauptamtlichen geht. Engagementpolitik betrifft viele Politikbereiche. Von einem ordnungspolitischen Rahmen für eine Engagementpolitik ist man in Deutschland noch recht weit entfernt. So erscheint die Politik der Freiwilligendienste als „Policy", nicht als „Politic" (Olk et al. 2012, S. 51). Sie sollte aber die Bemühungen um einen ordnungspolitischen Rahmen für die Engagementförderung befördern.

Literatur

BMFSFJ – Bundesministerium für Familie, Senioren Frauen und Jugend, Hrsg. 2012. *Erster Engagementbericht – Für eine Kultur der Mitverantwortung. Bürgerschaftliches Engagement in Deutschland, Schwerpunkt: Engagement von Unternehmen.* Bundestagsdrucksache 17/10580. Berlin.

CDU/CSU/SPD. 2013. Deutschlands Zukunft gestalten. Koalitionsvertrag zwischen CDU, CSU und SPD.

Hinz-Rommel, Wolfgang. 2013. *Jugend und Freiwilligendienste.* Stuttgart.

Igl, Gerhard. 2009a. *Altersgrenzen und gesellschaftliche Teilhabe – Gutachten erstellt im Auftrag des BMFSFJ.* Berlin.

Igl, Gerhard. 2009b. *Fördermöglichkeiten des Bundes bei lokalen und regionalen Infrastrukturvorhaben auf dem Gebiet des bürgerschaftlichen Engagements, Rechtsgutachten im Auftrag des BMFSFJ.*

Jakob, Gisela. 2010. Überlegungen zu einem Freiwilligendienste Statusgesetz. BBE-Newsletter 10/2010.

Liga der Freien Wohlfahrtspflege Baden Württemberg. 2013. Mindest-Qualitätsstandards für Freiwilligendienste im Inland.

Olk, Thomas, Ansgar Klein, und Birger Hartnuß. 2012. Engagementpolitik als Politikfeld: Entwicklungserfordernisse und Perspektiven. In *Engagementpolitik. Die Entwicklung der Zivilgesellschaft als politische Aufgabe,* Hrsg. Olk, Thomas, Ansgar Klein, und Birger Hartnuß, Bd. 32, S. 51. Wiesbaden.

Ossenbühl, Fritz, Hrsg. 2012. *Gutachten Sachverständigenkommission – Kompetenzerwerb durch Freiwilligendienste, vom BMFSFJ.* Berlin.

zze – Zentrum für zivilgesellschaftliche Entwicklung. 2012. *Freiwilligendienste aller Generationen – Umsetzung und Wirkung 2009–2011. Abschlussbericht.* Freiburg.

Prof. Dr. Thomas Klie lehrt öffentliches Recht und Verwaltungswissenschaften an der Evangelischen Hochschule Freiburg und leitet das Zentrum für Zivilgesellschaftliche Entwicklung (zze). Er ist Vorsitzender der 2. Engagementberichtskommission der Bundesregierung.

Freiwillig gemeinsam gestalten: Die beispielgebende Zusammenarbeit bei den gesetzlich geregelten Freiwilligendiensten

Jens Kreuter

Zusammenfassung

Es gehört zum Wesen des freiwilligen Engagements, dass es sich keine Form und keine Ausprägung vorschreiben lässt und selbst in seiner Existenz einzig vom autonomen Willen der Engagierten abhängig ist. Rahmenbedingungen verschiedenster Art können Engagement erleichtern und ermutigen oder erschweren, sie können aber niemals Engagement gegen den Willen der Freiwilligen hervorbringen. In der Konsequenz ist der ganz überwiegende Teil der Suche nach förderlichen Rahmenbedingungen reaktiv: Am Anfang stehen engagementbereite Menschen. Daraus folgt das Bestreben viele- staatlicher wie nicht-staatlicher – Akteure, diese Bereitschaft positiv zu begleiten. Die gesetzlich geregelten Freiwilligendienste als eine besondere unter vielen erfreulichen Formen freiwilligen Engagements sind ein besonders positives Beispiel des erfolgreichen Zusammenwirkens der Engagementbereitschaft der Freiwilligen, der Unterstützung durch Einsatzstellen, Träger und Verbände und der Schaffung förderlicher staatlicher Rahmenbedingungen.

J. Kreuter (✉)
Bundesministerium für Familie, Senioren, Frauen und Jugend,
Bonn, Deutschland
E-Mail: jens.kreuter@bmfsfj.bund.de

© Springer Fachmedien Wiesbaden 2015
T. Bibisidis et al. (Hrsg.), *Zivil – Gesellschaft – Staat,*
Bürgergesellschaft und Demokratie 44, DOI 10.1007/978-3-658-05564-6_7

1 Einleitung

Zum Wesen freiwilligen Engagements gehört es, dass es sich keine Form und keine Ausprägung vorschreiben lässt und selbst in seiner Existenz vollständig vom autonomen Willen der Engagierten abhängig ist. Rahmenbedingungen verschiedenster Art können Engagement erleichtern und ermutigen oder erschweren, sie können aber niemals Engagement gegen den Willen der Freiwilligen hervorbringen. In der Konsequenz ist der ganz überwiegende Teil der Suche nach förderlichen Rahmenbedingungen reaktiv: Am Anfang stehen engagementbereite Menschen, und daraus folgt das Bestreben vieler Akteure, diese Bereitschaft positiv zu begleiten.

Auch unter denjenigen, die die Rahmenbedingungen für freiwilliges Engagement – zu dem auch die Freiwilligendienste zählen – gestalten, gibt es eine sowohl historisch feststellbare als auch eine aus der Sache heraus folgerichtige Reihenfolge: Zunächst schaffen die Einrichtungen, Projekte und Initiativen, in denen sich Menschen engagieren oder engagieren möchten, die Möglichkeiten dafür, setzen Anreize, schaffen eine Anerkennungskultur und ermutigen zu Engagement oder erschweren es. Auf einer zweiten Ebene sorgen Träger, Verbände, verbandliche Netzwerke und andere Akteure für verbesserte Rahmenbedingungen. Erst dann, wenn hinsichtlich existierender Engagementbereitschaft von Menschen, in deren Interesse und in der Regel auf deren Wunsch hin solche Anreize verbessert und Hindernisse abgebaut werden sollen, die außerhalb der Gestaltungsmacht der nicht-staatlichen Akteure liegen, ist staatliches Handeln angezeigt.

Dieses staatliche Handeln, dass allein dem Ziel dient, vorhandene oder mindestens potenziell vorhandene Engagementbereitschaft zu tatsächlichem Engagement werden zu lassen, kann die verschiedensten Ausprägungen haben. Allen Aktivitäten, sei es der Abbau von Hindernissen, sei es die Schaffung von Anreizen, sei es die Bezuschussung engagementfördernder Strukturen, ist gemeinsam, dass ihr Ziel, ihr einziges legitimes Ziel darin besteht, auf Engagementbereitschaft und Engagement positiv einzuwirken.

Neben diesen gewollten positiven Wirkungen staatlichen Handelns sind angesichts der allgemeinen Rahmenbedingungen staatlicher Aktivitäten weitere Effekte unvermeidbar. So ist es zwingend, dass – gewollte – Rechtsfolgen wie beispielsweise die Kindergeldberechtigung an eindeutige, operativ umsetzbare Tatbestandsvoraussetzungen geknüpft werden. Mit der Festschreibung dieser Tatbestandsvoraussetzungen werden Grenzen gezogen und Festlegungen getroffen, die ihrerseits Auswirkungen auf die Entwicklung des Engagements haben können. Ebenso zwingend ist es, dass Zuwendungen aus öffentlichen Haushalten den Regelungen der entsprechenden Haushaltsordnungen folgen und der Prüfung durch Rechnungshöfe unterliegen. Damit ist auf der Seite der Zuwendungsempfangenden ein gewisses Maß an formalen Verwaltungsstrukturen und „Bürokratie" notwendig.

Eine zentrale Aufgabe des andauernden Gesprächs zwischen staatlichen und nicht-staatlichen Akteuren, aber auch der kritischen Beobachtung administrativen Handelns durch Parlament und Öffentlichkeit ist es, darauf zu achten, dass die – ungewollten – Nebenwirkungen möglichst gering bleiben und jedenfalls nicht die – von allen Beteiligten gewollten – positiven Wirkungen staatlichen Handelns überlagern oder gar gefährden. Dabei kann es Konstellationen geben, in denen unvermeidbare Nebenwirkungen dazu führen, dass es im Ergebnis als besser erscheint, auf staatliches Handeln in diesem Fall zu verzichten, wenn etwa ein geringer Zuschuss solch hohen administrativen Aufwand mit sich bringt, dass Aufwand und Ertrag in keinem sinnvollen Verhältnis stehen. Erstes Ziel in solchen Konstellationen ist selbstverständlich, intensiv zu prüfen, ob diese Nebenwirkungen reduziert werden können. Ist dies aber etwa wegen unabdingbarer Regelungen einer Haushaltsordnung jedenfalls kurzfristig nicht möglich, kann der Verzicht auf staatliches Handeln die sinnvollere Konsequenz sein.

Es ist dabei immer wieder daran zu erinnern, dass freiwilliges Engagement zunächst von staatlichem Handeln völlig unabhängig ist, dass also ein Verzicht auf Förderung oder gesetzliche Regelung überhaupt keine negativen Auswirkungen haben muss oder gar mit einem Werturteil verbunden sein muss. Mit Blick auf die Freiwilligendienste etwa steht es selbstverständlich jeder und jedem Jugendlichen frei, sich 30 h in der Woche für fünf Monate zu engagieren und dabei prägende Lernerfahrungen zu machen. Er oder sie erhält lediglich eine Reihe von Vorteilen nicht, die jemand erhalten würde, der sich für sechs Monate und 40 Wochenstunden verpflichten würde. Der völlig legitime Wunsch, diese Vorteile zu nutzen, darf auch in der Beratung Interessierter auf keinen Fall dazu führen, das Engagement, das die Tatbestandsvoraussetzungen einer bestimmten Förderung nicht erfüllt, in irgendeiner Form geringer zu schätzen oder zu erschweren. Mit großer Überzeugung fördert die Bundesregierung pädagogisch begleitete Auslandsjugendfreiwilligendienste und muss diese Förderung an bestimmte Tatbestandsvoraussetzungen knüpfen. Ganz unabhängig davon reisen viele Jugendliche jedes Jahr außerhalb dieser Förderprogramme ins Ausland, engagieren sich dort und kehren erfüllt von ihren Erlebnissen zurück. Wer – aus welchen Gründen auch immer – an einem „ungeregelten" Freiwilligendienst teilnimmt, ist in keiner Weise gering zu schätzen. Im Gegenteil: Ein ungeregeltes und ungefördertes Engagement ist sicher in aller Regel besser als gar keines.

Die beschriebene Wechselwirkung zwischen dem Wunsch der Engagementbereiten und der Engagierten sowie der Einsatzstellen und ihrer Verbände nach Hindernisse abbauendem und Engagement förderndem staatlichen Handeln einerseits und diesem Handeln und seinen Effekten andererseits lässt sich unter verschiedensten Blickwinkeln betrachten: Historisch oder konzeptionell, allgemein oder auf bestimmte Engagementbereiche bezogen, theoretisch oder mit Blick auf die tatsächlichen Entwicklungen. Im Mittelpunkt der folgenden Ausführungen sollen die gesetzlich geregelten Freiwilligendienste als eine besondere unter vielen erfreulichen Formen freiwilligen Engagements stehen und ein Schwerpunkt auf die tatsächlich entstandene Zusammenarbeit gelegt werden.

2   Die gesetzlich geregelten Freiwilligendienste

Derzeit engagieren sich rund 100.000 Freiwillige in den gesetzlich geregelten Freiwilligendiensten Freiwilliges Soziales Jahr (FSJ), Freiwilliges Ökologisches Jahr (FÖJ) und Bundesfreiwilligendienst (BFD) sowie im Internationalen Jugendfreiwilligendienst (IJFD).

Dieser historische Höchststand ist auf ein besonders erfolgreiches Zusammenwirken der Engagementbereitschaft der Freiwilligen, der Unterstützung durch Einsatzstellen, Träger und Verbände und der Schaffung förderlicher staatlicher Rahmenbedingungen zurückzuführen. Dass sich so viele Menschen für andere einsetzen, ist ein Geschenk für die Gesellschaft – ganz unabhängig davon, dass zu den altruistischen durchaus auch eigennützige Motivationen hinzukommen. Im Gegenteil zeugt es von einer guten Kultur der Freiwilligkeit, wenn sich das Engagement als Win-win-Situation für alle Beteiligten herausstellt.

Die beeindruckenden Zahlen sprechen dafür, dass in Deutschland sehr gute Rahmenbedingungen für freiwilliges Engagement bestehen. Wer sich einsetzen möchte, stößt auf eine Vielfalt an Möglichkeiten. Sowohl hinsichtlich der Formate und Einsatzbereiche als auch mit Blick auf den zeitlichen Aufwand gibt es hierzulande die unterschiedlichsten Modelle freiwilligen Engagements. Ein besonders erfolgreiches Modell sind die gesetzlich geregelten Freiwilligendienste.

Engagement in gesetzlich geregelten Diensten bietet eine spezifische und offenkundig für die Engagierten attraktive Kombination aus Flexibilität und Sicherheit. In ihnen verzahnen sich bürgerschaftliches Engagement und staatliche Regelungen zu einem attraktiven Gesamtgebilde, welches sich über Jahrzehnte bewährt hat.

- Sowohl in den Jugendfreiwilligendiensten FSJ und FÖJ, die für junge Menschen bis zur Vollendung des 27 Lebensjahres offen stehen, als auch im Bundesfreiwilligendienst, der für Menschen aller Altersgruppen geöffnet wurde, herrscht ein *hohes Maß an sozialer Absicherung*. Freiwillige erhalten während ihres Dienstes ein Taschengeld; Unterkunft, Verpflegung und Arbeitskleidung können gestellt bzw. durch Geldersatzleistungen erstattet werden. Das Kindergeld wird während eines Freiwilligendienstes weiter gezahlt. Freiwillige sind zudem gesetzlich sozialversichert. Sie werden nach den jeweiligen gesetzlichen Grundlagen so behandelt wie Auszubildende; das heißt, sie sind während des Freiwilligendienstes grundsätzlich Mitglied in der gesetzlichen Renten-, Unfall-, Kranken-, und Arbeitslosenversicherung. Wer sich engagiert, ist in dieser Zeit somit abgesichert und hat auch später keine „Lücke".

- Diese starke Absicherung ist begründet durch ein weiteres Markenzeichen der gesetzlich geregelten Freiwilligendienste: Dort wird der Einsatz der Freiwilligen *in Vollzeit* geleistet, also als „Hauptsache" mit rund 40 Wochenstunden. Dies grenzt den Dienst in diesen Engagementformaten ab von niederschwelligerem Engagement für einige Stunden pro Woche, welches selbstverständlich ebenso wertvoll für die Freiwilligen und für unsere Gesellschaft ist, aber eine solche Absicherung wie ein Vollzeit-Dienst nicht begründet und auch nicht braucht. Für die neue Zielgruppe der über 27-Jährigen, die sich im BFD engagieren können, wurde dieses Kriterium unter Beibehaltung des Grundgedankens angepasst: Wegen der ab diesem Alter häufig bestehenden weiteren Pflichten können sie sich mit mehr als 20 Wochenstunden auch in Teilzeit engagieren, aber auch hier muss der Freiwilligendienst die Hauptbeschäftigung auf der Basis einer angenommenen 40-Stunden-Woche darstellen, so dass hier etwa die Sozialversicherungspflicht an den Freiwilligendienst anknüpft.
- Freiwilligendienste sind *Lerndienste*. FSJ, FÖJ und BFD werden ebenso wie die Auslandsfreiwilligendienste pädagogisch begleitet. Dies erfolgt nicht nur im Rahmen von 25 Seminartagen, die für die unter 27-Jährigen verpflichtend vorgesehen sind (während für die Ü27 im BFD mindestens ein Seminartag pro Monat durchzuführen ist), sondern auch in den Einsatzstellen erfolgt eine individuelle Betreuung durch Fachkräfte vor Ort. Die praktische Arbeit in den Einsatzstellen fordert und fördert wichtige Schlüsselkompetenzen wie Verantwortungsbereitschaft, Kommunikations- und Teamfähigkeit. Die Freiwilligen erwerben so nicht nur fachliche Kenntnisse, sondern auch soziale Kompetenzen. Schulabgängerinnen und Schulabgänger können sich orientieren und Einblicke in die Berufswelt gewinnen, ältere Menschen ihre Lebens- und Berufserfahrung weitergeben. Die Freiwilligen erhalten nach Abschluss ihres Dienstes nicht nur eine Bescheinigung über den geleisteten Dienst, sondern ein qualifiziertes Zeugnis über den Zeitraum ihres Engagements, ihre Tätigkeiten und Leistungen.
- Der Aufwand für die Sozialversicherungsbeiträge, aber auch für Taschengeld und pädagogische Begleitung wird vom Bundesfamilienministerium im Rahmen der im Haushaltsplan vorgesehenen Mittel bezuschusst. Diese *finanzielle Förderung* ist wichtiger Bestandteil des Erfolgsrezeptes und hat zur großen Ausweitung der

Freiwilligendienste sicherlich maßgeblich beigetragen. Die Fördermittel für die Jugendfreiwilligendienste haben sich seit 2010 mehr als vervierfacht. Insgesamt fördert der Bund die Freiwilligendienste derzeit mit rund 300 Mio. €.

- Ein weiteres, ganz maßgebliches Kennzeichen der gesetzlich geregelten Freiwilligendienste ist die *Arbeitsmarktneutralität*. Gerade von gewerkschaftlicher Seite wird gelegentlich der Vorwurf formuliert, freiwilliges Engagement, insbesondere der BFD, stelle ein „nicht zusätzliches" Engagement dar (wofür die als „Umwandlung" bezeichneten historischen Verbindungslinien zwischen Zivildienst und BFD sprächen) und verdränge reguläre Arbeit (Sommer 2012, S. 3). Der Grundsatz der Arbeitsmarktneutralität hat sich in den Jugendfreiwilligendiensten (und im Zivildienst) jahrzehntelang bewährt und wurde im Bundesfreiwilligendienstgesetz (BFDG) ausdrücklich verankert (§ 3 Absatz 1 Satz 2 BFDG). Im BFD müssen sich die Einsatzstellen nach den entsprechenden Anerkennungsrichtlinien schriftlich gegenüber dem Bund zur Wahrung der Arbeitsmarktneutralität verpflichten und versichern, dass durch die Anerkennung als Einsatzstelle und den Einsatz Bundesfreiwilliger die Einstellung neuer Beschäftigter nicht verhindert wird und der Einsatz nicht zu einer Kündigung von Beschäftigten führt. Darüber hinaus muss die Antragstellerin bzw. der Antragsteller bestätigen, dass der Betriebs- oder Personalrat beteiligt wurde, wenn in der Einrichtung ein solcher vorhanden ist. Nach dem Anerkennungsverfahren im Bereich des BFD geht das Bundesamt für Familie und zivilgesellschaftliche Aufgaben (BAFzA) allen Hinweisen über Verstöße gegen die Arbeitsmarktneutralität nach und prüft ggf. den Widerruf der Anerkennung als Einsatzstelle. Die strenge Handhabung dieses Grundsatzes macht deutlich, dass hier eine wichtige Grenze freiwilligen Engagements liegt, die sehr ernst genommen wird. Der Staat will und darf sich nicht dem Vorwurf aussetzen, er missbrauche die Einsatzbereitschaft engagierter Bürgerinnen und Bürger, um sich aus seinen Aufgaben und seiner sozialen Verantwortung zu stehlen. Gleichzeitig dürfen Einsatzstellen und Verbände freiwilliges Engagement nicht dazu missbrauchen, anstelle hauptamtlicher Beschäftigter auf „billigere" Freiwillige zurückzugreifen. Diese Grenze müssen sich alle Beteiligten immer vor Augen halten.

Diese dargelegten Kriterien machen das Erfolgsmodell der gesetzlich geregelten Freiwilligendienste maßgeblich aus. Sie sind in einem jahrzehntelangen Prozess in multidimensionaler Wechselwirkung zwischen Freiwilligen, Einsatzstellen, Trägern, Verbänden und Staat entstanden und fortentwickelt worden. Insoweit wäre es eine sehr verkürzte Sichtweise, von nur zwei sich konträr gegenüberstehenden Größen (Staat und Zivilgesellschaft) auszugehen. Die seit 1964 bestehenden Fördergesetze gaben und geben dem freiwilligen Engagement Struktur und Sicherheit; zusammen mit der erheblichen finanziellen Förderung der Freiwilligendienste durch den Staat in jüngerer Zeit ermöglichen sie es engagierten Menschen, einen Freiwilligendienst zu leisten und interessierten Einsatzstellen und Trägern, Freiwilligendienstplätze anzubieten (Kreuter 2012, S. 27).

Trotz dieser langjährigen Erfolgsgeschichte und der positiven Erfahrungen des Zusammenwirkens wird gelegentlich ein vermeintliches „Problem des staatlichen Zugriffs" auf „die Zivilgesellschaft" (Jakob 2013, S. 3 ff.) beschworen, wie er sich insbesondere im BFD manifestiere. Insbesondere die Rolle des BAFzA und seine Funktion als Zentralstelle des BFD werden kritisiert. Einige Wohlfahrtsverbände und ihre Interessenvertretungen fordern die Einführung des – staatlich erzwungenen – „Trägerprinzips" der Jugendfreiwilligendienste auch im BFD (siehe z. B. Evangelische Trägergruppe 2013).

Zu erinnern ist daran, dass die Möglichkeit, staatliche Förderung zu erhalten ohne sich einem Wohlfahrtsverband anschließen zu müssen, auf eine bereits vor 2011 vehement vorgetragene Forderung aus der Zivilgesellschaft zurückgeht. Dort, wo sie dies wünschen, können Einsatzstellen und ihre Verbände auch im BFD ein Trägerprinzip umsetzen. Da eine Reihe von zivilgesellschaftlichen und kommunalen Organisationen aber keine Trägerstrukturen haben, sondern andere Organisationsformen bevorzugen, wird ein Trägersystem im BFD rechtlich nicht verpflichtend vorgeschrieben. Kleine, verbandsfreie Einsatzstellen – die in ihrer Organisationsform dem eigentlichen Ausdruck von Zivilgesellschaft jedenfalls nicht weniger entsprechen als große Unternehmen aus dem Bereich von Wohlfahrtsverbänden – von Elterninitiativen hin bis zu den vielen kommunalen Einsatzstellen, die im BFD rund 40 % der Einsatzplätze stellen, wollen an der Bundesförderung partizipieren, ohne sich dafür verbandlichen Strukturen anschließen zu müssen. In der FSJ-Förderung bis 2011 waren auch diese verbandsfreien, zivilgesellschaftlichen und kommunalen Einrichtungen gezwungen, sich zum Erhalt der Bundesförderung einem Wohlfahrtsverband anzuschließen. Ein einstimmiger Bundesratsbeschluss hat dies schon damals kritisiert (Beschluss des Bundesrats vom 9. Juli. 2010, BR-Drucksache 367/10; Beschluss des Bundesrats vom 5. Nov. 2010, BR-Drucksache 576/10). Denn auch diese anderen, gewachsenen und bewährten Strukturen sind in ihrer Verbandsfreiheit zu respektieren und können qualitativ gute Einsatzstellen der Freiwilligendienste sein. Ein gegen ihren Willen staatlich erzwungenes Trägerprinzip wäre genauso abzulehnen wie die völlige Verhinderung eines solchen. Beides würde der Souveränität der Einsatzstellen und der sie tragenden Institutionen nicht gerecht.

Die Zentralstelle des BAFzA, welche diesen verbandsunabhängigen Einsatzstellen nun die Teilhabemöglichkeit an staatlicher Förderung ohne Zuordnung zu einem Wohlfahrtsverband eröffnet, als staatlichen Angriff auf die Zivilgesellschaft zu betrachten, verkehrt die tatsächliche Entstehungsgeschichte in ihr Gegenteil. Den kommunalen Spitzenverbänden vorzuwerfen, dass sie „die Freiwilligendienste nicht im Kontext auch einer eigenverantwortlichen Gestaltung und seiner Sonderformen durch die Kommunen sehen" (Perabo 2013, S. 10), weil sie auf eine Zuordnung zu einem Wohlfahrtsverband verzichten, sich für den für sie verwaltungsärmsten Weg einer Zuordnung zu einer Zentralstelle aus dem – wie sie selbst – öffentlichen Bereich entscheiden und eine recht positive Bilanz zum BFD und zur Rolle des BAFzA (Bundesvereinigung der kommunalen Spitzenverbände 2013, S. 1 f.) ziehen, ist jedenfalls zu kurz gegriffen.

3   Zusammenspiel in der Praxis

Tatsächlich wird aktuell immer wieder gefordert, dass der Staat mehr Einsatz zeige, da sich das „individualistischer und pragmatischer" werdende Engagement verändere (Srikiow 2013, S. 1): Zu beobachten sei ein „Strukturwandel"; der und die „moderne Engagierte" frage immer wieder nach dem persönlichen Nutzen seines und ihres Engagements (Sebastian Braun, zitiert nach „Das Parlament" a. a. O.). Der Staat wird nach wie vor in der Pflicht gesehen, geeignete Rahmenbedingungen für eine sich weiter entwickelnde und im Änderungsprozess befindliche Engagementbereitschaft zu schaffen. Das kann „der Staat" aber nicht allein. Eine Demokratie lebt vom Engagement ihrer Bürgerinnen und Bürger, von einer lebendigen Gemeinschaft. Der demokratisch verfasste Staat ist Ausdruck des Organisationswillens der Bürgerinnen und Bürger.

Die Geschichte und Gegenwart der staatlich geregelten Freiwilligendienste machen deutlich, dass es das Zusammenspiel ist, welches dieses Erfolgsmodell ausmacht. Gerade bei den Herausforderungen in der Durchführung der Freiwilligendienste ist das vertrauensvolle Zusammenwirken aller Ebenen von großer Wichtigkeit, um gemeinsam Lösungen zu finden. Hier können staatliche und nichtstaatliche Beteiligte auf eine intensive Zusammenarbeit gerade in den vergangenen, sehr bewegten Jahren zurückblicken, für die nur einige ausgewählte Beispiele genannt werden:

- Die Schaffung einer eigenen Förderrichtlinie im Bereich der Jugendfreiwilligendienste, welche die zuwendungsrechtlichen Vorgaben und die Bedarfe des vielschichtigen Bereichs und der Trägerorganisationen im FSJ/FÖJ beachtet und dabei verwaltungsmäßig umsetzbar bleibt, war eine der Herausforderungen, die gemeinsam gemeistert werden mussten. Hierfür wurde vom Bund neben einer

AG mit den Ländern auch eine AG mit den Verbänden einberufen. Die AG mit den Verbänden bestand aus Vertreterinnen und Vertretern sowohl der Zentralstellen als auch der Träger und hatte das Ziel, die neue Richtlinie zur Förderung der Jugendfreiwilligendienste (RL-JFD) praxisnah auszurichten. Dabei fand eine partnerschaftliche Zusammenarbeit statt, die die Entwicklung der heutigen RL-JFD in kürzester Zeit ermöglichte. Weiterhin findet ein aktiver Austausch zur Verbesserung der Verfahren statt, bei dem der Bund die Anregungen aus den Verbänden aufgreift und – sofern möglich – umsetzt.

- Der zum 1. Januar 2011 eingeführte Internationale Jugendfreiwilligendienst (IJFD) basiert auf einer Vereinbarung zwischen dem BMFSFJ und den Trägern der Auslandsdienste. Gemeinsam wurde, unter Beachtung der Erfahrungen und Bedarfe, die Ausgestaltung vorgenommen. Dieser Prozess der Zusammenarbeit hatte das Ziel, das Angebot der Freiwilligendienst-Programme im Ausland unter Beachtung der Interessen insbesondere der Freiwilligen bedarfsgerecht zu erweitern. Weiterhin besteht hier eine intensive Zusammenarbeit zwischen dem Bund und den zivilgesellschaftlichen Strukturen, um den IJFD qualitativ weiterzuentwickeln.

- Die im BFD erstmalig erschlossene neue Zielgruppe der über 27 Jährigen stellt alle Beteiligten vor neue Herausforderungen, zum Beispiel in der pädagogischen Begleitung. In regelmäßigen, mindestens vierteljährlich stattfindenden Besprechungen wird gemeinsam mit den Vertreterinnen und Vertretern der Verbände nach sachgerechten Ansätzen und Praktiken gesucht, die sich anschließend etwa in der Rahmenkonzeption für die pädagogische Begleitung niederschlagen. Die gesetzliche Vorgabe, dass die Ü27 „in angemessenem Umfang" an der pädagogischen Begleitung teilnehmen, wurde in dieser Runde auf mindestens einen Seminartag pro Dienstmonat präzisiert.

- Die Stärkung der grenzüberschreitenden Freiwilligendienste ist ein weiteres gemeinsames Anliegen. Jährlich nutzen rund 7.000 junge Menschen die Möglichkeit, im Rahmen eines Freiwilligendienstes Auslandserfahrungen zu sammeln – organisiert und begleitet durch mehr als 200 zivilgesellschaftliche Träger und von der Bundesregierung durch eine Reihe von Programmen gefördert. Neben dem vom BMFSFJ geförderten IJFD mit über 3.000 Freiwilligen leisten 800 Freiwillige im Europäische Freiwilligendienst (EFD) Dienst, dazu kommen rund 3.300 Freiwillige im Programm *weltwärts* des Bundesministeriums für wirtschaftliche Zusammenarbeit und Entwicklung (BMZ) sowie ca. 350 Freiwillige im Programm *kulturweit* des Auswärtigen Amtes (AA). Es ist erklärtes Ziel aller Beteiligten, im Gegenzug vermehrt auch ausländischen Freiwilligen, die in Deutschland Dienst leisten möchten, im sogenannten *Incoming* die Gelegenheit dazu zu bieten. Hier werden in intensivem Kontakt mit den

Aufnahmeorganisationen eine handhabbare Definition von *Incoming* und För-
derungsmodalitäten erarbeitet sowie in Zusammenarbeit mit dem BMZ eine
„*weltwärts*-Süd-Nord-Komponente" im BFD entwickelt.

• In regelmäßigen Fachveranstaltungen wird der Austausch mit allen Beteiligten,
Verbänden, Vertretungen der Bundesländer, Freiwilligen und Wissenschaftlern
gesucht. Hierzu zählen die jährlich stattfindende FSJ-Trägertagung ebenso wie
die im November 2012 erstmalig stattgefundene große Fachtagung „Die neue
Kultur der Freiwilligkeit – Perspektiven der Freiwilligendienste in Deutschland"[1], die sich mit Zukunftsthemen wie *Incoming* oder Anerkennungskultur
befasste. Auch in 2013 wurden, diesmal unter der Überschrift „Freiwillig
gestalten", die ersten Ergebnisse der gemeinsamen Evaluation von Bundesfreiwilligendienst und Jugendfreiwilligendienst vorgestellt und, wie auch weitere
aktuelle Enzwicklungen in den Freiwilligendiensten, in Workshops diskutiert.

4 Fazit

FSJ, FÖJ und BFD haben gesetzliche Grundlagen, in denen das Gerüst bestimmt
wird, welches engagementinteressierten Menschen, Einrichtungen und Trägern angeboten wird – ein Gerüst, das sich über die Jahre und im Zusammenspiel aller
Ebenen einschließlich der staatlichen entwickelt hat. Die konkrete Ausgestaltung
und Umsetzung des praktischen Dienstes obliegt den Trägern und Verbänden. Eine
Zusammenarbeit zwischen dem Bund und den an den Freiwilligendiensten Haupt-
beteiligten ist unerlässlich, um die Freiwilligendienste zukunftsfähig zu machen,
zu stärken und an den aktuellen, sich entwickelnden und verändernden Bedarfen
auszurichten.

Nach den richtigerweise kontroversen und engagierten Diskussionen zwischen
Staat, Wohlfahrtsverbänden, Trägerstrukturen und zivilgesellschaftlichen Akteuren
– gerade in den vergangenen Jahren und angesichts der enormen Geschwindigkeit
der Veränderungen sowie der unvermeidbaren großen technischen und administrativen Herausforderungen für alle Beteiligten – ist die große Zahl an Teilnehmenden
an einem Freiwilligendienst nicht nur der Beweis, dass sich die gemeinsamen Anstrengungen gelohnt haben. Der Erfolg der gesetzlich geregelten Freiwilligendienste
ist ein überzeugendes Beispiel für ein zielführendes Zusammenwirken staatlicher,
kirchlicher, verbandlicher, kommunaler und zivilgesellschaftlicher Ebenen und
stellt ein festes Fundament der zukünftigen Zusammenarbeit dar.

---

[1] http://www.bmfsfj.de/RedaktionBMFSFJ/Freiwilligendienste/Pdf-Anlagen/dokumentation
__fachtagung__freiwilligendienste__november__2012,property=pdf,bereich=bmfsfj,
sprache=de,rwb=true.pdf.

Literatur

Bundesvereinigung der kommunalen Spitzenverbände. 2013. *Bilanz und Weiterentwicklung des BFD und der Freiwilligendienste*, 17. Juni 2013.

Evangelische Trägergruppe. Freiwilligendienste – Zivilgesellschaft stärken, Qualität erhalten. Positionen der Evangelischen Trägergruppe Freiwilligendienste zur Weiterentwicklung der Freiwilligendienste. http://www.evangelische-jugend.de/nc/newssingle/archive/2013/02/article/freiwilligendienste-zivilgesellschaft-staerken-qualitaet-erhalten.

Jakob, G. 2013. Freiwilligendienste zwischen Staat und Gesellschaft. *betrifft: Bürgergesellschaft* 40.

Kreuter, J. 2012. Freiwilliges Engagement im staatlich geregelten Dienst. Eine Erfolgsgeschichte. *Soziale Arbeit* 1 (2012): 24–31.

Perabo, C. 2013. Kommunen und Bürgerschaftliches Engagement. *BBE-Newsletter* 16/2013.

Sommer, M. 2012. Vorwort zu: *Profil. Das Bundesfreiwilligendienstgesetz – eine verpasste Chance*, DGB Bundesvorstand, Abteilung Recht.

Srikiow, L. 2013. Die Mitmachgesellschaft. *Das Parlament*.

Dr. Jens Kreuter   Unterabteilungsleiter im Bundesministerium für Familie, Senioren, Frauen und Jugend (BMFSFJ). Von Jan. 2012 bis März 2014 Leiter des Arbeitsstabes Freiwilligendienste im BMFSFJ sowie von Okt. 2006 bis Dez. 2011 Bundesbeauftragter für den Zivildienst.

Aufgaben der Zivilgesellschaft bei der Ausgestaltung der Freiwilligendienste

Mario Junglas

Zusammenfassung

Die Beurteilung, ob und inwieweit Freiwilligendienste, insbesondere der Bundesfreiwilligendienst, besondere Formen des bürgerschaftlichen Engagements sind, ist nur vor dem Hintergrund eines geklärten Verständnisses von Zivilgesellschaft möglich. Dabei hilft es weder, die Zivilgesellschaft so weit zu verstehen, dass sie letztlich beliebige Aktivitäten umfasst, noch die Zivilgesellschaft auf kleinste Assoziationen zu beschränken, denen man eine besondere Kreativität und Unabhängigkeit unterstellt. Es kommt vielmehr darauf an, die Anforderungen an zivilgesellschaftliche Akteure zu beschreiben und die wesentlichen Prinzipien und Funktionen der Zivilgesellschaft als Ausdruck bürgerlicher Freiheit zu verstehen. Dann kann den einzelnen Akteuren überlassen bleiben, ob sie sich als zivilgesellschaftliche Akteure verstehen, ohne in die Beliebigkeit abzugleiten, weil die „Zivilität der Zivilgesellschaft" für sie verbindlich bleibt.

Dieser Text entspricht dem mündlichen Beitrag bei der Fachtagung „Zivil.Gesellschaft.Staat. Freiwilligendienste zwischen staatlicher Steuerung und zivilgesellschaftlicher Gestaltung" am 7. März 2013 in der Landesvertretung Baden-Württemberg, Berlin. Entsprechend enthält der Text keine Zitate und Quellenhinweise. Der Autor stellt gern fest, dass er die Überlegungen und Ergebnisse anderer Autoren_innen umfänglich genutzt hat und für den Inhalt des Beitrags keine Originalität beansprucht.

M. Junglas (✉)
Deutscher Caritasverband e.V., Berlin, Deutschland
E-Mail: mario.junglas@caritas.de

© Springer Fachmedien Wiesbaden 2015   87
T. Bibisidis et al. (Hrsg.), *Zivil – Gesellschaft – Staat,*
Bürgergesellschaft und Demokratie 44, DOI 10.1007/978-3-658-05564-6_8

Vor diesem Hintergrund ist es dann auch möglich, Freiwilligendienste und die Gefahren, die ihnen drohen, aus zivilgesellschaftlicher Perspektive zu beurteilen.

1   Was ist das – Zivilgesellschaft?

Bisweilen ist das Bild von der Zivilgesellschaft nicht ganz klar: Da ist die Caritas angeblich wegen ihrer Größe kein zivilgesellschaftlicher Akteur mehr, dafür werden an Kommunen Preise für ihr zivilgesellschaftliches Engagement verliehen, und Unternehmen sind schon Teil der Zivilgesellschaft, wenn sie mal eine Sachspende machen. Auf der einen Seite wird alles und jedes zur Zivilgesellschaft, einschließlich staatlicher Stellen, auf der anderen Seite sollen nur noch kleinste Assoziationen echte zivilgesellschaftliche Akteure sein.

Deshalb noch einmal zur Vergewisserung: Wissenschaft und Politik beschreiben die Zivilgesellschaft weitgehend übereinstimmend als die Gesamtheit der nicht nur privaten und/oder geselligen Assoziationen im öffentlichen Raum des Gemeinwesens, die sich vom Staat, von der Wirtschaft und der Privatheit sektoral abgrenzen und intentional unterscheiden lassen, insofern sie nicht den Logiken des Marktes (Wettbewerb, Güterverteilung, Preisbildung, Zusammenführung von Angebot und Nachfrage u. a.), des Staates (Repräsentation, Legalität, Gewaltmonopol u. a.) und der Privatheit (familiärer Zusammenhalt, intergenerative Solidarität u. a.), sondern
– den Prinzipien der Freiheitlichkeit, der Kooperation, der Toleranz, der Pluralität und Gleichberechtigung u. a. folgen und
– die Funktionen der Partizipation und Emanzipation, der Wertschöpfung und Interessenartikulation, der Kompensation und Innovation, der Solidarisierung verwirklichen und
– Kritik, Widerspruch und Veränderungsbedarf öffentlich artikulieren.

Diese Beschreibung hat empirische Elemente, insofern sie auf konkrete Assoziationen, deren Handlungen, kommunizierte Absichten und öffentliche Wirkungen verweisen kann. Sie hat normative Elemente, insofern sie die Akteure auf eine „zivile", demokratische Ethik und Kultur verpflichtet.

Sie hat konzeptionelle, visionäre Elemente, insofern sie die Beteiligten dafür gewinnen will, sich selbst auf das Ethos und die Logik der Zivilgesellschaft zu verpflichten, und sie in ihrem Engagement eine gesellschaftliche Veränderung zum Besseren und in ihrer Praxis ein „Mehr an Demokratie" erwirken will.

2   Wer sind die zivilgesellschaftlichen Akteure?

Die vorangehende Beschreibung ist hilfreich für die Unterscheidung verschiedenster Bereiche, Handlungsmotive, Prinzipien und Funktionen im einen Gemeinwesen. Sie reicht aber nicht, um Akteure eindeutig der Zivilgesellschaft oder einem anderen Bereich zuzuordnen. Die Tatsache, dass eine Akteurin oder ein Akteur einem bestimmten, nicht der Zivilgesellschaft zuzurechnenden Bereich sektoral zweifelsfrei zugehört, bedeutet nicht, dass dieser kein zivilgesellschaftlicher Akteur sein kann. So können beispielsweise Unternehmen im Rahmen von CSR zivilgesellschaftlich agieren und können Familien im Quartier eine zivilgesellschaftliche Rolle übernehmen. Somit ist es einfacher zu beschreiben, „was" die Zivilgesellschaft ist, als „wer" die Zivilgesellschaft ist. Deshalb hängt der Charakter eines zivilgesellschaftlichen Akteurs wesentlich davon ab, ob er ein solcher sein will.

Auch auf der Ebene der einzelnen Assoziationen kommt der Zivilgesellschaft deshalb ein voluntativ – dezisionistischer Charakter zu: Ob ein Akteur zur Zivilgesellschaft gehört, entscheidet er (in Grenzen) selbst. Soll die Selbstbezeichnung als zivilgesellschaftlicher Akteur nicht belanglos sein, darf sie freilich nicht beliebig sein. Sie muss einhergehen mit der Selbstverpflichtung, die Regeln zivilgesellschaftlichen Handelns und demokratischer Kultur einzuhalten sowie die grundlegenden Werte (Toleranz, Pluralität, Gewaltverzicht) und andere Akteure respektieren. Sie setzt aber nicht voraus, dass die kollektiven Akteurinnen und Akteure jeweils selbst demokratisch strukturiert sind. Auch ein rechtmäßig hierarchisch gegliederter Akteur – zum Beispiel eine Kirche – kann ein zivilgesellschaftlicher Akteur sein: So wie die parlamentarische Demokratie für ihr Funktionieren nur voraussetzt, dass mindestens ihre Regeln eingehalten und ihre Leitideen respektiert werden, so ist es auch für die zivilgesellschaftlichen Mitwirkung zunächst ausreichend, dass die betreffenden Regeln eingehalten und Werte respektiert werden. So wie die Demokratie als Gesellschaftsform aber davon lebt, dass eine ausreichende Anzahl verantwortlicher Akteure die demokratischen Werte nicht nur respektiert, sondern verinnerlicht und aktiv an deren Umsetzung, ihrem Schutz und ihrer inhaltlichen, nicht nur formellen Geltung arbeitet, so lebt auch die oben beschriebene Zivilgesellschaft davon, dass eine ausreichende Anzahl von Akteuren die Zivilgesellschaft als Raum einer wachsenden Demokratisierung und gesellschaftlichen Selbstorganisation und –vertretung nicht nur akzeptiert und nutzt, sondern aktiv und engagiert vertritt und voranbringt.

Damit entsteht eine interessante Spannung: Alle müssen sich an die Regeln halten, aber einige müssen – damit das Ganze funktioniert – darüber hinausgehen. Vor diesem Hintergrund fällt es im Einzelfall nicht leicht, einen Akteur aus der Zivilgesellschaft „auszuschließen", der sich selbst als deren Teil verstanden wissen will. Die Frage der Ausschlusskriterien ist ebenso offen wie die Frage der zuständigen Instanz. Lediglich Extreme sind klar: Wem aufgrund geltenden Rechts der Charakter als Assoziation im freiheitlich-demokratischen Gemeinwesen abgesprochen wurde (zum Beispiel weil sich der betreffende Verein als kriminelle Vereinigung entpuppte oder die betreffende politische Formation als verfassungsfeindlich verboten wurde), kann auch nicht zivilgesellschaftlicher Akteur sein.

3   Legitimation der Zivilgesellschaft

Wie weit die „Zivilgesellschaft" eine gesellschaftliche Realität oder nur ein gedankliches Konstrukt ist, hängt nicht zuletzt davon ab, inwieweit das zu Grunde liegende Konzept eine veränderte, neue gesellschaftliche Wirklichkeit beschreibt und zutreffend deutet und nachweislich mehr ist als eine interessegeleitete Ideologie. Wer der Zivilgesellschaft eine höhere Legitimationskraft, eine größere demokratische Dynamik und eine innovative Strukturierung der Gesellschaft zuschreibt (etwa im Verhältnis zu den bekannten Konzepten des „Öffentlichen", des „Staat-Gesellschaft-Verhältnisses" u. a.), muss dies auch empirisch belegen können. Es genügt nicht, zum Beispiel den Begriff „Vertrauen" durch „Sozialkapital" zu ersetzen oder dem freiwilligen Engagement in seiner kompensatorischen Funktion für den löchrig werdenden Sozialstaat mit dem Begriff „Zivilgesellschaft" eine besondere Weihe zukommen zu lassen.

4   Freiwilligendienste, Freiheit und Emanzipation

Wenden wir diese Sicht einmal auf die Freiwilligendienste als einer „besonderen Form" des bürgerschaftlichen Engagements an: Es besteht ein gesellschaftlich-politischer Konsens, dass Freiwilligendienste erwünscht, notwendig und hilfreich sind, und zwar als Dienste insbesondere in einer biografischen Übergangs- und Orientierungsphase, in denen in kongenialer Weise die Übernahme gesellschaftlicher Verantwortung und der konkrete Dienst mit einem Bildungsangebot verbunden werden. Zehntausende treten diesem Konsens jährlich bei. Das Projekt ist erfolgreich.

Es besteht auch Konsens, dass Freiwillige nicht auf die Selbsthilfe verwiesen sein sollen, sondern dass Strukturen existieren sollen, die den konkreten Dienst ermöglichen, und dass die öffentliche Hand diesen Dienst finanziell unterstützt, weil durch die Konzentration der Finanzmacht beim Steuerstaat die Teilhabe am Freiwilligendienst bei rein gesellschaftlicher Finanzierung nur für wenige möglich wäre.

Wenn es sich hier aber wirklich um bürgerschaftliches, zivilgesellschaftliches Engagement handeln soll, dann muss es nach dem zuvor Gesagten vor allem von Freiheit gekennzeichnet sein und u. a. die Funktion der Emanzipation erfüllen.

„Freiheit" meint hier dreierlei: Freiwilligkeit, keine „Verzweckung" und Unabhängigkeit.

Dass sich Freiwillige freiwillig für den Freiwilligendienst entscheiden, setze ich jetzt einfach voraus, auch wenn mir biografische Zwänge durchaus vor Augen stehen, die Menschen in einen Freiwilligendienst locken.

5 Keine „Verzweckung" des Freiwilligendienstes

Mit dem „Verzweckungsverbot" sieht es schon anders aus: Natürlich darf der Staat die Früchte bürgerschaftlichen Engagements ernten, aber er darf die Zivilgesellschaft nicht als seine Ressourcen-Plantage betrachten, in der nur hocheffiziente, der aktuellen Politik förderliche Sorten angebaut werden sollen. Zweck der Zivilgesellschaft ist nicht die methodische Entlastung des (Sozial-)Staates, sondern die Betätigung von Freiheitsrechten – selbst wenn sie nicht zur aktuellen Politik „passen".

Da waren die Freiwilligendienste jedoch von Anfang an der Versuchung der „Verzweckung" ausgesetzt. Ihre umfassende, verlässliche Leistungsform lud und lädt dazu ein. Bereits in den 1960er Jahren sollte das Freiwillige Soziale Jahr die Bewältigung des Pflegenotstandes unterstützen, insbesondere durch die Übertragung sozialer Verantwortung auf junge Frauen, denen der Ersatzdienst der Männer versperrt war. Erst jüngst haben Kommunen erneut verlauten lassen, dass mit einem höheren Aufkommen des Bundesfreiwilligendienstes auch der Rechtsanspruch auf Kinderbetreuung für unter Dreijährige zu stemmen sein sollte. Das nenne ich „Verzweckung", gegen die besonders der Bundesfreiwilligendienst anfällig ist mit seiner Herkunft aus dem verpflichtenden, kalkulatorisch oft eingerechneten Zivildienst.

Dabei droht die „Verzweckung" nicht nur von der Politik, sondern ebenfalls von Trägern und aus marktlicher Logik. Hier befinden wir uns natürlich in der Spannung zwischen dem Gebot der Arbeitsmarktneutralität und dem pädagogischen Gebot, den jungen Menschen keine überflüssigen Aufgaben zu übertragen, der wirtschaftlichen Rationalität und der nicht marktlichen Bildungs- und Entwicklungsrationalität insbesondere junger Menschen.

Zugleich sind alle – Träger, Zentralstellen und andere Verantwortliche – herausgefordert, sich einer solchen „Verzweckung" entgegenzustellen. Diesem „Verzweckungsverbot" widersprechen auch alle Versuche, Freiwilligendienste kalkulatorisch in die Arbeitsmarktpolitik einzubeziehen. Genauso gilt es dem Ansatz einer „freiwilligen Bürgerpflicht" zu widersprechen. Der Bedeutungskern bürgerschaftlichen Engagements liegt nun einmal nicht in unentgeltlicher Gemeinwohlarbeit oder in der Bereitstellung von Ressourcen, sondern in der von innen heraus motivierten Bereitschaft zum freiwilligen Engagement. Es geht nicht um die nutzbringende Erschließung von Ressourcen für öffentliche Aufgaben, es geht um freiwilliges, verlässliches, aber dennoch freibleibendes Engagement.

Der Schutz vor der „Verzweckung" ist nicht allein durch den Schutz vor staatlicher und bürokratischer Steuerung zu erreichen, es muss auch der Schutz vor übergroßen zivilgesellschaftlichen Organisationen gewährleistet werden. Ein wirklich ernst genommenes Subsidiaritätsprinzip wird nicht nur fordern, dass die Förderung nicht zur direkten Steuerung und Abhängigkeit zwischen Staat und Freiwilligen führen darf, wie dies im Bundesfreiwilligendienst angelegt ist, sondern es wird auch die Frage nach der Selbstorganisationsfähigkeit des Freiwilligendienstes stellen. Dies ist nicht die Frage nach der Freiheit der Träger und Einsatzstellen, es ist die Frage nach der Freiheit der Freiwilligen. Wie sieht es aus mit der genossenschaftlichen oder vereinsrechtlichen Selbstorganisation der Freiwilligen? Wem dies utopisch erscheint, der sollte zumindest die Bedeutung von Einsatzstellen und Diensten sehen, die z. B. nicht aus Bundesmitteln gefördert werden. Die Zivilgesellschaft muss mindestens exemplarisch auch Dienste aufweisen, die über den Rahmen des Geförderten hinausgehen, damit potenziell einer geringeren „Verzweckungsgefahr" ausgesetzt sind oder ihr zumindest mit größerer Eigenständigkeit begegnen können.

6   Unabhängigkeit des Freiwilligendienstes

Damit kommen wir zum dritten Freiheitsaspekt, der Unabhängigkeit. Es gibt im teilhabeorientierten Steuerstaat kein Engagement für viele ohne die ermöglichende staatliche Förderung. Die ist aber strukturell so zu gestalten, dass die Förderung nicht als Steuerung unmittelbar bis auf die Freiheitsebene durchschlagen kann. Deshalb ist wichtig, dass es im bürgerschaftlichen Engagement eine zivilgesellschaftliche intermediäre Ebene zwischen Engagierten und Einrichtungen – also der Ebene der

Freiheitsbetätigung – einerseits und dem ermöglichenden Staat andererseits gibt, auch zur Abmilderung der steuernden Effekte. Indem das Bundesamt für Familie und zivilgesellschaftliche Aufgaben (BAFzA) aber direkte Verträge mit den Einrichtungen und den Freiwilligen abschließt, fehlt genau dieser intermediäre Filter. Dabei kommt es nicht darauf an, ob nicht auch das BAFzA am Ende zu guten Einsatzplätzen verhilft, sondern ob hier nicht doch wieder die Logik durchschlägt: Wer bezahlt, schafft an. Um der Freiheit willen ist schon der Anschein der Steuerung zu meiden.

Auch hier ist wie an allen anderen Stellen der Zivilgesellschaft wichtig, dass es eine kritische Masse von Organisationen gibt, die sich aus anderen als staatlich-öffentlichen Mitteln finanzieren und Unabhängigkeit exemplarisch vorleben und dadurch die Lösungen relativieren und anfragen, die in Abhängigkeiten gefunden wurden.

7   Emanzipation und Freiwilligendienst

Schließlich zur Emanzipationsfunktion der Zivilgesellschaft: Es ist gewiss legitim, die Freiheit und Unabhängigkeit von Trägern und Einrichtungen im Blick zu behalten, noch mehr aber geht es um die individuellen Akteure, die Freiwilligen. Wenn der Freiwilligendienst wirklich eine besondere Form des bürgerschaftlichen Engagements ist, dann muss er Emanzipation ermöglichen. Anpassung lernt man in schulischen und beruflichen Zusammenhängen, für das Erlernen von Emanzipation ist u.a die Zivilgesellschaft da. Inwieweit verstehen sich die Freiwilligendienste, gerade auch in ihren pädagogischen und Bildungsangeboten als Orte des Emanzipationslernens – oder verlängern sie eher das anpassungsorientierte schulische Lernen? Und gilt das besonders für den Bundesfreiwilligendienst mit seiner direkten, staatlichen Anbindung und der Entstehung aus der Tradition des Pflichtdienstes? Inwieweit kann ein so staatsnaher Dienst die dialektische Aufgabe bewältigen, die freiheitliche Emanzipation der jungen Bürger_innen – besonders gegenüber dem ermöglichenden Staat – zu fördern?

Subsidiarität, die bei der Selbsthilfe und der Selbstorganisation ihren Anfang nimmt, bewahrt Autonomie und schützt emanzipierte Selbstbestimmung.

Auch ein erfolgreicher Bundesfreiwilligendienst gerät unter diesem Aspekt unter Legitimationsdruck.

Mario Junglas Dipl.-Theol. und Volljurist   seit 2002 bis 2014 Leiter des Berliner Büros des Deutschen Caritasverbandes, davor Diözesancaritasdirektor und Leiter des Katholischen Büros in Mainz.

Gemeinwohlorganisationen zwischen zivilgesellschaftlichen Zielsetzungen, ökonomischen Zwängen und staatlicher Einflussnahme am Beispiel der Freiwilligendienste

Reinhard Liebig

Zusammenfassung

Die Freiwilligendienste sind als zivilgesellschaftliches Projekt entstanden und wurden als attraktives Modell mit jugend- und bildungspolitischer Ausrichtung in mehreren Etappen weiterentwickelt. Dabei wurde für eine lange Zeit einerseits an der Zielgruppe junge Menschen und andererseits an einem spezifischen Stützsystem für dieses Angebot festgehalten, in dem den frei-gemeinnützigen Trägerorganisationen eine besondere und gestaltende Rolle zuerkannt wurde. Aufgrund veränderter Rahmen- und Beschäftigungsbedingungen für viele Arbeitsfelder des Sozial- und Gesundheitswesens und insbesondere durch die Einführung des Bundesfreiwilligendienstes ist das Gesamtsystem der Freiwilligendienste allerdings mittlerweile ein sozial- und engagementpolitisch zu bewertender Faktor und als solcher auch betriebswirtschaftlich sowie sozialstaatlich inspirierten Erwartungen ausgesetzt. Vor diesem Hintergrund wird heute insbesondere die Frage nach der Arbeitsmarktneutralität der Freiwilligendienste relevant.

R. Liebig (✉)
Fachhochschule Düsseldorf, Düsseldorf, Deutschland
E-Mail: reinhard.liebig@fh-duesseldorf.de

© Springer Fachmedien Wiesbaden 2015   95
T. Bibisidis et al. (Hrsg.), *Zivil – Gesellschaft – Staat,*
Bürgergesellschaft und Demokratie 44, DOI 10.1007/978-3-658-05564-6_9

1 Einleitung

Wird das Erfolgsmodell „Freiwilligendienst", welches als zivilgesellschaftliches
Projekt begonnen hat und im Zeitverlauf einen besonderen Charme ausbilden konnte, in einer langfristigen Perspektive analysiert, dann scheint dieses Angebot heute
einem verstärkten Einfluss staatlicher Institutionen und ökonomischer Kalküle ausgesetzt zu sein. Dies hat einerseits mit politisch initiierten Veränderungen im System
der Freiwilligendienste – insbesondere mit dem Nachfolgeangebot des Zivildienstes – und einer neu konturierten Engagementpolitik[1] zu tun. Anderseits stehen
diese Entwicklungen ebenso in Verbindung mit sich wandelnden Rahmenbedingungen für diejenigen Non-Profit-Organisationen, die als wesentliche Stützen für
die Bereitstellung der Freiwilligendienste angesehen werden müssen. Ein gewach-
sener Einfluss staatlicher Stellen mit neuen Steuerungsperspektiven im Spektrum
der Freiwilligendienste und ein zunehmender Druck im System der Wohlfahrtspflege hin zu mehr wirtschaftlichem Denken und Handeln könnten auf lange Sicht
den Charakter der Freiwilligendienste verändern. Um solche Veränderungen zu
identifizieren, soll im Folgenden insbesondere auf die Rolle der Träger und der
zivilgesellschaftlichen Akteure für die Gestaltung der Freiwilligendienste eingegangen werden. Es könnte auch formuliert werden: Ein analytischer Fokus auf die
Freiwilligendienste und deren Geschichte, der insbesondere die Träger und deren
Beiträge sowie die Hintergrundbedingungen für die Akteure der zivilgesellschaftlichen Sphäre ins Zentrum der Aufmerksamkeit stellt, bringt ein Entwicklungsge-
schehen mit einem impliziten Potenzial für eine Veränderung der allseits positiv
konnotierten Zentralfunktionen der Freiwilligendienste zum Vorschein.

---

[1] Seit dem Aufkommen einer Aktivierungsagenda wird das Engagement der Bürger_innen
auch „in einen Verantwortungskontext eingebunden, der zivilgesellschaftliche Entlastungs-
effekte für den Staat in den Vordergrund rückt. Neben Selbsthilfe, Eigenverantwortung und
Risikobereitschaft treten damit Akzente (...), die andeuten, dass mit der Aufwertung der
Zivilgesellschaft nicht die Förderung von Widerstandspotenzialen benachteiligter oder aus-
gegrenzter Bevölkerungsgruppen gemeint ist, sondern neue Elemente der kommunikativen
Problembewältigung zwischen Staat und Gesellschaft angesprochen werden (...). Engage-
ment [wird; d.V.] neuerdings nicht mehr als komplementäre, sondern als kompensatorische
Ressource der eigenverantwortlichen Gesellschaft verstanden" (Dahme und Wohlfahrt 2010,
S. 13 ff.).

2   Der Begriff des Trägers

Im Kontext der Sozialen Sicherung in Deutschland und in angrenzenden, staatlich unterstützten und durchdrungenen gesellschaftlichen Sphären hat der Begriff
des Trägers einen festen Platz, obwohl oder gerade weil mit diesem Ausdruck
mehrere Bedeutungen verbunden sind. Der Begriff des Trägers muss in der Regel
präzisiert werden und die Rede ist dann beispielsweise von Leistungsträgern, Ver-
waltungsträgern, Kostenträgern oder Finanzierungsträgern. Werden die kollektiven
Akteure hinsichtlich ihrer Entstehungshintergründe und ihrer inneren Funkti-
onsweisen oder Steuerungsgrundlagen differenziert, dann greifen Wissenschaft,
Politik und Fachpraxis zusätzlich auf ein Konzept zurück, mit dem drei Trägergruppen bzw. -säulen gegeneinander gestellt werden: Die öffentlichen, die
frei-gemeinnützigen und die privat-gewerblichen Träger – wobei die beiden zuletzt
genannten auch mit der Oberkategorie der freien Träger zusammengefasst werden.
Diese grundlegende Unterscheidung ist relevant für die Wahrnehmung, Gestaltung
und Interpretation gesellschaftlicher Realitäten; sie dient nicht nur der Analyse von
Politik- und Gesellschaftsbereichen (Sektoren) oder differenter Ordnungsprinzipi-
en, bildet nicht nur die immanente Voraussetzung für gesetzliche Formulierungen
und Figuren (z. B. zum Stichwort: Subsidiarität), sondern wird ebenfalls für die
Selbstidentifikation und Legitimierung der verschiedenen Akteurgruppen im so
genannten Dritten Sektor genutzt.

Obwohl das freiwillige/bürgerschaftliche Engagement der Bevölkerung keineswegs nur mit den frei-gemeinnützigen Trägern in Verbindung zu bringen ist
(vgl. Deutscher Bundestag 2012), spricht vieles doch für eine sehr enge faktische
und diskursive Verbindung zwischen der besonderen Form der ungezwungenen
Beteiligung an gesellschaftlichen Gegebenheiten und dieser Trägersäule. Gerade
dem Zusammenwirken von Organisationen, die dem Gemeinwohl verpflichtet sind,
und den Menschen, die mit ihrem Engagement bestimmte Arbeitsleistungen ohne
adäquate monetäre Gegenleistung anbieten, werden eine Fülle von Funktionen zugeschrieben, die als wertvoll für das gesellschaftliche Zusammenleben betrachtet
werden können. Auf der Basis des Fachdiskurses und empirischer Studien lassen
sich aus einer eher analytischen Perspektive vor allem sechs Funktionen aufführen-
ren: Die Inklusions-, die Bildungs-, die advokatorische, die Innovations-, die
Problemlösungs- und zuletzt die Rekrutierungsfunktion (vgl. Liebig und Rauschenbach 2010, S. 265 ff.). Auch wenn moderne Entwicklungsprozesse des Dritten
Sektors – insbesondere in der Nachfolge neuer strategischer und Management-
Konzepte – die gewachsenen Verbindungen zwischen freiwilligem Engagement
und dieser gesellschaftlichen Akteure sowie die Erfüllung der eben benannten Funk-

tionen prinzipiell zu beschädigen scheinen (vgl. u. a. Rauschenbach und Zimmer 2011), ist die Einbindung freiwillig engagierter Menschen in die Arbeitsabläufe nach wie vor attraktiv – insbesondere mit Blick auf die besondere Form des Engagements über Freiwilligendienste. Dieser Reiz der Freiwilligendienste ist auf Seiten aller beteiligten Akteurgruppen auszumachen – also sowohl mit Blick auf die Einrichtungen und Trägerorganisationen als auch hinsichtlich der politischen Entscheidungsträger und der Bevölkerung.

Dies ist sicherlich auch ein Hintergrund für die enorme Aufwertung, Ausweitung und Pluralisierung der Freiwilligendienste im vergangenen Jahrzehnt (vgl. Jakob 2013; Liebig 2009), nachdem das System der Freiwilligendienste für eine lange Zeit eher ein Nischenangebot war (vgl. Rauschenbach und Liebig 2002). Eine solche zum Teil rasant schnell verlaufende Entwicklung bleibt nicht ohne Effekte nach Außen und nicht ohne Rückwirkungen auf das System selbst. Bereits im Jahr 2005 – also weit vor der Idee eines Bundesfreiwilligendienstes (BFD) – formulierte beispielsweise Olk (2005, S. 4) dazu mahnend: „Diese Entwicklung hin zu einer ‚inneren und äußeren Pluralisierung' von Freiwilligendiensten enthält sowohl neue Entwicklungschancen als auch Gefahren; mit der Erschließung neuer Zielgruppen, der Ausdehnung auf weitere Aufgabenfelder und der institutionellen und zeitlichen Flexibilisierung wächst zwar die gesellschaftliche Bedeutung von Freiwilligendiensten als einer besonderen Form des bürgerschaftlichen Engagements, aber es droht auch eine Diffusion ihres seit 1964 gewachsenen äußeren Erscheinungsbildes und ihrer inneren konzeptionellen Homogenität und Geschlossenheit."

Mit diesen, sich in Schüben vollziehenden, Entwicklungs- bzw. Pluralisierungsprozessen haben einige Elemente, deren „Zusammenspiel" für das Zustandekommen der Freiwilligendienste sorgen, ihren Charakter verändert. Dadurch werden nicht unbedingt die Erscheinungsbilder der Dienste aus der Perspektive der (jungen) Freiwilligen in direkter Weise modifiziert, wohl aber die Hintergrundstrukturen, die Zielgruppen und die Motivlagen der Freiwilligen (vgl. dazu erste empirische Befunde zum Bundesfreiwilligendienst: Beller und Haß 2013). Am Beispiel der institutionellen Stützen der Freiwilligendienste wird dieser Wandel an späterer Stelle näher erläutert werden.

3   Die Genese des Modells „Freiwilligendienste" als zivilgesellschaftliches Projekt

Die Ausgestaltung der ältesten Dienstform – des Freiwilligen Sozialen Jahres (FSJ) – orientierte sich vor allem an dem so genannten „Diakonischen Jahr", welches im Jahr 1954 in einer Situation entstand, die durch einen großen Personalmangel in

Einrichtungen des pflegerischen und sozialen Bereichs geprägt war. Mit dem Aufruf „Gib ein Jahr" richtete sich das Angebot damals an 18 bis 36-jährige Frauen. Anfänglich war die Resonanz im Nachgang der Impuls gebenden Rede von Hermann Dietzfelbinger, dem Rektor der Diakonissenanstalt Neuendettelsau, relativ gering und das Programm sprach vor allem Menschen an, die bereits einen Beruf erlernt hatten. Diese unterbrachen ihre Berufstätigkeit für ein Jahr, um „fremde" Erfahrungen machen zu können (vgl. Gerwig und Sticht 1986). Nach etwa drei Jahren Entwicklung bildeten sich im Raum der Evangelischen Kirchen allgemein gültige Grundregeln für das Diakonische Jahr heraus, so dass wesentliche Punkte des zeitlichen und organisatorischen Rahmens bei den jeweiligen Trägern in ähnlicher Weise Gültigkeit hatten. In dieser Zeit wurde zwar immer wieder darauf hingewiesen, dass der neue Dienst nicht deshalb existiere, damit ein Nachwachsen an Mitarbeiterinnen bzw. Diakonissen gewährleistet werden könne; „trotzdem wurde im gleichen Zuge mit Stolz auf jene Statistiken verwiesen, die eine erfolgreiche Mitarbeiteranwerbung durch das neue Programm aufzeigten. Aus heutiger Sicht muss man feststellen, dass, wenn es auch nicht das Ziel des Diakonischen Jahres war, zukünftige Mitarbeiter heranzubilden, sich mit dem Programm zumindest eine starke Hoffnung auf Nachwuchs verband" (Salzmann 1986, S. 32).

Anfang der 1960er Jahre – als die Zahlen von Freiwilligen im kirchlichen Bereich anstiegen – begannen auch nicht-kirchliche Verbände der Freien Wohlfahrtspflege Angebote von Freiwilligendiensten aufzubauen. Vor allem Schwankungen bei den Zahlen der Interessent_innen und Teilnehmer_innen, die allmähliche Verschiebung hin zu jüngeren Freiwilligen und die steigende Bedeutung des Elements der pädagogischen Betreuung legten es in den Folgejahren nahe, den Angeboten eine einheitliche Struktur über den Weg einer gesetzlichen Grundlage zu geben, was zuerst im Jahr 1964 durch das „Gesetz zur Förderung eines Freiwilligen Sozialen Jahres" erfolgte. Dieses Bundesgesetz regelte die Einsatzmöglichkeiten der Helfer_innen und die pädagogische Begleitung, bestimmte die Träger und deren Zulassung, legte die Altersgrenzen fest und schrieb die materielle und soziale Absicherung der Helfer_innen vor.

Dieser sehr kurze Blick auf die Entstehungsbedingungen der Freiwilligendienste macht bereits deutlich, dass durchaus auch organisatorisch-rationale Logiken zur Entwicklung des Grundmodells Freiwilligendienst beigetragen haben und dass dieses Modell jenseits staatlicher Agenturen initiiert und erprobt wurde. Die Freiwilligendienste entstanden als zivilgesellschaftliches Projekt und entwickelten sich (als FSJ und als Freiwilliges Ökologisches Jahr– FÖJ) zu einem jugend- und bildungspolitischen Angebot, dessen Konjunkturen durch etliche Außenfaktoren beeinflusst wurden (z. B. durch die sich wandelnden Studien- und Ausbildungssituationen, die gesetzlichen Grundlagen zum Wehr- und Zivildienst oder die entsprechenden Etats in öffentlichen Haushalten). Bereits auf diesen Etappen ist eine befördernde Rolle des Staates nicht zu leugnen. Insgesamt ist Jakob (2013, S. 14) zuzustimmen, die mit Blick auf den gesamten Entwicklungsprozess des mittlerweile heterogenen Systems der Freiwilligendienste feststellt: „Die Freiwilligendienste wiesen aufgrund ihrer gesetzlichen Regelung und staatlichen Förderung schon immer eine besondere Nähe zum Staat auf und wurden durch Entwicklungen in der Wehrpflicht und im Zivildienst beeinflusst."

Die Rede von der Zivilgesellschaft oder – wie hier von einem zivilgesellschaftlichen Projekt – muss mit der Schwierigkeit umgehen, dass der eine und allgemein anerkannte Begriff der Zivilgesellschaft bzw. das eine und von allen geteilte konzeptionelle Verständnis von Zivilgesellschaft nicht existiert. Der Bezug auf den Begriff und das Konzept der Zivilgesellschaft erfolgt stattdessen auf unterschiedlichen Fundamenten, mit denen durchaus verschiedene Leitbilder bzw. Spielarten gesellschaftspolitischer Entwicklung verknüpft und dementsprechend mehrere normativ-utopische bzw. programmatische und deskriptiv-analytische Kategorien in Verbindung gebracht werden (vgl. Evers 2011; Zimmer und Hallmann 2005). Trotz dieser nicht zu leugnenden Differenzen scheint eine weitgehende Einigkeit darin zu bestehen, dass mit der Rede von der Zivilgesellschaft Akteure sowie Vergemeinschaftungs- und Handlungsformen gemeint sind, die einen Platz jenseits der Sphären von Marktwirtschaft, von Staat und des Privaten zugewiesen bekommen. Der institutionelle Kern einer so verstandenen Zivilgesellschaft wird durch „jene nicht-staatlichen und nicht-ökonomischen Zusammenschlüsse und Assoziationen auf freiwilliger Basis [gebildet; d. V.], die die Kommunikationsstrukturen der Öffentlichkeit in der Gesellschaftskomponente der Lebenswelt verankern. Die Zivilgesellschaft setzt sich aus jenen mehr oder weniger spontan entstandenen Vereinigungen, Organisationen und Bewegungen zusammen, welche die Resonanz, die die gesellschaftlichen Problemlagen in den privaten Lebensbereichen finden, aufnehmen, kondensieren und lautverstärkend an die politische Öffentlichkeit weiterleiten" (Habermas 1992, S. 443).

Dieser Anknüpfungspunkt einer organisierten Zivilgesellschaft in Selbstorganisation nutzt gewissermaßen eine Meso-Ebene zur Analyse – unterhalb von gesellschafts- und kulturtheoretischen Konzepten und oberhalb individuell zurechenbarer Phänomene (wie etwa zu den Schlüsselbegriffen Zivilcourage oder freiwilliges Engagement). Auf dieser Wahrnehmungsebene drängt sich heute – vor dem Hintergrund von gesellschaftlichen Rationalisierungs- und Ökonomisierungsprozessen, von denen der institutionelle Kern der Zivilgesellschaft beeinflusst wird – die berechtigte Frage auf, wie viel Wirtschaft die Zivilgesellschaft überhaupt verträgt (vgl. Meyer 2009). Um diese Frage konkret für die Freiwilligendienste zu stellen und einer Antwort näher zu bringen, sind zuerst die Elemente bzw. die

Stützen des Freiwilligendienst-Systems im Einzelnen zu betrachten. Anschließend wird ein besonderer Aspekt dieses Kontextes herausgegriffen: Der Anspruch der Arbeitsmarktneutralität.

4 Die Stützen des Freiwilligendienst-Systems

Das System der bundesgesetzlich geregelten Jugendfreiwilligendienste (FSJ und FÖJ) wird heute von unterschiedlichen Akteurgruppen gestützt. Zuerst sind natürlich die jungen Menschen zu nennen, die ein freiwilliges Jahr mit Dienstcharakter und mit einer definierten zeitlichen Befristung absolvieren (möchten). Zwingend notwendig für das Zustandekommen des Angebots Jugendfreiwilligendienst sind weiterhin die Einsatzstellen, die die jungen Menschen in ihrer besonderen Rolle – als Rechtsverhältnisse eigener Art neben den regulären Arbeits- bzw. Ausbildungsverhältnissen und den typischen Ehrenamtlichen – mit spezifischen Anlern- und Begleitungsoptionen in ihren Arbeitsablauf einflechten. Die als Einsatzstellen fungierenden Organisationen nutzen gewissermaßen „das Privileg . . . , staatlich sozial abgesicherte junge Menschen in ihren Einrichtungen bis auf die in § 2 Abs. 1 Nr. 3 JFDG geregelten Leistungen ohne Gehaltsaufwendungen einzusetzen" (Grieb und Renn 2011, S. 216). Den Rahmen für den Dienst der Freiwilligen in den Einsatzstellen bildet das Jugendfreiwilligendienstegesetz (JFDG), das im Jahr 2008 vom Bundesgesetzgeber verabschiedet wurde und aktuell mit einer anteiligen Förderung für die Bildungsmaßnahmen für ca. 50.000 Plätze für FSJ und FÖJ monetär unterfüttert wird.

Als wichtige Stütze für die Jugendfreiwilligendienste sind weiterhin die sogenannten Träger zu nennen. Diese Träger sind in der Regel federführend hinsichtlich der Öffentlichkeitsarbeit und des Bewerbungsverfahrens, sie unterstützen die Freiwilligen während ihrer Dienstzeit und organisieren die obligatorischen Bildungsangebote bzw. Seminare. Die Trägerorganisationen sind sowohl für die Freiwilligen als auch für die Einsatzstellen, ebenso wie für den Gesetzgeber und die staatliche Exekutive, Ansprech- und Kooperationspartner und erfüllen somit eine zentrale Koordinierungs- und Scharnierfunktion im System der Freiwilligendienste. „Mit der Entwicklung von Konzepten und Standards verleihen sie dem Freiwilligendienst innerhalb ihrer Organisations- und Verwaltungsstrukturen einen entsprechenden trägerspezifischen Charakter" (Institut für Sozialforschung und Gesellschaftspolitik 2005, S. 43). Im § 10 des JFDG sind die Zulassungsbedingungen für die Träger geregelt. Demnach ist etwa für das FSJ im Inland festgelegt, dass für diese Freiwilligendienst-Variante die Verbände der Freien Wohlfahrtspflege, die Religionsgemeinschaften – sofern sie den Status einer öffentlich-rechtlichen Körperschaft besitzen – und die Gebietskörperschaften oder andere von den zuständigen Landesbehörden zugelassene Einrichtungen als Träger fungieren können. Der weitaus größte Anteil der FSJ-Plätze wird von der zuerst genannten Trägergruppe vermittelt – also von den Wohlfahrtsverbänden, den dominanten kollektiven Akteuren der frei-gemeinnützigen Trägersäule im deutschen Sozial- und Gesundheitswesen. Auf der Basis der aktuellen Daten des Bundesarbeitskreises FSJ zum Jahrgang 2011/12 geht hervor, dass pro Jahrgang etwa 45.000 junge Menschen ein FSJ unter dem Dach der frei-gemeinnützigen Träger absolvieren. Die meisten dieser Freiwilligen wurden in Behinderteneinrichtungen, in Krankenhäusern oder in Kindertagesstätten eingesetzt. Die größten Fallzahlen wies das Deutsche Rote Kreuz aus, das in dem genannten Jahrgang für annähernd 14.000 Freiwillige (Neuzugänge und sogenannte „Verländer_innen") die Funktion der Trägerorganisation übernahm, was einem Anteil von 27,7 % innerhalb dieser Trägersäule entsprach.

Mit dem zum 1. Juli 2011 eingeführten Bundesfreiwilligendienst wurde allerdings von dem eben beschriebenen Trägersystem abgewichen und ein modifiziertes „Stützsystem" eingeführt. Im Vergleich zu dem alten System der Jugendfreiwilligendienste bekommen die so genannten Zentralstellen, das Bundesamt für Familie und zivilgesellschaftliche Aufgaben (BAFzA) sowie die aus der Zivildienstzeit übernommenen Institutionen der (alten) Regionalbetreuer_innen und der Zivildienstschulen Funktionen zugeordnet. Auf der Grundlage des Bundesfreiwilligendienstgesetzes (BFDG) erhalten für diesen neuen Dienst staatliche Stellen erweiterte Steuerungsbefugnisse und Einsatzorte in den Kommunen spielen dabei eine immer gewichtigere Rolle. Dieser Verschiebung von Kompetenzbereichen ist mit vielschichtiger Kritik begegnet worden (vgl. zu dieser Debatte: Backhaus-Maul et al. 2011; Jakob 2011; Kreuter 2012; Liebig 2012). Das zentrale Argument lautet: „Mit der Aufhebung des Trägerprinzips im Bundesfreiwilligendienst wird die zivilgesellschaftliche Struktur des Freiwilligendienstes als Kooperation zwischen Trägern, Einrichtungen und Freiwilligen infrage gestellt" (Jakob 2013, S. 16).

5   Die Frage nach der Arbeitsmarktneutralität

Wie bereits angedeutet, findet seit etwa zwanzig Jahren eine wirtschaftswissenschaftliche Semantik in der Nachfolge eines New Public Managements auch Einzug in bedeutende Segmente des Dritten Sektors, die von neuen Steuerungsphilosophien und -mechanismen begleitet werden. Auf der Ebene der leistungserbringenden Organisationen waren und sind in diesem Zusammenhang viele Effekte zu beobachten, die auch Veränderungen hinsichtlich des Personaleinsatzes, der Personalpolitik und der Kostenplanung mit sich brachten und bringen. Davon sind auch die Freiwilligendienste betroffen, so dass in diesem Zusammenhang grundsätzlich die Frage nach der Arbeitsmarktneutralität evident wird.

Die Freiwilligendienste sind in der Weise zu gestalten und einzurichten, dass sie sich durch eine „arbeitsmarktpolitische Neutralität" auszeichnen. Die Umsetzung dieses Gebots wurde und wird immer wieder kritisiert – mit ähnlichen Argumenten, wie sie bereits für den Zivildienst formuliert wurden (vgl. beispielsweise Beher et al. 2002, S. 36 ff. und 586 ff.). Aktuell steht in diesem Kontext insbesondere der Bundesfreiwilligendienst als „Erbe" des Zivildienstes im Zentrum der Aufmerksamkeit (vgl. etwa Notz 2012). So formuliert beispielhaft Pinl (2013, S. 15 f.) in eindeutiger Weise: „Faktisch sind die meisten Ehrenamtlichen in Kindertagesstätten, Kliniken oder Altenheimen voll in die Arbeitsabläufe integriert und leisten damit einen Beitrag zur Ausdehnung des Niedrigstlohn-Sektors. Vor allem in den ostdeutschen Bundesländern interessieren sich für den Bundesfreiwilligendienst keineswegs primär die ganz Jungen oder die Älteren jenseits des Erwerbslebens, sondern Menschen im besten Erwerbsalter, die auf anderem Wege keine bezahlte Arbeit finden."[2] Dagegen vertritt die Bundesregierung in ihrer Antwort auf eine Kleine Anfrage („Bundesfreiwilligendienst und Freiwillige über 27 Jahre") die Position, dass nach ihren Erkenntnissen, „keine Verstöße gegen das Gebot der Arbeitsmarktneutralität" vorliegen (Deutscher Bundestag 2013, S. 10). Begründet wird diese Einschätzung unter anderem damit, dass die Einsatzstellen bei der Beantragung der Anerkennung ihre jeweiligen Personalvertretungen zu beteiligen haben und die arbeitsmarktpolitische Neutralität des Einsatzes bestätigen müssen. Weiterhin wird betont, dass jederzeit Zweifel an dem Tatbestand der Arbeitsmarktneutralität geäußert werden können und daraufhin Prüfungen durch das Bundesamt für Familie und zivilgesellschaftliche Aufgaben stattfinden.

Gerade vor dem Hintergrund, dass empirische Studien auf unterschiedlichen Fundamenten mittlerweile die häufig geäußerte Vermutung belegen, der Dritte Sektor sei ein arbeitsmarktpolitisches Experimentierfeld mit spezifischen Statusgruppen im Spektrum der dort tätigen Menschen (von Honorarkräften über „Ein-Euro-Jobber" bis zu Ehrenamtlichen) und einem überdurchschnittlich hohem Anteil an atypischen und zum Teil prekären Beschäftigungsverhältnissen, wird die Frage der

---

[2] Orientiert an besonderen und extremen Einsatz-Beispielen von Freiwilligen des BFDs macht Klenter (2013) eindrücklich deutlich, dass in den von ihm beschriebenen Fällen aufgrund von Personalkostensenkungs-Kalkülen ein Missbrauch des Dienstes und der Freiwilligen stattfindet und damit der gesetzlichen Anforderung der Arbeitsmarktneutralität nicht entsprochen wird.

Arbeitsmarkt- bzw. der Arbeitsplatzneutralität der Freiwilligendienste in besonderer Weise relevant (vgl. Beher und Fuchs-Rechlin 2013; Schmeißer 2013; Spindler 2014). Nachzugehen ist ebenfalls dem Verdacht, nach dem die Freiwilligendienste – selbst wenn sie keine regulären Arbeitsplätze in direkter Weise ersetzen oder deren Einrichtung verhindern – dazu beitragen, eine strukturelle monetäre Unterversorgung von verschiedenen Arbeitsfeldern zu stabilisieren. Es scheint, als wenn die Fragen nach der Arbeitsmarktneutralität, der personalpolitischen und volkswirtschaftlichen Rolle der Freiwilligendienste dringend einer Antwort durch eine unabhängige empirische Untersuchung bedarf, die Einsatzfelder, die Dienstformen und ggf. die Regionen sowie unterschiedliche Freiwillige differenziert betrachtet. Auch die Einsatzstellen und insbesondere die Träger und Zentralstellen sollten daran interessiert sein, ehrliche und fundierte Fakten hinsichtlich der beschriebenen Verdachtsmomente zu erhalten, wenn das gute Image der Freiwilligendienste auch in Zukunft erhalten bleiben soll.

Literatur

Backhaus-Maul, H., S. Nährlich, und R. Speth. 2011. Der diskrete Charme des neuen Bundesfreiwilligendienstes. *Aus Politik und Zeitgeschichte* 48:46–53.
Beher, K., und K. Fuchs-Rechlin. 2013. Wie atypisch und prekär sind die Beschäftigungsverhältnisse in sozialen Berufen? Eine Analyse des Mikrozensus 2009. In *Soziale Arbeit quo vadis? Programmatische Entwürfe auf empirischer Basis,* Hrsg. M. Schilling, H. Gängler, I. Züchner, und W. Thole, 116–134. Weinheim: Beltz Juventa.
Beher, K., P. Cloos, M. Galuske, R. Liebig, und T. Rauschenbach. 2002. *Zivildienst und Arbeitsmarkt. Sekundäranalyse und Fallstudien zu den arbeitsmarktpolitischen Effekten des Zivildienstes.* Schriftenreihe des Bundesministeriums für Familie, Senioren, Frauen und Jugend. Bd. 222. Stuttgart: W. Kohlhammer.
Beller, A., und R. Haß. 2013. Experiment Altersöffnung: Politische Ziele und nicht-intendierte Folgen – empirische Befunde aus der Pionierphase des Bundesfreiwilligendienstes. *Voluntaris. Zeitschrift für Freiwilligendienste* 1:51–72.
Dahme, H.-J., und N. Wohlfahrt. 2010. Freiwilliges Engagement: Wer hilft hier eigentlich wem? Zur Rolle der Verbände in der aktuellen Engagementpolitik. *Sozialmagazin* 10:10–19.
Deutscher Bundestag, Hrsg. 2012. *Erster Engagementbericht – Für eine Kultur der Mitverantwortung. Bericht der Sachverständigenkommission und Stellungnahme der Bundesregierung.* 17/10580. Berlin: Drucksache.
Deutscher Bundestag, Hrsg. 2013. Weiterentwicklung der Freiwilligendienste. Antwort der Bundesregierung (auf Drucksache 17/12563). Drucksache 17/12779 vom 15. März 2013.
Evers, A. 2011. Der Bezugsrahmen Zivilgesellschaft. Definitionen und ihre Konsequenzen für die Engagementforschung. *Soziale Arbeit. Zeitschrift für soziale und sozialverwandte Gebiete* 6:207–219.

Gerwig, W., und F. Sticht, Hrsg. 1986. *Das Diakonische Jahr. Ein Programm kirchlicher Jugendarbeit.* Stuttgart: Edition aej.

Grieb, H., und H. Renn. 2011. *Das Recht der Freien Wohlfahrtspflege. Grundlagen und Perspektiven.* Freiburg im Breisgau.

Habermas, J. 1992. *Faktizität und Geltung. Beiträge zur Diskurstheorie des Rechts und des demokratischen Rechtsstaats.* Frankfurt a. M: Suhrkamp Verlag.

Institut für Sozialforschung und Gesellschaftspolitik, Hrsg. 2005. *Ergebnisse der Evaluation des FSJ und FÖJ im Auftrag des Bundesministeriums für Familie, Senioren, Frauen und Jugend.* Köln.

Jakob, G. 2011. Freiwilligendienste zwischen Staat und Zivilgesellschaft. In *Soziale Arbeit. Zeitschrift für soziale und sozialverwandte Gebiete* 12:461–469.

Jakob, G. 2013. Freiwilligendienste zwischen Staat und Zivilgesellschaft, Hrsg. von der Friedrich Ebert Stiftung (betrifft: Bürgergesellschaft 40). Berlin. http://www.fes.de/ buergergesellschaft/publikationen/download.htm#BetrifftBuerger. Zugegriffen: 4. Dez. 2013.

Klenter, P. 2013. Über den Missbrauch von Freiwilligendiensten. BBE-Newsletter 20/2013. http://www.b-b-e.de/archiv-des-newsletters/newsletter-archiv-2013/4-quartal-2013/news letter-nr-20-vom-7102013/. Zugegriffen: 21. Dez. 2013.

Kreuter, J. 2012. Freiwilliges Engagement im staatlich geregelten Dienst. Eine Erfolgsgeschichte. *Soziale Arbeit. Zeitschrift für soziale und sozialverwandte Gebiete* 1:24–31.

Liebig, R. 2009. *Freiwilligendienste als außerschulische Bildungsinstitution für benachteiligte junge Menschen.* Wiesbaden: VS Verlag für Sozialwissenschaften.

Liebig, R. 2012. Freiwilligendienste und Zivilgesellschaft. Ein Klärungsversuch. *Soziale Arbeit. Zeitschrift für soziale und sozialverwandte Gebiete* 7: 261–268.

Liebig, R., und T. Rauschenbach. 2010. Die engagementpolitische Rolle von Akteuren des Dritten Sektors. *Engagementpolitik. Entwicklung der Zivilgesellschaft als politische Aufgabe,* Hrsg. T. Olk, A. Klein, und B. Hartnuß, 260–281. Wiesbaden: VS Verlag für Sozialwissenschaften.

Meyer, M. 2009. Wie viel Wirtschaft verträgt die Zivilgesellschaft? Über Möglichkeiten und Grenzen wirtschaftlicher Rationalität in NPOs. In *Bürgergesellschaft als Projekt,* Hrsg. I. Bode, A. Evers, und A. Klein, 127–144. Wiesbaden.

Notz, G. 2012. *„Freiwilligendienste" für alle. Von der ehrenamtlichen Tätigkeit zur Prekarisierung der „freiwilligen" Arbeit.* Neu-Ulm: AG SPAK Bücher.

Olk, T. 2005. Freiwilligendienste – im Spannungsfeld von Sozialstaat und Zivilgesellschaft. Zur gesellschaftlichen Relevanz von Freiwilligendiensten. *Freiwilligendienste – Ein Gewinn für die Soziale Arbeit. Dokumentation der Fachtagung vom 15. Juni 2005,* Hrsg. Liga der Freien Wohlfahrtspflege in Hessen. Wiesbaden.

Pinl, C. 2013. Bitte gratis: Die fatale Kultur des Ehrenamts. *Blätter für deutsche und internationale Politik* 9:13–16

Rauschenbach, T., und R. Liebig. 2002. *Freiwilligendienste – Wege in die Zukunft. Gutachten zur Lage und Zukunft der Freiwilligendienste für die Friedrich-Ebert-Stiftung.* Bonn.

Rauschenbach, T., und A. Zimmer, Hrsg. 2011. *Bürgerschaftliches Engagement unter Druck? Analysen und Befunde aus den Bereichen Soziales, Kultur und Sport.* Berlin: Verlag Barbara Budrich.

Salzmann, H. 1986. Entwicklung des Diakonischen Jahres. In *Das Diakonische Jahr. Ein Programm kirchlicher Jugendarbeit,* Hrsg. W. Gerwig und F. Sticht, 27–51. Stuttgart: Edition aej.

Schmeißer, C. 2013. Die Arbeitswelt des Dritten Sektors. Atypische Beschäftigung und Arbeitsbedingungen in gemeinnützigen Organisationen. WZB. Discussion Paper SP V 2013-302. Berlin.

Spindler, H. 2014. Schlecht bezahlt und befristet. Arbeitsrechtliche Deregulierung im staatlich finanzierten pädagogischen und sozialen Arbeitsmarkt. In *Prekarisierung der Pädagogik – Pädagogische Prekarisierung? Erziehungswissenschaftliche Vergewisserungen,* Hrsg. F. Kessl, A. Polutta, I. Ackeren, R. Dobischat, und W. Thole, 141–154. Weinheim: Beltz Juventa.

Zimmer, A., und T. Hallmann. 2005. Nonprofit-Sektor, Zivilgesellschaft und Sozialkapital. In *Nonprofit-Organisationen in Recht, Wirtschaft und Gesellschaft,* Hrsg. K. J. Hopt, T. von Hippel, und W. R. Waltz, 103–126. Tübingen: Beltz Juventa.

Prof. Dr. Reinhard Liebig   ist an der Fachhochschule Düsseldorf für das Lehrgebiet Verwaltung und Organisationswissenschaft tätig. Lehr- und Forschungsschwerpunkte: Sozial- ökonomie und -management, Wohlfahrtsverbände, Dritter Sektor, freiwilliges Engagement, Kinder- und Jugendarbeit.

Übergriffiger Staat und störrische Zivilgesellschaft?

Internationale Freiwilligendienste zwischen Subsidiarität und politischer Verantwortung

Jörn Fischer und Benjamin Haas

Zusammenfassung

Das Verhältnis zwischen Staat und Zivilgesellschaft in den Freiwilligendiensten wird viel diskutiert und wenig analysiert. Dieser Beitrag analysiert die Rollenverteilung zwischen Staat und Zivilgesellschaft in den „deutschen" internationalen Freiwilligendiensten. Damit sind von Deutschland aus angebotene unterschiedliche Formate wie *weltwärts* oder der Internationale Jugendfreiwilligendienst (IJFD) gemeint.

Nach einer kurzen Vorstellung der Besonderheiten internationaler Freiwilligendienste besteht die vorliegende Untersuchung aus zwei Teilen: Der erste Teil stellt einige theoretische Zugänge zum Verhältnis zwischen Staat und Zivilgesellschaft vor und hat dabei stets die internationalen Freiwilligendienste im

Für hilfreiche Hinweise insbesondere zum empirischen Kapitel danken wir Claudio Jax, Anna Veigel, Karin Schulz, Andreas Klünter, Arne Bonhage und David Schäfer sehr herzlich.

J. Fischer (✉)
Lehrstuhl für Vergleichende Politikwissenschaft
Universität zu Köln,
Köln, Deutschland
E-Mail: joern.fischer@uni-koeln.de

B. Haas
Wirtschafts- und Sozialwissenschaftliche Fakultät
Universität zu Köln, Köln, Deutschland
E-Mail: benjamin.haas@uni-koeln.de

© Springer Fachmedien Wiesbaden 2015
T. Bibisidis et al. (Hrsg.), *Zivil – Gesellschaft – Staat*,
Bürgergesellschaft und Demokratie 44, DOI 10.1007/978-3-658-05564-6_10

Blick. Dabei wird deutlich, dass das Prinzip der politischen Verantwortung dem Subsidiaritätsprinzip Grenzen aufzeigt.

Der empirische Teil beleuchtet die konkrete Aufgabenverteilung zwischen zivilgesellschaftlichen Trägern und staatlichen Förderern in den unterschiedlichen Dienstformen. In der Praxis zeigt sich, dass das Verhältnis zwischen Staat und Zivilgesellschaft in den internationalen Freiwilligendiensten sehr unterschiedliche Ausprägungen aufweist, innerhalb der jeweiligen Dienstform jedoch recht konsistent ist.

1   Drei Besonderheiten internationaler Freiwilligendienste

Definitorisch unterscheiden sich internationale Freiwilligendienste kaum von den nationalen Diensten: Sie sind eine besondere Form bürgerschaftlichen Engagements, gemeinwohl- und non-profit-orientiert, und sie finden im öffentlichen Raum statt. In der Regel werden sie von einem Träger organisiert, der die Freiwilligen pädagogisch begleitet und dauern von mehreren Monaten bis hin zu einem oder zwei Jahren. Ebenso wie nationale bringen auch internationale Freiwilligendienste eine gewisse Verbindlichkeit für die Freiwilligen mit sich und sie werden als non-formale Lernorte verstanden (Haas 2012, S. 19).

Sie unterscheiden sich aus unserer Sicht jedoch in drei grundlegenden Merkmalen von den nationalen Dienstformen und Programmen.[1] Erstens: Die Zugehörigkeit sowohl zum deutschen Dritten Sektor als auch zu dem eines Gastlandes. Damit in Verbindung steht zweitens der Ort der Erbringung des Dienstes, der Implikationen für die Gemeinwohlorientierung mit sich bringt. Und schließlich drittens haben die Förderprogramme für die internationalen Dienste eine unterschiedliche Entstehungsgeschichte und damit verbunden Auswirkungen auf das Verhältnis von Staat und Zivilgesellschaft.

1.1   Verortung in der Dritten-Sektor-Beziehung

Jegliche Form bürgerschaftlichen Engagements lässt sich dem Dritten Sektor zuordnen (Schulz-Nieswandt und Köstler 2011, S. 87). Der Dritte Sektor dient als „heuristisches Modell (. . .) zur Bezeichnung eines gesellschaftlichen Bereichs, der

---

[1] Wir gehen hier nur auf diese grundlegenden Unterschiede ein. Zur tieferen Analyse der Hintergründe, Charakteristika und Geschichte der internationalen Freiwilligendienste siehe z. B. Guggenberger 2000 und Haas 2012, S. 13 ff.

Abb. 1 Internationale Freiwilligendienste im Dritten Sektor. (Quelle: Eigene Darstellung in Anlehnung an Schulz-Nieswandt (2008, S. 324))

durch die Sektoren Staat, Markt und Gemeinschaft bzw. Familie abgegrenzt wird" (Zimmer 2002, S. 1). Dieser Bereich ist äußerst dynamisch und amorph. Das Modell hilft, das Verhältnis zwischen Staat und Zivilgesellschaft in Deutschland einzuordnen. Die Dienstformen und Akteure der internationalen Freiwilligendienste lassen sich klar dem Dritten Sektor zuordnen, wobei die Organisationsformen, betrieblichen Gebilde und Strukturen der Träger darin sehr vielfältig sein können (vgl. Schulz-Nieswandt und Köstler 2011, S. 91).

Abbildung 1 zeigt modellhaft: Je geregelter eine Dienstform ist und umso mehr öffentliche Förderung sie erhält, desto formeller und desto näher kommt sie dem Pol des Staates. Hierunter fallen auch die meisten Förderprogramme, die im vorliegenden Beitrag betrachtet werden. Ihre Nähe zum staatlichen Pol unterscheidet sich jedoch, wie wir später zeigen werden. Demgegenüber stehen ungeregelte und selbstorganisierte Dienste. Wenn beispielsweise Freiwillige über einen Kontakt ihrer Kirchengemeinde vermittelt ein paar Monate in Tansania bei der Partnerkirche mitarbeiten, so ist der Ausgangspunkt dieses Engagements näher am informellen familiären Umfeld (Gemeinschaft) der Freiwilligen verortet. Darüber hinaus gibt es heute auch immer mehr Formate, die profitorientiert sind. Ein Beispiel ist der VolunTourismus, bei dem meist ein Kurzzeitfreiwilligendienst, organisiert von einem privaten Anbieter, mit Reisen und Tourismus verbunden wird (Goede 2013). Da es sich um eine Engagementform handelt, können VolunTourismus-Formate dennoch im Dritten Sektor, jedoch in deutlicher Marktnähe, verortet werden.

Im Unterschied zu den nationalen Freiwilligendiensten stehen bei den internationalen zwei Dritte Sektoren in Beziehung miteinander. Die internationalen Freiwilligendienste gehen also vom deutschen Dritten Sektor aus und stehen gleichzeitig in direkter Beziehung zum Dritten Sektor eines Einsatzlandes. In dem jeweiligen Einsatzland wiederum sind unterschiedliche Akteure involviert, die sich ebenfalls an unterschiedlichen Positionen in diesem Sektor verorten lassen: Von der Basisorganisation bis hin zur teilweise profitorientierten Privatschule oder der staatlich subventionierten, jedoch kirchlich getragenen Kindertagesstätte. Die beiden Dritten Sektoren beeinflussen sich – in unterschiedlicher Intensität – damit gegenseitig. Die Größe, das Spektrum, die Struktur, Finanzierung und rechtliche Position des Dritten Sektors unterscheidet sich natürlich im internationalen Vergleich teilweise stark (vgl. Salamon 2001). Je nachdem welche Position die Akteure oder Dienstformate im deutschen Dritten Sektor einnehmen, ist die Beziehung zwischen Staat und Zivilgesellschaft anders ausgeprägt und geartet.

1.2   Die Dualität der Gemeinwohlorientierung

Ausgehend von dieser dualen Dritt-Sektor-Beziehung zwischen Deutschland und den Einsatzländern liegt dem Prinzip der Gemeinwohlorientierung bei internationalen Diensten ebenfalls eine Dualität zu Grunde. Es klingt zunächst banal: Ein internationaler Dienst findet nicht im Heimatland der Freiwilligen statt. Diese Tatsache hat jedoch eine weitreichende Bedeutung: Während das Rückkehrer-Engagement der Freiwilligen auf das Gemeinwohl der eigenen Gesellschaft ausgerichtet sein kann, so steht das Engagement während des Einsatzes im Ausland in einem größeren Zusammenhang (Haas 2012, S. 19). Die Konzepte der *Global Citizenship* oder des *Kosmopolitismus* bieten dafür Erklärungsansätze. Sie verorten handelnde Personen und Gruppen in einer globalisierten Welt in diesem größeren Zusammenhang (z. B. Köhler 2006). Ein gutes Beispiel ist der Europäische Freiwilligendienst (EFD), der von einer europäischen Gesellschaft ausgeht, für die sich die Freiwilligen einsetzen sollen (Europäische Kommission 2011, S. 52 ff.). Dementsprechend engagieren sich auch die gemeinwohlorientierten Trägerorganisationen der internationalen Dienste nicht ausschließlich für das Gemeinwohl in Deutschland sondern arbeiten mit gemeinwohlorientierten Partnerorganisationen außerhalb Deutschlands zusammen.

1.3 Entstehungsgeschichte und Formate der Förderprogramme

Die nationalen Dienste haben sich bereits seit 1964 in einem eingeübten Zusammenspiel zwischen zivilgesellschaftlichen und staatlichen Akteuren entwickelt. Thomas Olk beschreibt diesen Prozess in seinem Beitrag im vorliegenden Band als „optimal". Zwar hat die Einführung des Bundesfreiwilligendienstes dieses Miteinander im nationalen Bereich in jüngster Zeit etwas durcheinander gebracht, doch grosso modo war die Entwicklung der nationalen Dienste ein Gemeinschaftswerk von Staat und Zivilgesellschaft.

Eine derart gemeinschaftliche Genese hat es bei den Auslandsdiensten nicht gegeben. Hier waren es rund vier Jahrzehnte lang die zivilgesellschaftlichen und kirchlichen Akteure[2], die die internationalen Freiwilligendienste fern jeder staatlichen Intervention in Eigenregie aufgebaut und gestaltet haben.[3] Finanziert wurden sie zumeist auf privater Basis, häufig durch die Freiwilligen bzw. deren Spenderkreise. Ein erster Schritt in Richtung staatlicher Steuerung war 1986 die Einführung des Anderen Dienst im Ausland (ADiA) als Zivildienstersatz. Trotz Aussetzung der Wehrpflicht besteht der ADiA heute fort. Es handelt sich um einen zwar gesetzlich geregelten, jedoch nicht staatlich geförderten Freiwilligendienst. Erst durch die Ausweitung des Freiwilligen Sozialen Jahres (FSJ) auf das Ausland und durch die Einführung des von der EU getragenen Europäischen Freiwilligendienstes in den 1990er-Jahren können sogenannte „geregelte Freiwilligendienste"

---

[2] Inwiefern die Kirchen als Teil der Zivilgesellschaft gesehen werden können, ist Gegenstand einer eigenen breiten, sowohl theologischen als auch sozialwissenschaftlichen Debatte (siehe z. B. Adloff 2005, S. 119 f.; Strachwitz 2009). Im Folgenden unterscheiden wir die Akteure der „Szene", um die internationalen Freiwilligendienste *nicht* in kirchliche und säkulare, zivilgesellschaftliche Akteure zu untergliedern. Wir folgen der Argumentation, dass Kirchen dort wo sie Organisationsformen entwickeln, die auf gesellschaftliche Aufgaben gerichtet sind und zivilgesellschaftlichen Handlungslogiken folgen analytisch nur schwer von „der Zivilgesellschaft" getrennt werden können (z. B. Anheim 2001).

[3] Als kleine Ausnahme mag 1969 die Einführung des Entwicklungshelfergesetzes gelten, doch entwickelte sich dieser Dienst konstant in Richtung eines Fachdienstes. Zudem erhielten Entwicklungshelfer_innen ein Unterhaltsgeld.

auch außerhalb Deutschlands geleistet werden (Stern und Scheller 2012, S. 19).[4] Während die nationalen Freiwilligendienste über Jahrzehnte hinweg in einem einheitlichen Rahmen einen stetigen förderpolitischen und inhaltlichen Reifeprozess durchliefen, entstanden die internationalen Freiwilligendienste in einem kreativen Wildwuchs – weitgehend unbeachtet von staatlichen Akteuren, aber auch ohne öffentliche Fördermittel (Fischer 2011, S. 55).

Mit der Einführung von *weltwärts* prallten dann zwei Welten aufeinander: Eine weitgehend unregulierte Landschaft der internationalen Freiwilligendienste traf auf ein Ministerium, in dessen DNA das Wort „Steuerung" tief verankert ist. Während die mit der Einführung von *weltwärts* einhergehenden finanziellen Vorzüge von der Zivilgesellschaft durchaus begrüßt wurden, konnten sich viele Entsendeorganisationen nur schwer an die Regulierungsansprüche des Bundesministeriums für wirtschaftliche Zusammenarbeit und Entwicklung (BMZ) gewöhnen. Zwar gab es vor der Einführung Konsultationsformate, doch diese wurden von der Zivilgesellschaft nicht als Ausdruck einer wahren Beteiligungsintention sondern eher als Instrumente wahrgenommen, um von staatlicher Seite aus Wissen abzuschöpfen. Die Hals-über-Kopf-Einführung von *weltwärts* bescherte dem Verhältnis zwischen Trägerorganisationen und staatlichen Akteuren eine schwierige und konfliktive Anfangsphase (Stern und Scheller 2012, S. 10).

Im Jahr 2009 legte dann das Auswärtige Amt (AA) mit *kulturweit* nach.[5] Von vornherein gab es bei diesem Dienst quasi keine zivilgesellschaftliche Beteiligung, einzige Entsendeorganisation ist die Deutsche UNESCO-Kommission. Zwar ist sie als eingetragener Verein in jedem Fall dem Dritten Sektor zuzuordnen und agiert teilweise nach zivilgesellschaftlichen Handlungslogiken. Doch – und hier folgen wir dem Zivilgesellschaftsverständnis von Thomas Olk in diesem Band – damit ist sie noch nicht automatisch mit Zivilgesellschaft gleichzusetzen. Als Sonderorganisation der Vereinten Nationen und als Teil der auswärtigen Kultur- und Bildungspolitik unterscheidet sie sich durch ihre Nähe zur Politik und Regierung eindeutig von den anderen Trägerorganisationen internationaler Freiwilligendienste.[6] Sie wird für die Durchführung von *kulturweit* vom AA

---

[4] Daneben entstanden noch konfessionell organisierte Freiwilligendienste wie das Diakonische Jahr im Ausland (ein Programm der Jugendarbeit und Diakonie der Evangelischen Kirche in Deutschland) oder Missionar auf Zeit (wird von katholischen Missionsorden angeboten).

[5] *Kulturweit* wird im rechtlichen Rahmen des FSJ im Ausland durchgeführt. Die Deutsche UNESCO- Kommission als einzige Entsendeorganisation ist anerkannter Träger beim BMFSFJ.

[6] Siehe zur Aufgabe und Rolle der Deutschen UNESCO-Kommission: http://www.unesco.de/deutsche_unesco_kommission.html

gefördert und unterliegt hier einer klaren Projektlogik. Doch mit der Entscheidung des Ministeriums, nur eine Entsendeorganisation mit dem Dienst zu beauftragen, ist sie deutlich stärker als bei anderen Diensten Durchführungsorganisation des Ministeriums. Vertreter_innen der Zivilgesellschaft bezeichnen *kulturweit* daher auch als „staatliches (Konkurrenz-)Programm" (BBE 2010, S. 17).

Das jüngste Kind der internationalen Förderprogramm-Generation ist der Internationale Jugendfreiwilligendienst. Die Einführung im Jahr 2012 durch das Bundesministerium für Familien, Senioren, Frauen und Jugend (BMFSFJ) kam mit weniger Getöse daher. Auf zivilgesellschaftlicher Seite herrschte lediglich etwas Verwunderung darüber, warum ein neuer Dienst geschaffen wurde und nicht das bereits bestehende und beim selben Ministerium angesiedelte FSJ im Ausland gestärkt wurde.

Darüber hinaus existieren auch weiterhin noch eine Reihe sogenannter ungeregelter Dienstformen, quasi als Überbleibsel des eingangs beschriebenen Wildwuchses. Immerhin über 1100 Freiwillige reisten über diese Formate im Jahr 2012 aus (AKLHÜ 2014, S. 7).

2 Theoretische Zugänge zum Verhältnis zwischen Staat und Zivilgesellschaft im Kontext (internationaler) Freiwilligendienste

2.1 Subsidiaritätsprinzip

Auf das Subsidiaritätsprinzip wird von den Trägern internationaler Freiwilligendienste insbesondere dann rekurriert, wenn sie mehr Verantwortung und Ressourcen für die Zivilgesellschaft anmahnen: „Mit Blick auf das Subsidiaritätsprinzip wäre es problemlos möglich, wenn das BMZ (Bundesministerium für wirtschaftliche Zusammenarbeit und Entwicklung) bestimmte Aufgaben an die (zivilgesellschaftlichen) Verbünde delegieren würde" (MISEREOR 2011, in Bezug auf *weltwärts*) Dem gegenüber stehen die Aussagen der fördernden Ministerien und deren nachgelagerten Organisationen[7], dieses Prinzip auch einzuhalten: „Die Engagement Global gGmbH wird (...) unter Beachtung des Subsidiaritätsprinzips und komparativer Vorteile tätig werden" (BMZ 2012, S. 5). Doch was steckt eigentlich hinter dem Subsidiaritätsprinzip?

---

[7] Z. B. die Engagement Global gGmbH und im Bereich nationaler Freiwilligendienste das Bundesamt für Familie und zivilgesellschaftliche Aufgaben (BAFzA).

Die Ursprünge des Subsidiaritätsprinzips werden meist der katholischen Soziallehre zugeschrieben. Die Forschung zeigt jedoch, dass sich die Idee bereits viel
früher, beispielsweise bei Aristoteles, ausmachen lässt (Höffe 1993, S. 31 ff.). Subsidiarität ist ein Legitimations-, Kompetenzvermutungs- und Entscheidungsprinzip.
Demnach soll die kleinste Einheit einer Gemeinschaft die Dinge eigenverantwortlich regeln, zu denen sie in der Lage ist oder dazu in die Lage versetzt werden
(Riklin 1993, S. 443; Koslowski 1997, S. 40). Wer gegen das Prinzip verstößt maßt
sich Kompetenzen an. Somit handelt es sich um ein sozialphilosophisches Prinzip
mit normativem Charakter (Höffe 1993, S. 26, 28).

Auch im Zuwendungsrecht – dem förderrechtlichen Rahmen aller mit deutschen öffentlichen Mitteln geförderten internationalen Freiwilligendienste – gilt das
Subsidiaritätsprinzip: In der Bundeshaushaltsordnung (BHO) heißt es, dass eine Zuwendung dann erfolgt, wenn ein erhebliches Interesse des Zuwendungsgebers an
einer Leistung besteht, die sonst nicht oder nicht im notwendigen Umfang erbracht
werden würde (§ 23 BHO, BMI o. J.). Dieses Interesse wird zwar politisch-fachlich
entschieden, doch der Bund führt – in unserem Fall – den Freiwilligendienst dann
nicht selbst durch, sondern übergibt diese Aufgabe an die Zivilgesellschaft. Der letzte Satzteil des Paragraphen verweist die potenziellen Zuwendungsempfänger_innen
zunächst auf eigene Mittel und kann sinngemäß interpretiert werden: Wer über genügend eigene finanzielle Mittel verfügt, ist nicht auf eine Zuwendung angewiesen.

Entgegen der weit verbreiteten Annahme lautet der Grundsatz des Subsidiaritätsprinzips jedoch nicht, dass stets möglichst viele Kompetenzen der unteren Einheit
zugesprochen werden sollte, „sondern nur unter der Bedingung, dass die entsprechende Kompetenzverteilung letztlich dem Einzelmenschen dient" (Höffe 1993,
S. 31). Dieses Personalitätsprinzip steht dem Subsidiaritätsprinzip in der katholischen Soziallehre zur Seite. Kommt es in der Auslegung des Subsidiaritätsprinzips
zu (Kompetenz-) Konflikten zwischen der höheren und der niedereren Einheit, so
gebührt der Vorrang nicht grundsätzlich der niedereren. „Im Gegenteil stärke man
dort, wo es dem entscheidenden Vorrang, dem des Individuums, dient, die Kompetenz der höheren Form" (ebd., S. 30). Das Individuum (in unserem Fall die/der
Freiwillige) ist also ein entscheidender Referenzpunkt.

Höffe bringt die Grenzen oder besser gesagt den Gültigkeitsrahmen des Prinzips
treffend auf den Punkt: „Wie jedes ethische Prinzip, so ist auch das Subsidiaritätsprinzip erst in Verbindung mit anderen Gesichtspunkten entscheidungsfähig" (1993,
S. 35). Die „Eigengesetzlichkeiten des jeweiligen Gesellschaftsbereichs" und die
„konkreten Umstände der Entscheidungssituation" müssen bei der Zuweisung von
Aufgaben und Kompetenzen stets berücksichtigt werden (Baumgartner 1997, S. 13).
Mehrere Kriterien müssen hierzu herangezogen werden, etwa: Problemlösungsbe-
darf, Effektivität, Effizienz, Ressource, Realisierbarkeit, Akzeptanz, Sachbereich,

Aufgabenteilung etc. (Riklin 1993, S. 446). Die Logik des Subsidiaritätsprinzips heißt also, etwas schematisiert: „Sozialethik plus Sacherfordernisse plus Situationsüberlegung" (Höffe 1993, S. 35). Das Subsidiaritätsprinzip ist nicht die oberste Norm allen politischen und sozialen Handelns. Es kann „richtungsweisend" dazu beitragen, gute Politik zu machen, es kann jedoch in Konkurrenz zu anderen Prinzipien stehen, wie dem Demokratieprinzip oder dem Solidaritätsprinzip. Durch diesen Charakter gibt es keine dem Prinzip immanente Lösung für Konflikte. In welchen Fällen eine höhere bzw. niedrigere Einheit gefragt ist, darauf gibt das Subsidiaritätsprinzip allein keine Antwort (ebd., S. 29 und 35). Es ist daher Gegenstand politischer Aushandlungsprozesse (Riklin 1993, S. 446).

In den internationalen Freiwilligendiensten ist das Subsidiaritätsprinzip häufig Ausgangspunkt für lebhafte Diskussionen. Auf zivilgesellschaftlicher Seite wird es als argumentative Waffe gegen eine Übermacht oder wahrgenommene Übergriffigkeit der (halb-)staatlichen Instanzen eingesetzt. Die staatliche Seite hingegen befürchtet die Umgehung von Rechenschaftspflichten und Qualitätsstandards und trägt vor sich her, eben auch selbst (politisch) rechenschaftspflichtig zu sein. Damit wird deutlich, dass sich diese Diskussionen hauptsächlich auf den politischen Kontext in Deutschland und dem hiesigen Verhältnis von Staat und Zivilgesellschaft beziehen.

Und wie sieht es mit den Organisationsstrukturen innerhalb der Zivilgesellschaft aus? Die meisten Entsendeorganisationen organisieren sämtliche Elemente eines Freiwilligendienstes selbständig, inklusive der administrativen Abwicklung mit dem Förderer. Allerdings wurden im Zuge der Einführung von *weltwärts* in zivilgesellschaftlicher Selbstorganisation Strukturen kirchlicher oder verbandlicher Provenienz geschaffen, bei denen sich durchaus die Frage stellt, ob diese stets dem Subsidiaritätsprinzip Genüge tun. Kritische Stimmen über den Nutzen dieser sogenannten Verbünde gab es insbesondere in der Einführungsphase auch aus den Reihen der Mitgliedsorganisationen selbst (Casper 2008, S. 51). Ebenso wäre – mit Blick auf das Subsidiaritätsprinzip – das Verhältnis zwischen Entsendeorganisationen und ihren Partnerorganisationen im Ausland eine eigene Studie wert.[8]

2.2 Verantwortung

Eine eindeutige Definition des Begriffs Verantwortung ist gerade in der deutschen Sprache schwierig – Verantwortung kennt viele Facetten. Häufig bezieht sie sich

---

[8] Die Machtdynamiken, die diesen Verhältnissen oft zu Grunde liegen, wurden von Benjamin Haas in Bezug auf *weltwärts* an anderer Stelle analysiert (2012).

auf einen Auftrag, ein Gebot, einen Appell, eine Haftung oder eine Rechenschaft. Verallgemeinert gesprochen ist unter Verantwortung die Zuschreibung einer Pflicht zwischen einem Verantwortungsgeber_in und einem Verantwortungsnehmer_in zu verstehen, wobei die Art und Weise der Erfüllung dieser Pflicht positive oder negative Konsequenzen für den Verantwortungsnehmer_in haben kann. „Das Wort Verantwortung hat nur da einen deutlichen Sinn, wo jemand die Folgen seines Handelns öffentlich abgerechnet bekommt, und das weiß; so der Politiker am Erfolg, (...) der Beamte an der Kritik der Vorgesetzten" (Gehlen 1973, S. 151)

Vier Elemente sind charakteristisch für eine Verantwortungsbeziehung: Ein Subjekt, das die Verantwortung trägt. Ein Objekt, dem gegenüber die Verantwortung besteht. Ein Gegenstand, auf den sich die Verantwortung bezieht. Und eine Instanz, die die Inhalte der Verantwortung regelt (Steiner 2004, S. 28 f.). Diese Elemente lassen sich auf die spezifischen Akteurskonstellationen in der Steuerung und Durchführung internationaler Freiwilligendienste übertragen. Dabei macht es Sinn zu unterscheiden zwischen formaler Verantwortung und politischer Verantwortung: Die formale ergibt sich aus der Anwendung bestimmter formaler Regelwerke wie der Bundeshaushaltsordnung oder dem Jugendfreiwilligendienstegesetz, die politische erwächst aus den Logiken des politischen Geschäfts und grundlegenden Prinzipien der Staatsorganisation wie der Gewaltenteilung.

Ein wichtiger Hinweis zum Wesen von Verantwortung stammt aus einem Klassiker der Organisationssoziologie: Aufgaben können delegiert werden, nicht aber Verantwortlichkeiten (Luhmann 1964, S. 182).

2.2.1 Formale Verantwortung

Bei der formalen Verantwortung ist klassischerweise die Entsendeorganisation das die Verantwortung tragende Subjekt. Beim vom BMFSFJ geförderten Internationalen Jugendfreiwilligendienst heißt es: „Die Träger tragen die Gesamtverantwortung für die Organisation und rechtmäßige Durchführung des Internationalen Jugendfreiwilligendienstes" (GMBl 2010, S. 1778). Die Förderleitlinie des vom BMZ geförderten entwicklungspolitischen Freiwilligendienstes *weltwärts* besagt: „Die Entsendeorganisationen tragen die Gesamtverantwortung für das Gelingen des Freiwilligendienstes" (BMZ 2014, S. 7). Das Objekt, gegenüber dem hier die Verantwortung besteht, ist das jeweils fördernde Ministerium. Als Gegenstand, auf den sich die Verantwortung bezieht, kann die Durchführung des Freiwilligendienstes gelten. Die Instanzen wiederum, in denen die Verantwortung geregelt ist, ergeben sich einerseits aus dem Zuwendungsverhältnis[9] andererseits aus den programmspe-zifischen Regelwerken[10,11]. Formale Verantwortung äußert sich beispielsweise in den Rechenschaftspflichten der Träger wie z. B. gewisse Mitteilungspflichten oder die Abgabe eines Verwendungsnachweises.

2.2.2 Politische Verantwortung

Der zentrale Unterschied zwischen formaler und politischer Verantwortung liegt in der Rollenänderung des fördernden Ministeriums. Das Ministerium ist nun nicht mehr Objekt sondern Subjekt der Verantwortung. Es ist gemäß dem Prinzip der Gewaltenteilung ein Organ der vollziehenden Gewalt, das Verantwortung trägt – politische Verantwortung. Das Objekt, dem gegenüber die Verantwortung besteht, ist einerseits das Parlament, das als Gesetzgebungsorgan fungiert, aber auch eine Kontrollfunktion über die Regierung ausübt. Andererseits besteht auch eine Ver-antwortung gegenüber der Öffentlichkeit, die sich z. B. aus der Tatsache ableitet, dass die öffentlich geförderten Dienste aus Steuergeldern finanziert werden. Die Instanzen, in denen die Verantwortungsbeziehungen geregelt sind, sind formale Regelwerke vom Grundgesetz bis zur Geschäftsordnung des Bundestages. Es sind aber auch informelle Normen und Erwartungen, die als Instanzen für politische Ver-antwortung fungieren. Verantwortungsgegenstand bleibt „der Freiwilligendienst", womit in der Theorie ein erstes Konfliktpotential zwischen Staat und Zivilgesell-schaft angelegt ist: In ihrer Rolle als Subjekte tragen sie die Verantwortung für einen gemeinsamen Verantwortungsgegenstand.

Politische Verantwortung äußert sich z. B. in Form von „Kleinen Anfragen" von Bundestagsabgeordneten, einem klassischen parlamentarischen Kontrollinstru-ment. Internationale Freiwilligendienste waren dort in den vergangenen Jahren mehrfach Thema. Anfragen mit Titeln wie „Einrichtung eines Jugendfreiwilli-gendienstes *kulturweit*"[12], „Schwierigkeiten beim entwicklungspolitischen Frei-willigendienst *weltwärts*"[13], „Verbesserungen für Freiwillige in europäischen und

---

[9] Konkret: Bundeshaushaltsordnung §§ 23 und 44, die entsprechenden Verwaltungsvor-schriften und die Allgemeine Nebenbestimmungen für Zuwendungen zur Projektförderung (ANBest-P).

[10] Etwa das Jugendfreiwilligendienstegesetz, die Richtlinie zur Umsetzung des Internationa-len Jugendfreiwilligendienstes, die *weltwärts*-Förderleitlinien oder die Qualitätskennzeichen für den Dienst nach § 14 b Zivildienstgesetz.

[11] In der Interpretation anderer Verantwortungskonzepte würde das fördernde Ministerium als Instanz und der Freiwilligendienst bzw. die Freiwilligen als Objekt gelten.

[12] http://dip21.bundestag.de/dip21/btd/16/122/1612281.pdf.

[13] http://dip21.bundestag.de/dip21/btd/16/101/1610100.pdf.

internationalen Freiwilligendiensten"[14] und „Ausbau der Jugendfreiwilligendienste"[15] zeugen von beträchtlichem parlamentarischen Monitoring. Dies ist Ausdruck der Verantwortung der Bundesregierung gegenüber dem Bundestag.

Es ist ein Charakteristikum von politischer Verantwortung, dass sie keine klaren Grenzen kennt. Im Zweifel ist sie endlos, auch wenn sie dem fördernden Ministerium lediglich von anderen zugeschrieben wird und formal „die Entsendeorganisationen (...) die Gesamtverantwortung für das Gelingen des Freiwilligendienstes" (BMZ 2014, S. 7) tragen. Wenn *weltwärts*-Freiwillige mit ihren Aufgaben in der Einsatzstelle nicht glücklich werden, wenn das Dach ihrer Unterkunft undicht ist oder sie plötzliches Heimweh verspüren, dann ist das nicht per se politisch. Es hat aber das Potenzial, politisch zu werden. Wenn besorgte Eltern beim *SPIEGEL* anrufen und daraufhin die Medien ein Interesse an *weltwärts* entwickeln; wenn der Onkel sich veranlasst sieht, eine Mängelliste an seine Parteifreundin, die lokale Bundestagsabgeordnete, zu schreiben – dann schwingt stets auch die Frage nach der politischen Verantwortung mit. Die liegt beim fördernden Ministerium und kann auch mit Hinweis auf die formale Verantwortung der Träger nicht einfach wegdelegiert werden. Dementsprechend ist es auch nicht verwunderlich, dass sich Ministerien für „ihre" Freiwilligen verantwortlich fühlen, wenn in Mexiko die Schweinegrippe ausbricht. Das von ihnen an den Tag gelegte Handeln wird dann von vielen zivilgesellschaftlichen Organisationen als „übergriffig" empfunden. Aber wenn das Ministerbüro nach einer entsprechenden Medienanfrage oder der Intervention eines Parlamentariers im zuständigen Freiwilligendienstreferat anruft, dann gilt der erste Gedanke dort sicher nicht dem Subsidiaritätsprinzip.

2.3 Prinzipal-Agent-Theorie[16]

Das Verhältnis zwischen Staat und Zivilgesellschaft in internationalen Freiwilligendiensten ähnelt dem einer Auftraggeberin bzw. eines Auftraggebers und einer Auftragnehmerin bzw. eines Auftragnehmers. Auch wenn das nicht dem Selbstverständnis der meisten zivilgesellschaftlichen Akteure entsprechen dürfte, so ergibt es sich diese Ähnlichkeit doch unserer Meinung nach aus der Tatsache, dass öffentliche Gelder im Zuwendungsverfahren fließen. Demnach dürfen Zuwendungen nur

---

[14] http://dip21.bundestag.de/dip21/btd/14/058/1405893.pdf

[15] http://dip21.bundestag.de/dip21/btd/17/007/1700707.pdf.

[16] Eine einheitliche deutschsprachige Bezeichnung für die Prinzipal-Agent-Theorie scheint sich noch nicht durchgesetzt zu haben. Sie wird auch als Agenturtheorie oder Delegationstheorie bezeichnet.

dann gewährt werden, wenn der Bund an der Erfüllung der Zwecke ein „erhebliches Interesse" hat (§ 23 BHO, BMI o. J.)[17].

Ein weit verbreiteter theoretischer Rahmen für Akteure, die in einem Auftraggeber-Auftragnehmer-Verhältnis (Prinzipal – Agent) zueinander stehen, ist die Prinzipal-Agent-Theorie. Sie hat Ihren Ursprung in den Wirtschaftswissenschaften, findet jedoch mittlerweile auch in den Sozialwissenschaften, darunter der Politikwissenschaft, breite Anwendung. Unter den vielfältigen politikwissenschaftlichen Adaptionen dieses Ansatzes hat die Modellierung einer für parlamentarische Demokratien charakteristischen Delegationskette eine besonders breite Rezeption erfahren (Strøm 2000). Angewandt auf die Bundesrepublik Deutschland identifiziert die Delegationskette vom Wähler_in über den Bundestag, die Bundeskanzlerin, die Bundesminister_innen bis hin zur Ministerialbürokratie mehrere Delegationsstufen. Die Wähler_innen sind dabei Prinzipal des Agenten Bundestag, der wiederum Prinzipal der Kanzlerin ist usw.

Die Delegationskette hilft uns, die Verantwortungsbeziehungen hinter den die Freiwilligendienste fördernden Institutionen besser zu verstehen: Während bei der formalen Verantwortung die Ministerialbürokratie als Prinzipal der Entsendeorganisationen verstanden werden kann, wird die öffentliche Verwaltung bei der politischen Verantwortung – analog zum Rollentausch vom Objekt zum Subjekt der Verantwortung – zum Agenten des Ministers. Dieser wiederum ist über die einzelnen Glieder der Delegationskette sogar mit den Wählerinnen und Wählern verbunden. Damit eröffnet sich eine neue Perspektive auf Verwaltungshandeln auch in Freiwilligendiensten. Was von der Zivilgesellschaft zumeist als staatliche Einmischung interpretiert wird, ist häufig Ausfluss der politischen Verantwortung und damit eines zutiefst demokratischen Gedankens: Der Kontrolle der Regierung durch Parlament und Öffentlichkeit.

2.4 Ökonomische Theorie der Bürokratie

Viele zivilgesellschaftliche Akteure empfinden Organisation und Steuerung der internationalen Freiwilligendienste als sehr bürokratisch. Diverse Bürokratietheorien versuchen sich in der Erklärung von staatlichem Verwaltungshandeln. Sofern

---

[17] Kompletter Wortlaut: „Ausgaben und Verpflichtungsermächtigungen für Leistungen an Stellen außerhalb der Bundesverwaltung zur Erfüllung bestimmter Zwecke (Zuwendungen) dürfen nur veranschlagt werden, wenn der Bund an der Erfüllung durch solche Stellen ein erhebliches Interesse hat, das ohne die Zuwendungen nicht oder nicht im notwendigen Umfang befriedigt werden kann."

sie der Schule der Neuen Politischen Ökonomie (vgl. Lehner 1981) zuzuschreiben sind, lautet ihr Tenor: Akteure in Bürokratien sind Nutzenmaximierer (womit sie sich keinesfalls von Akteuren außerhalb von Bürokratien unterscheiden müssen); ihr Nutzen setzt sich u. a. aus den Elementen Macht, Prestige und Patronagemöglichkeiten zusammen (Niskanen 1971): Elemente, die den Nährboden für Bürokratiezuwachs bilden.

2.5 Zwischenfazit

Zusammenfassend lässt sich sagen: Das Subsidiaritätsprinzip ist ein zentrales Element demokratisch verfasster Gemeinwesen. Von ihm sind ihre Funktionsfähigkeit und ihr Bestand abhängig (Münkler 1993, S. 67). Gleichzeitig gilt aber auch: Aus der nicht delegierbaren politischen Verantwortung ergeben sich automatisch Schranken für das Subsidiaritätsprinzip. Keines der beiden Prinzipien steht im luftleeren Raum oder gilt gar exklusiv. „Das Problem des Subsidiaritätsprinzips liegt zweifellos nicht in einer fehlenden Akzeptanz, sondern im Mangel an Eindeutigkeit und Klarheit bei denen die sich seiner argumentativ bedienen (Baumgartner 1997, S. 13)". Das Subsidiaritätsprinzip hat normativen Charakter und weder Aristoteles noch die katholische Soziallehre haben eine Durchführungsverordnung mitgegeben, die definiert, was dieses Prinzip für (internationale) Freiwilligendienste bedeutet. Die Interpretation von Subsidiarität muss daher Gegenstand politischer Aushandlungsprozesse sein, die auch die anderen gültigen Prinzipien, Normen und Rechtsgrundlagen mit einbeziehen.

3 Empirische Analyse zur Rolle von Staat und Zivilgesellschaft in den internationalen Freiwilligendiensten

Über „Freiwilligendienste zwischen Staat und Zivilgesellschaft" ist viel geschrieben worden. Was fehlt, ist eine nüchterne Bestandsaufnahme. Diese versuchen wir im folgenden Abschnitt für die internationalen Freiwilligendienste zu realisieren. Wir untersuchen die konkrete Aufgabenverteilung zwischen Staat und Zivilgesellschaft in den öffentlich geförderten Dienstformen Anderer Dienst im Ausland, Europäischer Freiwilligendienst, FSJ im Ausland, Internationaler Jugendfreiwilligendienst, *kulturweit* und *weltwärts*. Ergänzend beleuchten wir auch die sogenannten „ungeregelten Dienste", die nicht gefördert werden, deren Relevanz sich aber durch die immer noch über 1100 Entsendungen im Jahr ergibt (AKLHÜ 2014, S. 7). Dabei werden anhand einer Reihe von Aspekten vier Dimensionen der Organisation des Freiwilligendienstes bewertet: Finanzierung, Steuerung, Durchführung und Ownership. Als Quellen dienen offizielle Dokumente, Gespräche mit diversen Akteuren aus Staat und Zivilgesellschaft sowie eigene Erfahrungen.[18]

3.1 Finanzierung

Die Finanzierung ist allein deshalb schon ein zentraler Aspekt im Verhältnis von Staat und Zivilgesellschaft, weil im Normalfall erst durch den Fluss der Fördergelder dieses Verhältnis konstituiert wird. Deutlich wird dies im Vergleich mit den ungeregelten Diensten: Hier fließt kein Geld an die Zivilgesellschaft und somit sind sie lediglich gängigem Recht verpflichtet, sind in der Konzeption und Ausgestaltung des Dienstes jedoch völlig unabhängig von staatlichem Einfluss.

Rechtlicher Rahmen für die Förderung bildet das Zuwendungsrecht, nach dem ein „erhebliches Interesse" des Bundes überhaupt erst Voraussetzung für eine Zuwendung ist. Daraus ergeben sich starke Implikationen für das Verhältnis zwischen Staat und Zivilgesellschaft. Ein erstes Konfliktpotenzial liegt in der Interpretation des „erheblichen Interesses" des Bundes. Auf der staatlichen Seite mag daraus ein Steuerungsverständnis erwachsen, das der sprichwörtlichen Logik folgt: Wer die Musik bezahlt, bestimmt auch was gespielt wird. Auf zivilgesellschaftlicher Seite hingegen ist die Kenntnis um das mit der Förderung automatisch mitgelieferte „erhebliche Interesse" des Staates oft gering ausgeprägt und führt zu einem Selbstverständnis, dass der Staat zwar für „ihr" Projekt Geld gibt, aber sich „nach dem Subsidiaritätsprinzip" bitte ansonsten rauszuhalten habe. In dieser Ausgangslage ist die Frage nach dem Anteil der staatlichen Finanzierung – kein Dienst ist zu 100 % staatlich finanziert – besonders spannend.

Während es beim Anderen Dienst im Ausland (ADiA) gar keine staatliche Förderung gibt – also die Träger und/oder die Freiwilligen für alle Kosten aufkommen müssen, erhalten die Träger beim EFD und bei *weltwärts* am meisten Mittel. Bei

---

[18] Die Autoren waren von 2007 bis 2011 (Jörn Fischer) bzw. von 2011 bis 2013 (Benjamin Haas) Mitarbeiter des *weltwärts*-Sekretariats bzw. der Koordinierungsstelle weltwärts, die heute bei Engagement Global gGmbH angesiedelt ist. Zum Zeitpunkt des Verfassens dieses Artikels ist Jörn Fischer Angestellter bei Engagement Global gGmbH, Benjamin Haas ist freiberuflich für die Koordinierungsstelle *weltwärts* tätig. Der Beitrag ist außerhalb dieser Tätigkeiten entstanden; beide Autoren beschäftigen sich seit einigen Jahren wissenschaftlich mit Freiwilligendiensten.

weltwärts ist das Verhältnis 75 % staatlich und 25 % zivilgesellschaftlich, beim EFD kann der Eigenanteil der Träger auch deutlich geringer sein. Bei beiden Diensten können die Freiwilligen auf freiwilliger Basis an den Kosten beteiligt werden (etwa durch Spenderkreise); die Teilnahme darf aber nicht davon abhängig gemacht werden. Beim IJFD und dem FSJ im Ausland (und damit auch *kulturweit*) übernehmen entweder die Freiwilligen oder teilweise auch die Träger und Einsatzstellen die Kosten, die durch die Zuschüsse des BMFSFJ oder des Auswärtigen Amtes (AA) nicht abgedeckt sind. Diese Mittel liegen deutlich unter den *weltwärts*-Zuschüssen.

3.2   Steuerung

3.2.1   Regelsetzung

Im Zusammenspiel zwischen Staat und Zivilgesellschaft spielt die Regelsetzung naturgemäß eine zentrale Rolle. Regeln werden formuliert in Gesetzen wie dem Jugendfreiwilligendienstegesetz, vor allem aber auch in Umsetzungsrichtlinien wie der „Förderleitlinie zur Umsetzung des entwicklungspolitischen Freiwilligendienstes *weltwärts*". Dabei scheint es auf den ersten Blick so: Der Staat stellt die Regeln auf, die die Entsendeorganisationen zu erfüllen haben. Auf den zweiten Blick erkennt man, dass es in manchen Programmen durchaus zivilgesellschaftliche Beteiligungsmöglichkeiten an der Regelsetzung gibt. Neben der Frage „Wer formuliert die Regeln?", beurteilen wir die Regelsetzung nach dem Umfang des staatlichen Regelungsgrads. Dafür sind schon die bloße Anzahl der maßgeblichen Dokumente und deren Länge gute Indikatoren, aber auch die „gefühlte Verregelung" seitens der Entsendeorganisationen. Im Umkehrschluss heißt es für diese nämlich: Je weniger ein Dienst geregelt ist, desto mehr Freiheit bleibt ihnen in der Umsetzung der Dienste.

Einen vergleichsweise hohen staatlichen Ausprägungsgrad in der Regelsetzung weisen *kulturweit* (mangels zivilgesellschaftlicher Beteiligungsstrukturen) und der Europäische Freiwilligendienst, der durch die EU geregelt ist, auf. Bei *weltwärts* gibt es zwar eine strukturierte Mitgestaltungsmöglichkeit der Zivilgesellschaft, inklusive eines Programmsteuerungsausschusses, in dem zahlreiche zivilgesellschaftliche Akteure vertreten sind. Die dort ausgehandelten Regeln stehen jedoch – verständlicherweise – unter dem Zustimmungsvorbehalt des BMZ. Dennoch ist die Handschrift der Zivilgesellschaft in der am 1. Januar 2014 in Kraft getretenen Förderleitlinie deutlich zu erkennen. Gleichzeitig wird *weltwärts* von den Entsendeorganisationen als sehr „verregelt" wahrgenommen, stärker als etwa der IJFD. Bei letzterem fehlen zwar formale Partizipationsstrukturen, doch waren die zivilgesellschaftlichen Verbände z. B. in die Entstehung des Jugendfreiwilligendienstegesetzes durchaus eingebunden. Das Regelwerk des IJFD ist im Vergleich zum FSJ im Ausland noch etwas umfangreicher.

Insgesamt ist das Thema Regelsetzung – festgemacht an den Kriterien Regelformulierung und Regelungsgrad – eindeutig auf der staatlichen Seite verortet. Eine interessante Ausnahme ist der ADiA, der zwar gesetzlich geregelt ist, allerdings mit äußerst geringer Regelungstiefe. Per Definitionem ungeregelt sind die ungeregelten Dienste.

3.2.2 Steuerungstiefe

Wie stark greift der Staat – jenseits der Regelsetzung – in die konkrete Durchführung des Freiwilligendienstes ein? Diese Frage ist nicht so einfach zu beantworten wie das Thema „Regelsetzung", denn sie macht sich eher an konkreten Beispielen als an definierten Regelwerken fest. Staatliche Eingriffe geschehen vor allem dann, wenn etwas nicht nach Plan läuft. Manche unvorhergesehene Krisensituation – ein Taifun auf den Philippinen; ein Freiwilliger, der des Drogenhandels bezichtigt wird; eine Terrorwarnung in Nordafrika – lösen staatliches Handeln aus. Aber auch Bedarfe, die von einem anderen Ressort der Bundesregierung an das fördernde Ministerium herangetragen werden, können Auslöser sein.

Im Fall von *weltwärts* ging dies beispielsweise soweit, dass das BMZ auf Drängen einiger deutscher Botschaften eine Landesansprechstruktur in diversen Ländern installiert hat. Dieses Instrument wurde zwar gemeinsam mit den zivilgesellschaftlichen Akteuren konzipiert, von diesen jedoch eher widerwillig akzeptiert, da damit eine erste direkte staatliche Zugriffsstruktur in den Einsatzländern geschaffen wurde. Was Ausdruck konkreten politischen Handlungsdrucks oder der Fürsorge und Unterstützung sein kann, kommt gelegentlich bei der Zivilgesellschaft bevormundend an. Umgekehrt werden die nachvollziehbaren zivilgesellschaftlichen Bedenken, seitens des Ministeriums oft als übertrieben und unbegründete Angst interpretiert. Gerade in solchen Fällen besteht die Gefahr, dass das Prinzip der Subsidiarität und das der politischen Verantwortung in einen Widerstreit geraten.

Aber auch Regelverstöße seitens der Entsendeorganisationen provozieren Handlungen des fördernden Ministeriums, etwa wenn Freiwillige ohne gültiges Visum entsandt werden. Wenn ein Ministerium dann interveniert, ist es für die einen notwendiges Verwaltungshandeln, für die anderen lästiger Übergriff oder Nichtanerkennung der komplizierten Visa-Verfahren für die Freiwilligen und Träger.

Besonders bei *weltwärts* wird in der Frage der Steuerungstiefe der Staat als recht dominant wahrgenommen; bei den vom BMFSFJ geförderten Programmen ist die staatliche Steuerungstiefe geringer.

3.2.3 Qualität

Qualität ist ein Querschnittsthema und als solches im Bereich Steuerung verortet. Hier soll bewertet werden, in welchem Ausmaß sich staatliche bzw. zivilgesellschaftliche Akteure mit Qualitätsmanagement beschäftigen und welchen Grad der möglicherweise staatlich induzierten Verbindlichkeit der Aspekt der Qualität hat.

Das Spektrum reicht von „Qualitätskennzeichen" mit dem Charakter einer freiwilligen Selbstverpflichtung beim Anderen Dienst im Ausland bis zu direkten staatlichen Interventionsmechanismen bei *weltwärts*. Dessen neu eingeführtes Qualitätsmanagement ist ein komplex anmutendes Hybridsystem aus Gremien und Akteuren mit unterschiedlichen Kompetenzen, in dem die Entsendeorganisationen sich einem zivilgesellschaftlich getragenen und überwiegend staatlich finanzierten Qualitätsverbund anschließen müssen. Eine Freiwilligenbefragung liefert jedes Jahr Erkenntnisse über Aspekte der Ergebnisqualität der Entsendeorganisationen, erlaubt es dem Ministerium aber auch, bei dabei zu Tage tretenden Regelverstößen direkt zu intervenieren. Externe Prüfinstanzen und ein Arbeitskreis Qualität runden das ganze ab. Beim Europäischen Freiwilligendienst nehmen die jeweiligen Nationalagenturen des EU-Programms zwar eine starke Position ein, jedoch muss auch jede Trägerorganisation für sich ein Qualitätssystem beschrieben haben. Damit hat sie eine wichtige, selbstbestimmte Rolle in der Qualitätsentwicklung inne. In der Neuauflage des Programms sollen Qualitätsaspekte, kontrolliert durch die Nationalagenturen, ab 2014 noch wichtiger und verbindlicher für die Trägerorganisationen werden.

Ähnlich wie bei *weltwärts* ist auch im IJFD der Anschluss an eine zentrale Stelle für Qualitätsmanagement ein Muss, damit verbunden eine Zertifizierung verpflichtend. Beim FSJ müssen sich die Träger einem Bundestutorat mit der Aufgabe der zentralen Qualitätssicherung und -entwicklung anschließen; die Bundestutorate sind – mit Ausnahme desjenigen das bei der Zentralstelle des BAFzA angesiedelt ist – zivilgesellschaftlich organisiert.

3.3 Durchführung

3.3.1 Auswahl der Einsatzplätze

Die Eignung von Einsatzplätzen für einen Freiwilligendienst ist ein wesentlicher Erfolgsfaktor für einen internationalen Freiwilligendienst. Das haben auch die Fördergeldgeber erkannt und wollen bei der Auswahl der Einsatzplätze ein – oder auch mehrere – Wörtchen mitreden. Doch wie stark wird die Auswahl der Einsatzplätze durch den Staat beeinflusst? Beispielsweise durch Anerkennungsverfahren?

Beim FSJ im Ausland gibt es kein solches Verfahren. Hier regelt lediglich eine Richtlinie, welche Art von Einsatzplätzen in Frage kommt. Beim ADiA werden die Einsatzplätze zwar geprüft, sind dann jedoch zeitlich unbegrenzt anerkannt. Beim IJFD muss diese Anerkennung alle fünf Jahre erneuert werden. Deutlich tiefer kniet sich die staatliche Seite bei *weltwärts* und dem EFD in diese Angelegenheit hinein. Bei *weltwärts* wurde bisher jeder einzelne Einsatzplatz akribisch überprüft und meist für drei Jahre anerkannt. Mit der neuen Förderleitlinie wurde dieses Verfahren zwar zum 1. Januar 2014 auf ein Registrierungsverfahren umgestellt und die zivilgesellschaftlichen Qualitätsverbünde (siehe 3.2.3) erhalten hier mehr Verantwortung. Dennoch wird das BMZ durch die Koordinierungsstelle *weltwärts*[19] weiterhin eine Stichprobenkontrolle durchführen. Beim EFD werden Einsatzprojekte durch die Nationalagentur für jeweils drei Jahre akkreditiert.

3.3.2 Art der Einsatzstellen

Eine genaue Klassifizierung der Einsatzstellen nach zivilgesellschaftlich oder staatlich ist nicht ohne weiteres möglich. Da alle Einsatzstellen in irgendeiner Form gemeinwohlorientiert sein sollten, sind sie zwar im Großen und Ganzen dem Dritten Sektor zuzuordnen. Wie unter 1.1 beschrieben können die Formen der Organisationen in diesem Non-Profit-Bereich jedoch äußerst unterschiedlich sein und sind zudem abhängig vom jeweiligen Sozialsystem des Landes. So kann es durchaus staatliche Einrichtungen geben, wie Schulen oder eine Gedenkstätte in öffentlicher Hand, in denen dann aber wiederum zivilgesellschaftliche Organisationen tätig sind. Auch wenn die Frage, ob die Einsatzstellen eher in zivilgesellschaftlichen oder staatlichen Organisationen zu finden sind, damit nur ungenau beantwortet werden kann, so lassen sich für die deutschen internationalen Dienste dennoch teilweise Tendenzen feststellen.

Bei *weltwärts* beispielsweise findet sich in der Statistik ein Anhaltspunkt: Dort sind nach Angaben der „Koordinierungsstelle *weltwärts*" 0,3 % der Einsatzstellen in der „öffentlichen Verwaltung" der Partnerländer angesiedelt. Für den IJFD gibt es hierzu keine Statistik. Insgesamt kann davon ausgegangen werden, dass – mit Ausnahme von *kulturweit* – in allen Formaten die Einsatzstellen überwiegend klar zivilgesellschaftlich zu verorten sind. Dennoch können vereinzelt auch (halb-) staatliche Organisationen (z. B. Schulen) als Einsatzstellen fungieren, selbst bei den ungeregelten Diensten. Damit brechen die ungeregelten Dienste an dieser Stelle ein klein wenig aus ihrem sonst streng zivilgesellschaftlichen Muster aus.

Kulturweit fällt hier jedoch deutlich aus dem Rahmen. Bis auf wenige Ausnahmen sind alle Einsatzstellen des AA-Programms in Einrichtungen der öffentlichen

---

[19] Die „Koordinierungsstelle *weltwärts*" ist Teil der Engagement Global gGmbH.

deutschen auswärtigen Kultur- und Bildungspolitik wie Goethe-Instituten und deutschen Schulen zu finden. Auch wenn Teile dieser Stellen durchaus zivilgesellschaftliche Strukturen und Handlungslogiken aufweisen, so sind sie doch im Dritten-Sektor-Modell deutlich in der Nähe des Staates zu verorten.

3.3.3 Auswahl und Profil der Freiwilligen

Für die Auswahl der Freiwilligen sind in allen Programmen die Entsendeorganisationen verantwortlich. Es gibt jedoch staatlicherseits formulierte Vorgaben und Auswahlmerkmale, die mal konkrete Ausschlusskriterien sind (Alter), mal eher lyrischen Charakter haben („weltoffen").

Beim Anderen Dienst im Ausland sind die staatlichen Auswahlhinweise am geringsten; dort gibt es nicht mal eine Altersgrenze. Beim FSJ im Ausland, IJFD und *weltwärts* gibt es Vorgaben, welche Kriterien die Freiwilligen erfüllen müssen. Hierzu zählt in aller erster Linie das Alter, aber auch Sprachkenntnisse, Engagementbereitschaft oder Teamfähigkeit. Die Träger bewerten jedoch (man könnte fast sagen: natürlich) selbstständig, inwieweit die Freiwilligen diese Kriterien erfüllen, hier findet keine Überprüfung durch staatliche Stellen statt. Im FSJ im Ausland und EFD können Projekte explizit bevorteilt werden, bei denen Freiwillige mit erhöhtem Förderbedarf entsendet werden. Beim EFD kann sich das in der Bevorzugung einer Entsendung eines Menschen mit Behinderung ausdrücken, wenn gleich gute Anträge vorliegen, die Mittel jedoch nicht für alle ausreichen. Hier findet somit indirekt eine staatliche Einflussnahme auf die Auswahl der Freiwilligen statt. *Kulturweit* wird in diesem Bereich wiederum am „staatlichsten" verortet, aus den bereits mehrfach benannten Gründen. Mit der Entscheidung, das Programm über nur eine Entsendeorganisation abzuwickeln, erhält *kulturweit* automatisch auch nur Zugang zu Freiwilligen aus einem bestimmten Milieu. Bei *weltwärts* ist anzunehmen, dass die Vielfalt der Trägerorganisationen – immerhin 180 aktive an der Zahl – für eine relativ größere weltanschauliche und regionale Streuung der Freiwilligen sorgt. Nichtsdestotrotz sind bei allen internationalen Freiwilligendiensten Jugendliche mit höheren Bildungsabschlüssen deutlich überrepräsentiert (Jakob 2013, S. 12).

3.3.4 Vermittlung der Freiwilligen

Bei der Vermittlung der Freiwilligen in die Einsatzstellen bzw. der Entscheidung, welche Freiwilligen zu welchen Einsatzstellen passen – gemeinhin auch als „Matching" bezeichnet – hat die Zivilgesellschaft in den meisten Diensten das Zepter in der Hand. Zwar schaut sich die staatliche Seite bei *weltwärts* den Vertrag zwischen den Trägern und den Freiwilligen an, das „Matching" ist jedoch alleiniges Hoheitsgebiet der Zivilgesellschaft. Einziger Ausreißer in diesem Bereich ist erneut *kulturweit*, was an der bereits mehrfach angesprochenen staatsnahen Rolle der UNESCO Kommission liegt. Inwiefern die Partnerorganisationen in diesen Matching-Prozess einbezogen werden, variiert von Träger zu Träger. Bei *weltwärts* ist dieser Einbezug ein Qualitätskriterium.

3.3.5 Pädagogische Begleitung

Die pädagogische Begleitung ist ein wichtiges Merkmal eines internationalen Freiwilligendienstes. Gerade durch den Kontakt mit Menschen in einem anderen Land haben die Lernprozesse einen deutlich anderen Charakter als bei Inlandsdiensten, sie sind transkulturell und potenziell global und die Begleitung ist teilweise deutlich aufwändiger (Zwischenseminare im Ausland, Rückkehrseminare etc.). Ein gutes pädagogisches Konzept ist daher auch ein wesentliches Qualitätskriterium. Hier stellen sich die Fragen wie frei der inhaltliche Gestaltungsspielraum für die Trägerorganisationen in den unterschiedlichen Diensten ist und wer die Seminare durchführt.

Bei *weltwärts* ist die Vorlage eines pädagogischen Konzeptes, das intensiv geprüft wird, Teil des Anerkennungsverfahrens für Entsendeorganisationen. Auch im Qualitätsanforderungskatalog finden sich bei *weltwärts* Vorgaben, bspw. dass die Partnerorganisationen und ehemalige Freiwillige an der pädagogischen Begleitung beteiligt werden müssen. Bei dem vom BMZ geförderten Programm werden jedoch alle Seminare rein zivilgesellschaftlich durchgeführt. Beim FSJ im Ausland hat die pädagogische Begleitung ebenfalls einen hohen Stellenwert, so wird sie explizit im Jugendfreiwilligendienstegesetz genannt. Die Durchführung liegt hier, genau wie beim IJFD, alleine bei den Trägern.

Neben *kulturweit* fällt am deutlichsten der EFD aus dem Rahmen. Hier sind die Träger zwar für eine angemessene Begleitung verantwortlich, sie muss jedoch erstens den von der EU-Kommission vorgegeben Richtlinien entsprechen, und zweitens organisieren die Nationalagenturen zentrale Einführungstrainings und Zwischentreffen, an denen die Freiwilligen teilnehmen müssen. Diese Seminare werden nur in begründeten Ausnahmefällen an die Träger abgegeben.

3.3.6 Zusammenarbeit mit den Partnerorganisationen

Partnerorganisationen sind traditionell sehr wichtig in den internationalen Diensten. Sie können entweder mit der Einsatzstelle identisch sein oder eine übergeordnete Rolle einnehmen und Freiwillige zentral aufnehmen und begleiten, sie aber in unterschiedliche Einsatzstellen „platzieren".

Bei fast allen Programmen obliegen die Zusammenarbeit und der Kontakt mit diesen Partnerorganisationen einzig den Trägerorganisationen. Selbst beim *weltwärts*-Programm, das nicht zuletzt durch den entwicklungspolitischen Fokus die stärkste konzeptionelle Partnerorientierung aufweist, haben die Engagement

Global bzw. die „Koordinierungsstelle *weltwärts*" und das BMZ keinen direkten Zugang zu den Partnern. Wenn der Minister Freiwillige vor Ort besuchen und sich mit Partnerorganisationen treffen möchte, so erfolgt der Kontakt stets über die Entsendeorganisationen. Jedoch finden sich im Qualitätsanforderungskatalog Vorgaben zu der Zusammenarbeit mit den Partnerorganisationen. Diese sind beispielsweise bei der Auswahl der Freiwilligen einzubinden. Und jüngst gab es bei *weltwärts* erste programmübergreifende Partnerkonferenzen. Mitarbeitende des Ministeriums und der „Koordinierungsstelle *weltwärts*" nahmen an diesen teil, die Organisation lag in der alleinigen Verantwortung der Zivilgesellschaft, die Finanzierung übernahm das Ministerium.

3.3.7 Rückkehrarbeit

Mit Rückkehrarbeit meinen wir alles was nach der Rückkehr an Maßnahmen der Programme existiert, mit Ausnahme des Rückkehrseminars, das zur pädagogischen Begleitung zählt.

Bei den BMFSFJ-Programmen gibt es keine Förderung der Rückkehrarbeit. Damit gibt es auch keinen staatlichen Einfluss, doch die Trägerorganisationen haben hierdurch weniger Möglichkeiten, Potenziale des Rückkehrengagements gezielt zu befördern. Internationale Freiwilligendienste können als Katalysator für späteres Engagement in Deutschland gesehen werden (Fischer und Haas 2012). Mit einer Förderung der Rückkehrarbeit werden daher Zivilgesellschaft und bürgerschaftliches Engagement in Deutschland gestärkt. Nur bei *weltwärts* ist die Rückkehrarbeit integraler Bestandteil inklusive einer eigenen, gleichberechtigten Zieldimension des Programms. Rückkehrprojekte von Trägern oder der organisierten Ehemaligenschaft werden durch *weltwärts* gefördert. Zwar gibt es hierfür klar staatlich vorgegebene Förderschwerpunkte und ein eigenes Konzept, doch die Förderung erfolgt nach Aussagen von Trägerorganisationen relativ „großzügig". Dadurch, dass die Auswahl der Projekte durch den Förderer erfolgt, nimmt die staatliche Seite dennoch Einfluss auf die Agenda der Rückkehrarbeit.

Beim EFD gibt es auch einige geförderte Rückkehraktivitäten, wie das „Comeback Event" und das „EuroPeers-Projekt"[20]. Letzteres ist ein Angebot im Rahmen des gesamten „Jugend in Aktion"-Programms, doch nach Aussage von Jugend für Europa machen ehemalige EFD-Freiwillige zwischen 80 und 90 % der Teilnehmenden aus. Beide Aktivitäten werden jedoch zentral von der Nationalagentur organisiert und koordiniert, daher bewerten wir hier den staatlichen Einfluss höher als bei *weltwärts*.

---

[20] https://www.europeers.de/.

Bei *kulturweit* ist dieser am höchsten. Da in den vergangenen Jahren jedoch zahlreiche Alumni-Regionalgruppen entstanden sind, die sich selbst organisieren, vernetzen und meist auch finanzieren, ist der zivilgesellschaftliche Anteil an der Rückkehrarbeit größer als in anderen untersuchten Bereichen von *kulturweit*.

3.4 Ownership und Öffentlichkeitsarbeit

„Der englische Begriff Ownership bedeutet wörtlich übersetzt ‚Eigentümerschaft‘. Er wird in der entwicklungspolitischen Diskussion verwendet, um die Identifikation der Menschen mit einem sie betreffenden Vorhaben zu umschreiben.", heißt es im Online-Glossar des BMZ (BMZ o. J.). Die Frage „Wem gehört eigentlich so ein Freiwilligendienst?" wurde erst mit der Einführung von *weltwärts* virulent, als das BMZ diesen Dienst als den „Freiwilligendienst *des* Bundesministeriums für wirtschaftliche Zusammenarbeit und Entwicklung" etikettierte (kursiv durch die Verfasser), obwohl er ganz überwiegend von zivilgesellschaftlichen Organisationen durchgeführt wird.

Das Thema Ownership ist vor allem deshalb relevant, weil es gute Gründe für die Annahme gibt, dass zwischen dem Grad der staatlichen Ownership und dem Grad der (gefühlten) politischen Verantwortung des Staates ein kausaler Zusammenhang besteht: Je größer die Ownership des Ministeriums, desto größer auch dessen politische Verantwortung. Welche Konsequenzen dies hat, wurde in Abschn. 2.1.2 ausführlich erläutert.

Ownership ist schwer zu greifen und hat viel auch mit „gefühlter" Ownership zu tun, die sicher auch mit einigen der hier bereits behandelten Kategorien zusammen hängt. Wir machen das Thema Ownership daher überwiegend daran fest, wie stark die staatliche Komponente in der Kommunikation des Dienstes in die Öffentlichkeit betont wird.

Bei *weltwärts* wurde der Besitz suggerierende Artikel „des" mittlerweile abgeschafft und das „Gemeinschaftswerk" ausgerufen, doch bei *kulturweit* prangt der Slogan „Der Freiwilligendienst *des* Auswärtigen Amtes" (kursiv durch die Verfasser) weiterhin im Logo. Beim EFD muss ein gefördertes Projekt u. a. „darauf abzielen, die Sichtbarkeit (…) des Programms im Allgemeinen zu erhöhen" (Europäische Kommission 2013, S. 7). Während jeder *kulturweit*-Jahrgang mit ministeriellem Handschlag verabschiedet wird, führt das BMFSFJ für den ADiA gar keine Entsende-Statistiken, achtet aber beim IJFD durchaus darauf, dass die Bundesförderung kenntlich gemacht wird. *Weltwärts* und *kulturweit* unterhalten eine zielgruppengerechte Homepage – eine Maßnahme, auf die das BMFSFJ verzichtet. In Sachen „Markenbildung" sind *weltwärts* und *kulturweit* bei den Freiwilligen

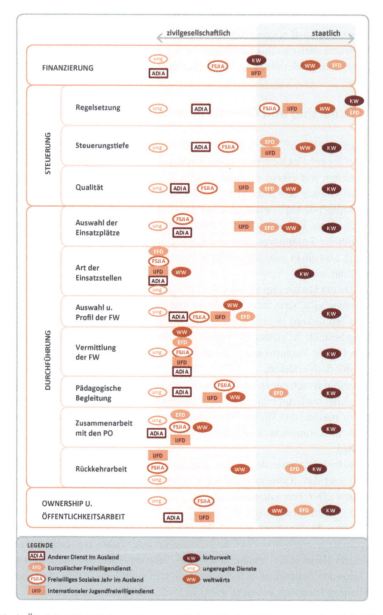

Abb. 2 Überblick Verhältnis von Staat und Zivilgesellschaft in Internationalen Freiwilligen-diensten. (Quelle: Eigene Recherche und Darstellung)

durchaus identitätsstiftend. Zum Leidwesen der Zivilgesellschaft sehen sich viele Freiwillige zuerst als *weltwärts-* und erst dann als – beispielsweise – Eirene-Freiwillige. Bei *kulturweit* stört das niemanden, denn es gibt ja nur eine Entsendeorganisation.

4 Zwischenfazit

Ausgehend von unserer empirischen Analyse verorten wir in der folgenden Übersichtsgrafik die Freiwilligendienst-Formate in den untersuchten Unterkategorien und Dimensionen auf einer Achse zwischen Zivilgesellschaft und Staat. Je ausgeglichener die Arbeitsteilung zwischen Zivilgesellschaft und Staat in der jeweiligen Dimension ist, desto mehr nähert sich der Dienst der Mitte der Achse. Je mehr Einfluss entweder die zivilgesellschaftlichen oder die staatlichen Akteure auf der Dimension nehmen, desto näher rückt der Dienst an „ihren" jeweiligen Pol.

Abbildung 2 zeigt: Es besteht eine beträchtliche empirische Varianz in der Aufgabenverteilung zwischen Staat und Zivilgesellschaft. Gleichzeitig beobachten wir innerhalb der Dienstformen jedoch eine gewisse Konsistenz: Dienste bleiben ihrem eher zivilgesellschaftlichen bzw. eher staatlichem Charakter über die unterschiedlichen Dimensionen hinweg grundsätzlich treu.

Wenig überraschend ist der staatliche Einfluss in den ungeregelten Diensten äußerst gering, die zivilgesellschaftliche Gestaltungsmöglichkeit am größten. Der Andere Dienst im Ausland liegt knapp über der staatlichen Wahrnehmungsschwelle und erlaubt den Trägern große Freiheiten – bringt jedoch auch keine öffentliche Förderung mit sich. Grafisch wird auch deutlich, dass im klaren Kontrast dazu *kulturweit* nahezu als staatlicher Dienst gesehen werden kann. Lediglich im Bereich der Finanzierung und der Rückkehrarbeit fällt das AA-Programm leicht aus seinem sonst durchgängigen Muster. Die mehrfach erwähnte staatsnahe und exklusive Rolle der Deutschen UNESCO-Kommission ist für diese Einordnung verantwortlich.

Deutlich zu erkennen sind die Gemeinsamkeiten von *weltwärts* und dem EFD. Beide Dienste sind recht staatsnah in den Dimensionen Finanzierung, Steuerung und Ownership. In der Durchführung hingegen wird bei beiden der Zivilgesellschaft im Großen und Ganzen viel Spielraum und Eigenverantwortung überlassen. Der EFD unterscheidet sich hier lediglich im Bereich der pädagogischen Begleitung und der Rückkehrarbeit, wo er deutlich staatlicher ausgeprägt ist.

Dem gegenüber weisen die vom BMFSFJ geförderten Dienste deutlich mehr zivilgesellschaftliche Verantwortlichkeiten auch in der Steuerung und Ownership auf. Die Regelsetzung ist zwar auch hier deutlich staatlich geprägt, jedoch ist der

Einfluss in der Steuerungstiefe und im Qualitätsmanagement erheblich geringer im Vergleich zum EFD und zu *weltwärts*.

5 Fazit

Wie steht es nun insgesamt um das Verhältnis zwischen Staat und Zivilgesellschaft in den internationalen Freiwilligendiensten? Unsere theoretische Analyse zeigt, dass sich das Subsidiaritätsprinzip und das Prinzip der politischen Verantwortung in einem Widerstreit befinden, der sich nicht ohne weiteres zu Gunsten des einen oder des anderen Prinzips auflösen lässt. Die empirische Analyse offenbart, dass sich die Dienstformate in der Rollenverteilung zwischen Staat und Zivilgesellschaft teilweise deutlich unterscheiden. Einmal mehr wird offensichtlich, wie ausdifferenziert und komplex sich die Förderprogramme in Deutschland entwickelt haben. Wenn man davon ausgeht, dass sowohl das Subsidiaritätsprinzip als auch das Prinzip der politischen Verantwortung für all diese Dienstformate als ordnungspolitische Prämissen gleichermaßen Gültigkeit haben, so ist zumindest auffällig wie unterschiedlich diese Prinzipien ausgelegt werden.

Ein Erklärungsansatz für die unterschiedliche Gestaltung der Freiwilligendienste in Verantwortung von BMFSFJ und BMZ können die unterschiedlichen Steuerungsidiosynkrasien in den beiden Ministerien sein. Würde man sämtliche Bundesministerien charakterisieren in Bezug auf ihre Gesetzgebungs- bzw. Vollzugsaktivitäten[21], so wäre das BMZ ein viel stärkeres Vollzugsministerium als das BMFSFJ. Vereinfacht ausgedrückt: Das BMZ produziert keine Gesetze, es steuert entwicklungspolitische Vorhaben und Organisationen; im Falle seiner wichtigsten Durchführungsorganisation (Deutsche Gesellschaft für internationale Zusammenarbeit, GIZ) in einer expliziten Auftragslogik. Diese Logik saugen die Mitarbeiterinnen und Mitarbeiter des BMZ mit der ministeriellen Muttermilch auf, weshalb es nicht überraschend ist, dass sie dieses Verständnis auch in die Steuerung von *weltwärts* mitbrachten. Das BMFSFJ ist im Vergleich eher ein Förderungs-Ministerium, das zudem auch noch Gesetze formuliert und damit ein anderes Steuerungsverständnis mitbringt.

Hintergrund und Charakter des EFD wiederum sind geprägt von den Strukturen der EU und der zentralisierten Verwaltung durch die Europäische Kommission, aus deren Schmiede er stammt. Neben hoher Bürokratisierung zeichnet sich die Brüsseler Institution aber auch durch Serviceorientierung aus, was ein Erklärungsansatz für die starke Rolle der Nationalagentur Jugend für Europa sein kann.

---

[21] Trotz intensiver Recherche sind uns dazu keine wissenschaftlichen Arbeiten bekannt.

Insgesamt zeigt sich, dass der Finanzierungsanteil der aus öffentlichen Töpfen stammt, ein guter Prädiktor dafür ist, wie ausgeprägt der staatliche Einfluss in den restlichen Dimensionen ist. Oder umgekehrt: Je höher der finanzielle Eigenanteil der Zivilgesellschaft an einem Freiwilligendienst, desto freier ist sie in der Konzeption und Gestaltung des Dienstes.

Wie auch immer sich das Verhältnis zwischen Staat und Zivilgesellschaft gestaltet, weder das Subsidiaritätsprinzip noch die politische Verantwortung sollten als „argumentative Waffen" verwendet werden, um die eigenen Interessen durchzusetzen. Unsere theoretische Analyse macht deutlich, dass sowohl für die zivilgesellschaftlichen als auch für die staatlichen Akteure ein Aspekt handlungsleitend sein sollte: dass die Freiwilligen und die Partnerorganisationen sowie die Einsatzstellen einen erfolgreichen und guten Freiwilligendienst leisten bzw. begleiten können.

Literatur

Adloff, Frank. 2005. *Zivilgesellschaft – Theorie und politische Praxis*. Frankfurt a. M.: Campus.

AKLHÜ/Arbeitskreis Lernen und Helfen in Übersee. 2014. Statistische Übersicht 2012. Freiwillige in internationalen Freiwilligendiensten. http://www.entwicklungsdienst.de/fileadmin/Redaktion/Infothek/Dokumentationen_und_Statistiken/Statistik-%C3%9Cbersicht-2012.pdf. Zugegriffen: 25. Juni 2014.

Anheim, Fritz E. 2001. Die Zivilgesellschaft und die Kirchen Europas. Evangelische Akademie Loccum. Vortrag. http://www.loccum.de/material/kirche/kirche-europa.pdf. Zugegriffen: 5. Jan. 2014.

Baumgartner, Alois. 1997. „Jede Gesellschaftstätigkeit ist ihrem Wesen nach subsidiär" – Zur anthropologischen und theologischen Begründung der Subsidiarität. In *Subsidiarität – Idee und Wirklichkeit*, Hrsg. Nörr, Knut W. Nörr und Thomas Oppermann, 13–22. Tübingen: Mohr Siebeck.

Bundesnetzwerk Bürgerschaftliches Engagement. 2012. Auf dem Weg zu einer nationalen Engagementstrategie – Perspektiven und Positionen. Nationales Forum für Engagement und Partizipation. Materialien und Dokumente. Bd. 2. Berlin. http://www.b-b-e.de/fileadmin/inhalte/themen_materialien/engagementpolitik/nfep_band2_2010.pdf. Zugegriffen: 14. Jan. 2014.

BMFSFJ. o. J. Qualitätskennzeichen für den Dienst nach § 14b Zivildienstgesetz (ZDG). http://www.bmfsfj.de/RedaktionBMFSFJ/Freiwilligendienste/Pdf-Anlagen/qualitaetskennzeichen-adia,property=pdf,bereich=bmfsfj,sprache=de,rwb=true.pdf. Zugegriffen: 3. Jan. 2014.

BMFSFJ. 2005. *Gesetz zur Förderung eines freiwilligen sozialen Jahres*. BGBl. 1 S. 2002, Teil I Nr. 48, vom 17. 7. 2002. Gesetzestexte. http://www.bmfsfj.de/RedaktionBMFSFJ/Internetredaktion/Pdf-Anlagen/fsj-gesetzestext,property=pdf,bereich=,sprache=de,rwb=true.pdf. Zugegriffen: 3. Jan. 2014.

BMFSFJ. 2008. *Jugendfreiwilligendienstegesetz*, BGBl. I S. 842, http://www.bmfsfj.de/
RedaktionBMFSFJ/Internetredaktion/Pdf-Anlagen/fsj-gesetztestext,property=pdf,bereich
=,sprache=de,rwb=true.pdf. Zugegriffen: 3. Jan. 2014.

BMFSFJ. 2010. Richtlinie zur Umsetzung des „Internationalen Jugendfreiwilligendienstes"
vom 20. Dezember 2010. In Gemeinsamen Ministerialblatt (GMBl), 1778. http://www.
bmfsfj.de/RedaktionBMFSFJ/Engagement/Pdf-Anlagen/richtlinie-internationaler-
jugendfreiwilligendienst,property=pdf,bereich=bmfsfj,sprache=de,rwb=true.pdf. Zugegriffen: 27. Dez. 2010.

BMI. o. J. Bundeshaushaltsordnung. http://www.gesetze-im-internet.de/bundesrecht/bho/
gesamt.pdf. Zugegriffen: 3. Jan. 2014.

BMZ. o. J. Ownership. Glossar. http://www.bmz.de/de/service/glossar/O/ownership.html.
Zugegriffen: 3. Jan. 2014.

BMZ. 2012. Strategiepapier für die Engagement Global gGmbH – Service für Entwicklungs-
initiativen. Rückenwind für Entwicklungsengagement. BMZ-Strategiepapier 7/2012.
http://www.bmz.de/de/publikationen/reihen/strategiepapiere/Strategiepapier321_7_2012.
pdf. Zugegriffen: 3. Jan. 2014.

BMZ. 2014. Förderleitlinie zur Umsetzung des entwicklungspolitischen Freiwilligendienstes
weltwärts. http://www.weltwaerts.de/publikation-detail.html?id=96. Zugegriffen: 3. Jan.
2014.

Casper, Anja. 2008. *Governance und Entwicklungspolitik. Steuerungstheoretische Aspekte bei
der Institutionalisierung von politischen Maßnahmen unter Mitwirkung zivilgesellschaftlicher Akteure am Beispiel des entwicklungspolitischen Freiwilligendienstes weltwärts.*
Osnabrück (unveröffentlichte Masterarbeit).

Deutsche UNESCO-Kommission e.V. 2013. *Dritter „kulturweit"-Bericht 2011–2012.* Berlin.

Europäische Kommission. 2011. Youth in action programme guide. http://www.action2.
eu/int/youth-in-action/guide2011/87F3F73A85752542BC38A1E868B5E2AD/. Zugegriffen: 22. Juli 2011.

Europäische Kommission. 2013. *Jugend in Aktion. Programmhandbuch 2013.* Brüssel.

Fischer, Jörn. 2011. Freiwilligendienste und ihre Wirkung – vom Nutzen des Engagements.
Aus Politik und Zeitgeschichte 48:54–62.

Fischer, Jörn, und Benjamin Haas. 2012. Im Rucksack Motivation – Internationale Freiwilligendienste als Katalysator für späteres Engagement in Deutschland. *Blätter der
Wohlfahrtspflege* 6 (2012).

Gehlen, Arnold. 1973. *Moral und Hypermoral.* Frankfurt a. M.

Goede, Wolfgang C. 2013. Der Boom des VolonTourismus: Annäherung an eine umstrittene
Engagementform. In *Voluntaris – Zeitschrift für Freiwilligendienste* 1, 2(2013): 48–57.

Guggenberger, Bernd, Hrsg. 2000. *Jugend erneuert Gemeinschaft: Freiwilligendienste in
Deutschland und Europa. Eine Synopse.* Baden-Baden.

Haas, Benjamin. 2012. *Ambivalenz der Gegenseitigkeit – Reziprozitätsformen des weltwärts-
Freiwilligendienstes im Spiegel der Postkolonialen Theorie.* Köln.

Höffe, Otfried. 1993. Subsidiarität als Staatsphilosophisches Prinzip? In *Subsidiarität – Ein
interdisziplinäres Symposium,* Hrsg. Riklin, Alois und Gerard Batliner, 19–46. Baden-
Baden: Nomos.

Jakob, Gisela. 2013. Freiwilligendienste zwischen Staat und Zivilgesellschaft. *betrifft:
Bürgergesellschaft* 40. (Friedrich-Ebert-Stiftung).

Köhler, Benedikt. 2006. *Soziologie des Neuen Kosmopolitismus*. Wiesbaden: VS Verlag für Sozialwissenschaften.

Koslowski, Peter. 1997. Subsidiarität als Prinzip der Koordination der Gesellschaft. In *Subsidiarität – Idee und Wirklichkeit*, Hrsg. Knut W. Nörr und Thomas Oppermann, 39–48. Tübingen: Mohr Siebeck.

Lehner, Franz. 1981. *Einführung in die Neue Politische Ökonomie*. Frankfurt a. M.

Luhmann, Niklas. 1964. *Funktionen und Folgen formaler Organisation*. Berlin.

MISEREOR. 2011. Beim Freiwilligendienst darf nicht gespart werden. Pressemeldung (12.07.2011). http://www.misereor.de/presse/pressemeldungen/pressemeldungen-detais/article/beim-freiwilligendienst-darf-nicht-gespart-werden.html. Zugegriffen: 3. Jan. 2014.

Münkler, Herfried. 1993. Subsidiarität, Zivilgesellschaft und Bürgertugend. In *Subsidiarität – Ein interdisziplinäres Symposium*, Hrsg. Riklin, Alois und Gerard Batliner, 63–80. Baden-Baden: Nomos.

Niskanen, William A. 1971. *Bureaucracy and representative government*. Chicago.

Riklin, Alois. 1993. Ursprung, Begriff, Bereiche, Probleme und Grenzen des Subsidiaritätsprinzips. In *Subsidiarität – Ein interdisziplinäres Symposium*, Hrsg. Riklin, Alois und Gerard Batliner, 441–446. Baden-Baden: Nomos.

Salamon, Lester M. 2001. Der Dritte Sektor im internationalen Vergleich – Zusammenfassende Ergebnisse des Johns Hopkins Comparative Nonprofit Sector Project. In *Der Dritte Sektor international*, Hrsg. Zimmer, Annette und Eckhard Priller, 57–74. Berlin: edition sigma.

Schulz-Nieswandt, Frank. 2008. Zur Morphologie des Dritten Sektors im Gefüge zwischen Staat, Markt und Familie. Ein Diskussionsbeitrag zur Ciriec-Studie „Die Sozialwirtschaft in der Europäischen Union". *Zeitschrift für öffentliche und gemeinwirtschaftliche Unternehmen* 31 (3/2008): 323–336.

Schulz-Nieswandt, Frank und Ursula Köstler. 2011. *Bürgerschaftliches Engagement im Alter. Hintergründe, Formen, Umfang und Funktionen*. Stuttgart: Kohlhammer.

Steiner, Robert. 2004. *Der politische Funktionsträger und die politische Verantwortung unter den Bedingungen der politischen Systeme Österreichs, des Vereinigten Königreiches und der Europäischen Union*. Hagen. Dissertation.

Stern, Tobias, und Jan Oliver Scheller. 2012. *Evaluierung des entwicklungspolitischen Freiwilligendienstes „weltwärts"*. Köln: Kölner Wissenschaftsverlag.

Strachwitz, Rupert Graf. 2009. Das Problem der Staatsbindung bei der Zuordnung der Kirchen zur Zivilgesellschaft. In *Zwischen Fürsorge und Seelsorge: Christliche Kirchen in den europäischen Zivilgesellschaften seit dem 18. Jahrhundert*, Hrsg. Bauerkämper, Arnd und Jürgen Nautz, 331–351. Frankfurt a. M.: Campus Verlag.

Strøm, Kaare. 2000. Delegation and accountability in parliamentary democracies. *European Journal of Political Research* 37 (3): 261–289.

Zimmer, Annette. 2002. *Dritter Sektor und Soziales Kapital*. Münsteraner Diskussionspapiere zum Nonprofit-Sektor. Nr. 19. http://www.aktive-buergerschaft.de/fp_files/Diskussionspapiere/2002wp-band19.pdf. Zugegriffen: 3. Jan. 2014.

Dr. Jörn Fischer Senior Research Associate am Lehrstuhl für Vergleichende Politikwissenschaft an der Universität zu Köln. Er ist Herausgeber von *Voluntaris – Zeitschrift für Freiwilligendienste* sowie der Schriftenreihe *Interdisziplinäre Studien zu Freiwilligendien-*

sten. Er hat publiziert u. a. in den Zeitschriften International Political Science Review, Public Administration, West European Politics, German Politics, Aus Politik und Zeitgeschichte und Zeitschrift für Parlamentsfragen. Von 2007 bis 2011 war er Mitarbeiter des *weltwärts-Sekretariats* im Deutschen Entwicklungsdienst (DED) mit Zuständigkeiten für Evaluation, Qualitätssicherung und Rückkehrarbeit.

Benjamin Haas   Herausgeber von *Voluntaris – Zeitschrift für Freiwilligendienste* und Autor der Studie *Ambivalenz der Gegenseitigkeit – Reziprozitätsformen des weltwärts-Freiwilligendienstes im Spiegel der Postkolonialen Theorie*. In den Jahren 2011 bis 2013 war er in der *Koordinierungsstelle weltwärts* in der Engagement Global gGmbH zuständig für Evaluation, Qualitätssicherung und Programmentwicklung. Derzeit studiert er in Leiden (NL) und London Kulturanthropologie und Development Studies (M.A.).

Der Bundesfreiwilligendienst – Frischer Kitt in neuer Tube?

Ralf Schulte

Zusammenfassung

Mit der Einführung des Bundesfreiwilligendienstes verbindet sich die engagementpolitische Absicht, das bürgerschaftliche Engagement zu fördern und die bestehenden zivilgesellschaftlichen Strukturen zu stärken. Der Beitrag beleuchtet die Frage, ob ein Freiwilligendienst als Sonderform des bürgerschaftlichen Engagements ein geeignetes Instrument zur Erreichung dieser Ziele sein kann. Die Möglichkeiten und Grenzen zur Einleitung von Organisations- und Personalentwicklungsprozessen durch den Bundesfreiwilligendienst werden diskutiert.

1 Einen neuen Dienst braucht das Land!

Als sich im Sommer 2010 immer deutlicher abzeichnete, dass das Bundesverteidigungsministerium konkret über die Aussetzung der Wehrpflicht nachdachte, war das Bundesministerium für Familie, Senioren, Frauen und Jugend (BMFSFJ) gefordert, sich Gedanken für eine Zeit nach dem Zivildienst zu machen. Diskutiert wurde

---

Die in diesem Bericht geäußerten Ansichten geben nicht unbedingt die Meinung der NABU wieder.

R. Schulte (✉)
NABU-Bundesgeschäftsstelle, Berlin, Deutschland
E-Mail: Ralf.Schulte@NABU.de

© Springer Fachmedien Wiesbaden 2015   137
T. Bibisidis et al. (Hrsg.), *Zivil – Gesellschaft – Staat*,
Bürgergesellschaft und Demokratie 44, DOI 10.1007/978-3-658-05564-6_11

u. a. eine allgemeine Dienstpflicht. Verfassungs- und völkerrechtliche Fragen einerseits sowie jugend- und engagementpolitische Erwägungen andererseits ließen das BMFSFJ von dieser Idee Abstand nehmen. Befürwortet wurde hingegen die Idee eines freiwilligen Dienstes, der sowohl jungen als auch älteren Menschen die Möglichkeit bieten sollte, bürgerschaftliches Engagement als positive Erfahrung zu erleben und „Zeit für Verantwortung" zu investieren. Die damalige Bundesfamilienministerin Dr. Kristina Schröder regte deshalb einen attraktiv ausgestalteten freiwilligen Zivildienst an. Sein Ziel sollte die Förderung des bürgerschaftlichen Engagements sowie die Stärkung der bestehenden zivilgesellschaftlichen Strukturen sein.[1]

Bei der Konzeption des neuen Freiwilligendienstes griff das BMFSFJ auf Erfahrungen zurück, die während des Modellvorhabens „Generationsübergreifende Freiwilligendienste" sowie dem von Bund und Ländern geförderten altersoffenen Freiwilligendienst aller Generationen (FDaG) gewonnen worden waren. Die beiden Modellvorhaben hatten bereits das Ziel, innovative Wege zur Förderung des bürgerschaftlichen Engagements zu erproben, um die individuellen Potenziale in allen Generationen besser aufgreifen und in passgenaue Strukturen einbinden zu können.

Aber welchen Beitrag zur Förderung des bürgerschaftlichen Engagements kann ein staatlich gelenkter und geförderter Freiwilligendienst überhaupt leisten? Lassen sich über das Instrument eines Freiwilligendienstes tatsächlich Prozesse zur Förderung und Stärkung der zivilgesellschaftlichen Strukturen im Sinne einer höheren Engagementfreundlichkeit und Zukunftsfähigkeit initiieren? Warum wird in das Format eines Freiwilligendienstes als besondere Form des bürgerschaftlichen Engagements und nicht in die Breite des Engagements investiert? Oder geht es vielleicht gar nicht um die Förderung des bürgerschaftlichen Engagements im Allgemeinen, sondern um ein engagementpolitisch eingefärbtes Instrument zum Ausgleich von Personallücken, die der Wegfall des Zivildienstes im Sozial- und Wohlfahrtsbereich hinterlassen hat?

Knapp drei Jahre nach dem Blitzstart, den der Bundesfreiwilligendienst hinlegen musste, wäre es sicherlich zu früh, die aufgeworfenen Fragen abschließend valide bewerten zu können. Wenn die Förderung engagementpolitischer Prozesse und daraus abgeleitet der Anstoß von Personal- und Organisationsentwicklungen tatsächlich ernsthaft betrieben werden soll, dann sind Zeit und Geduld wichtige Grundvoraussetzungen. Schließlich ist es engagementpolitischen und zivilgesellschaftlichen Prozessen eigen, dass sie nicht von heute auf morgen zu Ergebnissen führen.

---

[1] Siehe Begleitbrief der Bundesministerin Dr. Kristina Schröder zum „Beschluss des Bundeskabinetts vom 7. Juni 2010 zu den aus den Reformüberlegungen für die Bundeswehr folgenden Auswirkungen für den Zivildienst" vom 13. September 2010 (http://www.b-b-e.de/fileadmin/inhalte/aktuelles/2010/09/nl19_begleitschreiben_bm_schroeder.pdf)

Der nachfolgende Beitrag versucht, den eingeleiteten Prozess aus der Perspektive eines Verfahrensbeteiligten schlaglichtartig zu beleuchten und die Richtung, die die Entwicklung nimmt, kritisch zu würdigen.

2 Vom Kitt und der Tube – Bürgerschaftliches Engagement und zivilgesellschaftliche Strukturen

2.1 Der Kitt – Wer engagiert sich für das Gemeinwohl und warum?

In Deutschland engagieren sich jährlich rund 23 Mio. Bürgerinnen und Bürger freiwillig und ehrenamtlich. Die Gründe und Motive für das Engagement sind einerseits vielfältig und Gegenstand zahlreicher Studien und Freiwilligensurveys. Andererseits sind die Kernmotive über die Engagementbereiche hinweg identisch und an den Fingern einer Hand abzuzählen. Die Bürgerinnen und Bürger wollen etwas Gutes und Sinnvolles zum Nutzen des Gemeinwesens tun. Sie suchen soziale Kontakte und soziale Einbindung. Natürlich dürfen auch Freude und Spaß nicht zu kurz kommen. Manche verbinden mit ihrem Engagement auch die Erwartung, etwas für den Beruf „mitnehmen" zu können oder im Ehrenamt jene Anerkennung und Wertschätzung zu erfahren, die sie im Beruf nicht finden.

Die Bereiche, in denen sich die Freiwilligen engagieren, sind ebenso vielfältig wie die Zivilgesellschaft selbst (BMFSFJ 2010). Ehrenamtliche und Freiwillige übernehmen, wenn sie in ihrer Freizeit und ohne Bezahlung tätig werden, nicht nur Hilfs- und Unterstützungsaufgaben, sondern oftmals auch Verantwortung. Sie stehen dem Kreisverband eines Wohlfahrtsverbandes als Vorstand vor und verantworten den Einsatz hunderter ehrenamtlicher Katastrophenschutzhelfer_innen oder sind Arbeitgeber_innen für Dutzende von Hauptamtlichen im Krankentransport und Rettungsdienst. Wer mit einer Gruppe junger Umweltschützer_innen in den Ferien zum Wildniscamp nach Skandinavien aufbricht, leistet einen verantwortungsvollen Beitrag zum Funktionieren des Gemeinwesens, der deutlich über das hinausgeht, was als üblich angesehen werden kann. Gleiches gilt ohne Zweifel für freiwillige Feuerwehrleute, die zu Unglücken gerufen werden und unter Umständen traumatisiert aus dem Einsatz zurückkehren. Oder für Menschen, die sich in der Hospizarbeit engagieren und den Tod täglich vor Augen haben.

Die Liste der Alltagshelden ließe sich beliebig fortsetzen. Sie alle bilden den von Politiker_innen in Reden gern herausgestellten „Kitt, der die Gesellschaft zusammenhält".

2.2   Der etwas andere „Kitt" – Freiwilligendienstleistende

Zum „Kitt" zählen jene rund 100.000 – zumeist jungen – Männer und Frauen, die sich in den Freiwilligendiensten engagieren. Ihr Engagement unterscheidet sich von dem „klassischen" ehrenamtlichen Engagement der Ehrenamtlichen und Freiwilligen ganz erheblich. Rechtliche Normen und Regelwerke bestimmen den Rahmen ihres Engagements. Dazu gehört, dass sie nur für einen Zeitraum von maximal zwei Jahren tätig sein dürfen. Die tägliche und wöchentliche Arbeitszeit orientiert sich an der der Arbeitswelt. Zum Ausgleich der von ihnen in Kauf genommenen Härten und Nachteile, erhalten sie ein Taschengeld und ggf. Sachleistungen gestellt. Da sich allen voran die Jugendfreiwilligendienste als Bildungsprogramme verstehen, gehört ein verpflichtendes Bildungsangebot ebenfalls zu den Charaktermerkmalen.

Fragt man nach den Gründen, warum sich junge Menschen für ein Freiwilliges Soziales Jahr, ein Freiwilliges Ökologisches Jahr oder einen anderen Jugendfreiwilligendienst entscheiden, dann werden sehr unterschiedliche und vielfältige Motive genannt. Nicht wenige beginnen ihren Freiwilligendienst unmittelbar im Anschluss an die Schulzeit und „gönnen sich eine Auszeit", in der sie fern von zu Hause praktische Erfahrungen sammeln und sich orientieren können. Andere möchten Wartezeiten auf Studien- bzw. Ausbildungsplätze sinnvoll überbrücken oder die persönliche Eignung für einen sozialen Beruf überprüfen. Nicht selten verfolgen die jungen Freiwilligen auch das Ziel, Fähigkeiten und Kompetenzen zu erwerben, die den Start in eine Ausbildung oder ein Studium erleichtern.

Es erstaunt nicht wirklich, dass ältere Menschen, die sich im Bundesfreiwilligendienst engagieren, andere Motive nennen (Haß und Beller 2013). Etliche wollen den Freiwilligendienst zur Neu- oder Umorientierung nutzen. Sie haben bislang beispielsweise als Techniker_in in einem Telekommunikationsunternehmen gearbeitet und wechseln – abgesichert durch eine Abfindung oder Erspartes – in einen Freiwilligenjob in der Natur. Andere waren als Straßenbahnfahrer_in in einer deutschen Großstadt unterwegs, entscheiden sich auszusteigen, und versuchen über den Bundesfreiwilligendienst den Einstieg in ein vollkommen andersartiges Arbeitsfeld zu finden. Aus sozialpolitischen Gründen nicht unproblematisch sind hingegen die Motive jener Freiwilligen, die bereits auf längere Phasen von Arbeitsbeschaffungsmaßnahmen (ABM), Strukturanpassungsmaßnahmen (SAM) oder 1-Euro-Jobs zurückblicken. Manchen wurde „vom Amt" nahegelegt, einen Freiwilligendienst zu machen. Andere versuchen über ihr Engagement aus der „Mühle von ARGE und Jobcenter" auszubrechen und freuen sich, dass sie mit ihrem „Ja" zum BFD endlich wieder einmal eine freiwillige Entscheidung treffen dürfen.

2.3 Die „Tuben" – Initiativen, Vereine, gemeinnützige Gesellschaften und Kommunen

Definitionsgemäß findet bürgerschaftliches Engagement strukturell und organisatorisch in einer Gruppe von Gleichgesinnten statt. Das können spontane, selbstorganisierte und temporäre Initiativen wie jene der Hallenser „Deichgrafen" (Anonymus 2013) oder „ungebundener Helfer" (Schorr 2013) sein. Dazu zählt aber auch das baden-württembergische „Gemeindenetzwerk Bürgerschaftlichen Engagements", in dem sich rund 150 Kommunen zusammengeschlossen haben, damit sich Bürger_innen an der Gestaltung der Gemeinde beteiligen können.

Die dominierende Organisationsform ist jedoch, wie sollte es im Land der „Vereinsmeier" auch anders sein, der Verein. Der ZiviZ-Survey 2012 (Bertelsmann Stiftung 2013) verzeichnet deutschlandweit nicht weniger als 580.000 Vereine. Über 50 % der zeitaufwendigen freiwilligen Tätigkeiten finden dort statt (BMFSFJ 2009). Dies gilt insbesondere für den Sport oder den Tier-, Natur- oder Umweltschutz.

Ein weiteres typisches Merkmal der zivilgesellschaftlichen Organisationslandschaft ist die starke Ausrichtung am Ehrenamt. Rund 80 % der Organisationen arbeiten rein ehrenamtsbasiert. Hauptamtliches Personal fehlt oder ist nur in übergeordneten administrativen Strukturen zu finden. Allen voran sind in diesem Zusammenhang die Ehrenamtsorganisationen des Zivil- und Katastrophenschutzes zu nennen. Bei ihnen beläuft sich das Verhältnis von Haupt- zu Ehrenamt auf 1 zu 100 und größer. Bei den Freiwilligen Feuerwehren kommt sogar nur ein Hauptamtlicher auf 204 Ehrenamtliche.

Ganz anders im Sozial- und Wohlfahrtsbereich: Das Hauptamt-Ehrenamt-Verhältnis der Arbeiterwohlfahrt (AWO) beträgt 1 zu 0,4. Das Ehrenamt beschränkt sich in hohem Maße auf die Übernahme der Vorstandsarbeit und der haftungsrechtlichen Verantwortung (Pott 2005). Dort, wo freiwillige Helfer_innen zum Einsatz kommen, soll ihr Einsatz den verbetriebswirtschaftlichten gemeinnützigen Bereich (Olk 2014) um den Faktor Menschlichkeit bereichern.

3 Die Haftkraft versagt – bürgerschaftliches Engagement im Wandel

Im Dezember 2012 ging die Nachricht durch die Medien, dass der FSV Kroppach, dessen Damenteam die Tischtennis-Bundesliga über mehrere Jahre dominierte, sich aus der ersten deutschen Spielklasse zurückziehen würde. Die Gründe waren personeller Natur. Der ehrenamtliche Vereins-Geschäftsführer sah sich auf Grund seiner starken beruflichen Inanspruchnahme nicht mehr in der Lage, sein Amt verantwortungsvoll und verlässlich auszuüben. Seine Helfer_innen, allesamt um die 70 Jahre alt, nutzten die Gelegenheit und erklärten ebenfalls ihren Rückzug (Emmert 2012). Das Beispiel steht stellvertretend für viele Vereine. Selbst dort, wo die Mitgliederzahlen steigen, bleiben viele passiv oder ziehen sich in die Passivität zurück. Elementare Vereinsfunktionen können nicht mehr besetzt werden, Vorstände überaltern und kommen an fachliche und zeitliche Grenzen. Bleibt ein in der Satzung vorgeschriebener Posten unbesetzt, ist die Beschlussfähigkeit nicht mehr gegeben und der Verein ist handlungsunfähig.

Die Ursachen für die Zukunftssorgen vieler Vereine sind vielfältig. Der demografische Wandel oder Veränderungen in der Arbeitswelt mit dem Trend zu Schicht- und Wochenenddienst oder Rufbereitschaften gehören dazu. Gründe finden sich darüber hinaus bei den Verantwortlichen und in den Vereinen selbst (s. Schöffmann 2013). Die gesellschaftlichen Folgen sind gravierend. In den ländlichen Räumen bilden die Vereine nach wie vor die wesentliche Säule des gesellschaftlichen Lebens, stellen einen Teil der bürgerschaftlichen Selbsthilfe dar und sind somit Ausdruck von Lebensqualität. Eine Zukunft ohne Männergesangsvereine mag für Manche durchaus vorstellbar sein, doch ohne Freiwillige Feuerwehren sieht es im Brandfall schon düsterer aus. Wenn sich niemand mehr findet, der den gemeinschaftlich organisierten Dorfladen und den für die älteren Mitbürger_innen wichtigen Kleinbus-Fahrdienst in die nächstgelegene Stadt am Leben erhält, fehlt Grundlegendes.

Aber welche Rolle können Freiwilligendienste in solchen Fällen spielen?

3.1 Neuer „Kitt" in neuen „Tuben" – Freiwilligendienste als zukunftsweisende Alternative?

Dorfläden werden in der Regel von Vereinen oder Genossenschaften getragen. Dazu bedarf es sowohl der „normalen" Mitglieder_innen als auch der Mitglieder_innen, die Funktionen übernehmen. Ein gewählter Vereinsvorstand muss die Interessen der Initiative nach außen rechtswirksam vertreten. Er muss die Verträge mit den Lieferant_innen machen, Steuerfragen klären, den Mietvertrag für die Geschäftsräume unterzeichnen und den Einsatz des ehrenamtlichen Dorfladen-Personals organisieren. Wenn „der Laden gut läuft" und alle an einem Strang ziehen, dann lassen sich die Aufgaben mit einem für alle Beteiligten vertretbaren wöchentlichen Zeitaufwand erledigen.

Nur ein Teil der skizzierten Aufgaben wäre freiwilligendiensttauglich. Die Aufgaben des Vereinsvorstandes kämen dafür definitiv nicht in Betracht. Gut geeignet wären Freiwilligendienstleistende für den alltäglichen Ladenbetrieb. Sie könnten den Verkauf übernehmen, den Lagerbestand managen und die regelmäßigen Öffnungszeiten gewährleisten. Scheiden sie nach zwölf Monaten aus und wäre die Nachfolge geregelt, dann wäre „alles in Butter" und die Unterstützung des Dorfladen-Projekts durch den Freiwilligendienst hätte funktioniert. Ein großer Erfolg wäre es zudem, wenn die Freiwilligen während des Freiwilligendienstes „Blut geleckt" hätten, und das Engagement im „normalen" Ehrenamt fortführen würden.

In Fall des FSV Kroppach hätte der Einsatz von Freiwilligendienstleistenden ebenfalls zur Entlastung der Ehrenamtlichen führen können. Ein Sport-BFDler könnte die Reisen der Tischtennis-Damenmannschaft zu den Bundesliga-Spielen organisieren, die administrativen Aufgaben erledigen und das Training unterstützen. Bei den Spielen selbst ließe er sich als Fahrer des Vereinsbusses zur Betreuung der Mannschaft einsetzen. Bei der Übernahme von Vorstands- oder Leitungsaufgaben wären auch hier die Grenzen erreicht.

Erfordern die zu substituierenden ehrenamtliche Tätigkeiten eine besondere Qualifikation, lassen sich die Aufgaben nicht in ein strukturiertes Zeitfenster einpassen oder wird eine bestimmte „Personalstärke" (Löschgruppe o.ä.) benötigt, dann sind Freiwilligendienste nur bedingt geeignet, da sie in einem definierten organisatorischen und zeitlichen Rahmen stattfinden (müssen) und Jüngeren zudem oftmals die erforderliche Qualifikation fehlt.

An diesen Beispielen zeigen sich die bedeutsamen Unterschiede zwischen den Einsatzmöglichkeiten von Freiwilligendienstleistenden und Ehrenamtlichen oder freiwilligen Helfer_innen. In Seniorenwohnheimen, Krankenhäusern, bei Pflegediensten oder im Rettungsdienst sind die Freiwilligendienstleistenden Teil einer hauptamtlichen Belegschaft. Sie unterstützen, ergänzen und (ggf.) bereichern die Arbeit der Hauptamtlichen. Ihr Fehlen wäre wahrscheinlich schmerzhaft und bedauerlich – nachhaltig negative Auswirkungen auf das Funktionieren des gemeinnützigen Betriebs dürften sich dadurch aber nicht ergeben. Schließlich sind ihre Stellen arbeitsplatzneutral, zusätzlich und so angelegt, dass vorhandene Stellen nicht verdrängt werden.

Die Situation in Sport- oder Gesangvereinen, Umweltgruppen, Agenda-21-Projekten oder kirchlichen Nachhilfen ist eine ganz andere. Hier zählen alle, die mitmachen; denn ohne sie würde das Vereinsleben nicht funktionieren. Freiwilligendienstleistende, die sich dort engagieren, unterstützen und ergänzen nicht nur. Sie werden zum nur schwer verzichtbaren Teil des Ganzen. Bringen sie als berufs- und lebenserfahrene Ältere zudem ihre Fähigkeiten und Kompetenzen ein, so werden sie eventuell sogar zu Motoren eines zukunftsweisenden Veränderungsprozesses.

Wie groß der Bedarf nach Unterstützung ist, zeigen die bis zu 500 Anträge auf Anerkennung als Einsatzstelle, die das BAFzA (Bundesamt für Familie und zivilgesellschaftliche Aufgaben) in den ersten Jahren des Bundesfreiwilligendienstes jeden Monat erreichten. Über die Zentralstelle des NABU kamen rund 300 Einsatzstellen dazu, die mit dem Bundesfreiwilligendienst absolutes Neuland betreten. Viele der Neuen sehen sich erstmals in ihrer Vereinsgeschichte damit konfrontiert, die Dienste eines Steuerberaters in Anspruch zu nehmen, damit die Taschengelder ordnungsgemäß abgerechnet werden. Ein anderer Träger berichtete, dass seine Einsatzstellen den vom BAFzA unter dem Antragsformular geforderten Stempelabdruck nicht liefern konnten, weil sich die Notwendigkeit zur Anschaffung eines Stempels im bisherigen Vereinsleben nicht stellte.

Selbst wenn sie es gewollt (und einen Stempel gehabt) hätten, wäre den Neuen der Zugang zu den Jugendfreiwilligendiensten in der Vergangenheit verwehrt geblieben. Sie hätten den geforderten „breiten Querschnitt der Berufs- und Arbeitswelt" (BMFSFJ o. J.) nicht liefern können, da sie als Verein von Ehrenamtlichen keiner dieser Welten angehören. Der Verdienst des Bundesfreiwilligendienstes ist es, ein neues Format mit niedrigen Einstiegshürden zu sein.

Natürlich sind auch im Bundesfreiwilligendienst jene großen Sozial- und Wohlfahrtsverbände zu finden, die bereits beim Zivildienst oder FSJ mit am Tisch saßen. Dennoch findet der in den Jugendfreiwilligendiensten begonnene Prozess der deutlichen Ausweitung auf andere Engagementbereiche im Bundesfreiwilligendienst seine Fortsetzung (vgl. Olk 2005). Das lässt sich sehr konkret an den „neuen Gesichtern" in der Runde der Zentralstelle festmachen: Die Zentralwohlfahrtsstelle der Juden in Deutschland (ZWST), der Deutschen Lebensrettungsgesellschaft (DLRG) und der Tafeln kamen im Sozial- und Wohlfahrtsbereich als neue verbandliche Akteure hinzu. Im Sport formierte sich mit dem „Allgemeiner Sport-Club Göttingen von 1846 (ASC)" eine weitere Zentralstelle, der bislang auf das FSJ Sport in Niedersachsen beschränkt war. Im Umwelt-, Natur- und Tierschutz sind drei Zentralstellen verortet, von denen zwei (BUND, NABU) ohne FÖJ-Trägererfahrung sind. Der Bereich der Entwicklungszusammenarbeit wird vom Arbeitskreis „Lernen und Helfen in Übersee" (AKLHÜ) und der Engagement Global vertreten.

Doch was versprechen sich die neuen Akteure vom Bundesfreiwilligendienst? Viele Einsatzstellen erwarten sich eine Entlastung und Unterstützung ihres Alltags. In einem ehrenamtlich organisierten Verein fallen eine Reihe von Routinearbeiten an. Arbeiten, die den Ehrenamtlichen Freizeit rauben und als lästig empfunden werden, weil sie mit der eigentlichen Zielsetzung des Vereins nichts oder nur bedingt zu tun haben. Wer mit seiner Umweltgruppe die Welt retten will, hat einfach keine Zeit und Lust, sich durch administrative Aufgaben davon abhalten zu lassen. Darüber hinaus gibt es gerade bei sehr aktiven und lebendigen Vereinen eine wachsende Zahl von Aufgaben, die eine höhere zeitliche Präsenz erfordern: Da verlangt die Presse Auskunft, interessierte Bürger_innen haben Fragen oder Termine mit der Kommunalpolitik sind wahrzunehmen – Aufgaben, die sich ehrenamtlich nicht ohne Weiteres nebenbei erledigen lassen. Der Trägerverein eines Schwimmbades, der Helfer_innen zur Saisonvorbereitung und den Schwimmbadbetrieb benötigt, treibt einen hohen zeitlichen Aufwand, um die Arbeitseinsätze zu organisieren. Freiwilligendienstleistende hätten hingegen Zeit, um Leute anzusprechen, Termine abzustimmen, Werkzeuge und Geräte für die Arbeitseinsätze zu warten, die Helfer_innen-Kartei zu pflegen oder sich um das gemeinsame Helfer_innen-Frühstück zu kümmern. So verstanden werden Bundesfreiwillige zu Kristallisationspunkten für weiteres bürgerschaftliches Engagement. Sie fördern nicht nur die zivilgesellschaftlichen Strukturen, sondern werden selbst als zentrales, engagementermöglichendes Element ein Teil der Struktur.

4 Alles- oder Spezialkleber? – Anforderungen an die Weiterentwicklung

Auch wenn mit dem Bundesfreiwilligendienst ein neues Freiwilligendienstformat geschaffen wurde, so trägt es doch unverkennbare Wesensmerkmale der klassischen Jugendfreiwilligendienste. Das macht den Bundesfreiwilligendienst für Einsatzstellen mit FSJ-/FÖJ-Erfahrung in vielerlei Hinsicht zu einem vertrauten Format.

Die neuen Einsatzstellen, die aus ehrenamtlichen Strukturen kommen, und die ehemaligen Zivildienst-Beschäftigungsstellen ohne Freiwilligendienst-Erfahrungen, müssen hingegen erst lernen, mit dem neuen Format umzugehen. Die Zivildienst-Einsatzstellen erfahren, was es heißt, mit freiwilligen Dienstleistenden zu arbeiten. Die ehrenamtlich arbeitenden Organisationen stehen vor der Herausforderung, sich mit dem ehrenamtlichen „Hauptamt" zu arrangieren. Sie neigen dabei nicht selten zum „Fremdeln" oder laufen Gefahr, das ihnen eigentlich sehr vertraute Moment der Freiwilligkeit aus den Augen zu verlieren. Die Erwartungen an die „ja schließlich bezahlten" Freiwilligen werden dann unter Umständen besonders hoch geschraubt. Gleichzeitig kommt die Anerkennungskultur vollständig zum Erliegen.

Nicht alle Ungleichheiten, denen Freiwilligendienstleistende während ihres Dienstes begegnen, haben ihre Ursache jedoch in fehlenden Lernerfahrungen auf Seiten der Organisationen. Ungleichheiten erleben sie beispielsweise, weil sich die verschiedenen Freiwilligendienstformate unterscheiden, da ein einheitlicher Rechtsrahmen nicht gegeben ist (Stichwort: Freiwilligendienstestatusgesetz), die Zuständigkeiten auf verschiedene Bundesministerien verteilt sind oder Bundesländer (z. B. beim FÖJ) ihre Individualinteressen verfolgen. Ungleichheiten erleben sie aber auch, wenn sie sich im Freundeskreis beispielsweise über die Höhe des Taschengeldes und der bereitgestellten Sachbezüge unterhalten. Wer „Glück" hat und seinen Freiwilligendienst in einer Einrichtung ableistet, die sich aus Pflegesätzen oder Zuschüssen der öffentlichen Hand finanziert, erhält mit hoher Wahrscheinlichkeit ein Taschengeld, das sich an der zulässigen Höchstgrenze orientiert. Wer das „Pech" hat, eine kleine Initiative oder einen Verein zu unterstützen, der von Spenden und Mitgliedsbeiträgen lebt, wird sehr wahrscheinlich nur ein kleines Taschengeld erhalten, da sich die Einsatzstelle, um nicht in eine finanzielle Schieflage zu geraten, nicht mehr leisten kann. Natürlich kann man darauf setzen, dass sich solche Missverhältnisse über die Zeit „ausmendeln": Finanziell schwächer gestellte Einsatzstellen fallen durchs Netz, weil sie weniger attraktiver sind.

Aber welche Signale sendet eine Engagementförderpolitik, die das achselzuckend zulässt?

Ist der zivilgesellschaftliche Beitrag der ökonomisch weniger Leistungsstarken weniger wertvoll als der eines Sozialwirtschaftsbetriebes? Werden Freiwilligendienstleistende die Erfahrung machen, dass die Wertschätzung und die Anerkennung ihres Engagements, die sich natürlich auch in der Höhe des Taschengeldes ausdrücken, von der ökonomischen Potenz der Einsatzstelle abhängig sind? Wird dadurch tatsächlich ein Sozialisationsprozess ausgelöst, der die Bereitschaft zu bürgerschaftlichem Engagement nachhaltig stärkt?

Wenn es tatsächlich das Ziel des Bundesfreiwilligendienstes ist, einen Prozess zur Stärkung der zivilgesellschaftlichen Strukturen einzuleiten – was von Kritikern bei der jetzigen Form des Dienstes ja durchaus bezweifelt wird –, dann müssen Freiräume vorhanden sein, die es den Zentralstellen, Trägern und Einsatzstellen erlauben, zu experimentieren und eigene neue Wege in der Nutzung des BFD als Instrument der Engagementförderung auszuprobieren. Getreu dem Motto „Alles was nicht ausdrücklich verboten ist, ist erlaubt" bietet der Bundesfreiwilligendienst tatsächlich auch derartige Freiräume (Schulte 2012). Es wird die Aufgabe der Politik und des BMFSFJ sein, darauf zu achten, dass diese Spielräume – auch gegen Widerstände aus der Zivilgesellschaft selbst – erhalten bleiben und entwickelt werden können.

Eine nicht unwesentliche Rolle für das Empowerment spielt die den Freiwilligendienst immanente verpflichtende Bildung. Auch wenn sie sich bislang ausschließlich an die Freiwilligen richtet, bietet sie dennoch die Chance, über diesen Pfad Ideen zur Weiterentwicklung in die Organisationen hineinzutragen. Um den Prozess des Organisationslernens aber gerade für die Ehrenamtsorganisationen noch stärker anstoßen zu können, sollten die Richtlinien zur Bundesfreiwilligendienst-Pädagogik um die Option zur „pädagogischen Begleitung" der Einsatzstellen erweitert werden. Den Zentralstellen oder Trägern würde dadurch die Möglichkeit eröffnet, über Workshops, Erfahrungsaustausche oder kollegiale Beratungen den Prozess zur Stärkung und Modernisierung der bestehenden zivilgesellschaftlichen Strukturen deutlich wirksamer zu unterstützen.

Wenn Einigkeit dahingehend besteht, dass die Zivilgesellschaft bunt und vielfältig ist, dass sie über den Bundesfreiwilligendienst in ihrer Heterogenität und Diversität erhalten und gefördert werden soll, dann muss die Frage der finanziellen Förderung vorbehaltlos angesprochen werden. Der im § 17 Abs. 2 Satz 2 BFDG gesetzte Referenzpunkt zu den Förderbedingungen des FSJ ist aus der Zentralstellenerfahrung des Verfassers heraus einer der gravierendsten Konstruktionsfehler des BFD bzw. Ausdruck erfolgreich lobbyierter Partikularinteressen.

Denn damit findet der rechtssystematische Gleichheitssatz „ius respicit aequitatem", der den Staat in seiner Umkehrung aber auch verpflichtet, Ungleiches ungleich zu behandeln, bei der Förderung des Bundesfreiwilligendienstes keine Anwendung. Es kann nicht sein, dass ein in erster Linie von Spenden getragener kleiner Hausaufgabenhilfe-Verein, der sich nur zur Zahlung eines geringen Taschengeldes in der Lage sieht und seinen Freiwilligen nicht einmal die Fahrtkosten für die Besuche in den Familien erstatten kann, in gleicher Höhe gefördert wird wie ein aus Pflegesätzen finanziertes Kreiskrankenhaus oder ein steuerfinanzierter kommunaler Bauhof. Hier gilt es einen Fördermechanismus zu entwickeln, der Ungleiches ungleich unterstützt.

Doch selbst wenn es gelingen sollte, diese spezifischen Ungleichheiten des Bundesfreiwilligendienstes aufzulösen, bleibt ein weiteres eklatantes Missverhältnis bestehen: Das Ungleichgewicht zwischen der staatlichen Förderung der 100.000 Freiwilligendienstleistenden und ihren Einsatzstellen sowie der Förderung von 23 Mio. Engagierten. Freiwilligendienste gelten als Sonderform des bürgerschaftlichen Engagements. Sie werden aber gefördert, als seien sie die Hauptsäule des freiwilligen und ehrenamtlichen Engagements (Malteser Hilfsdienst 2009). Dieses Missverhältnis bedarf der Korrektur. Oder sollten jene Kritiker_innen (u. a. Notz 2013) Recht haben und bekommen, die meinen, dass die Förderung der Freiwilligendienste eigentlich gar nicht engagement-, sondern arbeitsmarkt- und sozialpolitischen Zielen dient?

Literatur

Anonymus. 2013. Fluthelfer mit Google Maps – eine Geschichte aus Halle. http://googleprodukte.blogspot.de/2013/10/fluthelfer-mit-google-maps.html. Zugegriffen: 15. Dez. 2013.

Bertelsmann Stiftung, Stifterverband für die Deutsche Wissenschaft, und Fritz Thyssen Stiftung. 2013. Zivilgesellschaft in Zahlen. ZiviZ-Survey 2012. Instrument und erste Ergebnisse. Berlin.

BMFSFJ. 2010. Hauptbericht des Freiwilligensurveys 2009 - Zivilgesellschaft, soziales Ka-pital und freiwilliges Engagement in Deutschland 1999-2004-2009. Berlin. http://www.bmfsfj.de/RedaktionBMFSFJ/Broschuerenstelle/Pdf-Anlagen/3._20Freiwilligensurvey-Hauptbericht,property=pdf,bereich=bmfsfj,sprache=de,rwb=true.pdf Zugegriffen: 12. Dez. 2013.

BMFSFJ. 2010. Hrsg. Hauptbericht des Freiwilligensurveys 2009. Zivilgesellschaft, soziales Kapital und freiwilliges Engagement in Deutschland 1999–2004. 2009. Berlin: Bundesmi-nisterium für Familie, Senioren, Frauen und Jugend. www.bmfsfj.de/RedaktionBMFSFJ/Broschuerenstelle/Pdf-Anlagen/3._20Freiwilligensurvey-Hauptbericht,property=pdf,bereich=bmfsfj,sprache=de,rwb=true.pdf. Zugegriffen: 1. Dez. 2013.

BMFSFJ. o. J. Ergebnisse der Evaluation des FSJ und FÖJ. Abschlussbericht des Instituts für Sozialforschung und Gesellschaftspolitik e.V. http://www.bmfsfj.de/RedaktionBMFSFJ/Freiwilligendienste/Pdf-Anlagen/evaluierungsbericht-freiwilligendienste,property=pdf,bereich=bmfsfj,sprache=de,rwb=true.pdf. Zugegriffen: 10. Dez. 2013.

Emmert, Martina. 2012. Der geplante Rückzug des FSV Kroppach schlägt ein wie eine Bombe. www.tischtennis.de/aktuelles/meldung/13829. Zugegriffen: 17. Dez. 2013.

Haß, Rabea, und Annelie Beller. 2013. Experiment Altersöffnung im Bundesfreiwilligen-dienst – Ausgewählte empirische Ergebnisse 2013. CSI und Hertie School of Governance. www.hertieschool.org/fileadmin/images/Downloads/bundesfreiwilligendienst/Experiment Altersoeffnung_Kurzpapier2013_final.pdf. Zugegriffen: 26. Juni 2013.

Malteser Hilfsdienst. 2009. Empfehlungen an die Bundesregierung zur Engagementpolitik für die neue Legislaturperiode. In *Auf dem Weg zu einer nationalen Engagementstrategie – Perspektiven und Positionen,* Hrsg. Bundesnetzwerk Bürgerschaftliches Engagement (BBE), 67–68. Berlin: BBE.

Notz, Gisela. 2013. „Freiwilligendienste" für alle. In *eNewsletter Wegweiser Bürgergesell-schaft,* 12/2013. www.buergergesellschaft.de/fileadmin/pdf/gastbeitrag_notz_130705.pdf. Zugegriffen: 11. Dez. 2013.

Olk, Thomas. 2005. Freiwilligendienste: Im Spannungsfeld von Sozialstaat und Zivilgesell-schaft – Voluntary services: In the field of tension between the social welfare state and civil society. *Archiv für Wissenschaft und Praxis der sozialen Arbeit: Vierteljahresheft zur Förderung von Sozial-, Jugend- und Gesundheitshilfe* 36 (4): 60–74.

Olk, Thomas. 2014. Freiwilligendienste zwischen zivilgesellschaftlicher Organisation und staatlichen Rahmenbedingungen. Kriterien für ihre Weiterentwicklung. Vortrag zur Ta-gung *„Zivil.Gesellschaft.Staat – Freiwilligendienste zwischen staatlicher Steuerung und zivilgesellschaftlicher Gestaltung",* 7. März 2013, Berlin (in diesem Band).

Pott, Ludwig. 2005. Organisationsentwicklung von Verbänden – Neue Chancen für bür-gerschaftliches Engagement. In *Tagungsdokumentation „Organisationsentwicklung von Verbänden – Neue Chancen für bürgerschaftliches Engagement" zum Workshop zum verbandsübergreifenden Erfahrungsaustausch am 19. und 20. Januar 2005 in Frank-furt/Main,* Hrsg. Bundesnetzwerk Bürgerschaftliches Engagement (BBE), 32–38. Berlin.

Schöffmann, Dieter. 2013. Vorstände gemeinnütziger Vereine. Herausforderungen der Vorstandsentwicklung. In *BBE-Newsletter,* 24/2013. http://www.b-b-e.de/fileadmin/inhalte/aktuelles/2013/11/NL24_Gastbeitrag_Schoeffmann.pdf. Zugegriffen: 12. Dez. 2013.

Schorr, Claudia. 2013. Die Rolle von ungebundenen Helfern und Sozialen Netzwerken bei der Bewältigung des Jahrhunderthochwassers im Juni 2013. Fachtagung „Web 2.0

und Social Media in Hochwassermanagement und Katastrophenschutz", 17.10.2013, Geographisches Institut der Universität Heidelberg. http://kats20.leiner-wolff.de/wp-content/uploads/2013/10/131017-DRK_Untersuchung-Rolle-ungebundene-Helfer.pdf. Zugegriffen: 15. Dez. 2013.

Schulte, Ralf. 2006. Das Ehrenamt im Naturschutz. Naturschutzverbände stehen vor neuen Herausforderungen. In *BBE-Newsletter*,13/2006. http://www.b-b-e.de/uploads/media/gb_schulte_nabu_060629.pdf. Zugegriffen: 1. Dez. 2013.

Schulte, Ralf. 2012. Bundesfreiwilligendienst im Tier-, Natur- und Umweltschutz. *engagement-macht-stark!* Magazin des Bundesnetzwerkes Bürgerschaftliches Engagement, 2. Jahrgang, Ausgabe 1/2012, 93–96. http://www.engagement-macht-stark.de/fileadmin/daten/Magazin/magazin_1-2012.pdf. Zugegriffen: 7. Dez. 2013.

Ralf Schulte Dipl.-Biol. von 1986 bis 2003 war er als Leiter der NABU-Akademie Gut Sunder für die Fort- und Weiterbildung ehrenamtlicher und hauptberuflicher Naturschützer_innen zuständig. Seit 2004 ist er im NABU-Bundesverband für die Verbandsentwicklung verantwortlich. In dieser Funktion führt er u. a. verschiedene Modellprojekte zur Engagementförderung durch und organisiert den Aufbau des Bundesfreiwilligendienstes unter dem Dach der NABU-Zentralstelle.

Arbeitsmarktneutralität von Freiwilligendiensten und Mitbestimmungsrechte des Betriebsrates

Peter Klenter

Zusammenfassung

Die Einsatzplätze für Freiwilligendienstleistende unterliegen nicht nur im Bundesfreiwilligendienst (BFD), sondern auch in den Jugendfreiwilligendiensten dem gesetzlichen Postulat der Arbeitsmarktneutralität. Anknüpfend an die im Zusammenhang mit dem Zivildienst entwickelte Definition des Begriffes der Arbeitsmarktneutralität wird in dem Beitrag eine konsolidierte Definition der Arbeitsmarktneutralität entwickelt, die eine Grundlage für ein objektives Prüfverfahren der Arbeitsmarktneutralität von Einsatzplätzen darstellt. Hinsichtlich der sogenannten „Anerkennungsrichtlinie" des BMFSFJ für Einsatzplätze des BFD wird herausgearbeitet, dass die dort formulierten Kriterien für die Arbeitsmarktneutralität den Ansprüchen eines objektiven Prüfverfahrens nicht genügen und dass sie – entgegen anderslautenden politischen Bekundungen – die erforderliche Beteiligung der betrieblichen Interessenvertretungen am Anerkennungsverfahren nicht gewährleisten. Dem gegenüber unterliegt der Einsatz von Freiwilligendienstleistenden im Anwendungsbereich des Betriebsverfassungsgesetzes der betrieblichen Mitbestimmung durch die Betriebsräte. In diesem Zusammenhang stellt der Autor abschließend dar, dass die fehlende

---

Bei dem vorliegenden Beitrag handelt es sich um eine überarbeitete Fassung des Artikels Klenter 2013a.

P. Klenter (✉)
Berlin, Deutschland
E-Mail: peter@klenter.net

© Springer Fachmedien Wiesbaden 2015   151
T. Bibisidis et al. (Hrsg.), *Zivil – Gesellschaft – Staat,*
Bürgergesellschaft und Demokratie 44, DOI 10.1007/978-3-658-05564-6_12

Arbeitsmarktneutralität eines Einsatzplatzes als wirksamer Zustimmungsverweigerungsgrund des Betriebsrates nach § 99 BetrVG anzusehen ist.

1 Einleitung

Vor dem Hintergrund der erheblichen Ausweitung der Freiwilligendienste seit 2011 stellt sich die Frage, wie es um die im Bundesfreiwilligendienstgesetz (BFDG) verankerte Arbeitsmarktneutralität (§ 3 Abs. 1 Satz 2 BFDG) bestellt ist.[1] Der Wortlaut des Jugendfreiwilligendienstegesetzes (JFDG) enthält diese Norm zwar nicht; diese ergibt sich jedoch aus der Auslegung des JFDG nach seinem Sinn und Zweck.[2] Deshalb ist auch die Frage nach der Arbeitsmarktneutralität der Jugendfreiwilligendienste rechtlich geboten. Eine Verletzung der Arbeitsmarktneutralität stellt einen Missbrauch von Freiwilligendiensten dar (Klenter 2013c). Die Arbeitsmarktneutralität der Freiwilligendienste ist nicht nur eine gesetzliche Norm, sondern auch ein sozialethisches Gebot, weil die Verdrängung oder Verhinderung der Entstehung regulärer Arbeitsverhältnisse durch Freiwilligendienste – wie sie u. a. für den Bereich der Städte und Gemeinden beschrieben wird (Ludwig 2013) – die Prekarisierung von Arbeitsbedingungen fördern würde (Sommer 2012).

---

[1] In der Gesetzesbegründung des BFDG heißt es: „Die Freiwilligen verrichten unterstützende, zusätzliche Tätigkeiten und ersetzen keine hauptamtlichen Kräfte." Die Aufnahme der Norm „Arbeitsmarktneutralität" sei anders als im Zivildienstgesetz (ZDG) erforderlich, weil „der Bundesfreiwilligendienst auch von Freiwilligen nach der Vollendung des 27. Lebensjahres geleistet werden kann." (Bundesregierung 2011, S. 15)

[2] Jugendfreiwilligendienste gehören „zu den besonderen Formen des bürgerschaftlichen Engagements" und müssen „die Bildungsfähigkeit von Jugendlichen [...] fördern" (§ 1 Abs. 1 Satz 1 JFDG). Freiwillige im Sinne des JFDG sind „Personen, die [...] einen freiwilligen Dienst ohne Erwerbsabsichten, außerhalb einer Berufsausbildung und vergleichbar einer Vollbeschäftigung leisten" (§ 2 Abs. 1 JFDG). Da Jugendfreiwilligendienste ausschließlich „als überwiegend praktische Hilfstätigkeit, die an Lernzielen orientiert ist, [...] geleistet" werden dürfen (zum FSJ § 3 Abs. 1 JFDG, zum FÖJ § 4 Abs. 1 JFDG) und pädagogisch begleitet werden müssen (§§ 3 Abs. 2, 4 Abs. 2 JFDG), gilt im Jugendfreiwilligendienst das Primat der pädagogischen Leitung und des den Jugendlichen eröffneten Lern- und Orientierungsraumes. Mit diesen Zielsetzungen sind Einsatzplätze nicht vereinbar, die nicht arbeitsmarktneutral i.S.d. § 3 Abs. 1 Satz 2 BFDG sind, weil solche Einsatzplätze nicht unter dem Primat der pädagogischen Leitung stehen können; die Arbeitsmarktneutralität eines Einsatzplatzes stellt eine Bedingung der Möglichkeit des Vorrangs der pädagogischen Leitung vor der einen Arbeitsplatz prägenden Zweckrationalität dar. Die Anforderung der Arbeitsmarktneutralität wird auch in Anerkennungsrichtlinien der Bundesländer für das FSJ explizit gefordert (vgl. Sächsischen Staatsministeriums für Soziales 2009, Ziff. 5.4, Ministerium für Soziales, Gesundheit, Familie und Gleichstellung des Landes Schleswig-Holstein 2009, Ziff. I Abs. 8 S. 1).

2 Zur Definition des Begriffs der Arbeitsmarktneutralität

Mangels ausreichender sozialwissenschaftlicher Forschungen fehlen für eine abgesicherte Definition des Begriffes Arbeitsmarktneutralität bisher ausreichende Erkenntnisse über die Wechselwirkung zwischen Arbeitsmarkt und Freiwilligendiensten. Bereits bei der Untersuchung des Zivildienstes durch die Studie „Zivildienst und Arbeitsmarkt" aus dem Jahr 2002 (BMFSFJ 2002) wurde die mangelhafte wissenschaftliche Diskussion über dessen Arbeitsmarktneutralität festgestellt und angemerkt, es liege eine „auffällig dünne Forschungslage zu diesem Thema" vor (BMFSFJ 2002, S. 24). Die arbeitsmarktpolitische Brisanz des Themas wird in der angeführten Studie wie folgt benannt:

„Das beschäftigungspolitische Transferpotenzial des Zivildienstes lässt sich – so der vereinfachende und weiter differenzierungsbedürftige Versuch einer ersten Annäherung – auf eine Größenordnung und obere Grenze von rund 100.000 ArbeitnehmerInnen verorten, sofern der Wegfall des Zivildienstes überhaupt Effekte im Bereich der hauptberuflichen Arbeit hätte" (BMFSFJ 2002, S. 233).[3]

Die Autor_innen der Studie „Zivildienst und Arbeitsmarkt" haben unter Bezug auf die Gesetzeslage des Zivildienstgesetzes (ZDG) und den seinerzeitigen Diskussionsstand einen Definitionsvorschlag für den Begriff der Arbeitsmarktneutralität vorgelegt:

Von der „Arbeitsmarktneutralität" des Zivildienstes kann [...] gesprochen werden, wenn

- dieser Dienst grundsätzlich keine bestehenden Arbeitsplätze substituiert und die Einrichtung neuer Beschäftigungsmöglichkeiten nicht verhindert,
- d. h. Zivildienstplätze zusätzlich zum Stellenplan eingerichtet und die sogenannten „Regelaufgaben" in den Beschäftigungsstellen nicht durch Zivildienstleistende übernommen werden,
- die Dienstpflichtigen additiv und ergänzend zum ehrenamtlichen und hauptamtlichen Personal eingesetzt werden und

---

[3] In der Studie wird dargestellt, dass der Zivildienst seinen arbeitsmarktpolitischen Zenit aufgrund der Verkurzung der Dienstzeit in den 1990er Jahren bereits überschritten hatte. Aber auch wenn man ein Fortschreiten dieses Bedeutungsverlustes bis zum Beginn des BFD am 1.7.2011 in Rechnung stellt, war die beschäftigungspolitische Brisanz der Entscheidung, alle Zivildienstplätze in den BFD (§ 6 Abs.3 BFDG), erheblich. Die Bedeutung des Nachsatzes in diesem Zitat ergibt sich daraus, dass der Zivildienst die *Funktion eines Ausfallbürgen* für durch das Sozialsystem nicht finanzierte Leistungen hatte und dass die Autor_innen offensichtlich von der Annahme ausgingen, dass entsprechende Arbeitsplätze auch zukünftig nicht finanziert würden. Diese Annahme ist durch die Entscheidung, den Zivildienst in den BFD zu überführen, bestätigt worden.

- sie hierbei beide Mitarbeitergruppen unterstützen sowie von notwendigen und stark nachgefragten Tätigkeiten, für die keine besondere Ausbildung erforderlich ist, entlasten,
- für diese Arbeiten kein entsprechendes und geeignetes Arbeitskräfteangebot auf dem regulären Arbeitsmarkt besteht und durch den Einsatz von Zivildienstleistenden Lücken geschlossen werden, die wegen der knappen finanziellen Ressourcen sonst nicht vermeidbar wären, weil die Träger nicht über die erforderlichen Finanzmittel zur Errichtung dieses Arbeitsplatzes verfügen." (BMFSFJ 2002, S. 36 f).

Die ersten vier Spiegelstriche stellen auf die personalwirtschaftliche Binnensituation des Betriebes ab, also auf den personellen Ist-Zustand (keine Ersetzung eines bestehenden und ggf. in einer Personalplanung ausgewiesenen Arbeitsplatzes) wie auch auf den personellen Soll-Zustand (keine Verhinderung eines nach einer Personalbemessung bzw. -planung einzurichtenden Arbeitsplatzes). Der fünfte Spiegelstrich stellt auf die Situation am Arbeitsmarkt ab, also die personalwirtschaftliche Außensituation. Der sechste Spiegelstrich stellt darauf ab, dass der Zivildienst ein *Ausfallbürge* für sozialpolitisch zwar erwünschte, aber nicht finanzierte bzw. finanzierbare Leistungen war. Aus dieser Definition kann ein Prüfkatalog abgeleitet werden, mit dessen Hilfe entscheidbar ist, ob ein Einsatzplatz arbeitsmarktneutral ist oder dies nicht ist. Der Prüfkatalog umfasst drei Prüfschritte:

1. Ersetzt der Einsatzplatz einen bestehenden Arbeitsplatz oder verhindert er, dass ein Arbeitsplatz geschaffen wird?
2. Gibt es auf dem dem Einsatz- bzw. Arbeitsplatz entsprechenden Arbeitsmarkt ein geeignetes Angebot an Arbeitskräften?
3. Ist der Einsatzplatz als Arbeitsplatz refinanzierbar?

Die für den Zivildienst entwickelte Definition der Arbeitsmarktneutralität lässt sich prinzipiell auf den BFD und die Jugendfreiwilligendienste übertragen FSJ und FÖJ. Allerdings muss eine Definition der Arbeitsmarktneutralität von Freiwilligendiensten – so der hier vertretene Standpunkt – zwar realistisch feststellen, darf aber nicht affirmativ billigen, dass die Dienste die Funktion eines Ausfallbürgens für die Schwachstellen der Sozialsysteme haben. Anders ausgedrückt: Die „fiskalisch ausgerichtete Betrachtung" (Leube 2014, S. 143) muss einerseits die Realität der Ausfallbürgschaft wahrnehmen, darf sie aber andererseits nicht zur Norm erheben. Sie muss stattdessen das beschäftigungspolitische Potenzial freilegen, indem sie die Funktion eines Ausfallbürgens einsatzplatzbezogen freilegt und die Arbeitsmarktneutralität fallbezogen überprüft. Eine insoweit konsolidierte Definition von Arbeitsmarktneutralität trägt dafür Sorge, dass eine tatsächliche und ergebnisoffene Prüfung der Arbeitsmarktneutralität von Einsatzplätzen erfolgt. Weil Freiwilligendienste Bildungsdienste sind[4], ist es zudem naheliegend, diese Anforderung als Abgrenzungskriterium in die Definition aufzunehmen. Von Arbeitsmarktneutralität soll deshalb dann die Rede sein, wenn

- ein Dienst keine bestehenden Arbeitsplätze ersetzt und die Einrichtung neuer Beschäftigungsmöglichkeiten grundsätzlich nicht verhindert,
- die Einsatzplätze zusätzlich zum Stellenplan eingerichtet und die sogenannten „Regelaufgaben" in den Beschäftigungsstellen nicht durch Dienstleistende übernommen werden,
- die Begleitung der Dienstleistenden auf der Grundlage einer pädagogische Konzeption stattfindet und sie in den Einsatzstellen zusätzlich und ergänzend zum ehrenamtlichen und hauptamtlichen Personal eingesetzt werden,
- für diese Arbeiten kein entsprechendes und geeignetes Arbeitskräfteangebot auf dem regulären Arbeitsmarkt besteht,
- durch den Einsatz von Dienstleistenden Lücken geschlossen werden, die wegen knapper finanzieller Ressourcen sonst nicht vermeidbar sind, weil die Träger bzw. Einsatzstellen nachweislich nicht über die erforderlichen Finanzmittel zur Errichtung dieses Arbeitsplatzes verfügen.

Entsprechend dieser Definition ist die Arbeitsmarktneutralität jedes Einsatzplatzes aufgrund seiner tatsächlichen Gegebenheiten ergebnisoffen überprüfbar.[5]

---

[4] §§ 1 Satz 2, 4 Abs. 1 und 2, 6 Abs. 1 Ziff. 2 und 3 BFDG, §§ 1 Satz 1, 3 Abs. 2, 4 Abs. 2 JFDG.

[5] Leube 2014 schlägt vor, die Norm der Arbeitsmarktneutralität durch die Norm der zusätzlichen, wettbewerbsneutralen und im öffentlichen Interesse liegenden Tätigkeit zu ersetzen, die bereits für Arbeitsgelegenheiten nach § 16 d SGB II zum Tragen kommt (§ 16 d SGB II). Das Plus dieses Vorschlags läge in dem rechtlich klaren und einfachen Regelungsgehalt der Norm. Sein Minus läge vermutlich darin, dass der Spielraum für Freiwilligendienste in konkreten betrieblichen Zusammenhängen erheblich eingeschränkt würde.

3 Probleme der Gewährleistung der Arbeitsmarktneutralität im BFD

3.1 Anerkennungsverfahren für Einsatzstellen und Einsatzplätze des BFD

Die Arbeitsmarktneutralität des BFD soll über das Anerkennungsverfahren für die Einsatzstellen gesteuert werden. Der BFD darf nur in anerkannten Einsatzstellen erbracht werden (§ 6 Abs. 1 BFDG). Neue Einsatzstellen und Einsatzplätze müssen durch das Bundesamt für Familie und zivilgesellschaftliche Aufgaben (BAFzA) anerkannt werden (§ 6 Abs. 2 BFDG). Die bereits vor dem 1.4.2011 als Zivildienstplätze anerkannten Einsatzplätze sind ohne Überprüfung in den Bestand der BFD-Einsatzstellen überführt worden (§ 6 Abs. 3 BFDG).[6] Die Grundlagen des Anerkennungsverfahrens sind in den „Anerkennungsrichtlinien BFD des BMFSFJ v. 4.7.2011" festgeschrieben, durch die auch die Anerkennungskriterien konkretisiert werden. Dort heißt es unter Nr. 2.6. „Arbeitsmarktneutralität": „Es dürfen keine Plätze anerkannt werden, wenn sie nachweislich einen bisherigen Arbeitsplatz ersetzen oder eine Einrichtung eines neuen Arbeitsplatzes erübrigen sollen. Die Arbeitsmarktneutralität ist insbesondere gewährleistet, wenn die Arbeiten ohne Freiwillige nicht oder erst zu einem späteren Zeitpunkt durchgeführt würden oder auf dem Arbeitsmarkt keine Nachfrage besteht. Die Einrichtung hat die Einhaltung der Arbeitsmarktneutralität zu erklären. In Zweifelsfällen kann eine Stellungnahme der örtlich zuständigen Personalvertretung eingeholt werden."

Tatbestand für den Ausschluss der Anerkennung nach Satz 1 ist nicht die subjektive Absicht, sondern der objektive Zweck des Einsatzes von Freiwilligen, einen bestehenden Arbeitsplatz zu ersetzen oder die Einrichtung eines neuen Arbeitsplatzes entbehrlich zu machen. Die Anerkennung darf hiernach nur dann versagt werden, wenn der Zweck der Verdrängung oder Verhinderung eines Arbeitsplatzes *nachweislich* besteht. Hieraus folgt, dass die Antragstellerinnen und Antragsteller auch in Zweifelsfällen einen Anspruch auf Anerkennung eines Einsatzplatzes haben, in denen der Zweck, einen Arbeitsplatz zu verdrängen oder das Entstehen eines Arbeitsplatzes zu verhindern, nicht nachweisbar ist. Dadurch wird der Beurteilungsspielraum des BAFzA erheblich eingeschränkt. Unklar ist, wie das

---

[6] Da „der Zivildienst unter arbeitsmarktpolitischer Perspektive durchaus ambivalent zu beurteilen ist", indem er in bestimmten Einsatzbereichen „die Anstellung von Arbeitskräften, für die im Prinzip Arbeitsplätze vorhanden waren, verhinderte" (Stellungnahme des Deutschen Jugendinstituts zum BFDG vom 7.3.2011, S. 8), wurden durch diese Regelung auch Einsatzplätze, die die Arbeitsmarktneutralität verfehlen, in den BFD übergeleitet.

BAFzA an die Informationen gelangen kann, um einen solchen Nachweis zu führen. Durch die Regelung des Satz 2 werden drei alternative Tatbestände benannt, bei deren Erfüllung die Arbeitsmarktneutralität eines Einsatzplatzes gegeben ist. Diese stellen darauf ab, dass „*die* Arbeiten" aufgrund der personalwirtschaftlichen Binnen- bzw. Außensituation ohne den Einsatz eines Freiwilligen erst später oder gar nicht erbracht würden. Nach Satz 3 hat die Einsatzstelle die Arbeitsmarktneutralität des Einsatzplatzes zu versichern. Satz 4 eröffnet die Möglichkeit, bei Zweifeln über die Arbeitsmarktneutralität eine Stellungnahme der betrieblichen Interessenvertretung einzuholen; eine Verpflichtung zur förmlichen Beteiligung der betrieblichen Interessenvertretung am Anerkennungsverfahren ist der Regelung nicht zu entnehmen.[7]

Der Ausschlussgrund des Satz 1 stellt auf die gegebene personalwirtschaftliche Binnensituation ab. Demgegenüber stellt die Konkretisierung des abstrakten Rechtsbegriffs der Arbeitsmarktneutralität in Satz 2 auf nicht näher qualifizierte Arbeiten[8] ab. Letztendlich ist die Selbstverpflichtung der beantragenden Einrichtung (Satz 3) ausschlaggebend für die Entscheidung über die Arbeitsmarktneutralität eines Einsatzplatzes. Deren Widerlegung kann lediglich durch den Nachweis erfolgen, dass durch den Einsatz des Freiwilligen ein bestehender Arbeitsplatz verdrängt oder das Entstehen eines Arbeitsplatzes verhindert werden soll. Ein Programm, das eine tatsächliche Prüfung der personalwirtschaftlichen Binnensituation (Prüfschritt 1.), der personalwirtschaftlichen Außensituation (Prüfschritt 2.) und der finanziellen Situation der Antragstellerin bzw. des Antragstellers (Prüfschritt 3.) gewährleisten würde, ist den Richtlinien nicht zu entnehmen. Deshalb ist die Richtlinie nicht geeignet, die Arbeitsmarktneutralität des BFD zu gewährleisten. Sie kann auch keine Orientierung für die Bewertung der Arbeitsmarktneutralität von Einsatzplätzen nach dem JFDG geben.[9] Festzuhalten ist schließlich, dass weder das BFDG noch

---

[7] Im Formular des BAFzA zur Beantragung der Anerkennung als Einsatzstelle bzw. von Einsatzplätzen wird insoweit unter Ziff. 9b) lediglich abgefragt, ob ein Betriebs- oder Personalrat in der Einrichtung besteht, ob dieser beteiligt worden ist und ob dieser Bedenken geäußert hat. Soweit er Bedenken geäußert hat, sind diese mit dem Antrag einzureichen. Mitarbeiter_innenvertretungen sind in diesem Antragstext nicht berücksichtigt (Bundesamt für Familie und zivilgesellschaftliche Aufgaben 2013).

[8] Durch die Formulierung „*die* Arbeiten" sind die Arbeiten bezeichnet, die der Freiwillige zukünftig erbringen soll. Diese Arbeiten werden nicht von den Regelaufgaben des Betriebes abgegrenzt.

[9] Die Anerkennungsrichtlinie ist deshalb überarbeitungsbedürftig. Dies betrifft insbesondere die Anforderung der „Nachweislichkeit" in Satz 1. Denkbar und zielführend wäre es, das Adverb „nachweislich" zu streichen. Die Folge einer Streichung wäre eine abgestufte Darlegungs- und Beweislast der Antragstellerin bzw. des Antragstellers, dass durch den bean-

die Anerkennungsrichtlinien eine turnusgemäße Überprüfung der Anerkennungen vorsehen.[10]

3.2 Anerkennungsverfahren und Betriebsrat

Weder das BFDG noch die Anerkennungsrichtlinie regeln, dass die betrieblichen Interessenvertretungen – also Betriebsräte, Personalräte und Mitarbeiter_innenvertretungen – eine formelle Stellung als Verfahrensbeteiligte im Anerkennungs- und Überprüfungsverfahren der Einsatzplätze haben. Zwar gesteht die Bundesregierung den betrieblichen „Interessenvertretungen (u. a. Betriebs- und Personalräte) ein hohes Interesse an der arbeitsmarktneutralen Durchführung der Freiwilligendienste" zu (Bundesregierung 2012, S. 9 f.) und meint, dass „neben dem Antragsteller – soweit vorhanden – dessen Personalvertretung" am Anerkennungsverfahren „beteiligt" sei (Bundesregierung 2013, S. 11). Allerdings stellen diese Äußerungen lediglich politische Willensbekundungen dar; sie geben nicht die durch die Anerkennungsrichtlinie geschaffene rechtliche Wirklichkeit wieder. Die betrieblichen Interessenvertretungen verfügen im Anerkennungs- und Übungsprüfungsverfahren nämlich über keine Auskunfts-, Akteneinsichts-, Erörterungs-, Beteiligungs- oder Widerspruchsrechte. Die fehlenden Rechsstellung der betrieblichen Interessenvertretungen ist deshalb misslich, weil sie für das BAFzA eine Erkenntnisquelle über die Umstände der Einrichtung von Einsatzplätzen und die Tatsachen der Personalplanung darstellen könnten. Die Betriebsräte sind die geborenen Sachwalter der Beschäftigungssicherung. Deshalb ist nicht ansatzweise nachvollziehbar, dass ihnen durch die Anerkennungsrichtlinie des BMFSFJ nicht die Rechtsstellung eines Beteiligten am Anerkennungsverfahren eingeräumt wird.[11]

---

tragten Freiwilligendienstplatz kein bisheriger Arbeitsplatz ersetzt oder die Einrichtung eines neuen Arbeitsplatzes nicht erübrigt werden soll.

[10] Der Gesetzgeber war beim Erlass des BFDG davon ausgegangen, dass „die Voraussetzung der Arbeitsmarktneutralität [. . .] vor jeder Anerkennung eines Zivildienstplatzes durch das Bundesamt für den Zivildienst geprüft und anschließend durch die Außendienstmitarbeiterinnen und -mitarbeiter des Bundesamtes kontinuierlich überwacht [wurde]; dies wird künftig auch so im Bundesfreiwilligendienst erfolgen." (Bundesregierung 2011, S. 15)

[11] Das BAFzA nimmt zwar Eingaben von Betriebsräten entgegen, beantwortet diese jedoch – soweit dies bekannt geworden ist – mit dem Hinweis, dass der Betriebsrat nicht Verfahrensbeteiligter ist und deshalb keine Sachauskünfte erhält.

4 Mitbestimmungsrechte des Betriebsrates

4.1 Rechte des Betriebsrates in personellen Angelegenheiten

Demgegenüber haben die Betriebsräte in der betrieblichen Sphäre bei der Einstellung und dem Einsatz von Freiwilligen weitreiche Informations-, Beratungsund Beteiligungsrechte, obgleich Freiwilligendienstleistende keine Arbeitnehmer_innen im individualrechtlichen Sinne oder im Sinne des BetrVG sind (Klenter 2011, Klenter 2013c, Röller et al. 2014).[12] Da Freiwilligendienstleistende in den Betrieb eingegliedert sind bzw. werden, gelten für sie zahlreiche Regelungen des BetrVG wie z. B. die „Grundsätze für die Behandlung von Betriebsangehörigen" (§ 75 BetrVG). Ebenso finden die Regelungen der „Allgemeinen Aufgaben" in § 80 BetrVG, die den Tätigkeitsbereich des Betriebsrates definieren (§ 80 Abs. 1 BetrVG) und die allgemeinen Unterrichtungspflichten des Arbeitgebers festlegen (§ 80 Abs. 2 BetrVG), nicht nur auf Arbeitnehmer_innen, sondern auf alle Betriebsangehörigen Anwendung, also auch auf Freiwilligendienstleistende. Dies gilt im Einzelfall auch für die Mitbestimmungsrechte des Betriebsrates in sozialen Angelegenheiten, die in § 87 Abs. 1 BetrVG u. a. für das Mitbestimmungsrecht des Betriebsrates bei der Urlaubsgewährung für Freiwilligendienstleistende (§§ 87 Abs. 1 Ziff. 5 BetrVG) geregelt sind (vgl. zu diesem Themenkomplex ausführlich DGB Bundesvorstand 2012, S 299 ff., Leube 2012, S. 207 ff., Klenter 2013c).

Im Zusammenhang mit dem Thema „Arbeitsmarktneutralität und Freiwilligendienste" sind hier vorrangig die Informationsrechte des Betriebsrates zur Personalplanung (§ 92 Abs. 1 BetrVG) sowie die Initiativrechte zur Beschäftigungssicherung (§ 92a BetrVG) und zur Ausschreibung von Arbeitsplätzen (§ 93 BetrVG) anzuführen. Nach § 92 Abs. 1 Satz 1 BetrVG hat „der Arbeitgeber den Betriebsrat über die Personalplanung, insbesondere über den gegenwärtigen und künftigen Personalbedarf sowie über die sich daraus ergebenden personellen Maßnahmen [. . .] unter Vorlage von Unterlagen rechtzeitig und umfassend zu unterrichten". Konkretisierend ist im BetrVG geregelt, dass der Arbeitgeber „mit dem Betriebsrat über Art und Umfang der erforderlichen Maßnahmen und über die Vermeidung von Härten [. . .] zu beraten" hat (§ 92 Abs. 1 Satz 2 BetrVG).

Personalplanung im Sinne dieser Regelungen ist nicht nur die Personalplanung im Hinblick auf die Arbeitnehmer_innen, sondern die *gesamte* Personalplanung, die eine Eingliederung oder Ausgliederung von Mitarbeiter_innen betrifft. Ihr un-

---

[12] Zum FSJ vgl. BAG v. 12.2.1993 - 7 ABR 42/91, ebenso ArbG Herne v. 15.4.2010 - 2 BVGa 4/10), auch ArbG Lübeck v. 8.9.2000 - 6 Ca 2077 b/08. Zum BFD: LAG Chemnitz v. 19.6.2013 - 2 Sa 171/12.

terfallen also auch alle Maßnahmen, die die Einrichtung und Beantragung oder Beendigung von Freiwilligendienstplätzen nach dem BFDG oder dem JFDG betreffen. Deshalb ist die Beantragung und Einrichtung von Freiwilligendienstplätzen ohne vorherige Beteiligung des Betriebsrates nach § 92 Abs. 1 BetrVG unzulässig; ein Vorgehen des Arbeitgebers ohne vorherige Beteiligung des Betriebsrates stellt einen groben Verstoß gegen das BetrVG dar (§ 23 Abs. 3 Satz 1 BetrVG).[13]

Die Information des Betriebsrates über die Personalplanung hat so rechtzeitig, umfassend und detailliert unter Vorlage der entsprechenden Unterlagen zu erfolgen, dass der Betriebsrat die Bedeutung und Folgen der geplanten personellen Maßnahmen beraten, sich informieren und auch rechtlich in erforderlichem Umfang schulen lassen (§ 37 Abs. 6 und 7 BetrVG) und ggf. Sachverständige zum Thema hinzuziehen kann (§ 80 Abs. 3 BetrVG). Deshalb reicht es nicht aus, wenn der Arbeitgeber lediglich ankündigt, zukünftig Freiwilligendienstleistende einsetzen zu wollen. Er muss vielmehr konkret informieren,

- wie viele Freiwilligendienstleistende er in welchen Bereichen seines Betriebes auf welchen Einsatzplätzen mit welchen Tätigkeiten einsetzen möchte,
- ob diese Tätigkeiten arbeitsmarktneutral ausgestaltet sind,
- wie die vertraglichen Konditionen der Freiwilligendienstleistenden gestaltet werden sollen,
- durch wen und wie die pädagogische Begleitung (§§ 3 Abs. 2, 4 Abs. 2 JFDG, § 4 BFDG) und die fachliche Anleitung durch die Einsatzstellen (§§ 3 Abs. 1, 4 Abs. 1 JFDG, § 4 Abs. 2 BFDG) erfolgen soll,
- wie sichergestellt ist, dass die Arbeitsschutzbestimmungen und das Bundesurlaubsgesetz für die Freiwilligendienstleistenden eingehalten werden (§ 13 JFDG, § 13 Abs. 1 BFDG).

Der Betriebsrat muss auch über Anträge auf Anerkennung von Freiwilligendienstplätzen informiert werden und über die im Rahmen des JFDG und des BFDG beabsichtigten bzw. geschlossenen Verträge mit dem BAFzA, den Trägern der Freiwilligendienste sowie den Zentralstellen (§ 7 BFDG). Der Arbeitgeber hat zudem über die Rückwirkungen des Einsatzes von Freiwilligen auf die bereits beschäftigten Arbeitnehmer_innen Auskunft zu geben sowohl im Hinblick auf deren zukünftige Beschäftigungschancen als auch im Hinblick auf die Arbeitsverfahren und Arbeitsabläufe (§§ 90 Abs. 1 Ziff. 3 und 4, Abs. 2 BetrVG). Die

---

[13] Ein solcher Verstoß kann im Nachhinein durch Ordnungs- bzw. Zwangsgelder geahndet werden; ggf. kann er auch im Vorhinein durch entsprechende rechtliche Schritte, z. B. eine einstweilige Verfügung auf Unterlassung der Einrichtung bzw. der Beantragung der Anerkennung von Freiwilligendienstplätzen unterbunden werden.

umfassende Information ist Voraussetzung der Beratung des Betriebsrates mit dem Arbeitgeber über die Personalplanung. Beratung im Sinne des BetrVG bedeutet, dass der Arbeitgeber die Meinung des Betriebsrates einholt, sie in Erwägung zieht und bereit ist, sich ihr ggf. anzuschließen.

4.2 Mitbestimmungsrechte bei der Einstellung von Freiwilligendienstleistenden

In Betrieben mit mehr als zwanzig Arbeitnehmer_innen ist der Betriebsrat bei jeder Eingliederung eines Freiwilligen nach § 99 BetrVG zu beteiligen.[14] Dies ergibt sich zwingend aus dem Schutzzweck des § 99 BetrVG und aus dem weiten Begriff der „personellen Maßnahme". Nach ständiger Rechtsprechung des Bundesarbeitsgerichts hat der Betriebsrat „mitzubestimmen, wenn Personen in den Betrieb eingegliedert werden, um zusammen mit den im Betrieb schon beschäftigten Arbeitnehmern den arbeitstechnischen Zweck des Betriebes durch weisungsgebundene Tätigkeit verwirklichen. Auf das Rechtsverhältnis, in dem diese Personen zum Arbeitgeber stehen, kommt es nicht an. Es ist unerheblich, ob sie durch die Eingliederung und Weisungsgebundenheit zu Arbeitnehmern werden."[15]

Die Beteiligung des Betriebsrates umfasst die Unterrichtung über die beabsichtigten personellen Maßnahmen als solche (Einstellung, Versetzung, Eingruppierung oder Umgruppierung) und über die betreffende Person. Vorzulegen sind auch die Bewerbungsunterlagen der Person und der Mitbewerber_innen (§ 99 Abs. 1 Satz 1 BetrVG). Der Arbeitgeber muss den Betriebsrat zudem über die Auswirkungen der beabsichtigten personellen Maßnahme informieren. Hier sind sowohl die Auswirkungen auf andere Arbeitnehmer_innen als auch Auswirkungen auf die betrieblichen Arbeitsbedingungen und Arbeitsweisen gemeint. Diese Information muss unter Vorlage von Unterlagen wie Organigrammen, Stellen- und Arbeitsplatzbeschreibungen etc. erfolgen. Der Betriebsrat kann ggf. aus seiner Sicht erforderliche weitere Informationen nachfordern. Wenn er der Auffassung ist, er sei nicht ordnungsgemäß informiert worden, kann er die ordnungsgemäße Information rechtlich durchsetzen.

---

[14] Dies gilt für jede einzelne Eingliederung bzw. Einstellung eines BFDlers (ArbG Ulm – Kammern Ravensburg – v. 18.7.2012 – 7 BV 10/11) und auch bei der Einstellung im FSJ/FÖJ etc. Für die Einstellung von Zivildienstleistenden hat das BAG dies bereits im Jahr 2001 so entschieden (BAG v. 19.6.2001 – 1 ABR 25/00).

[15] 1. und 2. Leitsatz BAG v. 15.4.1986 – 1 ABR 44/84. Ebenso für die Eingliederung von Personen, die zur Ausbildung beschäftigt werden: BAG v. 3.10.1989 – 1 ABR 68/88 und für Personen, die in einem Vertragsverhältnis zu einem Dritten stehen: BAG v. 18.10.1994 – 1 ABR 9/94.

5 Die Zustimmungsverweigerung des Betriebsrates nach § 99 Abs. 2 BetrVG

Der Arbeitgeber hat den Betriebsrat nicht nur vor Durchführung jeder personellen Maßnahme – also hier vor der Einstellung von Freiwilligendienstleistenden – zu informieren, sondern auch die Zustimmung des Betriebsrates einzuholen. (§ 99 Abs. 1 Satz 1 BetrVG). Der Betriebsrat hat seinerseits die Möglichkeit, der personellen Maßnahme binnen einer Woche ab dem Zeitpunkt der Information die Zustimmung zu verweigern. Er muss die Zustimmungsverweigerung fristgerecht und schriftlich beim Arbeitgeber einreichen und ihm seine Gründe dafür mitteilen (§ 99 Abs. 3 Satz 1 BetrVG).

Das BetrVG sieht für den Betriebsrat in § 99 Abs. 2 BetrVG einen abschließenden Katalog von Zustimmungsverweigerungsgründen vor. Im Zusammenhang mit dem Thema der Arbeitsmarktneutralität von Freiwilligendiensten ist hier insbesondere der Zustimmungsverweigerungsgrund nach § 99 Abs. 2 Ziff. 1 BetrVG von Interesse, weil die Einstellung eines Freiwilligendienstleistenden auf einen Einsatzplatz, der nicht arbeitsmarktneutral ist, einen zulässigen Zustimmungsverweigerungsgrund wegen eines hierdurch bedingten Gesetzesverstoßes begründen kann.

Damit ein Betriebsrat seine Zustimmung zu einer personellen Maßnahme wegen eines Gesetzesverstoßes nach § 99 Abs. 2 Ziff. 1 wirksam verweigern kann, muss nicht nur die Maßnahme selbst gegen ein Gesetz verstoßen, sondern außerdem aus der verletzten gesetzlichen Regelung folgen, dass eine gesetzeswidrige Beschäftigung unzulässig ist. Das BAG führt bei einer vergleichbaren Fallkonstellation aus: „Dazu [d. h. für die Unzulässigkeit der gesetzeswidrigen Beschäftigung] bedarf es zwar keiner Verbotsnorm im technischen Sinne, die unmittelbar die Unwirksamkeit der Maßnahme herbeiführt. Der Zweck der betreffenden Norm, die Einstellung selbst zu verhindern, muss aber hinreichend deutlich zum Ausdruck kommen. Der Zustimmungsverweigerungsgrund des § 99 Abs. 2 Nr. 1 BetrVG ist bei Einstellungen lediglich dann gegeben, wenn der Zweck der Verbotsnorm nur dadurch erreicht werden kann, dass die Einstellung insgesamt unterbleibt [. . .]."[16]

Dies ist für die gesetzliche Regelung der Arbeitsmarktneutralität in § 3 Abs. 1 Satz 2 BFDG der Fall: Die einschlägige gesetzliche Regelung „der Bundesfreiwilligendienst ist arbeitsmarktneutral auszugestalten" in Verbindung mit der Anerkennungsrichtlinie bringen hinreichend deutlich zum Ausdruck, dass der Einsatz eines BFDlers, durch den die Arbeitsmarktneutralität verletzt wird, zu unterbleiben hat. Ein Betriebsrat kann seine Zustimmungsverweigerung deshalb

---

[16] BAG v. 10.7.2013 – 7 ABR 91/11, Rn. 25, mwN.

mit Tatsachen begründen, die sich unter den Zustimmungsverweigerungsgrund des § 99 Abs. 1 Ziff. 1 BetrVG subsumieren lassen.

In dem vom ArbG Ulm entschiedenen Fall[17] hat das Gericht einerseits die Mitbestimmungsrechte des Betriebsrates bei der Einstellung von BFDlern klar gestellt. Andererseits hat es die Zustimmungsverweigerung, die der Betriebsrat mit der fehlenden Arbeitsmarktneutralität des Einsatzplatzes begründet hatte, ersetzt.[18] Der Betriebsrat hatte seine Zustimmungsverweigerung u. a. mit der Tatsache begründet, dass es sich bei dem Einsatz des BFDlers „ausweislich des Stellenplans [...] um die Deckung eines allgemeinen Planstellenbedarfs" handele[19]. Das ArbG Ulm weißt diesen Zustimmungsverweigerungsgrund zurück und führt hierzu aus: „Insbesondere die Arbeitsmarktneutralität wurde schon vor jeder Anerkennung eines Zivildienstplatzes [Erläuterung: der BFDler sollte auf einem bereits vor dem 1.4.2011 anerkannten Zivildienstplatz eingesetzt werden] durch das Bundesamt für den Zivildienst geprüft und anschließend durch die Außendienstmitarbeiterin und Mitarbeiter des Bundesamtes kontinuierlich überwacht. [...] Für eine weitergehende Überprüfung der Entscheidung des Bundesamtes für Familie und zivilgesellschaftliche Aufgaben durch den Betriebsrat ist daher kein Raum."[20]

Die Begründung des arbeitsgerichtlichen Beschlusses kann nicht überzeugen. Wie oben dargestellt erfolgt die Prüfung der Arbeitsmarktneutralität durch das BAFzA auf der Basis der Anerkennungsrichtlinien, ohne dass das BAFzA auf Erkenntnisquellen zur personalwirtschaftlichen Binnensituation, zur personalwirtschaftlichen Außensituation und zur Finanzierbarkeit eines Arbeitsplatzes zurückgreifen kann. Letztendlich beruht die Anerkennung auf der Selbstversicherung des Arbeitgebers nach Nr. 2.6. Satz 3 der Anerkennungsrichtlinien. Damit kommt der Anerkennung eines Einsatzplatzes durch das BAFzA bzw. dem unterbliebenen Widerruf der Anerkennung nicht die materielle Beweiskraft für die Arbeitsmarktneutralität des Einsatzplatzes zu, von der das ArbG in seinem Beschluss ausgegangen ist. Zudem hatte der Betriebsrat den formellen Beweiswert des Anerkennungsbescheides durch seinen konkreten Vortrag so weit erschüt-

---

[17] ArbG Ulm – Kammern Ravensburg – v. 18.7.2012 – 7 BV 10/11.

[18] Dass der Arbeitgeber den Einsatz des BFDlers aufgrund der gerichtlichen Entscheidung aufheben musste, war dadurch begründet, dass die Maßnahme nicht dringlich im Sinne des § 100 Abs. 1 BetrVG war.

[19] ArbG Ulm – Kammern Ravensburg – a. a. O, Rn. 16.

[20] a. a. O, Rn. 25.

tert, dass das ArbG in eine Beweiserhebung über die Arbeitsmarktneutralität des Einsatzplatzes hätte eintreten müssen.[21]

Deshalb ist festzuhalten, dass die fehlende Arbeitsmarktneutralität eines Einsatzplatzes bei der Einstellung eines Freiwilligendienstleistenden einen rechtlich zulässigen Zustimmungsverweigerungsgrund nach § 99 Abs. 1 Ziff. 1 BetrVG darstellt[22]. Tatsachen, aufgrund derer eine Zustimmungsverweigerung wirksam abgelehnt werden kann, können sein, dass der Einsatzplatz im Stellenplan ausgewiesen und ggf. auch mit einer tariflichen Eingruppierung versehen ist, dass auf dem Einsatzplatz Regeltätigkeiten des Betriebes erbracht werden, dass der Einsatzplatz wechselnd mit Freiwilligendienstleistenden und Arbeitnehmer_innen besetzt wird, usw. Im arbeitsgerichtlichen Beschlussverfahren hat das Gericht die Begründung des Betriebsrates zu würdigen und ggf. im Zuge der Amtsermittlung zu erforschen, ob der Einsatzplatz arbeitsmarktneutral ist oder ob er dies nicht ist.

6   Fazit

Freiwilligendienste können einen sozialen Bildungs- und Orientierungsraum öffnen, in dem bürgerschaftliches Engagement realisiert wird. Wenn allerdings die Arbeitsmarktneutralität von Einsatzplätzen der Freiwilligendienste nicht gewährleistet und auch nicht regelmäßig unter Beteiligung der Betriebs- und Personalräte sowie der Mitarbeiter_innenvertretungen überprüft wird, eröffnen sie lediglich neue Formen prekärer Beschäftigung (Klenter, 2013b). Um dem vorzubeugen bzw. bereits durch Freiwilligendienste bestehende prekarisierte Beschäftigungsverhältnisse zurückzuführen, ist es u. a. auch erforderlich, die arbeitsmarktneutrale Gestaltung von Jugendfreiwilligendiensten wie im BFDG gesetzgeberisch klar zu stellen, die Beteiligung der betrieblichen Interessenvertretungen am Verfahren der Anerkennung von Einsatzplätzen des BFD sicherzustellen und von Seiten der betrieblichen Interessenvertretungen die betrieblichen Mitwirkungsmöglichkeiten bei

---

[21] Da im arbeitsgerichtlichen Beschlussverfahren die Grundsätze des Amtsermittlungsverfahrens anzuwenden sind (§ 83 Abs. 1 Satz 1 ArbGG), wäre es hier geboten gewesen, dass das Gericht sachdienliche Ermittlungen zur Arbeitsmarktneutralität des Einsatzplatzes eingeleitet hätte.

[22] Dass eine fehlende Zusätzlichkeit einer Arbeitsgelegenheit iSd §16d SGB II eine Zustimmungsverweigerung des Personalrates rechtfertigt, ist durch das Bundesverwaltungsgericht seit langem anerkannt (vgl. BVerwG v 31.3.2007 – 6 P 8/06, Rn. 31).

der Einrichtung und Ausgestaltung von Einsatzplätzen für Freiwilligendienste aktiv auszuüben. Individualrechtlich begründet eine verfehlte Arbeitsmarktneutralität des BFD-Einsatzplatzes u. a. Schadensersatzansprüche des Freiwilligen gegen den Bund (Leube 2014).

Literatur

Anheier, Helmut, Beller, Annelie, Haß, Rabea, Mildenberger, Georg, und Then, Volker. 2012. Ein Jahr Bundesfreiwilligendienst. Erste Ergebnisse einer begleitenden Untersuchung. http://www.hertie-school.org/fileadmin/images/Downloads/bundesfreiwilligendienst/Report_Bundesfreiwilligendienst.pdf. Zugegriffen: 18. Dez. 2013.

Beller, Annelie, und Rabea, Haß. 2013. Experiment Altersöffnung: Politische Ziele und nicht-intendierte Folgen – empirische Befunde aus der Pionierphase des Bundesfreiwilligendienstes. *Voluntaris. Zeitschrift für Freiwilligendienste* 1:51–72.

Bundesamt für Familie und zivilgesellschaftliche Aufgaben [BAFzA]. 2013. Formular Antrag auf Anerkennung als Einsatzstelle bzw. von Einsatzplätzen. http://www.bundesfreiwilligendienst.de/service/downloads.html. Zugegriffen: 18.Dez. 2013.

Bundesministerium für Familie, Senioren, Frauen und Jugend [BMFSFJ], Hrsg. 2002. Zivildienst und Arbeitsmarkt. Stuttgart.[= 2Bd. Bd. 22 Schriftenreihe des Bundesministeriums für Familie, Senioren, Frauen und Jugend].

Bundesministerium für Familie, Senioren, Frauen und Jugend [BMFSFJ], Hrsg. 2011. Anerkennungsrichtlinien BFD des BMFSFJ v. 4.7.2012. www.bundesfreiwilligendienst.de/fuer-einsatzstellen/anerkennung-als-einsatzstelle.html. Zugegriffen: 18. Dez. 2013.

Bundesministerium für Familie, Senioren, Frauen und Jugend [BMFSFJ]. 2013. Pressemitteilung 104/2012 vom 19.11.2011.

Bundesregierung. 2011. Entwurf eines Gesetzes zur Einführung eines Bundesfreiwilligendienstes v. 17.2.2011. Bundestagsdrucksache 17/4803.

Bundesregierung. 2012. Antwort v. 8.5.2012 auf die Kleine Anfrage der Fraktion der Linken. Bundestagsdrucksache 17/9548.

Bundesregierung. 2013. Antwort v. 15.3.2013 auf die Kleine Anfrage der Fraktion Bündnis 90/Die Grünen. Bundestagsdrucksache 17/12779.

Bundesvereinigung der kommunalen Spitzenverbände. 2013. Bilanz und Weiterentwicklung des BFD und der Freiwilligendienste.

Deutsches Jugendinstitut. 2011. Stellungnahme zum Gesetzentwurf des BFDG.

DGB Bundesvorstand. 2012. Das Bundesfreiwilligendienstgesetz – eine verpasste Chance. Berlin.

Institut für Sozialforschung und Gesellschaftspolitik e.V. o. J. Ergebnisse der Evaluation des FSJ und FÖJ. Abschlussbericht. http://www.bmfsfj.de/RedaktionBMFSFJ/Freiwilligendienste/Pdf-Anlagen/evaluierungsbericht-freiwilligendienste. Zugegriffen: 18. Dez. 2013.

Klenter, Peter. 2011. Das Bundesfreiwilligendienstgesetz. *Arbeitsrecht im Betrieb*, 2011: 656–667.

Klenter, Peter. 2012. Jede Einstellung eines Bundesfreiwilligendienstlers mitbestimmungspflichtig. *Arbeitsrecht im Betrieb* 2012:610–612.

Klenter, Peter. 2013a. Freiwilligendienste und prekäre Beschäftigung. *Arbeitsrecht im Betrieb* 2013:316–319.

Klenter, Peter. 2013b. Mit kritischer Distanz – Freiwilligendienste, Ehrenamt, bürgerschaftliches Engagement aus der Sicht des Deutschen Gewerkschaftsbundes. *BBE Magazin „engagement macht stark!"* 2/2013:92–94.

Klenter, Peter. 2013c. Arbeitsrechtliche Aspekte in den Freiwilligendiensten. Referat der Fachtagung des Paritätischen Gesamtverbandes „Rechtliche Grundlagen der Freiwilligendienste" am 9. und 10. Oktober 2013 in Berlin. Veröffentlichung ist für Mitte 2014 vorgesehen.

Klenter, Peter. 2013d. Über den Missbrauch von Freiwilligendiensten. *BBE-Newsletter* 20/2013.

Leube, Konrad. 2012. Bundes- und Jugendfreiwilligendienste – Betriebsverfassungs- bzw. Personalvertretungsrecht in der Einsatzstelle. *Zeitschrift für das Tarifrecht* 2012:207–212.

Leube, Konrad. 2014. Bundesfreiwilligendienst und Arbeitsmarktneutralität. *Zeitschrift für das Tarifrecht* 2014: 141–146.

Ludwig, Kristina. 31. Okt. 2013. Die günstigen Helfer. *die tageszeitung* v., 1, 4–5.

Ministerium für Soziales, Gesundheit, Familie und Gleichstellung des Landes Schleswig-Holstein. 2009. Zulassungsvoraussetzungen von Trägern der Jugendfreiwilligendienste FSJ und FÖJ im Inland des Ministeriums für Soziales, Gesundheit, Familie und Gleichstellung des Landes Schleswig Holstein, Stand: 15.9.2009.

Röller, Jürgen, Windsheimer, Petra, und Ruppelt, Michael. 2014. Stichwort „Freiwilligendienste". In *Personalhandbuch 2014,* Hrsg. Küttner, Wolfdieter, 1327–1330. München: C.H.Beck.

Sächsisches Staatsministerium für Soziales. 2009. Richtlinie des Sächsischen Staatsministeriums für Soziales zur Durchführung und Förderung eines freiwilligen sozialen Jahres im Freistaat Sachsen (FSJ-Richtlinie) vom 17.9.2009.

Sommer, Michael. 2012. Vorwort. *DGB Bundesvorstand* 2012:5–6.

Peter Klenter war zuletzt als Referatsleiter Individualarbeitsrecht für den Deutschen Gewerkschaftsbund (DGB) Bundesvorstand tätig. Er hat u. a. die Broschüre *Das Bundesfreiwilligendienstgesetz – eine verpasste Chance* des DGB Bundesvorstands (Berlin, 2012) erarbeitet und eine Vielzahl von fachjuristischen Beiträgen zum Bundesfreiwilligendienst veröffentlicht.

Freiwilligendienste aus Sicht der Kommunen

Nicole Wein-Yilmaz

Zusammenfassung

Die Strukturen für mehr Freiwilligkeit und Ehrenamt in der Gesellschaft bereitzustellen und für deren Nutzung und Etablierung zu werben sowie für eine Sensibilisierung des bereits bestehenden Engagements zu sorgen ist eine kommunale Aufgabe, die eine bedarfsgerechte Ausstattung mit Finanzmitteln auf allen Ebenen voraussetzt. Aus kommunaler Sicht sind die temporäre Aufhebung der Kontingentierung beim Bundesfreiwilligendienst (BFD) und die bedarfsgerechte Anpassung der finanziellen Ausstattung aller Freiwilligendienste eine Grundvoraussetzung für die Verankerung von diesen ehrenamtlichen Formaten in der Gesellschaft. Zudem muss sichergestellt werden, dass die Arbeitsmarktneutralität in jedem Fall gewahrt bleibt und eine sichtbare Abgrenzung zu arbeitsmarktpolitischen Maßnahmen bzw. Instrumenten gegeben ist. Weiterhin ist für die Kommunen wichtig, dass es zu keinen Zuschusskürzungen in der Etablierungsphase kommt sowie in der pädagogischen Begleitung nach Möglichkeit die Differenzierung in U27 und Ü27 nicht mehr vorgenommen wird. Das BAFzA (Bundesamt für Familie und zivilgesellschaftliche Aufgaben), als (kommunale) Zentralstelle, soll weiterhin bestehen bleiben, zukünftig sind bei der Platzvergabe neben dem „Windhundprinzip" allerdings Alternativlösungen notwendig.

Nicole Wein-Yilmaz für die Bundesvereinigung der kommunalen Spitzenverbände.

N. Wein-Yilmaz (✉)
Deutscher Städtetag, Berlin, Deutschland
E-Mail: nicole.wein-yilmaz@staedtetag.de

© Springer Fachmedien Wiesbaden 2015   167
T. Bibisidis et al. (Hrsg.), *Zivil – Gesellschaft – Staat,*
Bürgergesellschaft und Demokratie 44, DOI 10.1007/978-3-658-05564-6_13

1 Die kommunale Bilanz der vergangenen Jahre

In den Städten, Gemeinden und Landkreisen, wo heute die unterschiedlichsten Lebensmodelle nebeneinander stehen und gerade die Zahl der kleineren Haushalte seit Jahren signifikant steigt, ist die Notwendigkeit hoch, das Gefühl des Miteinanders zu stärken bzw. (wieder) entstehen zu lassen. Es gilt, unabhängig von der Form des Engagements und über die kommunale Ebene hinaus, wieder eine stärkere Kultur der Freiwilligkeit zu schaffen.

Zu den kommunalen Aufgaben gehört es, die Strukturen für mehr Freiwilligkeit und Ehrenamt, egal in welcher Form und welchem Umfang, in unser Gesellschaft bereitzustellen und für die Nutzung und Etablierung dieser Strukturen zu werben sowie für eine Sensibilisierung für bereits bestehendes Engagement zu sorgen.

Aus kommunaler Sicht soll nun, nach über zwei Jahren Bundesfreiwilligendienst, eine generelle Bilanz für die Freiwilligendienste als Teilaspekt des bürgerschaftlichen Engagements gezogen werden.

Die Umstellung nach der Aussetzung des Zivildienstes, also von einem staatlichen Pflichtdienst hin zu einem für alle Altersklassen offenen und geschlechtsneutralen freiwilligen Dienst mit Teilzeitoption, hat alle Beteiligten zunächst vor immense Herausforderungen gestellt, die sehr erfolgreich gemeistert wurden. Mittlerweile stößt gerade der neu eingeführte Bundesfreiwilligendienst bei allen Beteiligten auf großen Zuspruch und ist so erfolgreich, dass die vorhandenen Stellen bei weitem nicht ausreichen. Auch die etablierten Jugendfreiwilligendienste (JFD)[1], wie etwa Freiwilliges Soziales Jahr (FSJ) und Freiwilliges Ökologisches Jahr (FÖJ) konnten durch die stärkere Förderung weiter ausgebaut werden und sind durch die Präsenz und starke Bewerbung des Bundesfreiwilligendienstes wieder mehr in den Fokus gerückt. Eine anfangs befürchtete Verdrängung oder Konkurrenz zwischen den Freiwilligendiensten hat glücklicherweise nicht stattgefunden.

Das Bundesministerium für Familie, Senioren, Frauen und Jugend (BMFSFJ) hat im Rahmen der Einführung des Bundesfreiwilligendienstes ein Kontingent von 35.000 Plätzen zur Verfügung gestellt. Aufgrund der großen Nachfrage und der begrenzten Haushaltsmittel unterliegen alle Zentralstellen seit Beginn einer Kontingentierung. Die Kontingentierung und der damit immer wieder auftretende

---

[1] Es gibt unterschiedliche Formate bei den Jugendfreiwilligendiensten (FSJ, FÖJ, Europäischer Freiwilligendienst, weltwärts – entwicklungspolitischer Freiwilligendienst des Bundesministeriums für wirtschaftliche Zusammenarbeit und Entwicklung, FSJ Kultur, kulturwärts – Freiwilligendienst des Auswärtigen Amtes in Kooperation mit der deutschen UNESCO-Kommission, u. a.). FSJ/FÖJ sind die bekanntesten und am häufigsten absolvierten Formate. Aufgrund der besseren Lesbarkeit wird im Text nur JFD oder FSJ/FÖJ genannt, gemeint sind immer alle Formen der JFD.

temporäre Einstellungsstopp sind ein enttäuschender Rückschlag bei der Umsetzung des BFD und stellen die kommunalen Verwaltungen, Träger und Einsatzstellen vor Probleme und Herausforderungen. Auch die Mittelkürzung Anfang des Jahres 2013, die im Prinzip noch in der Anfangs- und Etablierungsphase des Bundesfreiwilligendienstes aufgetreten ist, stellte die Verwaltungen, Träger und Einsatzstellen vor etliche Probleme.

Im Folgenden wird erläutert, warum gerade für die Kommunen diese beiden Aspekte, Kontingentierung und Mittelkürzung, erhebliche Probleme bereiten und welche Lösungsansätze es für die einzelnen Bereiche geben könnte.

2 Die Forderung der Kommunen nach einer Aufhebung der Kontingentierung und eine bedarfsgerechtere Anpassung der finanziellen Ausstattung

In ihrem Mitte des Jahres 2013 versandten Positionspapier haben die kommunalen Spitzenverbände, die den neuen Bundesfreiwilligendienst von Anfang an unterstützt haben, auch von der neuen Bundesregierung gefordert, dass die bis zum jetzigen Zeitpunkt vorherrschende Kontingentierung für die nächsten Jahre aufgehoben und eine bedarfsgerechtere finanzielle Ausstattung des Bundesfreiwilligendienstes vorgenommen wird, damit sich der Bundesfreiwilligendienst als wichtiges zivilgesellschaftliches Instrument etablieren kann und der immensen zivilgesellschaftlichen Engagementbereitschaft Rechnung getragen wird.

Mit der Aussetzung der Wehrpflicht und somit auch der Pflicht zur Leistung des Wehrersatzdienstes entstanden nicht nur große personelle Lücken in den bisherigen Einsatzbereichen von Zivildienstleistenden, sondern durch die Einführung des Bundesfreiwilligendienstes wurde auch ein gänzlich anderes System eingeführt. Waren im Zivildienst die Strukturen über Jahrzehnte gewachsen und wurden als selbstverständlich wahrgenommen, so mussten sich im Bundesfreiwilligendienst erst viele Strukturen neu finden und Detailfragen, wie z. B. der Bezug von Kindergeld und die Seminarteilnahme der über 27-Jährigen, konnten erst im laufenden Betrieb geklärt werden. Den Verbänden, Rechtsträgern und Einsatzstellen, die sich zuvor schon mit den Jugendfreiwilligendiensten auseinander gesetzt und diese angeboten hatten, fiel diese Umstellung in weiten Teilen leichter, da sie sich auf bewährte Strukturen und Verfahren der Jugendfreiwilligendienste stützen konnten und hier abgewandelte Lösungen für den Bundesfreiwilligendienst eher auf der Hand lagen. Für alle anderen Verbände, Rechtsträger und Einsatzstellen die vorher „nur" den Zivildienst oder vielleicht keine der beiden Formate angeboten hatten, war die Umstellung schwieriger und komplizierter.

Im zivilgesellschaftlichen Interesse haben die Kommunen engagiert für den Bundesfreiwilligendienst geworben und sich für einen erfolgreichen Start eingesetzt. Rückblickend auf die Zahlen der abgeschlossenen Vereinbarungen und neu anerkannten Einsatzstellen, kann man sagen, dass der Dienst mittlerweile auf großen Zuspruch stößt und vor Ort in den Städten, Gemeinden und Landkreisen angekommen ist und angenommen wird. Die Nachfrage nach Einsatzmöglichkeiten ist deutlich höher als die durch die Kontingentierung begrenzt zur Verfügung gestellten Plätzen. Demnach könnte sich bei einer Besetzung aller zurzeit benötigten Stellen die Anzahl der Freiwilligendienstleistenden deutlich erhöhen.

Durch die Bundesfreiwilligendienstleistenden konnten personelle Engpässe in den ursprünglichen Zivildienst-Einsatzstellen zumindest ansatzweise kompensiert werden. Allerdings führt die anhaltende Kontingentierung in den ehemaligen Zivildienst-Einsatzstellen wie auch in allen neu anerkannten Einsatzstellen, die über die Zentralstelle des BAFzA laufen, dazu, dass die kommunalen Träger und Einsatzstellen keine Planungssicherheit mehr haben, da nicht alle vorhandenen Plätze automatisch besetzt werden können.

2.1   Wieso kommt es bei den kommunalen Einsatzstellen zu Planungsunsicherheit?

Die fehlende Planungssicherheit entsteht dadurch, dass die Zentralstelle BAFzA, als zuständige Zentralstelle für den Großteil der Kommunen, kein festes Kontingent an die Rechtsträger vergibt, sondern alle Plätze nach dem „Windhundprinzip" (die Vergabe der Plätze erfolgt nur nach der zeitlichen Reihenfolge des Bedarfseinganges und nicht nach anderen Kriterien) vergeben werden. Die Einsatzstellen können daher auf der einen Seite nicht mit einer Übernahme bestimmter Zusatzaufgaben rechnen, noch können sie auf der anderen Seite entsprechend personaltechnisch planen. Der Einsatz von Freiwilligen ergibt nicht nur einen sozialen Mehrwert für die Gesellschaft, sondern bindet natürlich auch Personalkapazitäten bei den Festangestellten aufgrund von Einweisungen, Betreuung und pädagogischer Begleitung sowie der Organisation der Bildungstage. Die Problematik trifft insbesondere kleinere Einsatzstellen mit wenigen Freiwilligendienstleistenden, denn es berührt den Arbeitsalltag erheblich, ob zwei Freiwillige die Arbeit unterstützen oder ob es keine neuen Dienstantritte gibt. In größeren Einsatzstellen, mit z. B. mehr als zehn Freiwilligen, können Schwankungen in der Teilnehmer_innenzahl besser organisiert werden und der Ausfall eines Freiwilligen fällt nicht so stark ins Gewicht. Kritisch wird es für die Einsatzstellen in dem Moment, wenn Freiwillige, z. B. aufgrund eines Angebots für einen Studienplatz oder einer Festanstellung, kurzfristig zurücktreten oder abbrechen. Das derzeitige Verfahren lässt es nicht zu, dass diese Plätze direkt wieder neu besetzt werden, sondern der frei gewordene Platz fällt zurück in das allgemeine Kontingent und die Einsatzstellen und der Träger unterliegen wieder der Kontingentierung nach dem Windhundprinzip.

2.2 Auswirkungen der Kontingentierung für die Freiwilligen

Im Gegenzug wird den Freiwilligen durch die Kontingentierung die Flexibilität genommen, sich bei der persönlichen Lebensplanung oder in beruflichen Umbruchsituationen entsprechend kurzfristig orientieren zu können. Auch Verlängerungen von engagierten Bundesfreiwilligendienstleistenden, die ggf. nur einen kurzen Zeitrahmen überbrücken möchten, sind vor diesem Hintergrund so gut wie ausgeschlossen. Zudem müssen viele Interessierte abgewiesen werden, obwohl deren Unterstützung sehr willkommen wäre. Dies ist ein fatales Signal und wirkt sich nicht nur kontraproduktiv auf die Motivation der zukünftigen Freiwilligen und der Einsatzstelle aus, sondern widerspricht eindeutig der von der Politik mit Recht geforderten Stärkung bürgerschaftlichen Engagements und einer Kultur der Freiwilligkeit.

Die Kommunen sehen somit in der Kontingentierung zum einen die Gefahr, dass etliche sozial- und gesellschaftspolitisch wichtige Aufgaben zukünftig nicht mehr in dem gewünschten Umfang oder nur zeitversetzt erfüllt werden können. Zum anderen kann die Kontingentierung langfristig betrachtet nicht nur zu einem Imageverlust des BFD sondern auch der kommunalen Einrichtungen und der Politik generell führen.

Ein flächendeckender Aufbau bzw. die Etablierung des Bundesfreiwilligendienstes in der kommunalen Landschaft ist so nicht möglich. Unter der Kontingentierung wird es bei etlichen Verbänden, Rechtsträgern und Einsatzstellen die Überlegung geben, ob sie den Aufwand auf sich nehmen, um Plätze und Strukturen für den Bundesfreiwilligendienst zu schaffen und diesen zu bewerben, wenn sie letztendlich noch nicht einmal wissen, ob sie den Platz jemals besetzen werden können.

3 Fragen der Arbeitsmarktneutralität

Die Frage der Arbeitsmarktneutralität ist von erheblicher Bedeutung, nicht nur für den Bundesfreiwilligendienst, sondern für viele ehrenamtliche Tätigkeiten. Gerade für den Bundesfreiwilligendienst, der mit seiner Altersöffnung und der Teilzeitmöglichkeit auch anderen Interessengruppen als Jugendlichen zur Verfügung steht, gilt es ein behutsames Abgrenzen zu Beschäftigungen, die eigentlich als normale, reguläre Arbeitsleistung einzustufen sind, zu finden. Die Frage ist: Wo hört ein Freiwilligendienst auf und wo fängt „Normalbeschäftigung" an?

Eine wichtige Rolle spielt unter anderem das frühzeitige Einbeziehen der Betriebsräte in den Schaffungsprozess von BFD-Plätzen. Auf diesem Wege kann sowohl sichergestellt werden, dass es nicht zum Wegfall von regulären Arbeitsplätzen kommt, als auch, dass ein belastbares Ausbildungskonzept für den Freiwilligenplatz vorhanden ist. Zu Recht stellt sich natürlich die Frage, welche Regularien oder Mechanismen greifen, wenn es in der jeweiligen Einsatzstelle oder bei dem jeweiligen Rechtsträger gar keinen Betriebsrat gibt.

In diesem Zusammenhang erscheint es zudem sinnvoll, sukzessive die alten Zivildiensteinsatzstellen, die bei der Einführung des Bundesfreiwilligendienstes automatisch in Bundesfreiwilligendienst-Einsatzstellen umgewandelt wurden, einer Überprüfung hinsichtlich der Arbeitsmarktneutralität zu unterziehen. Vorstellbar wäre die Anforderung einer Arbeitsplatzbeschreibung sowie ggf. die Zustimmung des Betriebsrates vorzulegen bzw. nachzureichen. Dabei wäre darauf zu achten, dass durch eine neue Regelung nicht noch mehr Bürokratieaufwand entsteht. Es ist also ein schlankes und effektives Verfahren notwendig. Dies bezieht sich sicher auf alle alten Einsatzstellen, nicht nur im kommunalen Bereich.

Im Rahmen der vom BMFSFJ Mitte 2012 gestarteten gemeinsamen Evaluation des Bundesfreiwilligendienstgesetzes (BFDG) und des Jugendfreiwilligendienstegesetzes (JFDG) hat sich bei den im November 2013 präsentierten Zwischenergebnissen (Huth et al. 2013) gezeigt, dass die Mehrzahl der gerade lebensälteren Freiwilligen mit der Erbringung eines Freiwilligendienstes auch die Erwartung verbindet, dass sich die beruflichen Chancen verbessern. Interessant in diesem Zusammenhang ist, dass sich bei dem Vergleich zwischen den Erwartungen am Anfang des Freiwilligendienstes und den Erfahrungen am Ende des Freiwilligendienstes bei den Freiwilligen ab 27 Jahren meist eine Steigerung ergeben hat. So wurden z. B. die Erwartungen *gebraucht zu werden* (89 %) bei den Erfahrungen gebraucht zu werden (94 %) deutlich um 5 % übertroffen. Bei den *Erfahrungen in einem neuen Bereich sammeln* (75 %) wurden die Erwartungen um 9 % (84 %) übertroffen: Selbst bei der Kategorie *Anregungen für Berufswahl erhalten* gab es eine Steigerung von 4 %. Bei allen abgefragten Kategorien trat eine Steigerung auf. Mit Ausnahme der Kategorie *berufliche Chancen verbessern*. In diesem Fall waren die Erwartungen (41 %) deutlich höher als die Erfahrungen (31 %). Hier existiert eine deutliche Abweichung von -10 %.

Dies zeigt, dass viele Freiwillige hinsichtlich ihrer Arbeitsplatzchancen andere Vorstellungen von einem Freiwilligendienst haben als die Einsatzstellen sie ihnen bieten können. Hier bedarf es mehr und deutlicherer Aufklärungsarbeit durch die

Einsatzstellen und Rechtsträger oder ggf. anderer Beratungsstellen darüber, dass sich aus dem Freiwilligendienst heraus nicht automatisch eine Anschlussanstellung ergibt und ein Freiwilligendienst auch keine Qualifizierungsmaßnahme im arbeitspolitischen Sinne ist.

Dennoch stellen sich auf dieser Basis etliche Fragen, die es auch hinsichtlich der im Koalitionsvertrag angekündigten Weiterentwicklung der Freiwilligendienste zu beantworten gilt. Wie können aus den Freiwilligendiensten heraus oder mit den Freiwilligendiensten Qualifizierungsmaßnahmen bzw. Wege in den regulären Arbeitsmarkt, analog dem bereits bestehenden FSJ plus[2], entwickelt werden? Das gilt für alle Altersgruppen, sowohl für die unter 27-Jährigen (U27) wie auch für die über 27-Jährigen (Ü27), ohne die Arbeitsmarktneutralität zu gefährden und in den Bereich der Jugend- und Arbeitshilfe zu rutschen.

Eine Grundvoraussetzung für eine erfolgreiche Weiterentwicklung der Freiwilligendienste ist aber unter anderem auch, dass die sich seit Jahren bewährten Modelle/Projekte wie das oben genannte Modell FSJ plus endlich den Modellcharakter verlassen und in eine Verstetigung mit entsprechender Förderung überführt werden.

Eine weitere Frage in diesem Zusammenhang ist: Was passiert nach der Freiwilligendienstzeit? Das gilt sowohl für die Freiwilligen als auch für die Einsatzstellen. Wie können Freiwillige aus den Diensten heraus bzw. nach den Diensten in andere Formen des ehrenamtlichen Engagements begleitet werden und so länger an die Einsatzstellen gebunden werden?

4   Die pädagogische Begleitung

Einer der Grundgedanken und somit wichtiger Aspekt der Jugendfreiwilligendienste und des Bundesfreiwilligendienstes ist die Konzipierung dieser Dienste als Lerndienste und somit als Bildungs- und Orientierungszeit. Dies wird durch die vorausgesetzte Arbeitsmarktneutralität bekräftigt. In vielen Diskussionen und Berichten in der Presse verschwindet dieser Aspekt aber immer wieder aus dem Fokus. Eine Mittelkürzung in der Etablierungsphase des Bundesfreiwilligendienstes und

---

[2] FSJ plus: Für Jugendliche, die den Hauptschulabschluss bereits erlangt haben und bereits 18 Jahre alt sind, gibt es die Möglichkeit in Verbindung mit einem zweijährigen Freiwilligen Sozialen Jahr den Realschulabschluss zu erlangen. Bei diesem Modellprojekt wechseln sich sechswöchige Praxisblöcke mit FSJ-Tätigkeiten in der Einsatzstelle und sechs-wöchige Schulblöcke ab.

der Findungsphase bei der Ausgestaltung der pädagogischen Begleitung, durch die Kürzung der Zuschüsse sowie des Fahrtkostenzuschusses, geht zu Lasten der Qualität der pädagogischen Begleitung und wird von den Kommunen mehr als kritisch betrachtet.

Neben dem bedarfsgerechten Ausbau des Bundesfreiwilligendienstes und der Jugendfreiwilligendienste ist es unabdingbar, dass in naher Zukunft im Bundesfreiwilligendienst vor allem für die über 27-Jährigen umfassende und individualisierbare Konzepte zur Seminargestaltung an allen Bildungszentren angeboten werden.

Für diese Personengruppe kann sicherlich auf die langjährige Erfahrung in den Jugendfreiwilligendiensten sowie auf zwei Jahre Bundesfreiwilligendienst zurückgegriffen werden. Allerdings unterscheiden sich die beiden großen Altersgruppen U27 und Ü27 zum Teil erheblich. Das fängt bei den unterschiedlichen Lebensläufen und den bei den Älteren zum Teil schon sehr umfangreichen Erwerbsbiografien an, geht weiter über die sehr unterschiedlichen Erwartungen an den Freiwilligendienst selbst und hört auf bei den Erwartungen an die eigene Person. Um den sehr unterschiedlichen Ansprüchen gerecht werden zu können, kann es gerade für die Altersgruppe Ü27 kein starres Konzept geben, sondern nur ein Grundgerüst, welches jeweils individuell ausgestaltet werden kann.

In der Praxis, wie auch in den Zwischenergebnissen der Evaluationsstudie, hat sich gezeigt, dass gerade die Altersklasse Ü27 aufgrund ihrer sehr stark heterogenen Zusammensetzung deutlich betreuungsintensiver ist als die Altersgruppe U27. Hier ist oftmals eine viel intensivere Auseinandersetzung mit der Vergangenheit – welchen Werdegang hat der Freiwillige bereits hinter sich, wie ist die gegenwärtige Situation und welche Vorstellungen von der Zukunft gibt es – nötig, um eine adäquate pädagogische Begleitung leisten zu können. Vor dem Hintergrund ist die Kürzung bzw. Reduzierung der Zuschüsse für die pädagogische Begleitung Anfang des Jahres 2013 im Rahmen der neuen Kostenrichtlinie zu § 17 BFDG sehr kritisch zu sehen. Die Kommunen erwarten für den Aspekt der pädagogischen Begleitung eine Anpassung der Zuschüsse bzw. keine Differenzierung der Zuschüsse bei den Gruppen U27 und Ü27 und verweisen hier auch auf die im Koalitionsvertrag angemerkte Überarbeitung und Weiterentwicklung der Freiwilligendienste.

Grundsätzlich stellt sich die Frage, ob nicht ein Wegfall der Differenzierung zwischen den beiden Gruppen U27 und Ü27 sinnvoll sein könnte oder zumindest eine Öffnung dergestalt, dass auch die älteren Freiwilligen das Angebot von 25 Seminartagen, mit entsprechenden finanziellen Zuschüssen, freiwillig annehmen können.

Hinsichtlich der Bildungszentren ist anzumerken, dass die Einteilung in Regionalgebiete und die Kürzung aufgrund der Kostenrichtlinie gerade im Bereich der Seminarkosten dazu geführt haben, dass etliche kommunale Einrichtungen die pädagogische Begleitung, hier Seminartage, nun in Eigenregie übernommen haben oder an etlichen Stellen mit den Anbietern von Jugendfreiwilligendiensten zusammenarbeiten. Zukünftig ist eine engere Verzahnung hinsichtlich einer gemeinsamen Seminargestaltung denkbar, um Synergieeffekte zu nutzen und einen hohen Qualitätsstandard zu ermöglichen und zu halten.

5 Die Rolle des Bundesamts für Familie und zivilgesellschaftliche Aufgaben für die Kommunen

Das Bundesamt für Familie und zivilgesellschaftliche Aufgaben ist mit einem Kontingent von 13.000 Plätzen die größte Zentralstelle und nahezu flächendeckend die zuständige Zentralstelle für die Kommunen. Die Übertragung der Durchführung des Bundesfreiwilligendienstes auf das BAFzA hat sich aus Sicht der kommunalen Spitzenverbände bewährt.

Die Notwendigkeit einer solchen Zentralstelle für die Kommunen, wie das BAFzA sie anbietet, liegt darin begründet, dass die kommunale Familie nicht auf eine vergleichbare Trägerstruktur wie z. B. die großen Wohlfahrtsverbände zu(rück)greifen kann. Auf Seiten der Wohlfahrtsverbände wurde in der Vergangenheit eine strukturierte Trägerlandschaft aufgebaut, die sich etabliert hat und über die in den vergangenen Jahren sehr erfolgreich die Durchführung der Jugendfreiwilligendienste abgewickelt worden ist. Eine vergleichbar starke Struktur gibt es auf kommunaler Ebene nicht. Daher haben die Kommunen im BAFzA einen verlässlichen Partner zur Durchführung des Bundesfreiwilligendienstes gefunden. In den Fällen, in denen auch Jugendfreiwilligendienste angeboten werden sollen und die entsprechenden Einsatzstellen sich noch keiner Zentralstelle der Wohlfahrtsverbände angeschlossen haben/hatten, steht auch das BAFzA zur Verfügung.

Ebenso hat sich das BAFzA vor dem Hintergrund bewährt, dass es so kleineren Rechtsträgern, die sich keinem der großen Verbände angeschlossen haben, möglich ist, den Bundesfreiwilligendienst wie auch die Jugendfreiwilligendienste anzubieten und durchzuführen.

Für die Platzvergabe – im Rahmen der Kontingentierung – wäre eine Modifizierung des derzeitigen Windhundprinzips angeraten. Für den Anfang wäre eine Aufweichung des jetzigen Prinzips denkbar, z. B. die Aufsplittung des Kontingents in einerseits die Vergabe von festen Teilkontingenten und anderseits die Aufsplittung in ein Restkontingent mit Windhundprinzip.

6 Weiterentwicklung der Freiwilligendienste

Die vergangenen zwei Jahre haben gezeigt, dass der neu geschaffene Bundesfrei-willigendienst zu keiner Gefährdung der bestehenden Jugendfreiwilligendienste führt, sondern im Gegenteil eine Ergänzung der Jugendfreiwilligendienste darstellt. Die Jugendfreiwilligendienste sind über die vergangenen Jahrzehnte als gesetzlich geregelte und zugleich flexible Formen freiwilligen Engagements zu einer Erfolgs-geschichte geworden. Im Laufe der Zeit wurden etliche Aspekte weiterentwickelt und den sich veränderten Umständen angepasst.

Wünschenswert wäre ein Gesamtkonzept, das allen Freiwilligendiensten einen gemeinsamen Rahmen bietet und unter anderem Bedingungen für Modellprojek-te definiert etc., den einzelnen Formaten ansonsten aber so viel Freiraum lässt, sich selbstständig, mit unterschiedlichen Schwerpunktsetzungen und Ausprägungen (weiter) zu entwickeln.

7 Resümee

Abschließend sind die Kommunen der Meinung, dass die Jugendfreiwilligendienste und der Bundesfreiwilligendienst, der innerhalb kürzester Zeit auf eine derartige große Akzeptanz in der Gesellschaft stößt, gestärkt und gefördert werden müssen und sich ein guter Ansatzpunkt bietet, um generell bürgerschaftliches Engagement zu stärken und zu fördern.

Die Förderung bürgerschaftlichen Engagements setzt angemessene und be-darfsgerechte Infrastrukturen, deren Bereitstellung auch Aufgabe der Kommunen ist, und genügend Finanzmittel voraus, um vor dem Hintergrund des demografi-schen Wandels, sich verändernder Lebensstile und Wertevorstellungen umfassende Beteiligungsmöglichkeiten für alle Bürger_innen zu schaffen.

Literatur

BFDG. 2011. *Gesetz zur Einführung eines Bundesfreiwilligendienstes*, BGB I vom 28.04.2011: 687.
Bundesvereinigung der Kommunalen Spitzenverbände. 2013. *Bilanz und Weiterentwick-lung des Bundesfreiwilligendienst und der Freiwilligendienste*. http://www.staedtetag. de/dst/inter/schwerpunkte/057839/index.html. Zugegriffen: 1. Nov. 2013.

Huth, S. 2013. Hintergrund, Ziele und Methoden der gemeinsamen Evaluation des Gesetzes über den Bundesfreiwilligendienst (BFDG) und des Gesetzes zur Förderung von Jugendfreiwilligendiensten (JFDG). In *Voluntaris Zeitschrift für Freiwilligendienste*, 139–143. Köln.

Huth, S., D. Engels, und E Aram. 2013. *Präsentation erster Ergebnisse der Evaluation von Bundesfreiwilligendienst und Jugendfreiwilligendiensten.* Bundesministerium für Familie, Senioren, Frauen und Jugend.

Koalitionsvertrag „Deutschlands Zukunft gestalten" zwischen CDU, CSU und SPD für die 18. Legislaturperiode: 111–112.

Richtlinien des BMFSFJ zu § 17 des Bundesfreiwilligendienstgesetzes (BFDG) vom 17.12.2013 in der Fassung vom 09.01.2013.

Nicole Wein-Yilmaz Dipl.-Kffr. ist seit dem Jahr 2005 für den Deutschen Städtetag tätig und ab 2011 als Referentin für die Themengebiete Bundesfreiwilligendienst und Freiwilligendienste zuständig.

Kommunen und bürgerschaftliches Engagement

Christa Perabo

Zusammenfassung

Die kommunalen Spitzenverbände ziehen eine positive Bilanz zum Bundesfrei-willigendienst (BFD), zu dem für die Kommunen als „zuständig" bezeichneten BAFzA (Bundesamt für Familie und zivilgesellschaftliche Aufgaben) und monieren ausschließlich die finanzielle Kontingentierung der Plätze. Diese verkürzte Sicht auf die Freiwilligendienste als besonderer Form des bürgerschaftlichen Engagements schadet nicht nur der öffentlichen Wahrnehmung von Engagement, sondern auch den Kommunen. Sie benötigen nicht nur die Unterstützung der kommunalen Spitzenverbände hinsichtlich einer besseren finanziellen Ausstattung für ihre vielfältigen Aufgaben, sondern auch bei der Stärkung, Gestaltung und konzeptionellen Entwicklung der Beteiligungs- und Engagementkultur ihrer Bürgerinnen und Bürger. Derzeit schenken die Spitzenverbände dieser Seite des bürgerschaftlichen Engagements nur eingeschränkte Beachtung. Auch die Freiwilligendienste als besondere Form des Engagements sind für die Kommunen mehr als finanzielle Entlastung. Auch sie tragen dazu bei, die Zukunftsfähigkeit der Kommunen und die Bindungskraft der kommunalen Gesellschaft zu stärken. Dies müssen auch die kommunalen Spitzenverbände verstärkt in den Blick nehmen.

C. Perabo (✉)
Marburg, Deutschland
E-Mail: landesehrenamtsagentur-hessen@gemeinsam-aktiv.de

© Springer Fachmedien Wiesbaden 2015
T. Bibisidis et al. (Hrsg.), *Zivil – Gesellschaft – Staat,*
Bürgergesellschaft und Demokratie 44, DOI 10.1007/978-3-658-05564-6_14

1 Einleitung

Städte und Gemeinden sind die Räume, in denen bürgerschaftliches/ehrenamtliches Engagement stattfindet und zur je spezifischen Form des Gemeinschaftslebens beiträgt, im Bereich der Freizeit, der Kultur, des Sozialen, der kommunalen Selbstverwaltung usw. Hier konstituiert sich Zivilgesellschaft. Allerdings ist nicht bei allen Kommunen erkennbar, dass sie dieses Engagement ihrer Bürgerinnen und Bürger als eine wichtige Quelle des Zusammenhalts und ihrer Besonderheit wahrnehmen, schätzen und aktiv fördern.

Auch für die kommunalen Spitzenverbände ist Engagement – als kreative, eigenwillige und unentgeltliche Form der Mitverantwortung und Mitgestaltung der Bürgerinnen und Bürger – eher ein Randthema. Andererseits nehmen sie es aber durchaus in den Blick, wenn es um die finanziell prekäre Situation der Kommunen geht und um die Frage, wie Dienstleistungsangebote durch Ehrenamtliche noch abgesichert werden können. So auch bei der Betrachtung von Freiwilligendiensten, die weniger als besondere Formen des bürgerschaftlichen Engagements wahrgenommen werden, sondern fast ausschließlich als für die Kommunen nützliche und finanziell entlastende Dienste.

Diese Einstellung wird deutlich im Positionspapier: „Bilanz und Weiterentwicklung des BFD – Bundesfreiwilligendienst – und der Freiwilligendienste" der Bundesvereinigung der kommunalen Spitzenverbände vom Juni 2013.[1] Die kommunalen Spitzenverbände ziehen dort eine sehr positive Bilanz zum BFD und seiner Entwicklung.[2] Diese Positionierung soll im Folgenden kritisch betrachtet werden (3.).

Zunächst (1.) wird ein Blick auf die steigenden gesellschaftlichen Anforderungen und Aufgaben geworfen werden, die die Kommunen zu bewältigen haben und bei denen das Engagement der Bürgerinnen und Bürger eine große Rolle spielt und spielen kann. Danach (2.) wird es um die Frage gehen, welche Unterstützung bei der Weiterentwicklung und Förderung des bürgerschaftlichen Engagements erforderlich ist – bezogen vor allem auf die Freiwilligendienste – und welche Hilfe sie dabei von ihren Spitzenverbänden erhalten (4.).

---

[1] http://www.staedtetag.de/imperia/md/content/dst/internet/fachinformationen/2013/bv_positionierung_bilanz_bfd_jfd.pdf

[2] Diesem Text liegt ein Beitrag zugrunde, der im BBE-Newsletter 16/2013 unter dem Titel: ‚Kommunen und Bürgerschaftliches Engagement. Anmerkungen zum Papier: „Bilanz und Weiterentwicklung des BFD – Bundesfreiwilligendienst – und der Freiwilligendienste" der Bundesvereinigung der kommunalen Spitzenverbände vom Juni 2013' erschienen ist.

2　Die Zukunft der Gesellschaft wird in den Kommunen gestaltet

Unbestritten stehen die Kommunen unter einem großen und wachsenden Druck. Ohne Zugriff auf die dafür erforderlichen Kompetenzen und finanziellen Mittel haben sie immer mehr Aufgaben zu bewältigen und Erwartungen zu befriedigen.

- Sie müssen dem wachsenden und sehr unterschiedlichen Mobilitätsbedarf ihrer Bürgerinnen und Bürger entsprechen und gleichzeitig attraktive Lebens- und Aufenthaltsräume in den Zentren und in den Stadtteilen entwickeln bzw. erhalten.
- Gleichzeitig sehen sie sich zunehmend herausgefordert, statt einer Verlagerung der Einkaufmöglichkeiten auf Freiflächen an den Ortsrändern die Innenräume der Städte zu stärken und sie wieder zu lebendigen Einkaufs-, Kommunikations- und Begegnungsplätzen zu gestalten.
- Sie haben dafür Sorge zu tragen, dass auch Menschen mit geringerem Einkommen und Menschen mit Einschränkungen in der kommunalen Gemeinschaft leben können und Wohnungen nicht nur in besonderen Bezirken am Rande des Ortes finden.
- Von den Kommunen wird erwartet, dass sie Kindern und ihren Eltern qualitativ und quantitativ hinreichende Betreuungs- und Bildungseinrichtungen bieten, eine wesentliche Voraussetzung von Chancengleichheit.
- Ein möglichst harmonisches Zusammenleben mit Menschen aus anderen Herkunftsländern setzt eine Willkommenskultur voraus, wie auch Teilhabe-, Inklusionsvoraussetzungen und -möglichkeiten.
- Vereine und Initiativen vor Ort, die wesentlich sind für die Freizeitgestaltung und das soziale und kulturelle Miteinander der Bürgerinnen und Bürger, brauchen die (nicht nur finanzielle) Unterstützung bei Sportplätzen, Räumlichkeiten, aber auch bei der Gewinnung von Vereinsvorständen usw.
- Die Kommunen müssen verstärkt auf veränderte Bedarfe der Bevölkerung reagieren, z. B. dass ältere Menschen möglichst bis an ihr Lebensende in ihren bisherigen Wohnquartieren bleiben wollen, statt in Altenheimen zu leben. Die dafür erforderlichen Bedingungen wie ambulante Pflege-, Beratungs- und Betreuungsangebote müssen sichergestellt bzw. angepasst werden.

Neben diesen Aufgaben und den gesetzlichen Verpflichtungen im Rahmen der Daseinsvorsorge müssen die Kommunen insgesamt die Attraktivität, Vitalität und Zukunftsfähigkeit ihrer Orte sicherstellen. Dieses Aufgabenbündel ist von der Mehrzahl der Kommunen nur schwer zu meistern.

Neben den fehlenden finanziellen Voraussetzungen für notwendige Infrastruktur-Investitionen, für ausreichendes Fachpersonal, für die Pflicht- und die sogenannten freiwilligen Leistungen, für die Erarbeitung von Zukunftsentwürfen usw. sind dabei noch andere Voraussetzungen in den Blick zu nehmen. Dazu gehören die Sensibilität, die Bereitschaft und der tatkräftige Einsatz der kommunalen Verwaltung und ihrer Spitze für eine zukunftstaugliche Gestaltung ihres Gemeinwesens. Dazu gehören auch neue, umsetzbare Ideen und Konzepte, wie den veränderten Lebensbedingungen und Interessen der Bewohnerinnen und Bewohner angemessen entsprochen werden kann. Besondere Aufmerksamkeit verdient außerdem das Engagement der Bürgerinnen und Bürger und deren Bereitschaft, sich an der Gestaltung ihrer Kommune zu beteiligen und für das gesellschaftliche Zusammenleben Verantwortung zu übernehmen.

Zunehmend gelangen Kommunen zu der Erkenntnis, dass bürgerschaftliches/ehrenamtliches Engagement aus dem Blick geraten und nicht (mehr?) „naturwüchsig" vorhanden ist. Zu seiner Entwicklung und zu seinem Erhalt reichen Ordensverleihungen nicht aus, sondern es bedarf besonderer Formen der Förderung und Ermöglichung. Die Kommunen sehen die Notwendigkeit, die Bürgerinnen und Bürger für mitverantwortliches Handeln gezielter zu motivieren und zu unterstützen. Denn Mobilität und Veränderungen bei den Formen des Zusammenlebens haben die Bereitschaft für Engagement nicht geschmälert, aber verändert.

Verstärkt werden deshalb neue Wege gegangen, um engagementbereite Bürgerinnen und Bürger zu gewinnen und zu halten. Vor allem dann, wenn es um verlässliches Engagement geht, das professionelle Arbeit z. B. bei pflegebedürftigen Menschen ergänzt, sind Strukturen wie Qualifizierung, professionelle Begleitung der Engagierten, Anerkennung ihrer Leistungen, aber auch die Beratung von Organisationen, Einsatzstellen und Hauptamtlichen für ein anerkennendes Verhältnis zu den Freiwilligen unabdingbar. Diesen Aufgaben haben sich seit etlichen Jahren u. a. die vor Ort tätigen Freiwilligenagenturen angenommen.

Eine besondere Form von umfassendem und verlässlichem Engagement sind die Freiwilligendienste, die zwar seit mehr als 50 Jahren in kommunalen Zusammenhängen stattfinden, auf die die Kommunen aber erst in den vergangenen drei Jahren im Zusammenhang mit dem BFD aufmerksam geworden zu sein scheinen.

3 Freiwilligendienste im Verhältnis zum Zivildienst

Viele Kommunen haben über Jahrzehnte hinweg Teile ihres Bedarfs an verlässlichen Hilfsdiensten durch den Zivildienst gedeckt. Wie der Wehrdienst, vom Bund finanziert, handelte es sich um eine gesetzliche Verpflichtung, die mit wenigen Ausnahmen alle jungen Männer betraf. Das heißt sie konnten dazu gezwungen werden, bzw. machten sich sogar strafbar, wenn sie dieser Verpflichtung nicht nachkamen. Bis 2010 waren zeitweise über 100.000 Zivis jährlich und lange Zeit auch deutlich länger als ein Jahr als Vollzeitkräfte in einer kommunalen oder verbandlichen gemeinnützigen Einrichtung tätig. Sie erbrachten wünschenswerte, ergänzende und verlässliche Leistungen, für die keine hauptamtlichen Kräfte und kein oder nur wenig Geld zur Verfügung standen. Der Pflichtdienst war also für Kommunen und Verbände gegenüber professionellen Leistungen sehr kostengünstig. Die Gewerkschaften bemängelten immer wieder die fehlende Arbeitsmarktneutralität, die eigentlich gesetzlich vorgegeben war.

Neben den quasi unentgeltlichen Leistungen der Zivis profitierten die Verbände und Kommunen auch davon, dass sie sich wenig um deren Betreuung und Verwaltung kümmern mussten, die vom Bundesamt für Zivildienst (BAZ) und den bundeseigenen Bildungseinrichtungen organisiert wurden – bis 2010.

Mit der Aussetzung des Wehrdienstes und dem daran gekoppelten Zivildienst entstand eine Leistungslücke, die die Kommunen stark traf. Die Abschaffung des Wehrdienstes erfolgte überraschend. Zwar wurde bereits seit 2002 darüber beraten, wie ein wegfallender Zivildienst ersetzt werden könnte (BMFSFJ 2004), wie und durch wen die Leistungen, die bisher im Rahmen eines verpflichtenden Dienstes für Alte, Kranke, Hilfebedürftige usw. erbracht wurden, in Zukunft zu generieren seien. Aber nur für Teilbereiche – die Einbindung älterer Menschen – wurden umsetzbare Konzepte entwickelt und umgesetzt, nämlich die Modellprojekte des Bundes „Generationsübergreifende Freiwilligendienste" (GÜF) von 2005 bis 2008 und „Freiwilligendienste aller Generationen" (FDaG) von 2008 bis 2011 (Kiltz 2014; Klein 2014).

Parallel zu dieser Diskussion expandierten die Jugendfreiwilligendienste. Sie spielten zunächst bei den Überlegungen für eine Kompensation der gekürzten Zeiten des Zivildienstes[3] eine große Rolle. Das spiegelt sich wider in den gesetzlichen Änderungen beim Freiwilligen Sozialen Jahr (FSJ) und dem Freiwilligen Ökologischen Jahr (FÖJ) von 2002 bis 2008: Zivis konnten ersatzweise ein FSJ oder FÖJ absolvieren.[4] Außerdem wurde die Altersgrenze auf 16 Jahre abgesenkt, es wurden Sonderprogramme für benachteiligte Jugendliche eingeführt, die Einsatzfelder ausgeweitet auf Kunst, Kultur, Sport und Denkmalschutz und sogar Politik. Auch die öffentlichen Zuschüsse des Bundes für die Bildungsmaßnahmen wurden deutlich erhöht. Dies alles führte zu einer erheblichen Zunahme bei den Jugendfreiwilligendiensten. Bereits vor der Aussetzung des Wehrdienstes war die Teilnehmendenzahl auf über 30.000 gestiegen.

---

[3] Nach Klagen musste die Dauer des Zivildienstes der des Wehrdienstes angepasst werden.

[4] Ihre Finanzierung erfolgte nach wie vor aus den Mitteln für den Zivildienst, so dass ein erheblicher finanzieller Transfer zu den Jugendfreiwilligendiensten stattfand.

Im Rahmen dieser Neuregelungen wurde ein klarer Bezug des FSJ und des FÖJ zur Zivilgesellschaft hergestellt: Die Freiwilligendienste wurden als eine besondere Form des bürgerschaftlichen Engagements definiert und als Bildungsdienst, der die Freiwilligkeit der Teilnehmenden voraussetzt, Mitgestaltungsmöglichkeiten eröffnet und arbeitsmarktneutral ist.

Die Kommunen (mit Ausnahmen) und ihre Spitzenverbände haben sich allerdings an der Diskussion und der Weiterentwicklung der Jugendfreiwilligendienste kaum beteiligt. Obwohl Kommunen laut Gesetzt so genannte „geborene Träger" dieser Dienste sind, war ihr unmittelbares Gestaltungsinteresse an den Jugendfreiwilligendiensten ziemlich gering. Sie sind kaum als Träger tätig gewesen und haben nicht erkennen lassen, dass sie die Freiwilligendienste der jungen Menschen in ihren Kommunen als wertvoll und wichtig schätzen. Sie haben sich nicht an der Ausgestaltung der pädagogischen Konzepte für die Betreuung, Begleitung und die Bildungsseminare beteiligt. Bei den Trägertreffen auf Länder- oder Bundesebene waren sie unauffällig oder nicht anwesend. Sie haben Jugendfreiwilligendienste meist nur indirekt genutzt, indem sie Einsatzstellen in städtischen Kindergärten, Altenheimen und Jugendhäusern usw. den Trägern der freien Wohlfahrtspflege zur Verfügung stellten und von diesen die Werbung, Begleitung und Bildung der Jugendlichen durchführen ließen.

Warum gab es seinerzeit bei den Kommunen und bei ihren Verbänden kein stärkeres Interesse an den Freiwilligendiensten? Warum haben sie sich nicht als Träger engagiert? Warum haben sie die Jugendfreiwilligendienste nicht als Ressource einer nachhaltigen Entwicklung des bürgerschaftlichen Engagements vor Ort gesehen, gepflegt und gefördert? Darauf gibt es sicher eine Reihe von Antworten:

- Das Subsidiaritätsprinzip: Solange freie, gemeinnützige Träger sich um das Engagement der Bürgerinnen und Bürger vor Ort kümmern, braucht es/soll es keine öffentliche Verwaltung tun und brauchen sich auch kommunale Spitzenverbände nicht damit auseinander zu setzen. (Im Widerspruch dazu steht allerdings die Tatsache, dass für die Spitzenverbände eine staatliche Organisation – das BAFzA – die zuständige Zentralstelle ist für die Organisation und Begleitung der Freiwilligendienste in den kommunalen Einsatzstellen.)
- Eine verkürzte, veraltete Einstellung und eingeschränkte Sicht zu ehrenamtlichem/bürgerschaftlichem Engagement: Es wird als mehr oder weniger naturwüchsig vorhanden angenommen und es bedarf demnach allenfalls regelmäßiger öffentlicher Belobung und Auszeichnung beispielhaften Engagements.
- Jugendfreiwilligendienste wurden nicht im Zusammenhang mit ehrenamtlichem/bürgerschaftlichem Engagement gesehen, sondern eher als Parallelstruktur zum Zivildienst – für junge Frauen.

- Die bundeszentrale Struktur des BFD war der Zivildienststruktur verwandter als die der Jugendfreiwilligendienste. Deshalb war der BFD für die Kommunen eher ein Ersatz des Zivildienstes.[5]

4   Die eingeschränkte Wahrnehmung von Freiwilligendiensten durch die kommunalen Spitzenverbände

Die kommunalen Spitzenverbände haben am 17. Juni 2013 eine Stellungnahme zum Thema „Bilanz und Weiterentwicklung der Freiwilligendienste, mit Schwerpunkt auf dem Bundesfreiwilligendienst" an die Bundestagsfraktionen, den Haushaltsausschuss und den Ausschuss für Familie, Senioren, Frauen und Jugend des Bundestages sowie an das Bundesministerium für Familie, Senioren, Frauen und Jugend geschickt. Die in der Fachöffentlichkeit aufmerksam zur Kenntnis genommene Stellungnahme wurde auch im BBE-Newsletter 13/2013 veröffentlicht.

In der Stellungnahme wird eine eingeschränkte und einseitige Wahrnehmung der Freiwilligendienste und des bürgerschaftlichen/ehrenamtlichen Engagements insgesamt deutlich erkennbar. Es fehlt der Blick auf die Potenziale für die Zukunftsfähigkeit der Kommunen und es fehlt die Sensibilität dafür, dass dieses Engagement gezielter und besonderer Förderung bedarf. Für diesen Befund finden sich zahlreiche Belege im Text, die im Folgenden dargestellt werden sollen:[6]

Die positive Bilanz der kommunalen Spitzenverbände lautet, dass der Übergang vom Zivildienst zum BFD erfolgreich war (S. 1, Z. 1–5).

In der gesamten Stellungnahme gibt es keinen Hinweis darauf, dass die Spitzenverbände den Paradigmenwechsel vom Pflicht- zum Freiwilligendienst wahrgenommen haben. Dadurch hätte sich auch das Verhältnis und die Einstellung vor allem der Einsatzstellen gegenüber den Dienstleistenden ändern müssen, weil diese nun nicht mehr verpflichtet werden, sondern freiwillig tätig sind.

---

[5] Er kann deswegen so wahrgenommen werden, weil die gesetzliche Struktur des Verhältnisses sich nicht geändert hat. Im Bericht der Kommission „Impulse für die Zivilgesellschaft" heißt es bereits: „Während der Zivildienst wie der Wehrdienst als öffentlich-rechtliches Dienstverhältnis besonderer Art im Detail geregelt ist, gibt es solche gesetzlichen Vorgaben für Freiwillige des sozialen und des ökologischen Jahres naturgemäß nicht" (BMFSFJ 2004, S. 21). Diese Differenz ist beim BFD erhalten geblieben.

[6] http://www.staedtetag.de/imperia/md/content/dst/internet/fachinformationen/2013/bv_positionierung_bilanz_bfd_jfd.pdf, Zitate mit Seiten- und Zeilenangaben.

Die einzige erkennbare Kritik am BFD, als „enttäuschender Rückschlag"
bezeichnet (S. 1, Z. 7), bezieht sich auf die Kontingentierung der Plätze.

Kritisiert wird implizit, dass hier der Automatismus fehlt, der für den Zivildienst
galt: Für jeden Kriegsdienst verweigernden Wehrpflichtigen war die Finanzierung
des Zivildienstes sichergestellt. Dagegen gibt es für den BFD ein im Bundeshaushalt
festgelegtes Budget, das die Anzahl der eingesetzten Freiwilligen begrenzt.[7] Mit der
Forderung einer Aufhebung der Kontingentierung scheint es mehr um die Entlastung
der Kommunen zu gehen als darum, wie den Menschen, die sich in einem Freiwilligendienst engagieren wollen, die Möglichkeiten dafür eröffnet werden. Dass die
Kommunen zusätzliche Freiwillige z. B. im Rahmen der Jugendfreiwilligendienste gewinnen könnten, wird nicht in Betracht gezogen. Auch die Frage, ob für die
Kommunen wichtige Leistungen nur von Freiwilligendienstleistenden übernommen
werden können oder nicht auch durch „normale" Engagierte, wird nicht berührt.

Im Positionspapier wird außerdem festgestellt, dass sich die Kommunen im
„zivilgesellschaftlichen Interesse" (S.1, Z. 23) für den Bundesfreiwilligendienst
engagiert hätten.

Hier bleibt allerdings unklar, was dies konkret bedeutet und ob damit mehr
gemeint ist als das Zurverfügungstellen von Einsatzplätzen für die Bundesfreiwilligen. Es gibt keine öffentlichen Äußerungen der Kommunen dazu, wie beim BFD
im Gegensatz zum Zivildienst die Aspekte der Freiwilligkeit, der Mitgestaltungsmöglichkeiten, der Bildung für und durch die Freiwilligendienste verankert sein
sollen. Es muss auch gefragt werden, warum ein solches zivilgesellschaftliches Interesse sich nicht bereits auf die Jugendfreiwilligendienste richtete und warum es
kein Engagement bei deren Weiterentwicklung gab.

Dass die Spitzenverbände zwar die Bedürfnisse der Kommunen, nicht aber die
der Freiwilligen im Blick haben, wird deutlich an Formulierungen wie „Schließung
personeller Engpässe" (S. 1, Z. 32) und „Planungssicherheit" (S. 2, Z. 1).

Dieser Standpunkt der kommunalen Spitzenverbände scheint einerseits ihrer
Aufgabe zu entsprechen, muss aber als kurzsichtig bezeichnet werden. Denn für die
Kommunen müsste es bei den Freiwilligendiensten im wohlverstandenen eigenen
Interesse auch um eine nachhaltige Gewinnung von Bürgerinnen und Bürgern für
eine engagierte Mitbestimmung und Mitgestaltung der Kommunen gehen. Für das
lebendige Gemeinwesen ist das kreative und solidarische Potenzial des bürgerschaftlichen Engagements und seiner Sonderform Freiwilligendienst mindestens ebenso
wichtig wie die damit verbundene Möglichkeit finanzieller und organisatorischer
Entlastung.

---

[7] Allerdings besteht auch hier eine Flexibilität, die aber nicht thematisiert wird. Die Anzahl
der Freiwilligen ist im Rahmen eines vorgegebenen Budgets davon abhängig, wie diese Mittel
verteilt werden auf die Freiwilligen, die Einsatzstellen, die Zentralstellen.

Im Resümee zur Kontingentierung heißt es, dass „etliche sozial- und gesell-schaftspolitisch wichtige Aufgaben künftig nicht mehr erfüllt werden" können (S. 2, Z. 19–20). Dies könne langfristig „nicht nur zu einem Imageverlust des Bundes-freiwilligendienstes sondern auch der kommunalen Einrichtungen und der Politik generell führen" (S. 2, Z. 21–23).

Ein solcher Imageverlust findet jedoch in größerem Maße durch die Funktiona-lisierung der Freiwilligendienste statt, wenn diese vorrangig dazu genutzt werden, für die Kommunen wichtige, aber nicht finanzierbare Leistungen zu erbringen. Dies steht nicht im Einklang mit dem Eigensinn des Engagements, mit der Gleich-rangigkeit des Nutzens für die Gesellschaft und für die Engagierten. Das Image einer Kommune hängt eher ab von der Lebendigkeit und Mitgestaltungskraft ihrer Zivilgesellschaft.

Die kommunalen Spitzenverbände bezeichnen das Bundesamt für zivilgesell-schaftliche Angelegenheiten als „zuständige Zentralstelle für die Kommunen" (S. 2, Z. 28).

Dies ist zunächst eine Tatsachenbeschreibung, sagt aber nichts darüber aus, warum dies so ist oder warum sich die Kommunen nicht für eine eigene Zentralstelle mit einem eigenen inhaltlichen Profil entschieden haben. Nicht thematisiert wird dabei, dass für die meisten Kommunen die Möglichkeit im Vordergrund stand, auf diese Weise Kosten sparen zu können.

Der Bestand des BAFzA und die Ablehnung einer Zusammenlegung mit den Jugendfreiwilligendiensten wird damit begründet, dass der Wehrdienst nur formal ausgesetzt (S. 2, Z. 31 ff.) worden sei.

Abgesehen davon, wie eine Institution, die für die Organisation eines Pflicht-dienstes zuständig war, übergangslos auch Strukturen der Freiwilligendienste angemessen bedienen kann, bleibt hier die für die Zivilgesellschaft wichtige Frage außen vor, ob und wie eine staatliche Behörde den Freiraum und die Gestaltungs-möglichkeiten zivilgesellschaftlicher Einrichtungen wahrnehmen und respektieren kann. Der Hinweis, dass Strukturen wie das BAFzA erhalten bleiben müssten, weil es keine Abschaffung, sondern nur eine Aussetzung des Wehrdienstes gebe, wird als Argument hingegen nicht einmal mehr vom Bundesministerium für Familie, Senioren, Frauen und Jugend (BMFSFJ) bemüht.

Die kommunalen Spitzenverbände fordern neben dem Ausbau des BFD eine Entkoppelung von den Jugendfreiwilligendiensten für eine jeweils eigenständige Entwicklungen (S. 1, Z. 16).

Gründe dafür werden keine angegeben. Vermutet werden könnte jedoch, dass die aus dem ursprünglichen Zivildiensthaushalt in die Jugendfreiwilligendienste übertragenen Mittel ganz dem BFD zugekommen sollten.

Auch im Resümee wird deutlich, dass es den Spitzenverbänden – bei ihrem Lob auf den BFD – nicht um die eigenverantwortliche Gestaltung des bürgerschaftlichen

Engagements und seiner Sonderformen geht, sondern um eine Form der finanziellen Unterstützung der Kommunen durch den Bund. An diesen richtet sich folglich die Kritik, dass es „in der heutigen Zeit mit einer anhaltenden Finanzkrise und einem zunehmenden Mangel an Pflege und Betreuungspersonal unverantwortlich und gesellschaftlich auch nicht vermittelbar (ist)..., das Potential von engagierten Menschen und verfügbarer Infrastruktur nicht zu nutzen". (S. 4, Z. 6–9)

5   Unterstützung der Kommunen durch die Spitzenverbände

Es fehlt den Kommunen nicht nur an Geld für eine bessere Finanzierung der Engagementinfrastruktur. Sie brauchen auch beratende und begleitende Unterstützung bei der Strukturentwicklung vor Ort. Die Spitzenverbände könnten den Kommunen helfen: Bei der Erarbeitung von zukunftsfähigen Konzepten, bei der Herstellung bzw. Stärkung der öffentlichen Aufmerksamkeit für das bürgerschaftliche Engagement und seine Besonderheiten und bei der Gestaltung einer neuen Engagementkultur, die auch die veränderten Bedürfnisse und Erwartungen der Bürgerinnen und Bürger deutlicher respektiert.

Es wird künftig einiges davon abhängen, ob und wie sich die Spitzenverbände am engagementpolitischen Fachdiskurs beteiligen. Die Frage ist zu beantworten, ob bürgerschaftliches Engagement und Freiwilligendienste nur funktional als Instrument zur Einsparung von Kosten gesehen werden oder auch als eine Bereicherung der kommunalen Gesellschaft und der engagierten Menschen selbst. In einer sich rasant verändernden Welt mit hoher Mobilität, weniger familiären Unterstützungspotenzialen vor Ort und einer bunter und älter werdenden Gesellschaft entstehen durch Engagement neue Formen des Zusammenlebens und der wechselseitigen Hilfe, wächst die Vielfalt im sozialen, kulturellen und ökologischen Leben der Kommune. Bürgerschaftliches Engagement und Freiwilligendienste sind ein Ausdruck von Empathie. Bürgerinnen und Bürgern können außerdem ihre Fähigkeiten und Kompetenzen einsetzen und erweitern, sie können Selbstwirksamkeitserfahrungen machen, die zu weiterem Engagement motivieren. Dies ermöglicht es ihnen, Mitverantwortung für das Zusammenleben zu lernen und zu übernehmen.[8]

---

[8] Dass es dafür Rahmenbedingungen braucht, die nicht kostenlos zu haben sind, steht außer Frage. Die Engagierten bringen Zeit mit, nicht aber das Geld, das für ihre Begleitung und Unterstützung in den Initiativen und Vereinen gebraucht wird, für ihre Qualifizierung, für Fahrtkosten, Versicherung, Beratung und Information. Es braucht Räume und professionelle Strukturen innerhalb oder außerhalb der Verwaltung. Wie dies zu finanzieren ist, ist hier nicht zu beantworten, muss aber dringend bearbeitet werden. Für die Erarbeitung brauchbarer Konzepte und die Bereitstellung der Mittel sind sowohl die verschiedenen staatlichen Ebenen, die Zivilgesellschaft und die in Mitverantwortung stehenden Unternehmen gefragt.

Nachhaltiges kommunales Engagement braucht die enge Kooperation vor Ort mit und zwischen den Trägern und Einsatzstellen der Freiwilligendienste aber auch des „normalen" Engagements. Statt eines Outsourcens der Begleitung, der Betreuung der Freiwilligen und der Einsatzstellen – an das dem Gemeindeleben ferne BAFzA – wäre eine Zentralstelle der Kommunen (bzw. der Kommunalen Spitzenverbände) für den BFD sicher besser geeignet, diese notwendigen und zukunftsweisenden Verknüpfungen in den Kommunen zu unterstützen.

Literatur

Bundesministerium für Familie, Senioren, Frauen und Jugend, Hrsg. 2004. Perspektiven für Freiwilligendienste und Zivildienst in Deutschland. Bericht der Kommission Impulse für die Zivilgesellschaft Berlin, den 15. Jan. 2004.

Bundesvereinigung der kommunalen Spitzenverbände, Hrsg. 2013. *Bilanz und Weiterentwicklung des BFD – Bundesfreiwilligendienst – und der Freiwilligendienste.* www.staedtetag.de/imperia/md/content/dst/internet/fachinformationen/2013/bv_positionierung_bilanz_bfd_jfd.pdf.

Kiltz, Elke. 2014. Der Freiwilligendienst aller Generationen – Eine wichtige Format-Ergänzung. In *Zivil.Gesellschaft.Staat. Freiwilligendienste zwischen staatlicher Steuerung und zivilgesellschaftlicher Gestaltung*, Hrsg. Christa Perabo, Jaana Eichhorn, Thomas Bibisidis, Susanne Rindt, und Ansgar Klein.

Klein, Ansgar. 2014. Der Freiwilligendienst aller Generationen – Eine wichtige Format-Ergänzung, In *Zivil.Gesellschaft.Staat. Freiwilligendienste zwischen staatlicher Steuerung und zivilgesellschaftlicher Gestaltung*, Hrsg. Christa Perabo, Jaana Eichhorn, Thomas Bibisidis, Susanne Rindt, und Ansgar Klein.

Dr. Christa Perabo Ehrenamtliche Mitarbeiterin der LandesEhrenamtsagentur Hessen, Kommunalpolitikerin, Sprecherin der AG 3 Freiwilligendienste des Bundesnetzwerks Bürgerschaftliches Engagement (BBE).

Der Freiwilligendienst aller Generationen – Eine wichtige Format-Ergänzung

Elke Kiltz

Zusammenfassung

Der Artikel plädiert für die Anerkennung des Formates Freiwilligendienst aller Generationen (FDaG) als ein wichtiges und zu förderndes Format der Freiwilligendienste mit einem hohen Grad von Verbindlichkeit und hervorragend geeignet für z. B. koordinierende Aufgaben. Es gibt eine nicht unbedeutende Gruppe von engagementbereiten Menschen, die gern einen solchen Freiwilligendienst für einen begrenzten Zeitraum zuverlässig übernehmen möchten, aber keinen Vollzeit- oder Halbtagsdienst leisten können. Für sie ist der FDaG die Alternative. Damit stellt dieses Format eine Chance für die Gesellschaft dar, ältere Freiwillige und Menschen in Umbruchsituationen für zeitlich begrenztes verlässliches Engagement zu gewinnen.

1 Wann ist ein Engagement ein Freiwilligendienst?

Freiwilligendienste sind eine besondere Form des bürgerschaftlichen Engagements. Diese Aussage können vermutlich alle, die sich mit diesem Thema in irgendeiner Weise beschäftigen, unterschreiben. Schwierig wird es, wenn es darum geht, er-

E. Kiltz (✉)
Hessisches Ministerium für Soziales und Integration,
Wiesbaden, Deutschland
E-Mail: elke.kiltz@hsm.hessen.de

© Springer Fachmedien Wiesbaden 2015   191
T. Bibisidis et al. (Hrsg.), *Zivil – Gesellschaft – Staat,*
Bürgergesellschaft und Demokratie 44, DOI 10.1007/978-3-658-05564-6_15

stens zu definieren, was denn nun ein Freiwilligendienst ist und zweitens, ob der Freiwilligendienst aller Generationen (FDaG) dazu gehört.

Der FDaG ist 2008 in der Nachfolge des Modellprojekts Generationenübergreifende Freiwilligendienste (GÜF) für drei Jahre als Nachfolgeprogramm des Bundes gefördert worden. Er hat sich in den Augen der Bundesländer, der Freiwilligenagenturen und etlicher Träger bewährt. Einige Bundesländer haben den FDaG nach Auslaufen der Bundesförderung weiter gefördert, um die aufgebauten Strukturen zu erhalten. Alle Länder plädieren nun dafür, dass das Bundesprogramm FDaG als kontinuierliche Maßnahme des Bundes weitergeführt und gefördert werden soll. Abgesehen von der Frage einer dauerhaften öffentlichen Finanzierung wird in diesem Zusammenhang von einigen Trägern oder Vertretern der Fachöffentlichkeit die Frage gestellt, ob das Format FDaG – wie es inzwischen in der Unfallversicherung in § 2 SGB VIII gesetzlich verankert ist – als Freiwilligendienst gelten kann oder nicht.

Um diese Frage beantworten zu können müsste klar sein, welche Kriterien zutreffen müssen, damit eine bestimmte Form des bürgerschaftlichen Engagements als Freiwilligendienst gilt. Ich halte dies zurzeit nicht für abschließend geklärt. Die Einigung auf ein gemeinsames Verständnis erscheint schwierig, weil ihr unterschiedliche Interessen entgegenstehen, die zum Teil nicht gegen das Format als solches gerichtet sind, sondern eher förderpolitische Überlegungen beinhalten.

Deshalb möchte ich hier eine Lanze dafür brechen, dass der FDaG als Freiwilligendienst gesehen, begriffen und akzeptiert wird und den Versuch einer inhaltlichen Definition aus Ländersicht unternehmen. Dies geschieht einerseits aus ganz pragmatischen Gründen, weil wir das Format haben und es erfolgreich einsetzen. Zum anderen, weil ich mit dem FDaG aufgrund der bisherigen Erfahrungen eine Vision verbinde: Vielfältiges kreatives Engagement in verbindlicher Form gibt der alternden Gesellschaft neue Impulse – gerade dort, wo es besonders notwendig ist und auch erfolgreich wirken kann – in den Kommunen, im sozialen Nahraum.

Die aus meiner Sicht zentralen Kriterien eines Freiwilligendienstes sind folgende:

1. Er ist ein Lern- und Orientierungsdienst für die Freiwilligen und gleichzeitig unterstützende Leistung für die Gemeinschaft
2. Der Dienst wird auf der Grundlage einer vertraglichen Vereinbarung zwischen Träger, Einsatzstelle und Freiwilliger/Freiwilligem (Dreiecksverhältnis) geleistet. Damit werden eine größtmögliche Verbindlichkeit und ein verlässlicher Einsatz sichergestellt.
3. Es gibt für die Freiwilligen, im Rahmen ihres Freiwilligendienstes, einen Anspruch auf eine Mindeststundenzahl an Qualifizierung pro Jahr, deren Inhalt gemeinsam bestimmt wird. Der Träger muss sie in diesem Umfang anbieten, die Einsatzstelle die Freiwilligen für diesen Zeitraum freistellen

4. Der oder die Freiwillige hat Anspruch auf Unfall- und Haftpflichtversicherung.

5. Für den Dienst ist eine Mindeststundenzahl pro Woche festgelegt, er hat einen definierten Beginn und ein definiertes Ende (in der Regel ein halbes oder ein ganzes Jahr) und ggf. die Möglichkeit zur Verlängerung bis max. 24 Monate.

Auf der Grundlage dieser Kriterien ist der FDaG eindeutig als Freiwilligendienst zu bezeichnen, weil er alle fünf Kriterien erfüllt. Er schließt aufgrund seines Formats zwischen einerseits den Jugendfreiwilligendiensten und dem Bundesfreiwilligendienst und andererseits dem ungeregelten bürgerschaftlichen Engagement eine Lücke, weil er besondere Zielgruppen anspricht und für besondere Aufgaben und Einsatzbereiche geeignet ist.

Die Erprobung und dann die gesetzliche Normierung des FDaG entsprach der Empfehlung der Enquete-Kommission des Bundestages und der Kommission ‚Impulse für die Zivilgesellschaft', neben der erfolgreichen Weiterentwicklung der Jugendfreiwilligendienste auch ein flexibleres Angebot für Erwachsene anzubieten. Die Möglichkeiten für junge Menschen, sich nützlich machen zu können und dabei die eigenen Kompetenzen zu erweitern, sollten auch für ältere Menschen eröffnet werden. Zu Recht wurde vermutet, dass ein Vollzeitengagement von älteren Menschen nicht im gleichen Umfang angenommen werde wie von Jugendlichen. Wenn sich nun im Rahmen des Bundesfreiwilligendienstes auch Erwachsene für einen Vollzeitfreiwilligendienst interessieren, geht es oft darum, wieder eine Tagesstruktur und Aufgabe zu haben, verbunden mit der Hoffnung auf einen Erwerbsarbeitsplatz.

2   Was macht den Erfolg des Freiwilligendienstes aller Generationen aus?

Nach drei Jahren Modellprogramm GÜF und drei Jahren Nachfolgeprogramm FDaG haben vor allem die Erkenntnisse der begleitenden Studien durch das Zentrum für zivilgesellschaftliche Entwicklung (zze), Freiburg unter der Leitung von Prof. Dr. Thomas Klie und die Erfahrungen der Träger überzeugt:

• Dieses Freiwilligendienstformat hat in hervorragender Weise Menschen angesprochen, die sich gerade in Umbruchphasen befanden – privater oder auch beruflicher Art.

• Es hat Menschen für freiwillige Tätigkeit gewinnen können, die sich vorher noch nicht engagiert haben (das war bei 45 % derjenigen der Fall, die sich im Rahmen des GÜF oder des FDaG engagiert haben).

- Es hat gleichzeitig hauptamtliche Strukturen zur Unterstützung bürgerschaftlichen Engagements wie z. B. Freiwilligenagenturen gestärkt und weiterentwickelt.
- Es hat weniger als andere Freiwilligendienstformate Mitnahmeeffekte großer Träger ausgelöst.
- Es hat weniger als andere Freiwilligendienste oder -Tätigkeiten zur Monetarisierung des Ehrenamtes beigetragen.
- Es hat eine Vielfalt neuer Angebote in den verschiedensten Lebensbereichen kreiert, die z. B. in den 46 Leuchttürmen deutlich wurden.

Beispielhaft soll hier ein hessischer Leuchtturm vorgestellt werden, der nach meiner Auffassung nachahmenswert für viele Landkreise ist. Unter dem Titel „Spuren hinterlassen im Landkreis" haben sich die Freiwilligenagentur in Marburg und der Landkreis Marburg-Biedenkopf ein ehrgeiziges Ziel gesetzt: In allen Gebietskörperschaften sollten – im Rahmen dieses Projektes – Angebote für ältere Menschen wie z. B. Besuchsdienste oder Mehrgenerationentreffpunkte entwickelt und aufgebaut werden. Gute Voraussetzungen dafür hatte das Demografieprojekt des Landkreises geschaffen, d. h. im Vorfeld gab es eine intensive Auseinandersetzung mit dem Thema der demografischen Entwicklung. Inzwischen haben zehn engagierte Menschen, die im Format FDaG tätig sind, über 150 andere Menschen dafür gewinnen können, sich in sieben Gebietskörperschaften in unterschiedlichen Projekten für ältere Menschen ehrenamtlich einzusetzen. Sie entwickeln und koordinieren diese Angebote. Die Freiwilligen werden dabei von der Marburger Freiwilligenagentur beraten, unterstützt und begleitet. Diese Konstellation „Hauptamt unterstützt und begleitet FDaG-Engagierte dabei, Menschen für bürgerschaftliches Engagement zu gewinnen und zu koordinieren" erwies sich als sehr effektiv und erfolgreich.

Dem Einwand, dass diese zehn FDaG-Engagierten ihr Engagement auch ohne das Format FDaG ausüben könnten, kann folgendes entgegengehalten werden: Der mit dem Format FDaG verbundene Qualifizierungsanspruch ist nicht nur wichtig für die Gewinnung der Freiwilligen, sondern unverzichtbar für die Koordinierungsaufgaben. Mit der Vereinbarung, die die Freiwilligen, der Träger und die Einsatzstelle unterschreiben, wird für eine sonst nicht erreichbare größtmögliche Verlässlichkeit des Engagements gesorgt. Die damit verbundene professionelle Begleitung durch die Freiwilligenagentur garantiert die gute Betreuung der Freiwilligen und ihrer Projekte und sorgt damit für Zufriedenheit derjenigen die sich engagieren. Durch die Befristung der Verträge können Freiwillige vermehrt dafür gewonnen werden, verbindliche Freiwilligendienste für die Gesellschaft zu leisten. Es entspricht immer mehr dem Wunsch der Freiwilligen, sich eine gewisse Zeit, meist projektbezogen, engagieren zu wollen. Mit der Befristung kommt der FDaG nicht nur dem Gebot der

Arbeitsmarktneutralität nach, sie schützt auch die Freiwilligen davor, sich zu über-fordern bzw. aus ihrem Engagement nicht mehr herauszufinden, auch wenn längst etwas anderes in ihrem Leben wichtiger geworden ist. Das zuständige Ministerium in Hessen hat – nach Auslaufen des Bundesprogramms – die Arbeit des in Hessen für den FDaG tätigen Mobilen Kompetenzteams in bescheidenem Ausmaß weiter gefördert, weil es davon überzeugt ist, dass der FDaG eine hervorragende Ergän-zung zu den Jugendfreiwilligendiensten für andere Alters- und Zielgruppen darstellt und keineswegs durch die Einführung des Bundesfreiwilligendienstes überflüssig geworden ist oder dadurch ersetzt werden könnte.

3   Wie geht es mit dem Format FDaG weiter?

Aus dem gleichen Grund haben die Landesregierungen von Hessen und Rheinland-Pfalz gemeinsam eine Bundesratsinitiative eingebracht, die das Format FDaG als zweite eigenständige Säule im Bundesfreiwilligendienstgesetz verankert sehen will. Dieser Weg für eine dauerhafte Absicherung des FDaG-Formats wurde aus zwei Gründen gewählt:

1. Zum Zeitpunkt der ersten Überlegungen zu dieser Initiative war völlig unklar, ob die finanziellen Mittel, die nach der Aussetzung der Wehrpflicht und damit des Zivildienstes für dessen Ersatz – den Bundesfreiwilligendienst – zur Verfügung standen, in Gänze abgerufen würden. Das Bundesministerium hat aus dieser Sorge heraus die Länder zu einer Lösung gedrängt, die eine Finanzierung des FDaG aus den ehemaligen Zivildienstmitteln ermöglichen sollte.
2. Nach den Erkenntnissen aus dem Modellprojekten GÜF und dem Folgepro-gramm FDaG war deutlich, dass viele ältere engagementbereite Menschen ein Vollzeitengagement oder eines im Umfang von 20 Wochenstunden (wie der BFD dies für ältere Freiwillige ermöglicht) nicht wahrnehmen wollen oder können. Für sie bietet der BFD in seiner jetzigen Form keine Alternative. Mit dem Format des FDaG ist diese Alternative als flexiblerer Dienst gegeben.

Die Bundesratsinitiative wurde als gemeinsame Initiative aller Länder in den Bun-desrat eingebracht und diskutiert. Diese gemeinsame Aktion der Länder zeigt, dass die positiven Erfahrungen alle Bundesländer von diesem Format überzeugt haben und sie eine dauerhafte Regelung und Förderung wollen.

Der Gesetzentwurf sieht folgende Regeln vor:

- Der FDaG wird innerhalb eines Dreiecksverhältnisses (Träger, Einsatzstelle und Freiwillige/r) abgeleistet.
- Die wöchentliche Dienstzeit beträgt mindestens acht Stunden, kann aber auch für z. B. 10 oder 15 h vereinbart werden.
- Die Dauer des Dienstes beträgt mindestens sechs und maximal 24 Monate.
- Der Dienst kann jederzeit beendet werden, wenn sich die Lebenssituation der Freiwilligen verändert, z. B. durch die Aufnahme einer Erwerbsarbeit. Näheres dazu wird in der Vereinbarung zwischen Freiwilligem, Einsatzstelle und Träger geregelt.
- Die Freiwilligen sind unfallversichert und haftpflichtversichert durch die Träger.
- Die Freiwilligen haben einen Anspruch auf kontinuierliche Begleitung ihres Engagements und auf Qualifizierungsangebote in Höhe von 60 Wochenstunden bei einer einjährigen Dauer des Dienstes, d. h. fünf Stunden pro Monat – bei verkürzter oder verlängerter Dauer verändert sich der Anspruch entsprechend.
- Die Aufwendungen der Freiwilligen können durch die Einsatzstellen erstattet werden. Es besteht kein Anspruch auf ein Taschengeld.
- Die Finanzierung des FDaG soll je Freiwilligen und Monat und stets im Rahmen der im Haushaltsplan des Bundes vorgesehenen Mittel erfolgen. Der Förderbetrag kann verwendet werden für Qualifizierung, Begleitung, Beratung und Koordinierung der Freiwilligen, in Ausnahmefällen auch für die Erstattung der Aufwendungen der Freiwilligen.

Der vorgesehene Weg einer gesetzlichen Verankerung im Rahmen des Bundesfreiwilligendienstgesetzes war zunächst durch den unerwarteten Zuspruch für den BFD blockiert. Die Bereitschaft, die Zuwendungen für den BFD zugunsten des FDaG zu verringern, war weder beim Arbeitsstab Freiwilligendienste im Bundesfamilienministerium noch bei den Verbänden, für die der BFD sich aufgrund seiner relativ hohen Platzförderung als zunehmend attraktiv erwies, vorhanden.

Schließlich ist die Bundesratsinitiative zum FDaG der Diskontinuität zum Opfer gefallen, weil die vorangegangene Bundesregierung sich nicht zu einer abschließenden positiven oder negativen Bewertung durchringen konnte. Der Vorschlag war letztlich, dass auf Fachebene mit den Ländern eine Einigung erzielt werden sollte. Dies ist bislang nicht möglich gewesen. Nach einem ersten Treffen waren keine weiteren Aktivitäten von Seiten des Bundesfamilienministeriums mehr zu verzeichnen. Es ist jetzt aber davon auszugehen, dass die Länder ihre Initiative wieder einbringen

Das Vorhaben einer gesetzlichen Verankerung des FDaG auf Bundesebene bleibt – wie oben dargelegt – von großer Wichtigkeit. Von Bedeutung sind dabei vor allem drei Faktoren, die auch für die Stärkung und Weiterentwicklung des bürgerschaftlichen Engagements insgesamt relevant und in der Begründung der Bundesratsinitiative hervorgehoben sind:

1. Das FDaG-Format löst kein Taschengeld aus oder eine vergleichbare Art der Entlohnung im Unterschied zu den Jugendfreiwilligendiensten und dem Bundesfreiwilligendienst. Es sollten allerdings möglichst die den Freiwilligen entstandenen Kosten erstattet werden.
2. Die vorgesehene Mindestdauer von sechs Monaten und der wöchentliche Umfang von mindestens acht Stunden sichert insbesondere älteren Menschen die Flexibilität, neben dem Dienst die gewohnten Interessen und Bedürfnisse zu befriedigen.
3. Gleichzeitig entspricht die Einführung einer Förderungshöchstdauer (24 Monate) dem Kriterium der Arbeitsmarktneutralität und den Vereinbarungen mit den Freiwilligen, die in einer intensiven Übergangspassage Qualifizierung, Orientierungshilfe und Begleitung erfahren. Die kontinuierliche Begleitung der Freiwilligen und die Qualifizierungsangebote tragen dazu bei, denjenigen, die sich im Rahmen des FDaG erstmals engagiert haben, den Übergang in eine andere Form des bürgerschaftliches Engagements zu erleichtern. Sie dienen somit der Nachhaltigkeit.

Die Vereinbarung und die Begleitung als wesentliche Elemente des FDaG sichern die Zuverlässigkeit und die Kontinuität des Engagements. Die Bundesratsinitiative und die Ergebnisse der derzeitigen Evaluation der Jugendfreiwilligendienste und des Bundesfreiwilligendienstes werden die Debatte um die Existenzberechtigung und Ausgestaltung der verschiedenen Freiwilligendienste wieder beflügeln.

Ich plädiere daher für eine offene pragmatische und zugleich visionäre Debatte. Im Zentrum sollte dabei die Frage stehen: Welche gesellschaftlich wichtigen Aufgaben können welche engagierten Menschen in welchen Lebenslagen mit welchem persönlichen Nutzen und welchem Nutzen für andere in welchem Format am besten ausfüllen? Von der Beantwortung dieser Frage wird es abhängen, welche Kriterien ein Format erfüllen muss, um sich Freiwilligendienst nennen zu können, bzw. welche Formen der Unterstützung auf Bundesebene welches Dienstformat bekommen soll.

Literatur

Bundesratsdrucksache 297/12.

Zentrum für zivilgesellschaftliche Entwicklung. 2012a. *Freiwilligendienste aller Generationen: Umsetzung und Wirkung 2009–2011*. Hrsg., *Abschlussbericht*, Freiburg.

Zentrum für zivilgesellschaftliche Entwicklung. 2012b. *Qualifizierung im Rahmen des Programms „Freiwilligendienste aller Generationen": Ein Überblick über Strukturen und Beispiele*. Hrsg., Freiburg.

Elke Kiltz M.A. war u. a. als wissenschaftliche Mitarbeiterin bei Bündnis 90/Die Grünen im Bundestag und als Referatsleiterin für Parlament, Kabinett und Bundesrat im Hessischen Ministerium für Jugend, Familie und Gesundheit tätig und bis 2006 Mitglied im rheinland-pfälzischen Landtag. Derzeit arbeitet sie als Referatsleiterin für Bürgerschaftliches Engagement und Koordinierung Sterbebegleitung im Hessischen Ministerium für Soziales und Integration.

Grenzen der „Verdienstlichung"

Besondere Förderbedarfe des zeitintensiven Engagements

Ansgar Klein

Zusammenfassung

Derzeit lässt sich ein wahrer Boom der Freiwilligendienstformate und eine starke Verengung der Engagementpolitik auf Freiwilligendienste feststellen. Der Beitrag leuchtet zunächst kritisch die Hintergründe für den dominierenden Trend einer „Verdienstlichung des Engagements" (Gisela Jakob) (1.) und seine Fortsetzung im schwarz-roten Koalitionsvertrag aus (2.). Die Folgen der politischen Vernachlässigung des gesamten übrigen Engagementspektrums wird insbesondere bei den zeitintensiven Formen des bürgerschaftlichen Engagements deutlich. Hier bedarf es eigener engagementpolitischer Anstrengungen im Kontext einer insgesamt breit ansetzenden Engagementförderung jenseits der Freiwilligendiensteformate (3.).

1 Politische Hintergründe für den Boom der Freiwilligendienste

Freiwilligendienste werden seit der Enquete-Kommission zur „Zukunft des Bürgerschaftlichen Engagements" als „eine besondere, staatlich geförderte Form bürgerschaftlichen Engagements (Deutscher Bundestag 2002, S. 251) verstanden.

A. Klein (✉)
Bundesnetzwerk Bürgerschaftliches Engagement,
Berlin, Deutschland
E-Mail: ansgar.klein@b-b-e.de

© Springer Fachmedien Wiesbaden 2015
T. Bibisidis et al. (Hrsg.), *Zivil – Gesellschaft – Staat,*
Bürgergesellschaft und Demokratie 44, DOI 10.1007/978-3-658-05564-6_16

Ihre Besonderheit ist der Vollzeitcharakter, der bei Freiwilligendiensten mindestens 20 Wochenstunden umfassen muss, und ihre zeitliche Befristung auf 12 bis max. 24. Monate Als eine Form des bürgerschaftlichen Engagements unterliegen sie den Anforderungen der Freiwilligkeit. Sie sind zivilgesellschaftliche Lerndienste, deren Tätigkeitsprofile deshalb hinreichende Spielräume zur Erprobung von Selbstwirksamkeit bieten müssen und die Möglichkeit, die gemachten Erfahrungen systematisch in pädagogischen Begleitangeboten zu reflektieren.

Im Vorfeld der Abschaffung des Wehr- und Zivildienstes wurde mit den beiden Modellprojekten Generationsübergreifende Freiwilligendienste (GÜF) und Freiwilligendienst aller Generationen (FDaG) der Versuch gestartet, nicht nur Jugendliche, sondern alle Altersgruppen für Freiwilligendienste zu gewinnen. Vor allem die Älteren wollten sich jedoch nur für ein zeitintensives bürgerschaftliches Engagement unterhalb von 20 Stunden engagieren (die Ergebnisse der Evaluation erbrachten, dass wöchentlich im Durchschnitt ca. acht Stunden freiwilliges Engagement realisiert wurden). Gleichwohl versuchten 2012 einige Bundesländer diese Modelle als Freiwilligendienste zu verankern. Der im Bundesrat behandelte Gesetzentwurf sah vor, dass der FDaG gesetzlich im Bundesfreiwilligendienstgesetz mit Engagementzeiten unter 20 Wochenstunden festgeschrieben und mit Mitteln für die Begleitung und Qualifizierung der Freiwilligen ausgestattet werden sollte (Mittel für Taschengeld waren nicht vorgesehen!). Vor allem die große Nachfrage nach dem neu geschaffenen Bundesfreiwilligendienst wie auch den bestehenden Jugendfreiwilligendiensten führte dazu, dass sowohl Bund als auch viele Träger der Freiwilligendienste eine rechtliche Öffnung hin zu Formen eines zeitintensiven Engagements energisch ablehnten. Bei weniger hoher Nachfrage wäre diese Weigerung wohl nicht erfolgt.

Nach Aussetzung des Zivildienstes wurde der Ruf nach einem „Ersatz des Ersatzdienstes" bei Kommunen wie Trägern immer lauter. Auch das Bundesministerium für Familie, Senioren, Frauen und Jugend (BMFSFJ) war an einem Ersatz für die mit dem Zivildienst verbundenen Zuständigkeiten interessiert und betrachtete den möglichen Verlust ihrer einzigen nachgeordneten Behörde mit wachsender Sorge, die ihr mit der Umwidmung des alten Bundesamtes für Zivildienst (BAZ) in das neue Bundesamt für Familie und zivilgesellschaftliche Aufgaben (BAFzA) genommen wurde. Die Freiwilligendienste standen in diesem doppelten Sinn in der vergangenen Legislaturperiode im Zentrum der Interessen des BMFSFJ und der dort betriebenen staatlichen Engagementpolitik.

Dort, so Gisela Jakob, „werden die freiwilligen Tätigkeiten vor allem als Pflicht und Leistung thematisiert, um den gesellschaftlichen Problemdruck zu bewältigen. Aus der Sicht des Staates sind dabei vor allem die Engagementformen besonders interessant und förderungswürdig, mit denen ‚Löcher' im Dienstleistungsspektrum des modernen Sozialstaats aufgespürt und gestopft werden können (...). Dem ehrenamtlichen Engagement droht dabei eine,Verengung auf Quasi-Dienstleistungen' (Jakob 2013b, S. 21).

Insbesondere die soziale Arbeit, aber natürlich auch weitere Bereiche des Engagements (Sport, Kultur etc.) dürften künftig immer mehr von einem Ressourcen-Mix aus Staat, Wirtschaft und Zivilgesellschaft geprägt sein. Es kommt dann vor allem darauf an, dass die zivilgesellschaftlichen Ressourcen ihren Spielraum und Eigensinn behaupten und dass dafür förderliche gesetzliche Rahmungen entwickelt werden. Der wichtigste Anreiz für bürgerschaftliches Engagement im Rahmen der Koproduktion sozialer Leistungen ist die „Möglichkeit zur partizipationsoffenen Gestaltung unter Einbringung der Anliegen und Interessen der Engagierten unter Wahrung und Entwicklung fachlicher Standards. Es gilt hier der Grundsatz: Wer leistet und gestaltet, sollte auch an Entscheidungsprozessen teilhaben können. Demnach sind zuvorderst die Institutionen und Organisationen, die Soziale Arbeit (im weitesten Sinn) leisten, gefragt, sich für das Engagement von Bürgerinnen und Bürgern und insbesondere von Bewohnerinnen und Bewohnern des Umfelds, in das sie eingebettet sind, zu öffnen und ihnen Gestaltungs- und Entscheidungsspielräume zu schaffen." (Rindt et al. 2011, S. 4)

Für die Verbände etwa ist die Einbindung des Engagements in die Profile ihrer Einrichtungen einerseits, ihrer verbandlichen Entscheidungsorgane andererseits das Argument für eine Selbstbeschreibung als zivilgesellschaftliche Akteure. Zugleich sind sie über das Subsidiaritätsprinzip eingebunden in die sozialstaatliche Leistungserbringung und aus ökonomischer Perspektive sind etwa die Wohlfahrtsverbände die größten Arbeitgeber Deutschlands, ja Europas. Als Organisationen des Dritten Sektors sind sie hybride Organisationen. Es kommt dann vor allem darauf an, welche Ausprägung und Stärke zivilgesellschaftliche Handlungslogiken innerhalb des Organisationsgefüges der Verbände und ihrer Einrichtungen gegenüber wirtschaftlicher oder sozialstaatlicher Handlungslogik gewinnen. Dies ist für die Weiterentwicklung eines „Welfare Mix" eine zentrale Frage. Die Wohlfahrtsverbände etwa sind vor allem durch den Wandel der gesetzlichen Rahmenbedingungen seit Jahren genötigt, ihre Angebote vor allem unter dem Aspekt der Kostengünstigkeit zu entwickeln. Durch gewandelte staatliche Vorgaben geraten sie in ein wachsendes Spannungsverhältnis zu den eigenen Ansprüchen, nach denen sie sich als zivilgesellschaftliche Akteure verstehen (Rindt et al. 2011, S. 5).

2 „Verdienstlichung des Engagements": Problematische Ansätze im schwarz-roten Koalitionsvertrag

Die Fortsetzung dieses Trends der „Verdienstlichung des Engagements" (Jakob 2013a) ist im schwarz-roten Koalitionsvertrag angelegt (zum Folgenden Klein und Embacher 2013). Im engagementpolitischen Teil des Koalitionsvertrages dominiert der Bereich „Bundesfreiwilligendienst und Jugendfreiwilligendienste". Dies spiegelt die finanzielle Bedeutung dieses Bereichs wider, der bereits zum Ende der alten Legislaturperiode unter Nutzung von Mitteln des früheren Zivildienst-Etats einen Betrag von 300 Mio. € für den neuen Bundesfreiwilligendienst und weitere 50 Mio. € für die etablierten Jugendfreiwilligendienste bereitgehalten hatte.

Gewichtig ist die Ankündigung im Koalitionsvertrag, das BMFSFJ werde jetzt auch die Zuständigkeit für alle „geregelten Auslandsfreiwilligendienste" federführend bündeln. Das betrifft den entwicklungspolitischen Freiwilligendienst *weltwärts* beim Bundesministerium für wirtschaftliche Zusammenarbeit und Entwicklung (BMZ), den bislang *Engagement Global* managt, ebenso wie wohl auch *kulturweit* beim Auswärtigen Amt, so dass der zugehörige Etat dann wohl zwischen 400 und 500 Mio. € liegen dürfte. Das BAFzA schickt sich mit Umsetzung dieser Bündelung an, schrittweise die Höhe des Etats des früheren Zivildienstes nunmehr für die Freiwilligendienste erneut aufzubauen.

Es gibt sicher gute Gründe für eine stärkere Koordination der Freiwilligendienste. Der schwarz-gelbe Koalitionsvertrag hatte hier noch von einer gesetzlichen Klammer in Form eines Freiwilligendienstestatusgesetzes gesprochen. Durch das Prinzip der administrativen Bündelung soll nun zugleich eine Standardisierung von Rahmenbedingungen unterhalb der politisch-gesetzlichen Regelung erfolgen. Das gäbe der Administration einen großen Handlungsspielraum. Spannend wird es bei den Freiwilligendiensten auch mit Blick auf die Arbeitsmarktneutralität und die offensichtliche Instrumentalisierung seitens zahlreicher Einrichtungen als bloßem „Ersatz des Ersatzdienstes". Dies kennzeichnet vor allem den immer noch neuen Bundesfreiwilligendienst. Er muss sich gegenüber den Anforderungen an die Tätigkeitsprofile von Freiwilligendiensten als „zivilgesellschaftliche Lerndienste" erst noch beweisen und dies gilt auch für die pädagogischen Begleitprogramme.

Geradezu bedenklich stimmen muss jedoch, dass die Ankündigung, „ein Gesamtkonzept des freiwilligen Engagements [zu] entwickeln" (S. 112), im Kapitel „Freiwilligendienste" (!) des Koalitionsvertrags auftaucht, das neben dem Bundesfreiwilligendienst und den Jugendfreiwilligendiensten auch einen weiterentwickelten Freiwilligendienst bei der Bundeswehr beinhaltet (ebd.). Zum einen ist es verwunderlich, dass nun die freiwillige Entscheidung für die Bundeswehr zum bürgerschaftlichen Engagement gerechnet werden soll. Der angekündigte Rekurs auf das Miliz-Prinzip bewaffneter Bürger_innen in globalisierten Zeiten dürfte so manche ideengeschichtliche Volte motivieren! Zum anderen aber wird eine Spezialform des bürgerschaftlichen Engagements, in der insgesamt ca. 150.000 Bürgerinnen und Bürger in befristeter Vollzeit tätig sind, federführend gemacht für eine Gesamtstrategie des bürgerschaftlichen Engagements, die die Rahmenbedingungen von immerhin 23 Mio. Bürgerinnen und Bürgern gestalten soll. Engagementpolitisch wedelt hier, wie es Thomas Olk in seinem Beitrag in diesem Band ausdrückt, der „Schwanz mit dem Hund".

Begleitet wird dieses Vorhaben von einer Konzeption der „sorgenden Gemeinschaft", deren Förderung im kommunalen Raum der Bund mittels eines ausgeweiteten Angebots des Bundesfreiwilligendienstes gewährleisten will, das er zunehmend selbst steuert. Wegen der sich hier abzeichnenden bundeszentralen Steuerung lokaler „Ressourcen" des Engagements – allein schon aus föderalismusrechtlichen Gründen bedenklich – stellt eine solche Entwicklung auch die intermediäre Rolle der Verbände und Vereine der organisierten Zivilgesellschaft grundsätzlich in Frage.

Verbände und Kommunen – angelockt durch erhebliche Ressourcen für neue Dienstangebote – sehen sich vor die Wahl gestellt, notleidende kommunale Einrichtungen mit der Ressource Engagement als „Ersatz des Ersatzdienstes" zu versorgen oder aber ihre Strukturen und Einrichtungen als Orte eines eigensinnigen bürgerschaftlichen Engagements fortzuentwickeln und eine selbstbewusste intermediäre und wertbezogene Rolle in den sich fortentwickelnden Formen des „Welfare Mix" zu spielen.

Im Zentrum einer auf eigensinniges bürgerschaftliches Engagement orientierten Engagementpolitik für 23 Mio. Engagierten müssten daher – anstelle paternalistisch gesteuerter „Sorge-Projekte" – vor allem horizontale Netze und lebendige Diskurse von zivilgesellschaftlichen Trägern und Einrichtungen, von Kommunen und Wirtschaft mit den lokalen Freiwilligenszenen unter Einbindung einer engagementfördernden Infrastruktur stehen. Systematische Organisationsentwicklung der Verbände und Einrichtungen und eine Mitentwicklung der partizipativen Formate (zur Demokratiepolitik: Embacher 2012; Roth 2011) müssten an dieser Stelle ansetzen.

Es wäre dann zwingend erforderlich, Engagementpolitik im Sinne einer umfassenden Strategie zu denken. Dies erfordert die Vernetzung der Akteure aus Zivilgesellschaft, Staat und Wirtschaft und gemeinsame Arbeit an Rahmenbedingungen und nachhaltigen engagementfördernden Infrastrukturen. Das Bundesnetzwerk Bürgerschaftliches Engagement (BBE) hat in seinen engagementpolitischen Impulsen den hier bestehenden Handlungsbedarf deutlich gekennzeichnet. Detailliert lässt er sich in den vier Ergebnisbänden des „Nationalen Forums für Engagement und Partizipation" nachlesen (BBE 2009a, b; 2010a, b).

Eine besondere Bedeutung haben in einer wohlverstandenen Engagementpolitik die zeitintensiven Formate des Engagements.

3 Förderbedarfe des zeitintensiven Engagements

Insbesondere die Debatten um das „alte" und das „neue" Ehrenamt haben dafür sensibilisiert, dass zeitintensive Engagementformen nach wie vor eine große und wesentliche Bedeutung haben. Auch wenn sie unter dem falschen Etikett „Freiwilligendienste" stattfanden, haben die Modellprojekte GÜF und FDaG wichtige Impulse für neue Strukturen vor Ort und kreative Initiativen zeitintensiven Engagements gebracht. Wie bei anderen Formen des zeitintensiven Engagements – etwa bei Vereinsvorständen, bei der Mitarbeit in Hospizdiensten oder bei ehrenamtlichen Chorleiter_innen u. a.– zeichneten sie sich durch ein hohes Maß an Verlässlichkeit und Verbindlichkeit für die übernommenen Aufgaben aus. Es gibt keinen Zweifel, dass es für ein solches Engagement einen großen Bedarf gibt.

Gleichzeitig gibt es allerdings einen Wandel bei den Engagementmotiven, der in bestimmten Bereichen die bisherigen anspruchsvollen und zeitintensiven Formen des Engagements gefährdet. So sind etwa die bedeutenden ehrenamtlichen Funktionen in Vereinsvorständen einem erheblichen Druck ausgesetzt. Das gilt zum Teil auch für das zeitintensive Engagement in der Telefonseelsorge, der AIDS-Hilfe, Hospizbewegung und in vielen anderen Bereichen. Engagementpolitisch ist hier ein dringender Bedarf, diese unterschiedlichen Formen eines zeitintensiven Engagements von vier bis zu 19 Stunden nachhaltig zu fördern, den geänderten gesellschaftlichen Bedingungen entsprechend. Und es geht um gute Schnittstellen zwischen diesen zeitintensiven Formen des Engagements und den Formaten der Freiwilligendienste.

Für die Förderung des zeitintensiven Engagements unverzichtbar ist eine nachhaltige engagementfördernde Infrastruktur, die systematisch kommunal oder regional berät, vermittelt, informiert (z. B. über Versicherungsschutz), begleitet, vernetzt und erforderliche Qualifizierungen ermöglicht. Bei der Vernetzung sind Kommune, Landkreis, zivilgesellschaftliche Akteure und Unternehmen einzubinden. Vor allem bei den von Engagierten getragenen bzw. unterstützten kommunalen Einrichtungen gilt es den Eigensinn des Engagements bei allen Fördermaßnahmen anzuerkennen und diesen als sozial wie politisch integrative Produktivkraft zu nutzen, ohne das Engagement als bloßen Lückenbüßer zu instrumentalisieren.

Es bedarf aber auch einer systematischen Organisationsentwicklung der Einrichtungen, die mit Engagierten arbeiten. Ziel einer solchen Organisationsentwicklung muss es sein, die fachlichen Standards eines guten Freiwilligenmanagements für die Kooperation von Haupt- und Ehrenamt fruchtbar zu machen: Das gilt von der Willkommenskultur über die berühmte Begleitung der Engagierten auf „Augenhöhe" und deren partizipative Einbindung in die Einrichtungen über die Ermöglichung guter Fortbildung bis hin zu einer guten Verabschiedungskultur bei zeitlich grundsätzlich begrenztem freiwilligen Engagement. Im Rahmen einer engagementfreundlichen Organisationsentwicklung sind natürlich auch Fragen der Leitbildentwicklung, des Selbstverständnisses und der Kooperation von Haupt- und Ehrenamt angesprochen. Auch Fragen der Unkostenerstattung stellen sich bei zeitintensivem Engagement naturgemäß mit größerer Dringlichkeit.

Gerade bei zeitintensiven Formen des Engagements sind komplexe Tätigkeiten die Regel. Entsprechend dringend sind die bestehenden systematischen Fortbildungsbedarfe – exemplarisch sei hier auf die sechs Wochen betragenden Einführungskurse der Telefonseelsorge hingewiesen, die deutlich machen, welche Kompetenzentwicklungen sich gerade in zeitintensiven Formen des Engagements vollziehen.

Mit Blick auf die zeitintensiven Formen des Engagements lassen sich zudem in besonders fruchtbarer Weise die Entwicklungen von Engagement zu Erwerbsarbeit und Prozesse der Verberuflichung des Engagements erörtern. Hier sind die Schnittstellen zwischen Engagement und Erwerbsarbeit deutlicher sichtbar und können die erforderlichen Kriterien der Zuordnung und des Umgangs wie auch der Übergänge besonders gut geschärft und weiter entwickelt werden.

Anders als die zeitintensiven, aber zeitlich limitierten Sonderformen der Freiwilligendienste sind die zeitintensiven Formen des Engagements – wie die Zahlen aus der Engagementforschung belegen – trotz grundsätzlicher Begrenztheit dieses Engagements oft durch eine hohe Langfristigkeit der Selbstverpflichtung und Selbstbindung gekennzeichnet. Damit sind die zeitintensiven Formen des Engagements zentrale Katalysatoren zwischen den zeitlich eher punktuellen Formen des Engagements einerseits und den Freiwilligendiensten als Vollzeitdiensten als Sonderformaten andererseits. Für die Organisationsentwicklung dürfte es auf den jeweils richtigen Mix der Engagementformen und auf den angemessen Umgang mit dem – in allen Formen eigensinnigen – Engagement ankommen.

Nicht zuletzt sind die sich mit einer Verkürzung der Schuljahre (G 8) und einer Verschulung der Universitäten (BA) stellenden zeitpolitischen Herausforderungen gerade für das zeitintensive Engagement zu thematisieren. In diesem Zusammenhang ist auch die unternehmerische Gestaltung des Engagements der Mitarbeiterinnen und Mitarbeiter als „Corporate Volunteering" gefordert, um etwa mit flexiblen Zeitkonten oder auch Freistellungsregelungen auf die Bedarfe des zeitintensiven Engagements zu reagieren.

4 Ausblick

Für Freiwilligendienste als einer Sonderform des bürgerschaftlichen Engagements, wie auch für alle zeitintensiven Formen des Engagements, bleibt die Freiwilligkeit des Engagements eine zentrale normative wie ordnungspolitische Größe. Für die Ökologie des Engagements in den diversen Einrichtungen bleibt es unverzichtbar, eine gute Mischung aus punktuellem Engagement, zeitintensivem Engagement und Freiwilligendiensten zu realisieren. Zu warnen ist vor einer einseitigen Präferierung und Dominanz der Freiwilligendienste: Dies verstärkt die Dienstleistungsorientierung und schwächt die zivilgesellschaftliche Qualität von Einrichtungen und schwächt die intermediäre Rolle der Träger.

Daher wird es besonders darauf ankommen, durch die jeweiligen guten Mischungen der Engagementformen – hier gibt es keine Pauschallösungen! – und ein gutes Miteinander von Haupt- und Ehrenamt sowohl die Leistungsfähigkeit als auch die zivilgesellschaftliche Bedeutung von Einrichtungen und Trägern zu stärken.

Freiwilligendienste müssen integraler Bestandteil des bürgerschaftlichen Engagements sein, auch unter dem Aspekt der Nachhaltigkeit, und dürfen entsprechend nur ein Teil einer allgemeinen engagementpolitischen Förderstrategie sein (zur Engagementpolitik siehe Olk et al. 2010), die das Verhältnis zu zeitintensivem Engagement und bürgerschaftlichem Engagement in der Vielfalt seiner Formen synergetisch entwickelt und keine Kannibalisierung der allgemeinen Engagementförderung zugunsten der Freiwilligendienste betreibt. Dieser Zielhorizont erfordert eine transparente und partizipative Verständigung über den notwenigen Einsatz der Ressourcen im Rahmen eines nationalen Engagementförderplans und die transparente und partizipative Fortentwicklung der nationalen Engagementstrategie.

Literatur

Bundesnetzwerk Bürgerschaftliches Engagement (BBE). 2009a. *Nationales Forum für Engagement und Partizipation. Erster Zwischenbericht.* Berlin: Eigenverlag.
Bundesnetzwerk Bürgerschaftliches Engagement (BBE). 2009b. *Nationales Forum für Engagement und Partizipation. Materialien und Dokumente.* Bd. 2. Berlin: Eigenverlag.
Bundesnetzwerk Bürgerschaftliches Engagement (BBE). 2010a. *Nationales Forum für Engagement und Partizipation. Materialien und Dokumente,* Bd. 3. Berlin: Eigenverlag.
Bundesnetzwerk Bürgerschaftliches Engagement (BBE). 2010b. *Nationales Forum für Engagement und Partizipation. Materialien und Dokumente.* Berlin: Eigenverlag.
Deutscher, Bundestag/Enquete-Kommission. 2002. *„Zukunft des Bürgerschaftlichen Engagements": Bürgerschaftliches Engagement: auf dem Weg in eine zukunftsfähige Bürgergesellschaft.* Opladen.

Embacher, Serge. 2012. *Baustelle Demokratie. Die Bürgergesellschaft revolutioniert unser Land*. Hamburg: edition Körber-Stiftung.

Jakob, Gisela. 2013a. „Verdienstlichung" des Engagements. Freiwilligendienste als neuer Hoffnungsträger der Engagementförderung. In *Jahrbuch Engagementpolitik 2013*, Hrsg. Klein, Ansgar, Rainer Sprengel, und Johanna Neuling, 22–28. Schwalbach/Ts.: Wochenschau Verlag.

Jakob, Gisela. 2013b. Freiwilligendienste zwischen Staat und Zivilgesellschaft, In *betrifft: Bürgergesellschaft* 40.

Klein, Ansgar, und Serge Embacher. 2013. Der schwarz-rote Koalitionsvertrag aus engagement- und demokratiepolitischer Sicht, In *BBE-Newsletter 25/2013*. http://www.b-b-e.de/newsletter/newsletter-nr-25-vom-12122013/.

Olk, Thomas, Ansgar Klein, und Birger Hartnuß. 2010. Engagementpolitik. Die Entwicklung der Zivilgesellschaft als politische Aufgabe. Wiesbaden: Springer VS Verlag.

Rindt, Susanne, Ludger Klein, und Ansgar Klein. 2011. Editorial: Zu viel Zivilgesellschaft? Soziale Arbeit und bürgerschaftliches Engagement. *Forschungsjournal Soziale Bewegungen. Analysen zu Demokratie und Zivilgesellschaft*, 3–18 (3).

Roth, Roland. 2011. *Bürgermacht. Eine Streitschrift für mehr Partizipation*. Hamburg und Bonn: edition Körber-Stiftung.

PD Dr. Ansgar Klein   seit 2002 Geschäftsführer des Bundesnetzwerks Bürgerschaftliches Engagement (BBE), Privatdozent für Politikwissenschaften an der Humboldt-Universität zu Berlin und Fellow des Maecenata-Instituts. Mitherausgeber der Buchreihe *Bürgergesellschaft und Demokratie* im Springer VS Verlag sowie geschäftsführender Herausgeber der Schriftenreihe des BBE *Engagement und Partizipation in Theorie und Praxis* im Wochenschau Verlag.

Bildung in Jugendfreiwilligendiensten

Thomas Rauschenbach

Zusammenfassung

Die Bedeutung der Freiwilligendienste in Deutschland ist in den vergangenen Jahren deutlich gewachsen. Vor diesem Hintergrund stellt sich die Frage nach der Bildungsrelevanz vor allem in den Jugendfreiwilligendiensten neu. Der Beitrag entfaltet das Potenzial an dort stattfindenden Bildungsprozessen aus mehreren Perspektiven. Dabei werden zunächst typologisch die Motive für die Aufnahme eines Jugendfreiwilligendienstes herausgearbeitet; in einem zweiten Schritt werden Kennzeichen des Lernens in Freiwilligendiensten im Kontrast zu schulischem Lernen beschrieben. Schließlich wird geklärt, welche empirisch erkennbaren Ergebnisse das Lernen in Jugendfreiwilligendiensten hat und welche Forschungslücken hier noch bestehen. Ein Ausblick befasst sich mit der ambivalenten Rolle der Freiwilligendienste zwischen Lerndiensten und ihrer Indienstnahme als Reservoir kostengünstiger Arbeitskräfte.

1 Einleitung

Freiwilligendienste haben in Deutschland zu Beginn dieses Jahrhunderts eine Phase des Wandels und der Aufwertung erfahren. Der wichtigste Impuls der vergangenen Jahre ging dabei von einem Umstand aus, der gar nicht genuin den

T. Rauschenbach (✉)
Deutsches Jugendinstitut, München, Deutschland
E-Mail: rauschenbach@dji.de

© Springer Fachmedien Wiesbaden 2015
T. Bibisidis et al. (Hrsg.), *Zivil – Gesellschaft – Staat,*
Bürgergesellschaft und Demokratie 44, DOI 10.1007/978-3-658-05564-6_17

Freiwilligendiensten zuzurechnen ist: Mit Aussetzung der Wehrpflicht, die im Jahr 2010 eingeleitet wurde, war die Abschaffung des Zivildienstes verbunden. Aufgrund dieses Wegfalls folgte die Einrichtung eines neuen Bundesfreiwilligendienstes im Jahr 2011, wodurch dann auch die bereits bestehenden Jugendfreiwilligendienste tangiert wurden: Sie bekamen gewissermaßen Konkurrenz durch ein neues Format und reagierten darauf zunächst irritiert (Rauschenbach 2010).

Inzwischen aber zeigt sich: Die etablierten Dienste des Freiwilligen Sozialen Jahres (FSJ), des Freiwilligen Ökologischen Jahres (FÖJ), von *weltwärts* sowie einigen anderen Freiwilligendiensten wachsen trotz Einführung des alters- und generationenübergreifenden Bundesfreiwilligendienstes (BFD) weiter. Offenbar können vorerst sämtliche Angebote zumindest zahlenmäßig nebeneinander existieren: Die Nachfrage nach den einen wie den anderen Plätzen ist hoch. So hat die Zahl junger Menschen unter 27 Jahren, die sich in einem dieser Freiwilligendienste engagieren, mit zuletzt etwa 70.000 Teilnehmerinnen und Teilnehmern einen neuen Höchststand erreicht. Um das Ausmaß dieser Größenordnung auszudrücken: Während vor zehn Jahren etwa zwei Prozent der altersentsprechenden Bevölkerung einen Freiwilligendienst leisteten, waren es zuletzt etwa sieben Prozent (vgl. Autorengruppe Bildungsberichterstattung 2012, S. 88 f.). Zwar gehört das Absolvieren eines Freiwilligendienstes damit noch nicht zur „Normalbiografie", doch sind die Dienste inzwischen deutlich mehr als ein Angebot für eine verschwindend geringe Zahl junger Menschen.

Neben der biografischen Bedeutung lässt sich auch die gesellschaftliche Relevanz der Freiwilligendienste mit Vergleichszahlen beschreiben: Die lange Zeit weit mehr als 100.000 und zuletzt noch über 80.000 Zivildienstleistenden pro Jahr stellten ein erhebliches Arbeitskräftepotenzial im Sozial- und Gesundheitssektor dar (vgl. Backhaus-Maul et al. 2011, S. 46; Rauschenbach 1992; Beher et al. 2002). Die zuletzt 70.000 jungen Teilnehmerinnen und Teilnehmern aller Freiwilligendienste zusammen genommen, erreichen beinahe eine ähnliche Bedeutung für den Arbeitsmarkt.[1]

---

[1] Wie stark dies im Kontrast zu früheren Erwartungen steht, mag ein Zitat von 1992 zeigen, das hypothetisch formulierte, es würde „niemand in seinen kühnsten Träumen damit rechnen, dass bei einer Abschaffung der Wehrpflicht und einer gleichzeitigen breiten Förderung des freiwilligen Engagements (…) auch nur annähernd jene zahlenmäßigen Größenordnungen zu erreichen wären wie derzeit im Zivildienst" (Rauschenbach 1992, S. 257). Allerdings ist zu beachten, dass es im Jahre 1991, ausgelöst durch den Golfkrieg, mehr als 150.000 Antragsteller auf Kriegsdienstverweigerung gab (Beher et al. 2002, S. 102) – und dass beispielsweise im aktuell letzten verfügbaren Erhebungsmonat des Bundesfreiwilligendienstes von zusammen fast 49.000 Bundesfreiwilligendienstleistenden mehr als 40 % älter als 27 Jahre alt waren (Bundesamt für Familie und zivilgesellschaftliche Aufgaben; Stand: 30.12.2013).

Die Nachfrage junger Menschen nach öffentlich organisierter Freiwilligenarbeit hat in den vergangenen Jahren – nicht zuletzt aufgrund der de-facto-Abschaffung des Zivildienstes sowie einem wachsenden Orientierungsbedarf in einer globalisierten und mobilen Gesellschaft – offenkundig stark zugenommen. Inwieweit bei den über 27-Jährigen auch berufliche Motive eine Rolle spielen – etwa über den Freiwilligendienst aus der Arbeitslosigkeit wieder in eine Beschäftigung zu gelangen –, sei einmal dahingestellt (Jakob 2013). Vor allem bei den jüngeren Dienstleistenden mag es auch damit zusammenhängen, dass die darüber geführten politischen und wissenschaftlichen Debatten in der Regel implizit von einer Bildungsrelevanz der Freiwilligendienste ausgehen.

Eine Teilnahme daran, so die Annahme, ermögliche bildungsrelevante Prozesse der Orientierung und Persönlichkeitsentwicklung sowie den Erwerb sozialer Kompetenzen (BMFSFJ 2009, S. 13). Das derzeitige Wachstum der Freiwilligendienste bedeute mithin ein Wachstum der Bildungsmöglichkeiten für junge Menschen. Selbst in den entsprechenden Bundesgesetzen taucht der Bildungsaspekt auf: Das Gesetz zur Förderung von Jugendfreiwilligendiensten spricht im Paragraph 1 von einer Erhöhung der „Bildungsfähigkeit der Jugendlichen" (BGBl. I, S. 842), das Bundesfreiwilligendienstgesetz geht von einer Förderung des „lebenslangen Lernens" durch die Dienste aus (BGBl. I, S. 687).

Um diese implizite Annahme differenzierter zu betrachten, sollen nachfolgend die Bildungsprozesse in Freiwilligendiensten etwas eingehender skizziert werden. Dabei sollen junge Menschen im Zentrum der Überlegungen stehen; die Perspektive richtet sich nicht auf Ältere, die durch die neuartige altersübergreifende Konstruktion des Bundesfreiwilligendienstes stärker angesprochen werden sollen. Der erste Abschnitt konzentriert sich auf motivationale Aspekte: Wie lassen sich die Motive, einen solchen Dienst zu beginnen, typologisch fassen – und inwiefern sind diese Motive bildungsrelevant? In einem zweiten Abschnitt wird versucht, Lernprozesse in Freiwilligendiensten inhaltlich zu differenzieren: Welche Kennzeichen, so die Frage, lassen sich beim Lernen in Freiwilligendiensten auseinanderhalten? Dabei dient eine Abgrenzung von schulischem Lernen als Raster der Analyse. Der dritte Abschnitt schließlich wendet sich den empirisch erkennbaren Lernergebnissen in Freiwilligendiensten zu, wobei neben den datenmäßig erfassten Sachverhalten auch Lücken der Forschung beschrieben werden sollen. Ein Ausblick auf mögliche Ambivalenzen der Freiwilligendienste zwischen ihrer Charakteristik als Lerndienst und ihrer gesellschaftlichen Nutzbarmachung als Reservoir kostengünstiger Arbeitskräfte rundet das Bild auf die Zukunft der Freiwilligendienste ab.

2 Bildung als Ziel? Motivationale Aspekte der Arbeit in Freiwilligendiensten

Auf die Frage, was junge Menschen dazu veranlasst, einen Freiwilligendienst anzutreten, wird man keine allgemeingültige, singuläre Antwort finden. Dazu sind die Motivlagen zu heterogen. Eine Gemeinsamkeit allerdings lässt sich beschreiben: Die Aufnahme eines Freiwilligendienstes gleicht bei den meisten jungen Teilnehmenden einer institutionalisierten Statuspassage, einer Art Brücke, mit der sie die Zeit und das System der Schule – also die Arena formalen Lernens – hinter sich lassen, und die neuen Ufer einer beruflichen Ausbildung, eines Studiums oder eines Berufs noch vor sich haben. Wer einen Freiwilligendienst aufnimmt, nähert sich der Arbeitswelt schrittweise an. Er begibt sich damit noch nicht endgültig auf den Arbeits- oder Ausbildungsmarkt, sondern nutzt gewissermaßen die Vorstufe eines zeitlich limitierten, geschützten und vorstrukturierten, non-formalen Lernsettings. Dies beantwortet dann für ihn auch, zumindest vorübergehend, die Frage „Schule – und was dann?".

Damit ist ein wesentliches Motiv angedeutet, das man vor allem der Teilnehmergruppe der „Orientierungssuchenden" (Rauschenbach 2002) zuschreiben kann. Der Freiwilligendienst gleicht für diese jungen Menschen einer Übergangszeit, die in einer Zwischenetappe auf dem nachschulischen Weg in die Arbeitswelt einen Zugewinn an Sicherheit und Orientierung ermöglichen soll. Man könnte dies als ein Moratorium und als eine „Probezeit" bezeichnen zwischen Schule und dem, was danach kommen soll – seien es eine Berufsausbildung, ein Studium oder die Aufnahme einer Erwerbstätigkeit. Aus dieser Sicht eröffnet der Freiwilligendienst die willkommene Gelegenheit, noch keine Entscheidung treffen zu müssen. Eine ähnliche Motivation erkennt auch der 14. Kinder- und Jugendbericht, wenn er die Gruppe der „Bildungsbiografie-Verzögerer" charakterisiert. Damit sind junge Menschen gemeint, die sich den Folgen der Beschleunigung von Schullaufbahnen und Übergangsprozessen (etwa in Form des G8-Gymnasiums oder der verkürzten Bachelor-Studiengänge) zumindest phasenweise ebenso zu entziehen versuchen wie den Prozessen der Verdichtung schulisch-formalisierter Bildungsprozesse. Sie zögern die Entscheidung für den einen oder anderen beruflichen Pfad zumindest für die Monate des Freiwilligendienstes hinaus (BMFSFJ 2013, S. 187).

Ein zweites Motiv findet sich bei jungen Menschen, die sich als „Welteroberer" charakterisieren lassen (Rauschenbach 2002). Ihnen geht es darum, vergleichsweise eigenständig neue soziale Erfahrungen zu machen; sie sind diejenigen, die alternativ zu einem Freiwilligendienst vielleicht eine Weltreise machen, als Au-Pair ins Ausland gehen oder gleich einen ausländischen Studienort wählen würden. Diese

Interessenkonstellation wurde bei den Jugendlichen in den vergangenen Jahrzehnten deutlich präsenter, worauf mit der Etablierung von Angeboten wie *weltwärts* und dem Internationalen Jugendfreiwilligendienst reagiert wurde.

Eine dritte Gruppe schließlich kann als Gruppe der „Benachteiligten" charakterisiert werden, denen die Zugänge zu regulären Ausbildungs- und Studiengängen mangels Kompetenzen und Zertifikaten vorerst verwehrt bleibt (Rauschenbach 2002). Mit dem Bundesfreiwilligendienst oder Diensten wie dem früheren Freiwilligen Sozialen Trainingsjahr oder ähnlichen Nischenangeboten streben sie auch das Nachholen von Schulqualifikationen, den Erwerb von Berufsorientierung oder eine Ausbildungsvorbereitung an. Es sind zum Teil junge Erwachsene mit erheblichen schulischen und sozialen Schwierigkeiten (Liebig 2009, S. 49 ff.).

Doch inwieweit haben diese unterschiedlichen Motive bildungsrelevante Aspekte? Zunächst fällt auf, dass allen drei Teilnehmertypen – den Orientierungssuchenden, den Welteroberern und den Benachteiligten – gemeinsam ist, dass bei ihnen eher eine Abgrenzung von formal-schulischen Bildungsprozessen durchscheint: Orientierungssuchende entscheiden sich gegen die klaren Lernziele und -strukturen, welche Schule vorgibt, aber auch gegen eine allzu frühe und unterbrechungslose Fortsetzung formaler Bildung und gegen die damit vorgezeichneten Stationen der Bildungsbiografie. Auch die Welteroberer suchen auf ihre Art Distanz zum schulischen Lernen in den Kontexten des heimatlichen Lebens, indem sie sich den Möglichkeiten des ungeplanten, informellen Lernens zuwenden. Die Benachteiligten schließlich können durch alternative Lernwege auf eine Ergänzung ihrer Kompetenzprofile hoffen, die im Schulsystem unvollständig geblieben sind. Für sie mögen Freiwilligendienste eine ungleich individuellere, alltagstauglichere Antwort auf ihre Art des Lernens und der Weltaneignung sein.

Noch einmal deutlicher werden bei diesen Motivlagen die verschiedenen Facetten von Bildung, wenn man einen engen, scholarisierten Bildungsbegriff gezielt erweitert, wie dies etwa die UNESCO vorgeschlagen hat. Demnach lassen sich vier Bildungsdimensionen unterscheiden: (1) learn to know, (2) learn to do, (3) learn to be und (4) learn to live together (UNESCO 1996, S. 37). Übersetzen lassen sich diese vier Kompetenzbereiche, die als konstitutiv für einen zeitgemäßen Bildungsbegriff gelten können, als kulturelle Kompetenzen („learn to know"), mit denen sich Menschen die Wissensbestände und das kulturelle Erbe einer Gesellschaft erschließen können, als personale Kompetenzen („learn to be"), die es dem Einzelnen ermöglichen, mit sich und seiner Gedanken- und Gefühlswelt, seiner Körperlichkeit und seiner Emotionalität klarzukommen, als soziale Kompetenzen („learn to live together"), dank derer Menschen zu anderen in Beziehung treten, am Gemeinwesen teilhaben und soziale Verantwortung übernehmen können sowie als instrumentelle

Kompetenzen („learn to do"), die Menschen praktisch befähigen, sich konkret handelnd in der stofflichen Welt der Natur, der Waren und der Produkte zu bewegen (Rauschenbach 2009).

Wendet man dieses analytische Raster auf die Typologie der Teilnehmenden von Freiwilligendiensten an, dann lassen sich unterschiedliche Akzente und Schwerpunkte in Sachen Bildung identifizieren: Bei Orientierungssuchenden dürfte vor allem das Motiv des Erwerbs personaler Kompetenzen im Vordergrund stehen; bei den Welteroberern überwiegen wahrscheinlich vorrangig soziale Kompetenzen; bei den Benachteiligten schließlich kann man als Ziel insbesondere die instrumentellen Kompetenzen, also die praktische Bildung, vermuten. Dabei beansprucht diese Zuordnung keine Exklusivität – sie ist eher als ein Hinweis darauf zu verstehen, dass bei den Teilnehmer_innen von Jugendfreiwilligendiensten unterschiedliche Bildungsmotive erkennbar werden, sobald man sich von einem engen, scholarisierten Bildungsbegriff löst.

3 Bildung als Prozess? Kennzeichen des Lernens in Freiwilligendiensten

Wie lassen sich nun Lernprozesse in Freiwilligendiensten genauer beschreiben? Welche Kennzeichen sind erkennbar – und welche sind es gerade nicht? Diese Fragen lassen sich relativ gut beantworten, wenn man Lernprozesse in Freiwilligendiensten abgrenzt zu solchen, die im schulischen Feld erfolgen. Deshalb sollen im Folgenden schematisch und vereinfachend – und ohne Anspruch auf Vollständigkeit – fünf Merkmale des einen wie des anderen Lernfeldes gegenübergestellt werden.

3.1 Direkte Verwertbarkeit statt Vorratslernen

Schule richtet ihre Lernziele kaum auf unmittelbare Anwendbarkeit aus, so dass eine direkte Verwertbarkeit für viele Schülerinnen und Schüler oft nicht gegeben ist. Im schulischen Fächerkanon haben klassische Gebiete wie etwa Physik, Chemie oder Geografie (womit der Sinn dieser Fächer keineswegs bestritten werden soll) gegenüber den „weichen" Themen unmittelbarer sozialer Erfahrung wie z. B. Psychologie, Recht, Ökonomie oder Pädagogik ein deutliches Übergewicht, ohne dass für die Kinder und Jugendlichen eine größere Relevanz erkennbar wäre. Ganz anders erleben die jungen Erwachsenen die Teilnahme an einem Freiwilligendienst:

Dort werden sie mit ihren Fähigkeiten sehr viel zielgerichteter eingesetzt. Dabei geht es um Bildungsprozesse im Vollzug und nicht um die Vermittlung von tendenziell abstrakten Wissensinhalten. Deshalb sind hier unmittelbar erfahrbare Bildungsprozesse wahrscheinlicher, die direkt an reale Situationen und Anforderungen des Alltagslebens, an ein soziales Miteinander und an ein konkretes Tun sowie an die Verfügbarkeit oder den Erwerb der dafür notwendigen Fähigkeiten gekoppelt sind. Hierbei handelt es sich, um die eingeführte Typologie zu verwenden, gleichermaßen um den Erwerb personaler, sozialer und instrumenteller Kompetenzen.

3.2 Kooperation statt Selektion

Schule ist tendenziell, wie nicht nur die PISA-Studien immer wieder gezeigt haben, ein Ort der Erzeugung von Unterschieden, der Selektion. Das mehrgliedrige deutsche Schulwesen mit seiner Ausrichtung auf individuell zurechenbare und überprüfbare Einzelleistungen erzeugt und fördert Prozesse der Differenzbildung und der Sortierung. Kinder und Jugendliche werden unterscheidbar gemacht, werden darin eingeübt, sich in punkto Wissensaneignung und Kompetenzzuwachs selbstzentriert und tendenziell egoistisch zu verhalten, sie werden ohne Unterlass mit Rangreihen des individuellen Wissens, Könnens und Versagens konfrontiert. Zwar sind auch den Freiwilligendiensten Selektionsmechanismen nicht fremd – welcher Teilnehmende übernimmt welche Arbeit, wer erhält welches Maß an Anerkennung? –, doch das tragende Element des Freiwilligendienstes ist die gemeinsame Arbeit in einem Team oder in einer Organisation. Dabei stehen nicht Leistungsmessungen im Vordergrund, sondern Prozesse der Bewältigung der anstehenden Aufgaben und der beruflichen Interaktion, etwa „Dienste am Menschen".

3.3 Freiwilligkeit statt Pflicht

Während die Schule – je nach Bundesland – bis zum 16. bzw. bis zum 18. Lebensjahr zuallererst eine Pflichtveranstaltung ist, ist das Engagement in Freiwilligendiensten schon dem Wortsinn nach eben nicht verpflichtend, sondern ein Dienst aus freien Stücken. Die Bedeutung dieser Differenz kann man wahrscheinlich kaum hoch genug einschätzen: Auf der einen Seite stehen die Zumutungen der jahrelangen schulischen Pflichten, auf der anderen Seite die Folgen einer selbst getroffenen Entscheidung. Selbst in der vorzeitigen Beendigung eines Freiwilligendienstes – wie sie etwa beim Bundesfreiwilligendienst in etwa zwölf Prozent aller Fälle vorkommt

(Autorengruppe Bildungsberichterstattung 2012, S. 269) – wird diese Charakteristik deutlich: Jeder teilnehmende junge Erwachsene kann seinen Vertrag vorzeitig lösen, ein Recht, das die allgemeine Schulpflicht in dieser Form nicht vorsieht. Mit anderen Worten: Während sich die Entscheidung für einen Freiwilligendienst als vergleichsweise selbstbestimmt deuten lässt, sind innerhalb des Systems Schule Aspekte der Fremdbestimmung sehr viel stärker ausgeprägt.

3.4 Ernsthaftigkeit statt Künstlichkeit

Ein weiterer zentraler Differenzpunkt schulischen Lernens zur Freiwilligenarbeit ist sein simulativer Charakter. Die Dinge der Welt und die Sicht auf die Welt werden von der Schule in einzelne Lerneinheiten zerlegt, gewissermaßen in Vorratsportionen dosiert und kondensiert, das Lernen im Kern auf das „Als-Ob-Lernen" reduziert, auf eine Art Vorratslernen. Verloren gehen dabei oft Aspekte der unmittelbaren Verwendung und Anschauung; es fehlt – wenn man so will – ein Stück weit die damit einhergehende Ernsthaftigkeit mit Blick auf direkte und unmittelbare Folgen des Gelernten (sieht man einmal von den Folgen der schulischen Notengebung ab). Das Lernen in einem Freiwilligendienst dagegen realisiert sich im konkreten Tun, in einem Uno-Actu-Prinzip, also dem Vollzug in der Arbeit, im „learning by doing". Es ist unmittelbares Erleben, gefühlte und nicht simulierte Wirklichkeit mit all ihren Konsequenzen – jenen des Erfolgs und des Scheiterns in realen Situationen, in denen sich Einzelne bewähren müssen. Damit ermöglicht der Freiwilligendienst vielen jungen Erwachsenen ein Sich-Eindenken und Eingewöhnen in die Arbeitswelt, gewissermaßen einen „Erstkontakt" zur Berufsarbeit, der dazu dienen kann, individuelle Zukunftspläne zu präzisieren – entweder in Abgrenzung zu einem Arbeitsfeld, das ein Teilnehmender als weniger interessant erlebt als erhofft, oder in einer zusätzlichen Annäherung an das Erprobungsarbeitsfeld. In jedem Fall werden durch die Freiwilligendienste Entscheidungen über die Ausbildungs-, Studien- und Berufswahl erleichtert.

3.5 Verantwortungsübernahme für Arbeitsprozesse statt für Schulleistungen

Eng mit den beiden vorigen Punkten verknüpft ist schließlich die Tatsache, dass Schüler_innen vor allem dafür verantwortlich sind, bestimmte schulisch erforderliche Leistungen zu erbringen – zum Zweck des Zertifikatserwerbs – und sich daneben in Gemeinschaften von Gleichaltrigen unter der Leitung von Lehrkräften einzufügen. Den Teilnehmenden eines Freiwilligendienstes dagegen werden bestimmte Arbeitsaufträge erteilt, für die sie mehr oder minder eigenständig Verantwortung übernehmen müssen. Damit werden sie gewissermaßen von der Rolle der Schülerin und des Schülers entbunden, auch wenn sie von der Rolle eines gewöhnlichen Arbeitnehmers in der Berufswelt noch ein Stück weit entfernt sind. Aber sie übernehmen dennoch ungleich mehr Verantwortung für ihr eigenes Handeln und erfahren – insbesondere in personenbezogenen Dienstleistungen – durch die „interaktive Arbeit" eine unmittelbare Rückmeldung für ihr Tun. Steht bei der Schule der Tauschwert des Zertifikatserwerbs im Vordergrund, so hat bei den Freiwilligendiensten der Gebrauchswert der Anwendbarkeit des Erlernten Vorrang.

Um nicht missverstanden zu werden: Dieser Vergleich zwischen den schulischen Lernsituationen und jenen in Freiwilligendiensten versucht, typologische Unterschiede herauszuarbeiten. Das bedeutet nicht, dass die Grenzen in der Realität immer eindeutig zu ziehen wären. Bei der Betrachtung konkreter Einzelfälle werden sich durchaus schulische Lernprozesse finden, die denen im Engagement ähneln. Ebenso wird man auf Freiwilligendienste treffen, in denen wenig „engagementtypisches" Lernen erfolgt.[2] Außerdem stellt diese Typologie keineswegs die wichtigen und unverzichtbaren Gründe für schulische Formen der Bildungsvermittlung in Abrede. Sie soll vielmehr deutlich machen, dass das damit zusammenhängende Dilemma in einem ganz anderen Punkt begründet liegt: In der Verallgemeinerung dieser Form des Lernens, in deren Folge die ergänzenden Potenziale anderer Lernerfahrungen und Bildungssettings viel zu wenig Beachtung finden. Denn unter dem Strich dürfte es wohl wenig Widerspruch geben zu der Feststellung, dass die deutschen „Durchschnittsschulen" strukturell andere Facetten des Lernens und der Bildung berühren als Freiwilligendienste, sprich: dass diese einer anderen Funktionslogik folgen als jene. Entsprechend anders fallen auch die Prozesse des Lernens und die damit verbundenen Inhalte der Bildung aus.

---

[2] Ein Teil dieses scholarisierten Lernens kann innerhalb der Freiwilligendienste beispielsweise bei den in Kursform organisierten 25 Seminartagen stattfinden, die im Freiwilligen Sozialen Jahr und im Freiwilligen Ökologischen Jahr obligatorisch sind und ähnlich im Bundesfreiwilligendienst vorgesehen sind. Insbesondere für Seminare, die von Teilnehmerinnen und Teilnehmern des Bundesfreiwilligendienstes an ehemaligen Zivildienstschulen besucht werden, wird ein stark scholarisiertes Lernen berichtet, das den Aspekt der Freiwilligkeit der Teilnehmerinnen und Teilnehmern nicht berücksichtige (Jakob 2013, S. 18; Anheier et al. 2012, S. 17).

4   Bildung als Resultat? Lernergebnisse in Freiwilligendiensten[3]

Dass Freiwilligendienste relevante Lernpotenziale haben, wird inzwischen mehr und mehr von den Beteiligten, aber auch von Trägern der Maßnahmen behauptet bzw. berichtet. So wurde beispielsweise ein Kompetenzbilanzverfahren im Rahmen des Bundesprogramms „Freiwilligendienste machen kompetent" vom Institut für Sozialarbeit und Sozialpädagogik erarbeitet (ISS 2010). Eine solche dezidierte und systematische Kompetenzerfassung kann durchaus als richtiger Pfad für die Freiwilligendienste betrachtet werden. Ebenfalls erwähnenswert sind in diesem Zusammenhang die theoretischen wie empirischen Arbeiten von Reinders (2009), der die Bildungsrelevanz des freiwilligen Engagements wiederholt untersucht und nachgezeichnet hat.

Dass junge Menschen nach eigener Einschätzung von diesem Engagement profitieren, legen die Ergebnisse der Evaluationsstudie zum FSJ und FÖJ aus dem Jahr 2006 nahe, bei der u. a. die Teilnehmenden befragt wurden. So stimmten beim FSJ und beim FÖJ rund 90 % der Teilnehmerinnen und Teilnehmern der Aussage „Was ich hier gelernt habe, kann keine Schule vermitteln" zu, davon eine deutliche Mehrzahl sogar in vollem Umfang. Die Freiwilligendienste sind aus Sicht der jungen Menschen als Lernorte offenkundig tatsächlich keine Fortführung schulischen Lernens mit anderen Mitteln, sondern eine thematische Erweiterung und alternative Erfahrung (Institut für Sozialforschung und Gesellschaftspolitik e.V. 2006, S. 161).

Noch während des Freiwilligendienstes wurden die Teilnehmerinnen und Teilnehmern zudem nach ihren Erwartungen befragt; auch wurde nach Abschluss des Dienstes rückblickend erhoben, ob sich diese Erwartungen im Laufe des Freiwilligenjahres erfüllt haben. Dabei gaben weit über 90 % an, dass sie ihre persönlichen Fähigkeiten testen konnten. Folgt man dieser Studie, dann scheint es bei den Befragten ein großes Interesse an in der Schule nicht vorkommenden sozialen und personalen Ernstsituationen zu geben, die sie vor persönliche Herausforderungen stellen und durch die sie alternative Bildungserfahrungen machen können (Institut für Sozialforschung und Gesellschaftspolitik e.V. 2006, S. 166). Auch gaben nach FSJ-Beendigung drei von vier Befragten an, dass dieses in sehr starkem Maße zu ihrer persönlichen Entwicklung beigetragen habe – für das FÖJ lag der entsprechende Wert leicht darunter (ebd., S. 169).

Diese Ergebnisse wurden in ähnlicher Weise reproduziert. Bei einer Befragung der FSJ-Teilnehmerinnen und Teilnehmern bei katholischen Trägern im Jahr

---

[3] Dieses Kapitel folgt inhaltlich den Überlegungen in Rauschenbach (2010).

2008 gaben 50 % an, wichtige soziale Kompetenzen erlernt zu haben. Zudem erklärten 60 Prozent, dass sie mehr Klarheit über ihre beruflichen Interessen gewonnen hätten. Diese Werte verweisen ebenfalls auf das Lern-, Bildungs- und Entwicklungspotenzial der Freiwilligendienste (Schmidle 2010). Dennoch sollten solche Ergebnisse nicht zu voreiliger Zufriedenheit verleiten. Denn methodisch wie inhaltlich stehen weitere Klärungen aus:

Zum einen muss im Blick behalten werden, dass im Prinzip alle Lebenssituationen mehr oder weniger lern- und bildungsrelevant sein können. Das kann beispielsweise genauso für ein Engagement in der Kinder- und Jugendarbeit, für einen Schüler- und Studentenjob oder für eine innerfamiliale intensive Betreuungs- und Pflegephase gelten. Mit anderen Worten: Entweder müssten die Freiwilligendienste ihr Alleinstellungsmerkmal in einem Kontrolldesign belegen, oder sie sollten sich zumindest vergegenwärtigen, dass das damit verbundene Lernpotenzial auch auf anderem Wege und in anderen Konstellationen des Lebens erworben werden kann.

Zum anderen sollte man beachten, dass es bei diesen positiven Befunden eine Differenz zwischen der Innen- und der Außenbetrachtung gibt. Sobald man sich mit diesem Thema nämlich außerhalb der eigenen Reihen bewegt, etwa im Kontext der empirischen Bildungsforschung, wie sie in den PISA-Studien oder in den nationalen Bildungsberichten zum Ausdruck kommt, trifft man schnell auf Skepsis im Hinblick auf derartige Befunde. Der Generaleinwand lautet dabei, dass im Nachhinein erfragte Selbsteinschätzungen eine (zu) geringe Belastbarkeit mit Blick auf die Aussagekraft dieser Einschätzung haben, ganz so, wie bei Fußballspielern die Einschätzungen über die eigene Spielqualität unmittelbar nach Spielende oft erheblich von der Wahrnehmung unbeteiligter Dritter abweichen. Sehr viel belastbarer wären, so die Forderung an eine qualitätsvolle empirische Forschung, entsprechende Untersuchungen im Vorher-Nachher-Vergleich oder in Kontrollgruppendesigns bzw. im Vergleich zu anderen Personen, die keinen Freiwilligendienst absolviert haben.

Diese Einwände sollen dazu beitragen, dass die bisher vorliegenden Befunde nicht allzu selbstverständlich als abschließende Resultate verstanden werden. Vielleicht kann man die Empirie zu Bildungspotenzialen der Freiwilligendienste so bilanzieren: Bisherige Studien scheinen das Potenzial zu plausibilisieren, nicht aber unbedingt schon den zwingenden Bildungserfolg dieser Formen des Engagements zu belegen. Dazu bedarf es tiefergehender Untersuchungen.

5 Freiwilligendienste zwischen staatlichem Zugriff, Zertifizierung und Personalbedarfen – ein Ausblick

In diesem Beitrag standen ausgewählte Facetten des Bildungspotenzials in Jugend-freiwilligendiensten im Mittelpunkt. Dabei wurde deutlich, dass – erstens – aus der Perspektive der Teilnehmenden mehrere Bildungsdimensionen von Bedeutung sind, dass – zweitens – die Lerninhalte der Dienste sich typologisch deutlich von denen der Schule unterscheiden und dass – drittens – einiges dafür spricht, dass in der Praxis Lernerfolge erzielt werden, wenngleich der empirische Nachweis dieses Potenzials durchaus noch gestärkt werden könnte.

Allerdings klammert diese argumentative Fokussierung drei gesellschaftliche Veränderungen aus, die in den vergangenen Jahren zu beobachten waren und die auch künftig erheblichen Einfluss auch auf die Bildungs- und Lernaspekte der Freiwilligendienste entwickeln können:

Die Rolle des Staates im Feld der Freiwilligendienste hat sich markant gewandelt. Insbesondere mit der Schaffung des Bundesfreiwilligendienstes, die im Wesentlichen in den organisationalen Strukturen des ehemaligen Zivildienstes erfolgte, griff der Staat inzwischen stark in die konkrete Ausgestaltung der Freiwilligendienste ein: Er übernahm beim Bundesfreiwilligendienst die zentrale Steuerungskompetenz und entzog den Trägerverbänden die pädagogische Begleitung der Teilnehmenden partiell oder ganz (Jakob 2013). Dies fügt sich in staatliche Bestrebungen, Freiwilligendienste wie auch das bürgerschaftliche Engagement insgesamt stärker nutzbar zu machen. So soll Engagement etwa bei der Bewältigung des demografischen Wandels unterstützen oder zur gesellschaftlichen Integration beitragen, was kritisch bereits als „Lückenbüßerrolle" charakterisiert wurde: Engagement werde vom Staat instrumentalisiert, was letztlich die eigensinnigen Antriebe der Engagierten missachte (Krimmer und Priemer 2013, S. 5). Das Zweckhafte tritt bei dieser Entwicklung immer deutlicher in den Vordergrund. Falls sich dieser Trend fortsetzen sollte, stünde am Ende kein Freiwilligendienst mehr, sondern ein Pflichtdienst.[4] Damit wäre aber eine basale Charakteristik des Freiwilligendienstes, welche auch das Lernen in hohem Maß prägt, grundlegend verändert.

---

[4] Der jahrzehntelangen Debatte um Pflichtdienste haben Ulrich Beck und Daniel Cohn-Bendit im Jahr 2012 eine neue Volte hinzugefügt: Ihr Plädoyer für ein „Freiwilliges Jahr für alle Europäer" (www.manifest-europa.de) zielte zwar auf die Stärkung bürgerschaftlichen Engagements in Abgrenzung zu einem behaupteten „Europa der Eliten und Technokraten". Doch wer die Teilnahme aller Europäer an einem solchen Programm anstrebt, wie Beck und Cohn-Bendit dies tun, hat bereits einen erheblichen Weg von der Freiwilligkeit zum Zwang zurückgelegt: Je „universeller" der Anspruch und die Gültigkeit eines solchen Modells sind, umso weniger Spielraum bleibt für individuelle, mithin freie Entscheidungen.

Die Bedeutung der Zertifikate, welche im Bildungssystem erworben werden, ist in den vergangenen Jahren und Jahrzehnten gewachsen. Dieser säkulare Trend entspricht den Realitäten einer Arbeitswelt, die sich zunehmend als wissensbasiert begreift und deshalb Bildungszertifikate als hoch relevant für die Arbeitsplatzvergabe und die Beschäftigungsverhältnisse einstuft. Offen ist nun, ob auf dem Arbeitsmarkt künftig die zertifizierte Teilnahme an einem Freiwilligendienst stärker als bisher als bescheinigter Erwerb von Kompetenzen bewertet wird. Der derzeit entstehende Deutsche Qualifikationsrahmen (DQR) für lebenslanges Lernen, der nicht-formal und informell erworbene Kompetenzen bilanzieren soll, könnte eine solche Art der Anrechnung weiter erleichtern (Funk 2013). Auch dann stellt sich allerdings die Frage, wie dies die Bildungsprozesse in Freiwilligendiensten verändert. Im Extremfall jedenfalls könnte ein stärker scholarisierter Freiwilligendienst einer Verlängerung der Schulzeit gleichen: Aus selbst gewählter „Bildung" wäre dann „Ausbildung" geworden.

Die Bedeutung der Freiwilligendienste im Sozial- und Gesundheitssektor ist, wie eingangs ausgeführt, seit Wegfall des Zivildienstes deutlich gestiegen. Damit entsteht das Risiko, dass – wie einst beim Zivildienst (Beher et al. 2002) – die ohnehin partiell unscharfe Grenze zur Erwerbsarbeit weiter verschwimmt: Möglicherweise dienen Freiwilligendienste den einsetzenden Institutionen künftig noch stärker als bisher zur Rekrutierung preiswerter Arbeitskräfte (Anheier et al. 2012). Zumindest fällt auf, dass beim Bundesfreiwilligendienst die Anteile der über 27-Jährigen (bis 65 Jahre) in Ostdeutschland auffällig hoch und zuletzt auch überproportional gestiegen sind. Das aber unterläuft nicht nur die Idee des Engagements aus freien Stücken, sondern gefährdet die behauptete Arbeitsmarktneutralität ebenso wie es die Lern- und Bildungspotenziale der Dienste verändert: Je mehr die Tätigkeiten in einem Freiwilligendienst der Erwerbsarbeit gleichen, umso unklarer wird das Spezifische des freiwilligen zivilgesellschaftlichen Engagements daran.

Der Charakter der Freiwilligendienste als Lerndienste mit zusätzlichen Bildungsimpulsen ist mithin kein Selbstläufer, sondern davon abhängig, dass die Balance jenseits von staatlichen Zugriffen, beruflich verwertbaren Kompetenzen und dem unübersehbaren Bedarf nach kostengünstigem Personal sozialer Dienstleister auch in Zukunft erhalten bleibt.

Literatur

Anheier, Helmut K., Annelie Beller, Rabea Haß, Georg Mildenberger, und Volker Then. 2012. *Ein Jahr Bundesfreiwilligendienst. Erste Erkenntnisse einer begleitenden Untersuchung*, Hrsg. Centrum für soziale Investitionen und Innovationen und der Hertie School of Governance. Heidelberg. Berlin.

Autorengruppe, Bildungsberichterstattung. 2012. *Bildung in Deutschland 2012. Ein indika-torgestützter Bericht mit einer Analyse zur kulturellen Bildung im Lebenslauf.* Bielefeld: W. Bertelsmann.

Backhaus-Maul, Holger, Stefan Nährlich, und Rudolf Speth. 2011. Der diskrete Charme des neuen Bundesfreiwilligendienstes. *Aus Politik und Zeitgeschichte* 61 (48): 46–53.

Beher, Karin, Peter Cloos, Michael Galuske, Reinhard Liebig, und Thomas Rauschenbach. 2002. *Zivildienst und Arbeitsmarkt. Sekundäranalysen und Fallstudien zu den arbeits-marktpolitischen Effekten des Zivildienstes. Gutachten im Auftrag des Bundesministeriums für Familie, Senioren, Frauen und Jugend.* Stuttgart.

Bundesministerium für Familie, Senioren, Frauen und Jugend und Wissenschaftszentrum Berlin für Sozialforschung. 2009. *Bericht zur Lage und zu den Perspektiven des bürgerschaftlichen Engagements in Deutschland.* Berlin: Eigenverlag.

Bundesministerium für Familie, Senioren, Frauen und Jugend. Hrsg. 2013. *14. Kinder- und Jugendbericht. Bericht über die Lebenssituation junger Menschen und die Leistungen der Kinder- und Jugendhilfe in Deutschland.* Berlin: Eigenverlag

Funk, Eberhard. 2013. Die Integration eines europäischen Konzepts. Idee, Umsetzung und Potenziale des Deutschen Qualifikationsrahmens für lebenslanges Lernen. In *Gleich und doch nicht gleich. Der Deutsche Qualifikationsrahmen und seine Folgen für frühpädago-gische Ausbildungen,* Hrsg. Berth, Felix, Angelika Diller, Carola Nürnberg, und Thomas Rauschenbach, 153–170. München: DJI.

Institut für Sozialarbeit und Sozialpädagogik e.V. (ISS). 2010. *Leitfaden zur Kompetenzbi-lanz im Freiwilligendienst. Bundesprogramm „Freiwilligendienste machen kompetent".* Frankfurt a. M: Eigenverlag

Institut für Sozialforschung und Gesellschaftspolitik e.V. Hrsg. 2006. *Ergebnisse der Eva-luation des FSJ und FÖJ. Gutachten im Auftrag des Bundesministeriums für Familie, Senioren, Frauen und Jugend.* Berlin.

Jakob, Gisela. 2013. Freiwilligendienste zwischen Staat und Zivilgesellschaft. *betrifft: Bürgergesellschaft* 40:1–34.

Krimmer, Holger, und Jana Priemer. 2013. *ZiviZ-Survey 2012- Zivilgesellschaft verstehen.* Berlin: Eigenverlag

Liebig, Reinhard. 2009. *Freiwilligendienste als außerschulische Bildungsinstitution für benachteiligte junge Menschen.* Wiesbaden: VS.

Rauschenbach, Thomas. 1992. Freiwilligendienste - eine Alternative zum Zivildienst und sozialen Pflichtjahr? Formen sozialen Engagements im Wandel. *Archiv für Wissenschaft und Praxis der sozialen Arbeit. Vierteljahreshefte zur Förderung von Sozial-, Jugend- und Gesundheitshilfe* 23 (4): 254–277.

Rauschenbach, Thomas. 2002. Vom Freiwilligen Sozialen Jahr zu Freiwilligendiensten. Neue Formen – neue Wege – neue Zielgruppen. Vortrag bei der Jahrestagung Freiwilliges Soziales Jahr am 7./8.10.2002, ISA e.V. in Münster.

Rauschenbach, Thomas. 2009. *Zukunftschance Bildung. Familie, Jugendhilfe und Schule in neuer Allianz.* Weinheim: Beltz Juventa.

Rauschenbach, Thomas. 2010. Freiwilligendienste für junge Menschen - diesseits und jenseits des Zivildienstes. In *Theorie und Praxis der Sozialen Arbeit* 69 (6): 404–415.

Reinders, Heinz. 2009. *Bildung und freiwilliges Engagement im Jugendalter. Expertise für die Bertelsmann Stiftung, Schriftenreihe Empirische Bildungsforschung.* Bd. 10. Würzburg: Universität Würzburg.

Schmidle, Marianne. 2010. Das freiwillige Soziale Jahr zeigt Wirkung. *Befragungen im Kontext der Qualitätsentwicklung des Freiwilligen Sozialen Jahres (FSJ)* Freiburg im Breisgau: Lambertus.
United Nations Educational, Scientific and Cultural Organization (UNESCO).1996. *Learning: The Treasure Within.* Paris: Eigenverlag

Prof. Dr. Thomas Rauschenbach Direktor und Vorstandsvorsitzender des Deutschen Jugendinstituts e.V. (DJI), Professor für Sozialpädagogik an der Universität Dortmund, Leiter des Forschungsverbunds DJI/TU Dortmund und der Dortmunder Arbeitsstelle für Kinder- und Jugendhilfestatistik. Lehr- und Forschungsschwerpunkte: Bildung im Kindes- und Jugendalter, Kinder- und Jugendarbeit, soziale Berufe in Ausbildung und Arbeitsmarkt, bürgerschaftliches Engagement, Dritter Sektor sowie Kinder- und Jugendhilfestatistik.

Die Qualitäts- und Wirkungsdebatte in den Freiwilligendiensten – Begriffsklärung, Chancen und Risiken

Ana-Maria Stuth und Kristin Reichel

Zusammenfassung

Der Beitrag diskutiert die Vorzüge und Risiken des Qualitätsmanagements und der Wirkungsmessung in Freiwilligendiensten. In einem ersten Teil werden der ökonomische Ursprung des Qualitätsmanagements und die daraus erwachsende Kritik im sozialen Bereich zusammengefasst. In Auseinandersetzung mit der kritischen sozialwissenschaftlichen Literatur geht der Beitrag auf das Potenzial von QM-Systemen und -Instrumenten ein. Ein reflektiertes QM führt zu einer Verbesserung der Freiwilligendienste und steigert die Zufriedenheit der Mitarbeitenden, der Nutzer_innen und vor allem der Freiwilligen. In einem zweiten Teil wird darauf eingegangen, welche Ergebnisse und Wirkungen in den Freiwilligendiensten erwartet werden können. Analog zur Qualitätsdebatte wird die Ambivalenz der Wirkungsmessung zwischen Aufwand und Nutzen, zwischen Legitimation und Qualitätsentwicklung aufgezeigt.

A.-M. Stuth (✉) · K. Reichel
Akademie für Ehrenamtlichkeit Deutschland,
Berlin, Deutschland
E-Mail: stuth@ehrenamt.de

K. Reichel
E-Mail: reichel@ehrenamt.de

© Springer Fachmedien Wiesbaden 2015   225
T. Bibisidis et al. (Hrsg.), *Zivil – Gesellschaft – Staat,*
Bürgergesellschaft und Demokratie 44, DOI 10.1007/978-3-658-05564-6_18

1   Einleitung

In den vergangenen 20 Jahren hat die Debatte um die Qualitätsentwicklung und Wirkungserfassung in Freiwilligendiensten an Intensität gewonnen: Zum einen folgt die Auseinandersetzung mit Qualitätsmanagement[1] und Wirkungsmessung in Freiwilligendiensten einem allgemeinen Trend, im Bereich der sozialen Dienstleistungen bzw. der Sozialarbeit Konzepte aus der Wirtschaft zu übernehmen (Merchel 2010, S. 14 ff.). Zum anderen haben die fördernden Ministerien wie in vielen anderen sozialen Bereichen ihre Zuwendungen an die Qualitätssicherung und -entwicklung geknüpft (Engels et al. 2005, S. 68–71).

Folglich kann man im Bereich der Freiwilligendienste im o.g. Zeitraum einen Zuwachs an Qualitätsmanagementverfahren und -instrumenten beobachten.

In diesem Artikel wird nach Klärung der Begrifflichkeiten ein Überblick über die Entwicklung des Qualitätsmanagements und dem damit eng verknüpften Wirkungsdiskurs in Freiwilligendiensten gegeben. Dabei werden auch die Chancen und Risiken herausgearbeitet.

2   Qualitätsmanagement in Freiwilligendiensten

2.1   Gemeinsames Qualitätsverständnis? Unterschiedliche Formen der Standardisierung

Qualität wird i. d. R. aus Kundenperspektive definiert und bezeichnet „die (...) potentielle Erfüllungsmöglichkeit von subjektiven oder intersubjektiven Bedürfnissen durch ein Objekt oder einen Prozess" (Worel 2002, S. 21). Wenn in Freiwilligendiensten Qualität definiert wird, werden demnach die Interessen, Bedürfnisse und Wünsche der Freiwilligen, der Einsatzstellen sowie der Geldgeber und teilweise auch die Vorstellungen des Trägers zu einem guten Freiwilligendienst berücksichtigt. Die Definition eines „guten" Freiwilligendienstes ist daher nicht gegeben, sondern abhängig von dem Verständnis der Kundenperspektive sowie von den eigenen Wertvorstellungen. Qualität ist konstruiert, normativ, subjektiv und relativ (Merchel 2010, S. 39). Die unterschiedlichen Verständnisse von Qualität in Freiwilligendiensten spiegeln sich in den trägergruppenspezifischen

---

[1] In diesem Artikel werden Qualitätsmanagement und Qualitätsentwicklung synonym benutzt.

Qualitätsmanagementinstrumenten wider: So entwickelte die evangelische Trägergruppe ein Qualitätshandbuch gepaart mit einer regelmäßigen internen Evaluation
(Evangelische Freiwilligendienste für junge Menschen FSJ und DJiA gGmbH
1999), während die katholische Trägergruppe ein Benchmarkingverfahren mit regelmäßigen Freiwilligen-Befragungen kombinierte (Quifd 2009, S. 14). Die im
Bundesarbeitskreis Freiwilliges Soziales Jahr (BAK FSJ) zusammengeschlosse-
nen Trägergruppen entwickelten zudem auf der Basis der vom Bundesministerium
für Familie, Senioren, Frauen und Jugend (BMFSFJ) verlangten und regelmäßig zu aktualisierenden „FSJ-Rahmenkonzeption" eigene Qualitätsstandards, z. B.
die Bundesvereinigung Kulturelle Jugendbildung oder das Deutsche Rote Kreuz.
„Qualitätsstandards oder Qualitätskriterien" sind dabei als „Wertmaßstab für die
Beurteilung von Arbeitsergebnissen und Arbeitsabläufen" zu verstehen (Engelhardt
2001, S. 140). In den internationalen Freiwilligendiensten hat das *fid-Netzwerk
international*[QM] Qualitätskriterien für Entsende- und Partnerorganisationen erarbeitet. Die Entwicklung von Qualitätsmanagementinstrumenten geht auch in den
Freiwilligendiensten auf förderpolitische Entwicklungen zurück. Ende der 1990er
Jahre legte das BMFSFJ Qualitätsstandards als Grundlage für die Förderung fest
(Engels et al. 2005, S. 68–71).

Qualitätsinstrumente wurden nicht nur auf der Ebene der Träger(verbünde),
sondern auch trägerübergreifend entwickelt, als Bemühung, ein gemeinsames
Qualitätsverständnis zu erarbeiten: Der BAK FSJ entwickelte 2006 bzw. 2007 *Mindeststandards für die Zusammenarbeit zwischen Trägern und Einsatzstellen* bzw.
zur *Pädagogischen Begleitung* als Anleitung für die ihnen angeschlossenen Träger
(BAK FSJ 2006, 2007). Die Agentur Quifd – Qualität in Freiwilligendiensten –
hat Qualitätsstandards für Entsendeorganisationen, Einsatzstellen und später auch
für Inlandsträger erarbeitet. Die Entstehung von Quifd geht auf eine Förderung der
Robert Bosch Stiftung zurück, die Anfang der 2000er Jahre ebenfalls ein Freiwil-
ligendienstprogramm durchführte. Die Quifd-Standards können durch eine externe
Evaluation im Rahmen eines Zertifizierungsverfahrens überprüft werden und sollen
so eine Vergleichbarkeit zwischen den Trägern gewährleisten.

Trotz der Unterschiede beruhen all diese Instrumente auf einem gemeinsamen
Grundverständnis, was die Qualität in Freiwilligendiensten ausmacht: Zum einen
gehen sie davon aus, dass sich der Freiwilligendienst positiv auf die Freiwilligen,
auf die Arbeit der Einsatzstellen und auf die Gesellschaft auswirkt. Zum anderen
machen alle o.g. Instrumente Vorgaben zur Struktur- und Prozessqualität, indem sie
Ziele und Standards zu den wesentlichen Prozessen und Strukturen des Freiwilligendienstes formulieren (Stuth 2011, S. 2 f.). Strukturqualität bezieht sich dabei
auf die „notwendigen Rahmenbedingungen", die für einen guten Freiwilligendienst
erforderlich sind, z. B. die Anzahl der pädagogischen Mitarbeiter_innen oder dem

Vorhandensein eines pädagogischen Konzeptes. Die Prozessqualität bezeichnet die „Beschaffenheit [der] Aktivitäten, die geeignet und notwendig sind" (Merchel 2010, S. 42), um einen guten Freiwilligendienst zu gestalten, z. B. der Auswahlprozess und der Prozess der pädagogischen Begleitung mit ihren jeweiligen Schritten. Von der Struktur- und Prozessqualität wird als dritte Dimension die Ergebnisqualität unterschieden, d. h. der Erfolg oder Misserfolg (Merchel 2010, S. 39–42).

Der Qualitätsbegriff ist auch gesellschaftlichen und förderpolitischen Veränderungen unterworfen. Dies ist daran zu merken, dass der Anfang der 2000er Jahre begonnene Standardisierungsprozess in den vergangenen Jahren durch die (förder-) politischen Entwicklungen in den Freiwilligendiensten eine neue Dynamik bekam: Die Trägerverbände überarbeiteten ihre Qualitätsinstrumente oder entwickelten neue Handbücher, Standards und Prüfverfahren für die ihnen angeschlossenen Träger. Diese Entwicklung ist unserer Einschätzung nach in den nationalen Freiwilligendiensten auf die erhebliche Mittelerhöhung zurückzuführen: Die höheren Mittel ermöglichen höhere Investitionen in die Qualität auf Seiten der Träger und gehen gleichzeitig mit höheren Ansprüchen seitens der Fördermittelgeber einher. In den internationalen Freiwilligendiensten findet zurzeit eine Veränderung der Qualitätsdebatte statt, da das *weltwärts*-Programm eigene Qualitätsanforderungen und eine verbindliche Prüfung durch externe Instanzen eingeführt hat.

Werden die Qualitätsstandards in die Arbeit der Organisation implementiert und regelmäßig intern oder extern auf ihre Einhaltung überprüft und anschließend Verbesserungsvorschläge eingearbeitet, kann man von Qualitätsmanagement- bzw. Qualitätsentwicklung sprechen: „Zur Qualitätsentwicklung gehören Maßnahmen und Vorkehrungen zur Planung, Lenkung und Verbesserung von Produkten/Leistungen und Verfahren ihrer Herstellung" (BMFSFJ 1999, S. 77). Ein solches Qualitätsmanagement hat sich bei vielen Trägern von Freiwilligendiensten etabliert. Die damit einhergehenden Vor- und Nachteile werden im Folgenden diskutiert.

2.2 Chancen und Risiken von Qualitätsmanagement

Durch explizierte Qualitätsstandards – im Gegensatz zu nicht explizierten, individuellen oder willkürlichen Bewertungen – vermag das Qualitätsmanagement zu einer überindividuellen Bewertung einer Maßnahme zu gelangen (Schelle 2006, S. 72 f.). Qualitätsmanagement bringt Organisationen aber nur dann einen Nutzen, wenn es den Träger veranlasst, Ziele für das eigene Handeln zu definieren, Prozesse bewusst zu gestalten, überprüfbar zu machen und diese stetig zu verbessern. Wird Qualitätsmanagement ausschließlich als Kontroll- oder Legitimationsinstrument eingesetzt, sei es auf Druck der Leitungsebene oder der Geldgeber, kann es negative Auswirkungen haben (Merchel 2010, S. 191).

Qualitätsmanagement ermöglicht den Trägern von Freiwilligendiensten, ihre Arbeit strukturiert zu reflektieren, Fehler zu minimieren und Risiken zu verringern. Qualitätsmanagement macht die eigene Arbeit nachvollziehbar, überprüfbar und kann für Verbesserungen genutzt werden (Wagner und Käfer 2008, S. 40, 137). Qualitätsstandards und Prozessbeschreibungen machen zudem Prozesse reproduzierbar. Sie garantieren, dass die gleiche Qualität auch im nächsten Jahr gewährleistet werden kann, auch wenn z. B. neue Mitarbeiter_innen die Prozesse gestalten.

Das Beschreiben der Prozesse ist jedoch aufwendig und wird daher von Mitarbeiter_innen kritisch im Hinblick auf dessen Nutzen hinterfragt. Daher sollte man prüfen, in welchem Maße Beschreibungen notwendig sind und Checklisten nur dann entwickeln, wenn diese im Alltag auch eingesetzt werden.

Qualitätsmanagement wird im sozialen Bereich dann besonders kritisch betrachtet, wenn es auf Druck von außen übergestülpt wurde. Um dem so entstehenden Widerstand vorzubeugen, müssen die Mitarbeiter_innen von Anfang an an der Entwicklung beteiligt werden: Der Mehrwert muss gut kommuniziert werden und die Mitarbeiter_innen müssen das System auch später mitgestalten können (Straus 1998, S. 77).

Ein weiterer Kritikpunkt am Qualitätsmanagement liegt in dem Verständnis als kontinuierlicher Verbesserungsprozess. Dabei wird oftmals die Frage gestellt, ob es nicht ausreichen würde, wenn der Träger seine gute Qualität hält – insbesondere dann, wenn die Rahmenbedingungen sich stark verändern, wie in den vergangenen Jahren in den Freiwilligendiensten. Dahinter steht ein falsches Verständnis von Qualitätsmanagement: Träger, die ihre Standards und Prozesse an neue Qualitätsanforderungen der Geldgeber, der Freiwilligen oder der Einsatzstellen anpassen, befinden sich bereits auf dem Weg der kontinuierlichen Verbesserung.

Ein gutes Qualitätsmanagement hat zum Ziel, die Kundenzufriedenheit zu steigern. Genau da setzt ein anderer Kritikpunkt an Qualitätsmanagement im pädagogischen Bereich an. Der Lernprozess bei den Freiwilligen kann erfolgreich gewesen sein, aber (zumindest kurzfristig) Unzufriedenheit bei den Lernenden ausgelöst haben.

2.3 Zertifizierung zwischen notwendigem Übel und Qualitätsentwicklung

Zertifizierungen haben sich im sozialen Bereich teilweise als Nachweisverfahren für Qualität etabliert, werden jedoch auch sehr kritisch bewertet (Merchel 2010, S. 183 ff.). Auch in den Freiwilligendiensten haben einige Träger eine Zertifizierung nach *ISO 9001* oder *EFQM* bzw. nach Quifd durchgeführt. Nichtsdestotrotz wird der Nutzen von Zertifizierungen in den Freiwilligendiensten kritisch diskutiert.

Die Erfahrung von Quifd zeigt jedoch, dass eine Zertifizierung durchaus einen Mehrwert im Sinne von Qualitätsentwicklung haben kann. Indem externe Gutachter_innen die Entwicklung eines Trägers bewerten und Empfehlungen aussprechen, erhält die Organisation eine externe Rückmeldung zu ihrem Qualitätsmanagement. sie wird auf blinde Flecken hingewiesen und bekommt alternative Wege aufgezeigt. Wir konnten in der Praxis beobachten, dass die Zertifizierung bei den beteiligten Organisationen zu einer Qualitätsentwicklung geführt hat. Die regelmäßigen Rezertifizierungen bieten einen Anlass, sich erneut mit dem Stand der eigenen Qualität zu befassen und können so einen Beitrag zur kontinuierlichen Verbesserung leisten. Nichtsdestotrotz birgt jedes Zertifizierungsverfahren die Gefahr, dass Geldgeber es zur Voraussetzung für die Mittelvergabe machen, so wie es gerade im *weltwärts*-Programm zu beobachten ist.

Eine Zertifizierung dient auch der Transparenz gegenüber Freiwilligen, Eltern und Geldgebern und zeigt, dass der Träger bemüht ist, seine Qualität zu halten und zu verbessern. Da aufgrund des demografischen Wandels die Konkurrenz um Freiwillige steigt, ist anzunehmen, dass Zertifizierungen auch in diesem Hinblick in Zukunft an Bedeutung gewinnen werden. Denn das Feld der Freiwilligendienste ist für potenzielle Freiwillige komplex und undurchdringlich. Bislang gibt es wenige Orientierungspunkte bei der Entscheidung für einen Träger; und nicht alle Freiwillige können auf Rückmeldungen ihrer Peers zurückgreifen.

3 Ergebnisqualität und Wirkungsmessung in den Freiwilligendiensten

Während Qualitätsmanagement in den Freiwilligendiensten mittlerweile wenn nicht eine hohe Akzeptanz, dann zumindest eine breite Anwendung gefunden hat, befindet sich die Wirkungsdiskussion am Anfang. Zudem kann zurzeit kaum auf quantitative Forschung zu der Wirksamkeit von Freiwilligendiensten zurückgegriffen werden. Insofern ist es wenig überraschend, dass sich die Qualitätsdebatte bislang auf die Prozess- und Strukturqualität konzentriert und kaum die Ergebnisqualität in den Fokus genommen hat. Ergebnisqualität betrachtet zum einen den Output (z. B. Anzahl der geförderten Freiwilligen, Zufriedenheit der Freiwilligen) und zum anderen den Outcome (Lernen bei den Freiwilligen, in den Einsatzstellen), sprich Veränderungen, die auf eine Intervention zurückzuführen sind (Merchel 2010, S. 199).

Ergebnisqualität und somit auch Wirkungsmessung sind wichtige Bestandteile des Qualitätsmanagements, denn nur wenn ein Träger seine Wirkung kennt, kann er diese auch steuern. Die große Herausforderung liegt allerdings darin, Wirkungen zu beobachten und sie aufgrund der so genannten Zuordnungslücke (Reade 2008, S. 7) auf Interventionen zurückzuführen, in diesem Fall auf den Freiwilligendienst.

Die Wirkungsmessung in den Freiwilligendiensten wird zwiespältig gesehen: Zum einen existiert der Wunsch, die Wirksamkeit der Dienste nachzuweisen und diese dadurch zu legitimieren. Zum anderen wird darin die Gefahr gesehen, die Freiwilligendienste zu verzwecken und damit dem Sinn bürgerschaftlichen Engagements zu widersprechen (Fischer 2011, S. 57; Jacob 2012, S. 2).

Im Folgenden werden die Wirkungsvermutungen in den Freiwilligendiensten vorgestellt. Anschließend wird auf die zwei Aspekte der Wirkungsdebatte – der förderpolitisch/ legitimatorische bzw. der qualitätsbezogene – eingegangen sowie deren Nutzen und Grenzen erörtert.

3.1 Wirkungsebenen in Freiwilligendiensten

Die Erwartungen an die Wirkungen der Freiwilligendienste sind so vielfältig wie die Akteur_innen (Geldgeber, Trägerverbünde, Einsatzstellen, Freiwillige): „Wirkung hat [...] damit etwas zu tun, dass sich irgendetwas aufgrund einer bestimmten Ursache verändert" (Schrödter und Ziegler 2007, S. 17). Zudem können neben intendierten auch unbeabsichtigte Wirkungen eintreten, z. B. die Verdrängung von Arbeitsplätzen (Tönnies 2000, S. 325). Da bislang nur vereinzelte qualitative Studien zu Wirkungen von Freiwilligendiensten vorliegen (Mundorf 2000), kann hier nur ein Überblick über die Wirkungsvermutungen sowie Erkenntnisse aus Evaluationen (Engels et al. 2005; Scheller und Stern 2012) und aus verschiedenen Workshops von Quifd mit Trägervertreter_innen zu möglichen Wirkungen in Freiwilligendiensten wiedergegeben werden. Auch in der internationalen Literatur liegen kaum Überblicksforschungen zu Wirkungen in Freiwilligendiensten vor (Comhlámh 2007; Sherraden et al. 2008) bzw. entsprechen nur wenige der vorhandenen Studien den Ansprüchen einer Wirkungsstudie (Powell und Bratović 2007, S. 47).

Die Annahmen zu den möglichen Wirkungen von Freiwilligendiensten beziehen sich auf drei Ebenen: Auf die Mikroebene der Freiwilligen, die Mesoebene der Einsatzstelle und ihrer Nutzer_innen sowie auf die Makroebene der Gesellschaft. Auf der Mikroebene wirken Freiwilligendienste auf die Freiwilligen selbst. Sie sollen zur Entwicklung der personalen und sozial-kommunikativen Kompetenzen, der Aktivitäts- und Handlungs-, der Diversitäts- und Demokratiekompetenz sowie einsatzfeldspezifischer Fachkompetenzen führen (Volkmann 2013, S. 63, 67). In den Auslandsdiensten wird darüber hinaus die Entwicklung der Sprachkompetenz und der interkulturellen Kompetenzen erwartet. Des Weiteren sollen Freiwilligendienste zur beruflichen Orientierung beitragen und die Engagementbereitschaft der Freiwilligen fördern. Freiwilligendienste verändern somit die Einstellungen, das Wissen und Verhalten der Freiwilligen (Fischer 2011, S. 58).

Auf der Mesobene nutzen Freiwilligendienste den Einsatzstellen: Freiwillige bringen neue Perspektiven und zusätzliche Kompetenzen in die Arbeit der Einsatzstellen ein, sie stärken die vorhandenen Kapazitäten und entlasten das Stammpersonal, reduzieren die Arbeitskosten oder sie entwickeln gar neue Angebote und verändern die Organisationskultur. Im internationalen Bereich kann der Erfahrungsaustausch die interkulturelle Kompetenz in den Einsatzstellen und deren Sichtbarkeit in der Community stärken, die Organisationskultur verändern sowie die Kooperation der Partnerorganisationen intensivieren (Fischer 2011, S. 61; Powell und Bratović 2007, S. 33). Von dem Einsatz der Freiwilligen profitieren nicht zuletzt die Nutzer_innen der Einsatzstellen – z. B. die Senior_innen im Altenheim oder Kinder in der Kindertagesstätte – in unterschiedlicher Weise. Darüber hinaus erwarten die Einsatzstellen auch langfristige Wirkungen, wie beispielsweise die Nachwuchsförderung oder die Gewinnung von Freiwilligen als potenzielle Unterstützer_innen, Spender_innen oder Ehrenamtliche (Engels et al. 2005, S. 158).

Auf der Makroebene – so die Vermutung – wird der gesellschaftliche Zusammenhalt gestärkt, nachhaltige soziale Dienstleistungen werden angeboten und die Engagementbereitschaft gefördert. Darüber hinaus werden positive ökonomische Effekte erwartet: geringere Studienabbrüche, bessere Chancen auf dem Arbeitsmarkt etc. (Powell und Bratović 2007, S. 34, 36; Beck 2000, S. 337).

3.2 Wirkungsmessung als Legitimationsinstrument

Auf der einen Seite wünschen sich Träger von Freiwilligendiensten einen Nachweis über die positive Wirkung ihrer Arbeit auf die Freiwilligen und die Einsatzstellen bzw. auf die Gesellschaft. Neben dem Nachweis über eine effektive Mittelverwendung wird damit nicht zuletzt die Förderung von Freiwilligendiensten als gesellschaftliche Aufgabe legitimiert. Denn auch angesichts des Ausbaus der Freiwilligendienstformate und dem wachsenden Haushaltsposten für diese Programme muss die öffentliche Hand schließlich selbst gegenüber Öffentlichkeit und Steuerzahler_innen deren Nutzen nachweisen (Fischer 2011, S. 55). Auf der anderen Seite wird in der Wirkungsmessung das Risiko gesehen, freiwilliges Engagement bzw. Freiwilligendienste zu standardisieren, zu instrumentalisieren und zu ökonomisieren. Denn mit der Wirkungsmessung wird unterstellt, dass Freiwilligendienste Veränderungen erzielen müssen. Freiwilligendienste als Form des bürgerschaftlichen Engagements sollten jedoch unverzweckt sein (Jakob 2012, S. 5). Sie sollten (jungen) Menschen als Moratorium, als Übergangsphase angeboten werden, ohne dass damit eine Erwartungshaltung einhergeht (Volkmann 2013, S. 60). Bürgerschaftliches Engagement und daher auch Freiwilligendienste sollten auch nicht als Instrument für die Bewältigung sozialer Probleme instrumentalisiert werden (Jakob 2013, S. 21 f.). Dieser Argumentation folgend, könnte die Wirkungsmessung den Eigensinn freiwilligen Engagements beschränken.

Im Auftrag des BMFSFJ wird noch bis 2015 die Wirkung des Bundesfreiwilligendienstes (BFD), des Freiwilligen Sozialen Jahres und des Freiwilligen Ökologischen Jahres (FÖJ) erhoben. Erste Ergebnisse wurden im Rahmen der Fachtagung „Freiwillig gestalten – erste Evaluationsergebnisse und aktuelle Entwicklungen der Freiwilligendienste" im November 2013 in Berlin vorgestellt. Die anstehende Auswertung der Befragung der Kontrollgruppen und der Trägerorganisationen bzw. der Einsatzstellen könnte einen wichtigen Beitrag zur Wirkungsdebatte leisten.

3.3 Wirkungsmessung als Instrument der Qualitätsentwicklung

Träger können ihre Arbeit verbessern, wenn sie die Ergebnisse (Output, Outcome und ggf. Impact) ihrer Dienste kennen. Auf der Grundlage eines Ursache-Wirkungs-Modelles bzw. von Ursache-Wirkungs-Hypothesen lassen sich dann Ergebnisse auf Prozesse und Strukturen zurückführen. Wenn sich beispielsweise die Kompetenzen eines Teiles der Freiwilligen eines Trägers weniger entwickeln als die einer anderen Gruppe, könnte man den Ursachen nachgehen. Liegen die Ursachen nicht in den Merkmalen der Freiwilligen selbst (z. B. Geschlecht, Bildungsabschluss etc.), sondern in den Prozessen und Strukturen, kann der Träger wiederum darauf Einfluss nehmen und die Ergebnisse des Dienstes steuern.

In der Praxis ist diese Vorgehensweise mit vielen Herausforderungen verbunden: Erstens müssen die Ergebnisse des Freiwilligendienstes definiert werden. Diese sind ebenso subjektiv und relativ wie die Qualität des Freiwilligendienstes. Zweitens bedarf es einer Vorher-Nachher-Befragung der Freiwilligen und der Einsatzstellen, wenn man Veränderungen bei diesen nachweisen möchte. Dadurch werden jedoch nur kurzfristige Wirkungen erfassbar. Eine Erhebung langfristiger Wirkungen, die noch Jahre nach dem Freiwilligendienst messbar wären, ist methodisch schwierig, aufwendig in der Durchführung und herausfordernd in der Auswertung. Drittens braucht man Ursache-Wirkungs-Hypothesen, um Veränderungen auf Prozesse und Strukturen zurückzuführen. Viertens bedürfte es einer Kontrollgruppe – eine Gruppe von Menschen, die keinen Freiwilligendienst geleistet haben – um Wirkungen nachzuweisen (Schrödter und Ziegler 2007, S. 19).

Dieser Schwierigkeit nahm sich das im Herbst 2013 abgeschlossene Quifd-Projekt „Entwicklung von Standards für Ergebnisqualität und von Evaluationsinstrumenten für Freiwilligendienste" an. Das Projekt orientierte sich an ähnlichen Instrumenten für die Wirkungsmessung in der Freiwilligenarbeit aus dem angelsächsischen Raum (Smith et al. 2004). Im Rahmen des Projektes wurde ein Fragebogen als Befragungsinstrument konzipiert, der ausschließlich die Mikroebene und im Besonderen Veränderungen bei den Freiwilligen misst. Ergebnisse sind in diesem Sinne „Veränderungen, die durch den Prozess und die Strukturen des Freiwilligendienstes stimuliert und bewirkt werden können" (Volkmann 2013, S. 62). Im Projekt wurden folgende Ergebnisdimensionen des Freiwilligendienstes festgelegt: die Kompetenzentwicklung (personale Kompetenzen, sozial-kommunikative Kompetenzen, Aktivitäts- und Handlungskompetenz, Diversitäts- und Demokratiekompetenz, Fach- und Sprachkompetenz), die berufliche Orientierung, die Engagemententwicklung und die Zufriedenheit mit den Prozessen des Freiwilligendienstes. Der im Projekt entwickelte Vorher-Nachher-Fragebogen kann genutzt werden, um Ergebnisqualität zu erfassen und mit Hilfe einer Hypothesentabelle Schlüsse für Verbesserungen von Strukturen und Prozessen zu ziehen. Da sich das Instrument noch in der Erprobungsphase befindet, können die Chancen und Grenzen eines solchen Vorgehens noch nicht endgültig beantwortet werden. Die Befürchtungen, dass ein solches Frage-Instrument zur Grundlage der Fördermittelvergabe (Fischer 2011, S. 57; Jakob 2012, S. 2) erklärt wird, können relativiert werden, denn der von Quifd entwickelte Fragebogen ist individualisierbar und eignet sich daher nur bedingt für einen Vergleich.

Trotz all der berechtigten Einwände und Befürchtungen hinsichtlich Qualitätsmanagement und Ergebnismessung zeigt die Praxis, dass damit Vorteile verbunden sind/sein können. Jeder Träger muss jedoch für sich entscheiden, welche Instrumente zu seiner Arbeit passen und in welchem Maße er sie einsetzen möchte und kann.

Literatur

Bundesarbeitskreis, Freiwilliges Soziales Jahr (BAK FSJ). 2006. Beschluss des BAK FSJ vom 17./18. September 2006. Qualitätsentwicklung im FSJ, Mindeststandards für die Zusammenarbeit von Trägern und Einsatzstellen. http://www.sportjugend-mv.de/upload/52/1242304425_21825_13373.pdf. Zugegriffen: 7. Jan. 2014.
Bundesarbeitskreis, Freiwilliges Soziales Jahr (BAK FSJ). 2007. Mindeststandards für die „Pädagogische Begleitung im FSJ". http://www.awo-jugendwerk-sachsen-anhalt.de/awowp/wp-content/uploads/2010/03/Mindeststandards-Paedagogische-Begleitung.pdf. Zugegriffen: 7. Jan. 2014.

Beck, Hanno. 2000. Wie rechnet sich ein Jugendgemeinschaftsdienst? Zur Ausgestaltung eines Freiwilligen Sozialen Jahres aus ökonomischer Perspektive. In *Jugend erneuert Gemeinschaft. Freiwilligendienste in Deutschland und Europa. Eine Synopse,* Hrsg. Guggenberger, Bernd, 328–342. Baden-Baden: Nomos Verlagsgesellschaft.

BMFSFJ. Hrsg. 1999. *Selbstbewertung des Qualitätsmanagements. Materialien zur Qualitätssicherung in der Kinder- und Jugendhilfe.* Bd. 24. Düsseldorf: Vereinigte Verlagsanstalten.

Comhlámh. 2007. The impact of international volunteering on host organisations: A summary of research conducted in India and Tanzania. http://www.volunteeringoptions.org/Portals/0/Research%20on%20the%20impact%20of%20international%20volunteering. pdf. Zugegriffen: 7. Jan. 2014.

Engelhardt, Hans Dietrich. 2001. *Total-Quality-Management: Konzept – Verfahren – Diskussion.* Augsburg: ZIEL.

Engels, Dietrich, Martina Leucht, und Gerhard Machalowski. 2005. Ergebnisse der Evaluation des FSJ und FÖJ. Abschlussbericht des Instituts für Sozialforschung und Gesellschaftspolitik e.V., Hrsg. vom Bundesministerium für Familie, Senioren, Frauen und Jugend. http://www.bmfsfj.de/RedaktionBMFSFJ/Freiwilligendienste/Pdf-Anlagen/evaluierungsberichtfreiwilligendienste,property=pdf,bereich=bmfsfj,sprache=de,rwb= true.pdf. Zugegriffen: 14. Jan. 2014.

Evangelische Freiwilligendienste für junge Menschen FSJ und DJiA gGmbH. 1999. Qualitätsentwicklung und Qualitätsmanagement. http://www.ev-freiwilligendienste.de/uploads/media/QE_Handbuch_Inland_JFDG_2012.pdf. Zugegriffen: 14. Jan. 2014.

Fischer, Jörn. 2011. Freiwilligendienste und ihre Wirkung – vom Nutzen des Engagements. *Aus Politik und Zeitgeschichte* 8:54–62.

Jakob, Gisela. 2012. „Verdienstlichung" des Engagements. Freiwilligendienste als neuer Hoffnungsträger der Engagementförderung. In BBE-Newsletter 11/2012. http://www.b-b-e.de/fileadmin/inhalte/aktuelles/2012/06/nl11_jakob.pdf. Zugegriffen: 14. Jan. 2014.

Jakob, Gisela. 2013. Freiwilligendienste zwischen Staat und Zivilgesellschaft. In betrifft: Bürgergesellschaft 40. http://www.fes.de/buergergesellschaft/publikationen/documents/BB-40FreiwilligendiensteInternet.pdf. Zugegriffen: 14. Jan. 2014.

Merchel, Joachim. 2010. *Qualitätsmanagement in der sozialen Arbeit.*Weinheim: Juventa Verlag.

Mundorf, Margret. 2000. *Christliche Freiwilligendienste im Ausland. Lernprozesse und Auswirkungen auf die Lebensentwürfe junger Menschen.* Münster: Waxmann.

Powell, Steve, und Esad Bratović. 2007. *The impact of longterm youth voluntary service in Europe: A review of published and unpublished research studies.* Brüssel: AVSO.

Reade, Nicolà. 2008. Konzept für alltagstaugliche Wirkungsevaluierungen in Anlehnung an Rigorous Impact Evaluations. CEval-Arbeitspapiere 14. Saarbrücken: Centrum für Evaluation. http://www.ceval.de/typo3/fileadmin/user_upload/PDFs/workpaper14_01.pdf. Zugegriffen. 14. Jan. 2014.

Schelle, Regine. 2006. *Qualitätsentwicklung und Qualitätsmanagement in der Kinder- und Jugendhilfe. Eine Studie über Entwicklungen, Auswirkungen und notwendige Veränderungen in Kindertagesstätten unter besonderer Berücksichtigung Heilpädagogischer Tagesstätten. Dissertationsschrift.* Technische Universität Dresden.

Scheller, Jan Oliver, und Tobias Stern. 2012. *Evaluierung des entwicklungspolitischen Freiwilligendienstes „weltwärts".* Im Auftrag des BMZ. Köln: Kölner Wissenschaftsverlag.

Schrödter, Mark, und Holger Ziegler. 2007. *Was wirkt in der Kinder- und Jugendhilfe?* *Internationaler Überblick und Entwurf eines Indikatorensystems von Verwirklichungs-chancen.* http://www.wirkungsorientierte-jugendhilfe.de/seiten/material/wojh_schriften_heft_2.pdf. Zugegriffen: 14. Jan. 2014.

Sherraden, Margaret, et al. 2008. Impacts of international volunteering and service. Individual and institutional predictors. *Voluntas* 19:395–421. doi:10.1007/s11266-008-9072-x.

Smith, Justin Davis, et al. 2004. *Volunteering Impact Assessment Toolkit. A practical guide for measuring volunteering.* London.

Straus, Florian. 1998. Partizipatives Qualitätsmanagement als Erweiterung praxisorientier-ter Evaluationskonzepte. *Experimentierende Evaluation*, Hrsg. Heiner, Maja, 67–92. Weinheim: Juventa.

Stuth, Ana-Maria. 2011. *Qualitätsentwicklung in Freiwilligendiensten.* In BBE-Newsletter 7/2011. http://www.b-b-e.de/fileadmin/inhalte/aktuelles/2011/06/nl7_stuth.pdf. Zuge-griffen: 14. Jan. 2014.

Tönnies, Sibylle. 2000. Gemeinschaft versus Gesellschaft. In *Jugend erneuert Gemeinschaft. Freiwilligendienste in Deutschland und Europa. Eine, Synopse*, Hrsg. Guggenberger, Bernd, 75–83. Baden-Baden.

Quifd. 2009. *Qualität und Wirkungen in Freiwilligendiensten. Dokumentation der Fachtagung am 14. und 15. September 2009 im Berliner Rathaus.* Berlin.

Volkmann, Ute Elisabeth. 2013. Qualität sichtbar machen: Ergebnisqualität und Evaluations-instrumente für Freiwilligendienste. *Voluntaris. Zeitschrift für Freiwilligendienste* 1 (2): 58–73.

Wagner, Karl, und Roman Käfer. 2008. *PQM. Prozessorientiertes Qualitätsmanagement. Leitfaden zur Umsetzung der neuen ISO 9001.* München: Carl Hanser Verlag.

Worel, Andreas. 2002. *Qualitätsfragen in gemeinnützigen Einrichtungen: unpopuläre Betrachtungen zu einem „modernen" Begriff.* Stuttgart: Verlag Freies Geistesleben.

Ana-Maria Stuth M.A.   leitet seit Anfang 2008 die Agentur für Qualität in Freiwilligen-diensten – Quifd und ist seit 2011 Geschäftsführerin der Akademie für Ehrenamtlichkeit Deutschland (fjs e.V.). Sie studierte Politikwissenschaft, Romanistik und Psychologie in Hei-delberg, Landau und Lille und arbeitete anschließend in verschiedenen Organisationen des Dritten Sektors.

Dr. Kristin Reichel   seit Oktober 2013 bei der Agentur für Qualität in Freiwilligendiens-ten – Quifd und der Akademie für Ehrenamtlichkeit Deutschland tätig. Sie studierte Geschichts- und Kommunikationswissenschaften in Erfurt, Amiens und Straßburg. Im Jahr 2013 schloss sie ihre Promotion im Fach Geschichte ab.

Prozesse informeller und non-formaler Bildung in Jugendfreiwilligendiensten

Kerstin Hübner und Jens Maedler

Zusammenfassung

In der Lebensphase Jugend wird die Übernahme von verantwortlichen, gesellschaftlichen Rollen erprobt. Freiwilligendienste bieten sich hierfür aufgrund ihrer biografischen Passung, ihres Ernstcharakters, der begrenzten Verweildauer und der pädagogischen Begleitung an. Von zentraler Bedeutung für eine, über die individuelle Lebensgestaltung hinausweisende, zivilgesellschaftliche Wirksamkeit von Freiwilligendiensten sind gelingende Bildungsprozesse. Diese sind gekennzeichnet durch informelle und non-formale Settings. Erlebnisse kompetenzbasierten Lernens und der Selbstbildung, eingebettet in verschiedene Reflexionsebenen, führen zu individuell wie institutionell nutzbaren Erfahrungen, in denen Bildung einen lebendigen, aktiven und gestaltbaren Prozess beschreibt.

K. Hübner (✉) · J. Maedler
Bundesvereinigung Kulturelle Kinder- und Jugendbildung e.V. (BKJ), Berlin, Deutschland
E-Mail: huebner@bkj.de

J. Maedler
E-Mail: maedler@bkj.de

© Springer Fachmedien Wiesbaden 2015
T. Bibisidis et al. (Hrsg.), *Zivil – Gesellschaft – Staat,*
Bürgergesellschaft und Demokratie 44, DOI 10.1007/978-3-658-05564-6_19

237

1 Einleitung

Die nachfolgenden Überlegungen zu den Bildungsprozessen in den Jugendfreiwilligendiensten resultieren, ebenso wie die voran gestellten Einschätzungen
gesellschaftlicher Lebenslagen junger Menschen, auf der pädagogischen Rahmenkonzeption für die Freiwilligendienste Kultur und Bildung. Die Bundesvereinigung
Kulturelle Kinder- und Jugendbildung e. V. (BKJ) hat mit Unterstützung des Bundes
im Jahr 2001 das Freiwillige Soziale Jahr (FSJ) Kultur bundesweit implementiert
und nach Ende der Modellphase auf dieser Grundlage das eigene Freiwilligendien-
stangebot im FSJ und Bundesfreiwilligendienst (BFD) weiterentwickelt.

2 Gesellschaftspolitische Einbettung der Lebensphase Jugend

Jugend ist trotz aller „Verzweckung", auf die gleich einzugehen sein wird, als eine eigenständige Lebensphase zu begreifen, die von der Suche nach einem Selbstkonzept
(Individualität) dominiert wird und spezifische Entwicklungsaufgaben beinhaltet. Jugendliche bereiten sich auf die Übernahme verschiedener gesellschaftlicher
Rollen vor. Sie leiten bewusst und gezielt oder unbewusst und zufällig in den Freiwilligendiensten ihre eigene Lebens- und Berufsplanung in Bahnen. In diesem Prozess
prägen sie ihr individuelles Lebenskonzept stärker aus. Ein individuelles Lebenskonzept zu gestalten, erfordert Selbstwahrnehmung – etwa der eigenen Stärken und
Schwächen – und Eigenverantwortung, aber auch Urteils- und Handlungsfähigkeit
(Emanzipation und Mündigkeit). Ein Lebenskonzept zu entwickeln bedeutet, dass
dieses nicht nur an individuellen Bedürfnissen und Werten ausgerichtet, sondern
auch auf die Umwelt abgestimmt wird.

Jugendliche stehen hohen Anforderungen gegenüber. Sie erleben die Welt in einem dynamischen Wandlungsprozess: Technologische und soziale Veränderungen
vollziehen sich in kurzen Intervallen. Damit einher geht ein Zuwachs an Informationen, die nicht zu überblicken und schwer einzuordnen sind. Wertepluralität,
Enttraditionalisierung, Individualisierung, Erosion althergebrachter Milieus, Glo-
balisierung, internationale ökonomische Krisen sowie die aktuelle demografische
Entwicklung sind weitere Zeichen einer diskontinuierlichen Entwicklung.

Dies vollzieht sich in einer ausgeprägten kapitalistischen Gesellschaft, die immer weniger normierte Arbeitsverhältnisse kennt. Ein diversifizierter Arbeitsmarkt
mit unterschiedlichen Handlungslogiken – hier die Zunahme prekärer Beschäf-

tigungsformen, dort gestraffte Ausbildungs- und Studienpläne – verstärkt eine leistungsorientierte Ausrichtung der nachwachsenden Generation. Ein neuer flexibler Habitus wird proklamiert. Eine zügige Entscheidung in Hinsicht auf die berufliche Karriere scheint immer notwendiger. In einer schwer zu überschauenden Gesellschaft müssen Jugendliche ihre Biografien beweglich und offen halten und zugleich eine kohärente Identität wahren (subjektive Sinnorientierung) – und dies in einem Umfeld mit einer Vielzahl parallel existierender Weltbilder, Wertmodelle und Lebenseinstellungen.

Dem Einzelnen wird mehr geboten – und ebenso mehr überlassen. Die Offenheit von Lebenssituationen und -wegen bietet Spielräume, erfordert aber auch Gestaltungsfähigkeit und Selbstverantwortung. Die Breite der Angebote erschwert zugleich die Entscheidung, zumal junge Menschen immer weniger Orientierung erhalten. Folgen können Unsicherheit und Überforderung, sogar Resignation sein. Mehrheitlich gehen die Jugendlichen jedoch, zu diesem Schluss kommt die Jugendforschung (Albert 2010, S. 32), pragmatisch mit den genannten Unwägbarkeiten um und bewältigen die zahlreichen Herausforderungen.

Bildung wird in der Gesellschaft und von Jugendlichen (Hille 2013, S. 25) als die zentrale Ressource identifiziert, die den Zugang zu Gemeinschaft und Arbeit gewährt und individuelles Glück und gesellschaftliche Zukunftsfähigkeit gleichermaßen verheißt. Für eine umfassende Bildung, die junge Menschen darin unterstützt, ihre Persönlichkeit zu entfalten, Sozialität zu erleben, Demokratiefähigkeit zu lernen und berufliche Perspektiven zu entwickeln, brauchen sie neben den klassischen Bildungsorten wie Familie oder Peer-Gruppen auf der einen und Schule auf der anderen Seite weitere Erfahrungsräume. Jugendfreiwilligendienste bieten, wie andere Angebote der Jugendhilfe, diesen Raum, den es zu nutzen und – in einem libertären Sinne zur Erprobung der Selbstwirksamkeit – zu wahren gilt.

3 Pädagogische Grundlagen für die Jugendfreiwilligendienste: Bildung als Zugang zur Teilhabe

Jugendfreiwilligendienste sind zuvorderst Bildungs- und Orientierungsangebote für junge Menschen. Daher ist die Bildungsqualität auf den Ebenen der damit befassten Akteure – in den Einsatzstellen und beim Träger – von entscheidender Bedeutung für ihren Erfolg. Zentral für die pädagogische Ausgestaltung ist hierbei die Verbindung von subjektorientierten Ansätzen (Bildung und Orientierung) sowie gesellschaftspolitischem und zivilgesellschaftlichem Grundverständnis (Engagement und Partizipation). Werte des Humanismus wie (Gewissens-)Freiheit, Mündigkeit, Toleranz, Gerechtigkeit und Demokratie sind dabei ebenso zentral wie Menschlichkeit, Güte, Freundlichkeit und Empathie.

Allgemeine Menschenbildung ist unabdingbare Voraussetzung dafür, dass der Mensch seine Subjektivität entfaltet. Bildung, ein eigensinniger und aktiver Prozess des Subjektes, hat grundlegende Bedeutung, damit der/die Einzelne in Kultur und Gesellschaft hineinwächst und selbige mitgestaltet. Bildungsprozesse umfassen daher immer zwei Dimensionen, die subjektbezogene Persönlichkeitsbildung und die auf die Gesellschaft bezogene soziale Bildung. Das erfordert die harmonisch-proportionale Herausbildung der eigenen Potenziale und der Identität (Entfaltung der Persönlichkeit); die aktive, handelnde Gestaltung des eigenen Lebens im sozialen und politischen Kontext, bei der das Fremde in Eigenes verwandelt wird (Aneignung von Welt); und die Anregung der kognitiven, sozialen, emotionalen, moralischen und ästhetischen Kräfte des Menschen (Anregung aller Kräfte im Theoretischen, im Handeln und im Gefühl).

Insofern ist Bildung als „Herstellung und Gestaltung eines bewussten Verhältnisses zu verstehen: zu sich selbst, zum jeweils anderen . . . , zur natürlichen, gesellschaftlichen und politischen Umwelt, zur Geschichte, zur künstlerischen Form" (Akademie Remscheid 1993, S. 4). Sie befähigt den Menschen dazu, dass er sich in der Welt zurechtfindet und behauptet – und so die Vergangenheit versteht, die Gegenwart gestaltet und die Zukunft entwirft. Diese Prozesse sind damit unabdingbar mit der Beziehung zwischen Mensch und Welt verknüpft. Nach Wilhelm von Humboldt (1793, S. 235 f.) hat diese Verbindung eine dreifache Wechselwirkung: eine „allgemeinste, regeste und freieste".

Für die umfassende Bildung der/des Einzelnen heißt dies, dass einerseits möglichst vielfältige Anregungen gegeben sein müssen, dass diese Prozesse zum zweiten tätige Auseinandersetzung zur Grundlage haben sollten und dass sie letztlich frei von Einschränkungen sind. Bildung ist demzufolge auch ein emanzipatorischer Entfaltungsprozess. Bildung so verstanden ist Voraussetzung für eine selbstbewusste und persönlich zufriedenstellende Lebensführung sowie für eine verantwortliche Teilhabe an der Gesellschaft. In einem Wechselverhältnis bringt Bildung den Menschen vom Eigensinn zum gelebten Gemeinsinn und umgekehrt vom Gemeinsinn zum ausgehandelten Eigensinn. In diesem Sinne meint Bildung, dass sich das Subjekt selbsttätig bildet und nicht gesellschaftliche Erwartungen und Vorgaben passiv übernimmt oder sich ihnen unhinterfragt anpasst.

Selbstbildungsprozesse können allerdings nur initiiert und moderiert, aber nicht extern gelenkt oder stringent geplant werden. Sie verlaufen selten linear, sondern sind durch Stagnation und Fortschritte, Unsicherheiten und Widerstände, bereichernde oder frustrierende Umwege gekennzeichnet.

Bildung ist ein stetiger Prozess – also nichts, was man einmal bekommt oder hat, sondern eine im Handeln aktiv zu erwerbende Disposition, die sich wiederum im Handeln zeigt. Sie wird erst sichtbar, wenn Menschen ihre Erfahrungen reflektieren oder Handlungen bewusst vollziehen. Bildungsarbeit bedarf daher des permanenten Diskurses und Austausches, der Selbstreflexion und -vergewisserung.

4 Jugendfreiwilligendienste als Orte non-formaler und informeller Bildung

Bildung geschieht an unterschiedlichen Orten und in unterschiedlichen Institutionen, in unterschiedlichen Situationen und – lebensbegleitend – zu unterschiedlichen Zeiten. Neben den Orten des formalen Lernens in Schule, Hochschule und Berufsausbildung schließt Bildung auch non-formale Orte, etwa die Jugendhilfe und informelle Settings, etwa die Familie mit ein. Non-formale Bildung definiert sich hierbei als Prozess, der nicht in Bildungs- oder Berufsbildungseinrichtungen stattfindet und üblicherweise nicht zur Zertifizierung führt. Gleichwohl ist sie systematisch in Bezug auf Lernziel, Lerndauer und Lernmittel. Aus Sicht der Lernenden ist sie zielgerichtet.

Informelle Bildung ist die freieste Form, die im Alltag, am Arbeitsplatz, im Familienkreis oder in der Freizeit stattfindet. Sie ist in Bezug auf Lernziele, Lernzeit oder Lernförderung nicht strukturiert und führt üblicherweise nicht zur Zertifizierung. Informelle Bildung kann zielgerichtet sein, ist jedoch in den meisten Fällen nichtintentional.

Der Anteil der non-formalen und informellen Bildung an den Entwicklungsprozessen Einzelner, am nachhaltig Gelernten beträgt laut OECD 60 – 70 % (Overwien 2005, S. 51). Diese Erkenntnis führt dazu, dass non-formale und informelle Bildung zunehmend Anerkennung in Politik, Öffentlichkeit und Arbeitsmarkt finden. Dabei kann es nicht darum gehen, unterschiedliche Bildungssettings in Konkurrenzstellungen zu bringen und gegeneinander ins Feld zu führen. Freiwilligendienste schließen in der Regel lebensbiografisch an den Erwerb eines schulischen Reifezeugnisses an und bieten im Gegensatz zum formalen Kontext für das Gros der Freiwilligen erste intensive Erfahrungen quasi auf der Arbeitsebene mit Elementen non-formaler als auch informeller Bildung.

Jugendfreiwilligendienste als Engagementform nehmen in der Bildungslandschaft einen spezifischen Platz ein. Grundsätzlich werden sie durch die Träger als non-formales Bildungsangebot strukturiert, das zahlreiche begleitende und reflektierende Angebote umfasst. Sie beinhalten zudem – vorrangig im Praxiseinsatz –

Anteile des informellen Lernens. Gerade diese Kombination aus informellen und non-formalen Aspekten trägt entscheidend dazu bei, dass ein ganzheitlicher Bildungsauftrag umgesetzt wird (Münchmeier 2007). Dazu werden beispielsweise für die Freiwilligendienste im Trägerverbund Freiwilligendienste Kultur und Bildung verschiedene Konzepte aus den Bereichen der kulturellen Bildung, der sozialen Bildung, der politischen Bildung, der werteorientierten Bildung und der beruflichen Bildung genutzt.

5 Jugendfreiwilligendienste als kompetenzbasiertes Lernen

Die Jugendfreiwilligendienste verbinden in unseren Augen im Idealfall allgemeine (humanistische) Menschenbildung mit kompetenzbasiertem Lernen. Letzteres ist ein nicht unumstrittenes Konzept, liegt doch hier auch immer die Gefahr, Bildungsprozesse in den Jugendfreiwilligendiensten zu verzwecken. Dennoch bietet die Kompetenzperspektive Anregungen für die Bildungsangebote in den Jugendfreiwilligendiensten. Orientieren können sich Akteure an den von der OECD identifizierten drei großen Kompetenzbereichen für „ein erfolgreiches Leben und eine gut funktionierende Gesellschaft" (Rychen und Salganik 2003, S. 45–66):

a. Acting autonomously (Selbstbestimmt handeln können)
    – die eigenen Rechte, Interessen, Grenzen und Bedürfnisse verteidigen und sichern,
    – einen Lebensplan und persönliche Projekte ausarbeiten und umsetzen,
    – sich zum Großen und Ganzen verhalten.

Diese Kompetenzen versetzen die/den Einzelnen in die Lage, das Leben durch eigenständiges Kontrollieren von Lebens- und Arbeitsbedingungen auf verantwortungsvolle und sinnvolle Weise zu gestalten.

b. Using tools interactively (Werkzeuge interaktiv nutzen können)
    – Sprache, Symbole und Text als soziokulturelle Instrumente verstehen und verwenden,
    – Wissen und Informationen verarbeiten und anwenden,
    – Technologien begreifen und einsetzen.

Dieser Kompetenzbereich bezieht sich stets auf private, soziale wie berufliche Anforderungen.

c. Functioning in socially heterogenious groups (in sozial heterogenen Gruppen zurechtkommen können)
   – sich auf andere beziehen,
   – kooperieren und zusammenarbeiten,
   – Konflikte handhaben und lösen.

Diese Kompetenzen sind wichtig, um mit anderen gut auskommen und interagieren zu können.

6 Profil der Jugendfreiwilligendienste am Beispiel des FSJ Kultur

Im nachfolgenden geht es darum, die Prinzipien von Bildung und pädagogischer Begleitung zu skizzieren, anhand derer sich die unterschiedlichen Bildungssettings beschreiben lassen. Exemplarisch geschieht dies am Beispiel des FSJ Kultur.

6.1 Strukturrahmen

Das FSJ Kultur ist eine besondere Form bürgerschaftlichen Engagements junger Menschen im Kulturbereich. Damit ist es ein Ort der (Selbst-)Bildung unter dem Zugangsprinzip der Freiwilligkeit.

Kulturnutzung und -gestaltung spielen eine wichtige Rolle im Leben junger Menschen; sie können im FSJ Kultur diesem Interesse nachkommen. Das FSJ Kultur leistet viel für die Persönlichkeitsbildung der/des Einzelnen, ist eng mit der Teilhabe am kulturellen Leben und mit künstlerischer Praxis – rezeptiv und, oder produktiv – verknüpft. Es ist also eingebettet in den Kontext kultureller Bildung und in seiner Verfasstheit ein Bildungsort des kompetenzbasierten wie des non-formalen und informellen Lernens.

6.2 Bildungsauftrag

Im Sinne der Persönlichkeitsbildung unterstützt ein FSJ die Entwicklung von individuellen Lebensperspektiven und -kompetenzen. Als Aufgaben der sozialen Bildung im FSJ Kultur lassen sich nennen: Daseinskompetenzen entwickeln, gesellschaftliche Rollen üben, soziale Integration erfahren. Freiwillige erweitern demnach ihr sozial-kommunikatives Handlungsrepertoire. Politische Bildung hat den Auftrag, die Partizipationsfähigkeit zu fördern, demokratisch-soziale Grundsätze lebendig und praxisnah zu vermitteln, bürgerschaftliches Engagement nachhaltig zu fördern. Wertekommunikation innerhalb des FSJ Kultur schließt neben humanistischen und demokratischen Dimensionen auch diversitätsbewusste sowie transkulturelle Bildung und Bildung zu nachhaltiger Entwicklung ein. Ökonomische Integration wird durch berufs- bzw. arbeitsweltorientierende Anteile und durch fachliche Qualifizierung unterstützt. Im FSJ Kultur werden Arbeitsmethoden erlernt, kognitive Fähigkeiten werden durch den Erwerb von Fachwissen im Kulturbereich erweitert.

6.3 Bildungsprofil

Das FSJ Kultur erschließt Jugendlichen ein facettenreiches Bildungsprofil mit

- ästhetischen Dimensionen: Kultur als Kunst;
- künstlerisch-kreativen Dimensionen: Kultur als Ausdruck und aktives Handlungsangebot;
- gesellschaftspolitisch-sozialen Dimensionen: Kultur als in- wie exklusive Wert- und Normsetzung sowie
- historischen Dimensionen: Kultur als Markierung für Tradition und Geschichte.

Es ist die Kombination verschiedener Lernorte, die die Bildungsprozesse im FSJ Kultur prägen. Auf der fachlichen Ebene spielt die kulturelle Arbeit im engeren Sinne – z. B. Praxiseinsatz, eigenverantwortliche Projektarbeit – die entscheidende Rolle. Hier können Freiwillige Kompetenzen prüfen und einsetzen, erweitern und sich aneignen. Ausdruck für das kulturelle Profil sind das Einsatzstellenspektrum und die konkreten Aufgabenfelder der Freiwilligen: Die Freiwilligen begegnen ästhetischen Produkten, etwa in der Organisation und Begleitung von Konzerten, Theateraufführungen, Ausstellungen, Filmprojekten oder Tanzproduktionen. Sie erleben den aktiven Entstehungs- und Vermittlungsprozess von Kunst und Kultur, z. B. in der Unterstützung und Leitung von theater-, musik- oder zirkuspädagogischen Angeboten oder im Mitmachen in Kreativwerkstätten. Sie setzen sich mit der historischen Relevanz von Kunst und Kultur auseinander, z. B. durch ihren Einsatz in Gedenkstätten, Kunstmuseen, Heimatvereinen, Denkmälern. Die gesamtgesellschaftliche Bedeutung von Kunst und Kultur erfahren sie vergegenständlicht in eigenverantwortlichen Projekten, etwa in marginalisierten Wohnquartieren, in Zusammenarbeit mit Einrichtungen der Behindertenhilfe, in Einsatzstellen der politischen Bildungsarbeit oder in der Diskussion um die kommunalen Kulturhaushalte.

Andererseits wird die kulturelle Dimension in der pädagogischen Begleitung sichtbar, die besonderes Augenmerk darauf legt, dass in den Seminaren die Methoden und Prinzipien der kulturellen Bildung angewandt werden. Jugendliche erhalten Gelegenheit zur Begegnung mit bzw. Gestaltung von Kunst und Kultur. Sie können damit ihre künstlerischen Ausdrucksfähigkeiten erweitern sowie ein Selbstverständnis von Kunst und Kultur im persönlichen und gesellschaftlichen Rahmen, z. B. in Diskussions- und Reflexionsrunden, entfalten. Die Kombination aus Praxis und Reflexion – sei es im Einsatzstellenalltag oder in der Seminararbeit – kennzeichnet den kognitiven, praktischen, körperlichen und emotionalen Prozess informeller Bildung, der die Freiwilligen in der Entfaltung ihrer Persönlichkeit und ihrer Potenziale unterstützt.

6.4   Bildungsverantwortung der Akteure

Die pädagogische Gesamtverantwortung und die Verantwortung für die Bildungsarbeit übernimmt der Träger. Er schafft den Rahmen für non-formale Bildungsorte und ermöglicht informelle Bildungsprozesse. In Hinsicht auf die individuelle Begleitung kooperiert der Träger mit den Einsatzstellen. Einsatzstellen haben spezifische Aufgaben, insbesondere die an Lernzielen orientierte fachliche Anleitung der Freiwilligen und die Betreuung im Praxiseinsatz: In der täglichen Arbeit in den Kultureinrichtungen können Freiwillige informell und non-formal lernen.

Die Umsetzung dieser Ansprüche stellt vielfältige Anforderungen an die Einsatzstellen: Die Freiwilligen benötigen selbstorganisierte und selbstbestimmte Räume, die begleitet werden müssen. Ihnen muss Verantwortung übergeben werden um ein Lernen in Ernstsituationen zu gewährleisten, was Partizipation im Sinne von Beteiligung und Mitbestimmung einschließt. Eine Ausrichtung auf die Interessen und Individualität der Freiwilligen ist genauso notwendige wie eine positive Arbeitsatmosphäre.

Die Freiwilligen sind im FSJ Kultur nicht nur für die ihnen anvertrauten Aufgaben verantwortlich, sondern auch für ihre Lernbiografie. Darüber hinaus finden zahlreiche Bildungsprozesse in der Freiwilligengruppe und im Umfeld statt, welche von den Freiwilligen ein hohes Maß an Selbstorganisation und von Trägern bzw. Einsatzstellen Aufmerksamkeit fordern.

6.5   Bildung im FSJ – ein dynamisches Verständnis

Die hier formulierten Grundaussagen zum Thema Bildung sind keine Dogmen. Bei aller Verbindlichkeit lassen sie den Trägern und Einsatzstellen genügend Freiraum für eigene Umsetzungen. Denn: Bildung lebt durch die Individuen, die sie gestalten, und die Erfahrungsräume, in denen sie stattfindet. Das bedeutet auch, dass immer wieder darauf geachtet wird, dass sich das Bildungskonzept in einem FSJ nicht überlebt, sondern dass es aktuell und lebendig gehalten wird – auf konzeptioneller wie auf praktischer Ebene.

Literatur

Akademie Remscheid. 1993. *Leitlinien und Arbeitskonzept*. Remscheid: Akademie Remscheid.
Albert, Mathias, Klaus Hurrelmann, und Gudrun Quenzel. 2010. *16. Shell Jugendstudie. Jugend 2010*. Frankfurt a. M.: Fischer Taschenbuch Verlag.
Bundesvereinigung Kulturelle Kinder- und Jugendbildung (BKJ). 2011. *Pädagogische Rahmenkonzeption der Freiwilligendienste Kultur und Bildung*. Berlin. http://fsjkultur. de/files/Dokumente%20und%20Bilder/FSJ%20Kultur/Paedagogische%20Rahmenkonze ption_FWD%20Kultur%20und%20Bildung_Kurzfassung.pdf>. Zugegriffen: 12. Aug. 2014.
Dörpinghaus, Andreas, Andreas Poenitsch, und Lothar Wigger, Hrsg. 2012. *Einführung in die Theorie der Bildung*. Darmstadt: WBG.
Düx, Wiebken, Gerald Prein, Erich Sass, Claus J. Tully. 2008. *Kompetenzerwerb im freiwilligen Engagement*. Wiesbaden: VS Verlag für Sozialwissenschaften.
Hille, Adrian, Annegret Arnold, und Jürgen Schupp. 2013. Freizeitverhalten Jugendlicher. http://www.diw.de/documents/publikationen/73/diw_01.c.428684.de/13–40-3.pdf. Zugegriffen: 15. Dez. 2013.
Hübner, Kerstin. 2011. Netze spinnen, Strukturen schaffen, Konzepte realisieren – Rahmenbedingungen im FSJ Kultur. In *Kulturelle Bildung – Zehn Jahre FSJ Kultur*, Hrsg. Bundesvereinigung Kulturelle Kinder- und Jugendbildung (BKJ). Remscheid: BKJ.
Humboldt, Wilhelm von. 1793. *Theorie der Bildung des Menschen*. Bd. I, 234–240. Darmstadt: WBG.
Jakob, Gisela. 2003. Biografische Strukturen bürgerschaftlichen Engagements. Zur Bedeutung biografischer Ereignisse und Erfahrungen für ein gemeinwohlorientiertes Engagement. In Munsch, Ch. (Hrsg.): Sozial Benachteiligte engagieren sich doch. Weinheim, München: Juventa Verlag. S. 79–96.
Keupp, Heiner. 1999. *Identitätskonstruktionen. Das Patchwork der Identitäten in der Spätmoderne*. Hamburg: Rowohlt.
Keupp, Heiner. 2012. *Freiheit und Selbstbestimmung in Lernprozessen ermöglichen*. Freiburg: Centaurus.
Maslow, Abraham M. 1981. *Motivation und Persönlichkeit*. Reinbek: Rowohlt.

Münchmeier, Richard. 2007. Bildungschancen in freiwilligen Engagements junger Menschen. Beitrag zur FSJ Tagung des DRK, 13. Dez. 2007.

Overwien, Bernd. 2005. Internationale Sichtweisen auf informelles Lernen am Übergang zum 21. Jahrhundert. In *Ganztagsbildung in der Wissensgesellschaft*, Hrsg. Hans-Uwe Otto und Thomas Coelen, 51–76. Wiesbaden: VS Verlag für Sozialwissenschaften.

Rauschenbach, Thomas, Wiebken Düx, und Erich Sass, Hrsg. 2006. *Informelles Lernen im Jugendalter*. Weinheim: Juventa.

Recknagel, Eva. 2006. Bildungswirkungen des FSJ Kultur. Diplomarbeit an der Universität Leipzig.

Rychen, Dominique S., und Laura H. Sagalnik, Hrsg. 2003. *Key competencies for a successful life and a well-functioning society*. Göttingen: Hogrefe & Huber.

Slüter, Uwe. 2008. Bildungsstandards im Freiwilligen Sozialen Jahr. In *Blätter der Wohlfahrtspflege* 1/2008.

Kerstin Hübner, Erziehungswissenschaftlerin. Sie war neun Jahre lang Bundestutorin im FSJ Kultur bei der Bundesvereinigung Kulturelle Kinder- und Jugendbildung e.V. (BKJ) und steuerte maßgeblich dessen Aufbau.

Jens Maedler, Dipl.-Soz.-wirt, leitet den Geschäftsbereich Freiwilliges Engagement bei der Bundesvereinigung Kulturelle Kinder- und Jugendbildung e.V. (BKJ).

Die Integration von jungen Menschen aus benachteiligten Lebensverhältnissen in den Jugendfreiwilligendiensten – Eine Bestandsaufnahme

Thomas Bibisidis

Zusammenfassung

Ein Blick auf die statistischen Erhebungen der vergangenen Jahre zeigt, dass es nicht gelingt, die gesellschaftliche Integration junger Menschen aus benachteiligten Lebensverhältnissen in angemessenem Umfang in den Jugendfreiwilligendiensten umzusetzen. An diesem Umstand vermag auch das derzeit realisierte Programm des Bundesministeriums für Familie, Senioren, Frauen und Jugend (BMFSFJ) zur Förderung von Teilnehmenden mit besonderem Förderbedarf im Sinne von Nr. II. 4. a. (3) Richtlinie zur Förderung der Jugendfreiwilligendienste (RL-JFD) nichts zu ändern. Es stellt sich damit die Frage, warum das Ziel des Förderprogramms, die Potenziale junger Menschen aus benachteiligten Lebensverhältnissen noch besser zu nutzen, in der Realität bislang nicht hinreichend eingelöst werden konnte. Der Beitrag geht dieser Frage nach und identifiziert auf der Grundlage von Überlegungen zur praktischen Umsetzung Ansatzpunkte für eine mögliche Umstrukturierung des derzeit realisierten Förderprogramms.

T. Bibisidis (✉)
Deutsches Rotes Kreuz e.V. - Generalsekretariat, Berlin, Deutschland
E-Mail: bibisidt@drk.de

© Springer Fachmedien Wiesbaden 2015
T. Bibisidis et al. (Hrsg.), *Zivil – Gesellschaft – Staat*,
Bürgergesellschaft und Demokratie 44, DOI 10.1007/978-3-658-05564-6_20

1 Einleitung

Das „Gesetz zur Förderung eines Freiwilligen Sozialen Jahres", das am 1. April 1964 in Kraft trat, feiert in diesem Jahr 50. Geburtstag. Laut einer Selbstauskunft der Träger von Freiwilligendiensten absolvierten zum Stichtag 1. Dezember 2013 rund 98.300 Menschen einen Freiwilligendienst im Inland. Rund 49.800 von ihnen ein Freiwilliges Soziales Jahr (FSJ). Nicht nur angesichts dieser Zahlen ist das FSJ ein Erfolgsmodell, das heute seinesgleichen sucht. Damals wie heute ist es die spezielle Mischung aus freiwilliger Teilnahme, persönlich wichtiger Orientierungsphase und Bildungsjahr in besonderen außerschulischen Lernsettings einerseits sowie begrenzter Verantwortungsübernahme in Erstsituationen des Arbeitslebens und Übernahme von gesellschaftlicher Verantwortung andererseits, die selbst nach 50 Jahren so viele junge Menschen für ein FSJ begeistert. Hierin liegt auch das Potenzial der Jugendfreiwilligendienste (JFD) für die Bildungs- und Lebensbiografien junger Menschen (Liebig 2007, S. 12).

Obwohl die JFD ein Angebot für alle junge Menschen sind, wird dieser Anspruch in der Praxis nicht hinreichend eingelöst. Ein Blick auf die statistischen Erhebungen der vergangenen Jahre zeigt, dass sich in den Angeboten der derzeit realisierten JFD bislang bestimmte Gruppen potenzieller Teilnehmenden kaum wiederfinden beziehungsweise deutlich unterrepräsentiert sind. Nach wie vor realisiert sich in den Angeboten der JFD eine Verteilung zugunsten der höheren Bildungsabschlüsse. Der Anteil der jungen Menschen ohne oder mit Hauptschulabschluss liegt aktuell bei nur rund 10 % (Bundesarbeitskreis FSJ für den FSJ-Jahrgang 2012/13). Obwohl sich mit dem Merkmal „Schulqualifikation" beziehungsweise „Bildungsstatus" nicht alle Benachteiligungen erklären lassen, weisen sie bei einer großen Zahl dieser jungen Menschen in der Regel auf einen problematischen Übergang in Ausbildung und Beruf hin oder/und auf eine nicht gelingende selbstbestimmte Lebensführung (Hoorn et al. 2010, S. 9; Prein 2005, S. 42).

Damit profitieren gerade diejenigen jungen Menschen, die in klassischen Bildungsinstitutionen und formalen Bildungskontexten „gescheitert" sind, unterdurchschnittlich von den positiven Effekten besonderer außerschulischer Lernorte und -settings, die mit den JFD bereitgestellt werden.

Dieser Umstand der zurzeit realisierten JFD stellt seit gut fünfzehn Jahren einen der zentralen Anknüpfungspunkte für Versuche dar, bestehende Rahmenbedingungen der JFD zu verändern, um sie für die potenziellen Teilnehmenden zu öffnen. Zu nennen sind an dieser Stelle die vom BMFSFJ aufgelegten Modellprogramme „Freiwilliges Soziales Trainingsjahr (1999–2004)" und „Freiwilligendienste machen kompetent (2007–2010)".

Im Folgenden soll der Versuch unternommen werden, die bestehende Konzeption und Umsetzung des Programms des BMFSFJ zur Förderung von Teilnehmenden mit besonderem Förderbedarf[1] zu interpretieren, um auf der Grundlage von Überlegungen zur praktischen Umsetzung Ansatzpunkte für eine mögliche Umstrukturierung des derzeit realisierten Förderprogramms zu identifizieren.

2 Konzeption des Programms von Teilnehmenden mit besonderem Förderbedarf in den Jugendfreiwilligendiensten

Die durch das BMFSFJ als öffentliche Definitionsinstanz vorgenommene vorläufige operationale Definition des Begriffs des „besonderen Förderbedarfes" im Sinne von Nr. II. 4. a. (3) RL-JFD erfolgt unter Rückgriff auf die für die Jugendsozialarbeit und Jugendberufshilfe relevanten Rechtsbereiche SGB VIII (Kinder- und Jugendhilfegesetz) und SGB III (Arbeitsförderungsrecht) bzw. auf die in diesen Rechtsbereichen etablierten Definitionen von jungen Menschen mit besonderem Förderbedarf. Darüber hinaus fanden auch die Ergebnisse und wissenschaftlichen Auswertungen der Modellprogramme „Freiwilliges Soziales Trainingsjahr" und „Freiwilligendienste machen kompetent" Berücksichtigung. Die vom BMFSFJ hieraus abgeleitete Förderkonzeption für die Jugendfreiwilligendienste zur Förderung von Teilnehmenden mit besonderem Förderbedarf ist in mehrfacher Hinsicht problematisch.

Durch den Rückgriff auf die für die Jugendsozialarbeit und Jugendberufshilfe relevanten Rechtsbereiche werden in den JFD nicht nur unterschiedliche Sinnstrukturen und konzeptionelle Grundlagen lose nebeneinandergestellt, sondern auch das bislang gültige Verständnis der JFD auf den Prüfstand gestellt.

Es ist zunächst darauf hinzuweisen, dass sich das SBG VIII in seinem Ansatz (Prinzip der Freiwilligkeit) grundlegend vom Grundverständnis unterscheidet, das dem SGB III zugrunde liegt (Prinzip des „Förderns und Forderns"). Ferner lässt die „Überführung" des gezielten „Förderns und Forderns" in die JFD das ihnen zugrunde liegende Verständnis eines freiwilligen Engagements in den Hintergrund treten, indem der Erwartungs- und Leistungsdruck auf die jungen Menschen verstärkt wird.

---

[1] Einschlägig für das derzeit realisierte Förderverfahren in den Jugendfreiwilligendiensten sind das Rundschreiben gemäß Nr. II. 4. a. (3) der Förderrichtlinien Jugendfreiwilligendienste vom 11. April 2012 (RL-JFD) des BMFSFJ vom 31. Mai 2012 sowie das Merkblatt zur Förderung von Freiwilligen mit besonderem Förderbedarf nach Nr. II. 4. a. i. V. m. (3) RL-JFD im Jahrgang 2012/2013 des BMFSFJ vom 22. 11. 2012.

Mit dem Rückgriff des BMFSFJ auf die in diesen Rechtsbereichen „etablierten Definitionen" von jungen Menschen mit besonderem Förderbedarf tritt ein weiteres Problem hinzu: Es liegt in diesen Bereichen nach wie vor keine unstrittige oder eindeutige Operationalisierung von Benachteiligung vor. Unstreitig ist lediglich, dass unterschiedliche Wirkungsgefüge ursächlich für eine Benachteiligung sind. In welchem Maße welche Faktoren zur Benachteiligung beitragen, ist hingegen strittig (Spies und Tredop 2006, S. 9–24; Bohlinger 2004, S. 230–241). Zudem verkennt die Entlehnung, dass die begrifflichen Setzungen stets an diese disziplinar gefärbten Voraussetzungen gebunden sind. Da es sich hierbei um ein äußerst umfangreiches Problem- und Forschungsfeld handelt, muss der Verweis auf die einschlägige Fachliteratur an dieser Stelle genügen. Im Ergebnis wird damit die in diesen Bereichen anhaltende Konfusion von Analyse- und Handlungsansätzen und Begrifflichkeiten in die JFD überführt.

Durch den Rückgriff auf die für die Jugendsozialarbeit und Jugendberufshilfe relevanten Rechtsbereiche erhält die Maßgabe einer individualisierten passgenauen Förderung, der sich mittlerweile alle relevanten öffentlich-rechtlichen Institutionen angeschlossen haben (Bundesministerium für Bildung und Forschung 2005, S. 29), Einzug in das bestehende System der JFD. Die Einführung einer Personenorientierung der Förderung führt zu Friktionen mit der in den JFD bislang gültigen Maßnahmenorientierung.

Die Berücksichtigung von Ergebnissen und wissenschaftlichen Auswertungen der beiden Modellprogramme kann hingegen als Versuch eines transdisziplinären Brückenschlages zwischen den unterschiedlichen Sinnstrukturen der Jugendsozialarbeit und Jugendberufshilfe einerseits und den JFD andererseits gewertet werden. Denn beide Modellprogramme zielten auf die Verknüpfung von Jugendfreiwilligendiensten mit Elementen der Berufs- bzw. Ausbildungsvorbereitung ab (Förster 2005, S. 4; Huth 2011, S. 6). Diese Ausrichtung war den individuell-biografischen Bedürfnissen und Erwartungen der teilnehmenden jungen Menschen geschuldet, die sich von ihrer Teilnahme eine konkrete Verbesserung ihrer beruflichen Perspektiven erhofften. Eine Verengung auf diese Ausrichtung birgt jedoch die Gefahr, das Potenzial der JFD ausschließlich an beruflichen und schulischen Ansprüchen zu messen und damit die Korrektur bis dato „defizitärer" schulischer und beruflicher Integration ausschließlich als zu fördernde Ansatzpunkte zu verstehen. Damit verbunden wäre gleichzeitig eine Auflösung des bislang gültigen Verständnisses der JFD, die sich nicht als eine weitere berufsvorbereitende bzw. arbeitsmarktbezogene „Maßnahme" verstehen.

Die vorangegangen Ausführungen in Verbindung mit der zügigen Einführung der neuen „Förderrichtlinien Jugendfreiwilligendienste" im Jahre 2011 legen die Vermutung nahe, dass bei der Konzeption und Implementierung des Programms zur Förderung von Teilnehmenden mit besonderem Förderbedarf in den JFD der Handlungszwang auf Seiten des BMFSFJ, sein eigenes Handeln zu legitimieren, im Vordergrund gestanden haben muss. Vor diesem Hintergrund mag es auch wenig überraschen, dass nach Auskunft des BMFSFJ im Jahrgang 2012/13 im Freiwilligen Sozialen Jahr lediglich rund 230 Freiwillige über dieses Förderprogramm unterstützt wurden.

3　Implementierung des Förderprogramms: Die „richtigen" jungen Menschen fördern

Das Grundprinzip der Förderung zur Integration von jungen Menschen aus benachteiligten Lebensverhältnisse in den JFD ist, dass nicht beliebige junge Menschen gefördert werden sollen, sondern „die richtigen". Die „richtigen" jungen Menschen im derzeit realisierten Förderverfahren sind diejenigen, denen die gesellschaftlich erwünschte Einmündung in eine berufliche Ausbildung nicht gelingt. Wenn das bestehende Regelwerk die Zuweisung der staatlichen Förderung nur als devianten Fall zulässt, stellt sich die Frage, welche Devianz jungen Menschen zugeschrieben werden soll, die ihnen den Zugang zu diesem Förderprogramm ermöglicht, ohne gleichsam die Stigmatisierung voranzutreiben. Auf der Grundlage von Überlegungen zur praktischen Umsetzung und unter Zuhilfenahme von Erkenntnissen aus den beiden Modellversuchen, kann die Frage anders als bislang geschehen beantwortet werden.

Die Annahme des besonderen Förderbedarfs im derzeit realisierten Förderverfahren der JFD soll dadurch sichergestellt werden, dass im Einzelfall immer mehrere – mindestens zwei – individuelle Benachteiligungen erfüllt sein müssen (Vgl. Rundschreiben gemäß Nr. II. 4. a. (3) der Förderrichtlinien Jugendfreiwilligendienste vom 11. April 2012). Beispielsweise haben potenzielle Teilnehmer_innen ohne Schulabschluss nicht nur den konkreten Nachweis über den fehlenden Schulabschluss einzubringen, sondern müssen beispielsweise in Form eines vorzulegenden medizinisch/psychologischen Attestes nachweisen, dass sie auf Grund von gravierenden sozialen, persönlichen und/oder psychischen Problemen den Anforderungen einer betrieblichen Ausbildung nicht gewachsen sind. Auch das Vorliegen eines Hauptschulabschlusses, der erwarten lässt, dass ohne Berufsausbildung in außerbetrieblichen Einrichtungen ein Berufsabschluss nicht zu erreichen ist, ist im derzeit realisierten Förderverfahren nicht ausreichend, um die Annahme des besonderen Förderbedarfs zu erreichen. Diese potenziellen Teilnehmenden haben den Nachweis einer weiteren individuellen Beeinträchtigung einzubringen. Dieser Umstand greift massiv in die Lebenswelt des Einzelnen ein, weil es das scheinbar individuell zu verantwortende Scheitern und damit die stigmatisierende Wirkung verstärkt und zudem zusätzliche identitätspsychologische Belastungen provoziert (Ulrich 1998, S. 370–380).

Die Träger von JFD, die junge Menschen aus benachteiligten Lebensverhältnissen integrieren wollen, haben sich ebenfalls an diese „amtlichen" Selektionskriterien zu halten und die konkreten Nachweise über mindestens zwei individuelle Benachteiligungen „abzufordern". Dadurch laufen sie Gefahr, jungen Menschen bereits in der Phase des Zugangs einen Stempel aufzudrücken und sie damit als Angehörige einer mit Defiziten behafteten Sondergruppe zu stigmatisieren.

Die Rückmeldung aus der Praxis in diesem Zusammenhang ist eindeutig: Grundlage für den Öffnungsprozess in den JFD für diese Gruppe potenzieller Teilnehmenden ist eine Sensibilität für die mögliche Relevanz von benachteiligenden Faktoren, ohne diese jedoch zu sehr in den Vordergrund zu stellen. Die Erkenntnisse aus den beiden Modellversuchen stellen eine gute Grundlage bereit, um diesen Anspruch in der Praxis auch einlösen zu können.

Im Rahmen beider Modellprogramme: „Freiwilliges Soziales Trainingsjahr (1999–2004)" und „Freiwilligendienste machen kompetent (2007–2010)" konnte herausgearbeitet werden, dass bei der angestrebten Zielgruppe das Merkmal Schulqualifikation bzw. der Bildungsstatus ein wesentliches Merkmal ist, das über Erwerbsbiografien und eine gelingende selbstbestimmende Lebensführung entscheidet (Prein 2005, S. 42; Huth und Wösten 2011, S. 75): „Je geringere Bildungsressourcen eine Gruppe von Teilnehmern besitzt, desto problematischer sind dort die Vorgeschichten" (Prein 2005, S. 47). Auch konnte festgestellt werden, „dass das Ausmaß dieser Probleme eindeutig mit dem erreichten Abschlussniveau korreliert" (Prein 2005, S 28). Es wurde daher vorgeschlagen, die Operationalisierung des Begriffs des „besonderen Förderbedarfes" vor allem auf der Grundlage des Merkmals „Schulqualifikation" vorzunehmen (Liebig 2007, S. 94; Huth und Wösten 2011, S. 75). Um die Annahme des besonderen Förderbedarfs im derzeit realisierten Förderverfahren sicherzustellen und gleichzeitig das Ausmaß der Stigmatisierung zu minimieren, wäre demzufolge der Nachweis nur eines Merkmals (beispielsweise ein fehlender Abschluss oder ein Hauptschulabschluss) völlig ausreichend.

4 Perspektiven für das Projektdesign des Fördersystems zur Förderung von Teilnehmenden mit besonderem Förderbedarf

Um dem Wunsch dieser potenziellen Teilnehmer_innen, dass sich ihr freiwilliges Engagement mit Blick auf ihren eigenen beruflichen Lebensweg nutzbringend einsetzten lässt, und den zusätzlichen Belastungen, die sie häufig mitbringen, Rechnung tragen zu können, wäre in den JFD zunächst die Notwendigkeit einer individualisierten passgenauen Förderung und einer engeren Verzahnung mit den angrenzenden Lebensphasen dieser jungen Menschen erforderlich anzuerkennen. Um hierbei jedoch nicht Gefahr zu laufen, in Konkurrenz zu Angeboten der Jugendsozialarbeit und Jugendberufshilfe zu treten oder als Konkurrenz zum dualen Ausbildungssystem verstanden zu werden, sind die JFD gefordert, sich ihres spezifischen Charakters zu vergewissern.

Wenn das Potenzial der Jugendfreiwilligendienste in den alternativen und ergänzenden Bildungsprozessen liegt, in denen die „ganze Person" zum Tragen kommt (Rauschenbach 2006, S. 7), dürfen die Effekte der Jugendfreiwilligendienste für die potenziellen Teilnehmenden mit besonderem Förderbedarf im derzeit realisierten Förderverfahren auch nicht ausschließlich an beruflichen und/oder schulischen Ansprüchen gemessen werden. Der in den JFD derzeit vorliegende „Kriterienkatalog", der nahezu vollständig aus dem Bereich der Jugendberufshilfe stammt, spiegelt diese Gefahr wider. Die Ausrichtung der JFD auf das Ziel der beruflichen Qualifizierung zu verengen würde in der Konsequenz bedeuten, dass nur ein kleiner Teil des Menschseins geformt wird, nämlich der Teil, der für den Ausbildungs- und Arbeitsmarkt Verwertung findet. Deshalb wäre einerseits darauf zu achten, dass Einheiten der schul- und/oder berufsbezogenen Qualifizierung nicht mit den vorgeschriebenen Bildungstagen verrechnet werden. Andererseits wäre die Offenheit des Blicks auch für andere Ziele zu erhalten. Der Versuch, einen Bildungsabschluss nachzuholen, um hierdurch eine Korrektur bis dato „defizitärer" schulischer und beruflicher Integration herbeizuführen (Defizitorientierung), ist nur ein mögliches Ziel. Im derzeit realisierten Förderverfahren ist die Frage nach den fehlenden Kompetenzen bei den potenziellen Teilnehmer_innen und nach den Maßnahmen zur Minderung dieser Benachteiligungen Ausgangspunkt für das zugrunde zu legende pädagogische Konzept. Dass die potenziellen Teilnehmenden auch Stärken und Kompetenzen mitbringen, ist in der derzeit realisierten Projektkonzeption aus dem Blick geraten. Folglich wäre der Blick weg von den Defiziten und Problemen hin zum Ausbau und der Bewusstmachung vorhandener Potenziale (Ressourcenorientierung) ein weiteres Ziel (Brandt et al. 2008, S. 83), das explizit Eingang in Vorgaben des Zuwendungsgebers finden sollte. Schließlich kann das übergeordnete Programmziel der gesellschaftlichen Integration von jungen Menschen aus (bildungs-)benachteiligten Lebensverhältnissen die Förderung ihrer Selbstgestaltungskräfte und Autonomiebestrebungen nahelegen. Deshalb wäre in der Projektkonzeption zur Förderung von Teilnehmer_innen mit besonderem Förderbedarf in den JFD die Freiheit in der Wahl der Ziele und der Wege dorthin zu verankern.

5   Nicht nur eine Frage geeigneter pädagogischer Konzepte

Die Integration junger Menschen aus benachteiligten Lebensverhältnissen in die Jugendfreiwilligendienste ist nicht nur eine Frage geeigneter pädagogischer Konzepte. Gegenwärtig liegen die Probleme weniger in der inhaltlich qualitativen Ausgestaltung der Programme. Im Modellprogramm „Freiwilligendienste machen kompetent" konnten die beteiligten Träger unter besonderen zeitlichen und finanziellen Rahmenbedingungen arbeiten (Hoorn et al. 2010, S. 7), weil alle mit der Integration von jungen Menschen aus benachteiligten Lebensverhältnissen verbundenen Aufgabenbereiche mit einem erhöhten Aufwand verbunden sind (Hoorn et al. 2010, S. 12). Auch die Durchführung des Modellprogramms „Freiwilliges Soziales Trainingsjahr" war durch eine breite Finanzierungsgrundlage abgesichert (Förster 2005, S. 5). Da eine fortlaufende Förderung über Modellprojekte oder sonstige Einzelmaßnahmen nicht möglich ist, stehen diese besonderen finanziellen und zeitlichen Rahmenbedingungen in den JFD in der Regel nicht in gleichem Umfang zur Verfügung. Der mit der Integration von Teilnehmer_innen aus benachteiligten Lebensverhältnissen verbundene Mehraufwand überschreitet in der Regel die Eigenleistungsfähigkeit vieler Träger und die derzeitige Höhe der Bundesförderung von bis zu 100 EUR pro Teilnehmendenmonat bei Weitem.

Die Erkenntnisse und Erfahrungen aus den beiden Modellprogrammen legen schließlich auch eine strukturelle Veränderung des bestehenden Fördersystems für Teilnehmende mit besonderem Förderbedarf in den JFD nahe. In beiden Modellversuchen konnte gezeigt werden (Huth et al. 2011; Braun et. al. 2005; Liebig 2007), dass für eine erfolgreiche Einbeziehung von jungen Menschen aus benachteiligten Lebensverhältnissen in die JFD die trägerinterne und -externe Anbindung zu den Akteuren der Jugendsozialarbeit und/oder Jugendberufshilfe sowie die Festigung und Pflege dieser Kooperationsstrukturen von grundlegender Bedeutung für die erfolgreiche Implementierung im Sinne des Programmziels sind. Dies gilt für die zielgruppenspezifischen Ansprache, die als aufsuchendes Informationsangebot zu realisieren ist und die Vernetzung mit Institutionen aus dem Lebensumfeld der Zielgruppe als Multiplikatoren voraussetzt, ebenso wie für die Akquise von Einsatzstellen und deren Sensibilisierung für den Umgang mit jungen Menschen aus benachteiligten Lebensverhältnissen. Auch die so wichtige niedrigschwellige Ausgestaltung des Bewerbungs- und Auswahlverfahrens sowie die Herstellung des Passungsverhältnisses zwischen den Interessen der jungen Menschen und den möglichen Aufgaben in der jeweiligen Einsatzstelle sind von ebenso grundlegender Bedeutung.

Mit dem Verweis auf die fehlende Verwaltungskompetenz für die JFD bzw. die ausschließliche Finanzierungskompetenz für die Förderung der pädagogischen Begleitung sieht der Bund aktuell aber keine Möglichkeit, sich an der Refinanzierung dieser notwendigen Aufgaben zu beteiligen. Damit werden diese für die erfolgreiche Implementierung des Förderprogramms notwendigen Aufgaben aus dem Wahrnehmungshorizont der Bundesförderung herauskatapultiert. Hiervon betroffen sind insbesondere die pädagogisch anspruchsvolle niedrigschwellige Ausgestaltung des Bewerbungs- und Auswahlverfahrens sowie das sogenannte „Matching", die in der Wahrnehmung des Bundes keine pädagogische Aufgabe darstellen. Erschwerend kommt der zuwendungsrechtlich relevante Umstand hinzu, dass die Wahrnehmung dieser Aufgaben dem Projektförderzeitraum vorgelagert sind, die Bundesförderung aber erst mit der Aufnahme des Freiwilligendienstes einsetzt. Im Ergebnis blieben damit die angezeigten strukturellen Systemveränderungen unangetastet und die Implementierung des Verfahrens zur Förderung von Teilnehmenden mit besonderem Förderbedarf der bestehenden (Regel-) Fördersystematik in den JFD angepasst.

In diesem Zusammenhang stellt sich die Frage nach der Verknüpfung der bestehenden Finanzierungen der unterschiedlichen Hoheitsträger (Bund, Länder und Kommunen), um die Integration von jungen Menschen aus benachteiligten Lebensverhältnissen in den Jugendfreiwilligendiensten finanziell breit abzusichern. Da die Fördermittel von unterschiedlichen Hoheitsträgern verwaltet werden, müssten zwischen ihnen entsprechende Vereinbarungen auf der Grundlage einer einschlägigen rechtlichen Grundlage getroffen werden. Rechtliche Vereinbarungen, die über die Ebene zwischen Ländern und Kommunen hinausgehen, bedürfen jedoch verfassungsrechtlicher Änderungen. Da solche Änderungen nur schwer zu verwirklichen sind, erfahren sie gegenwärtig politisch auch wenig Unterstützung. In der gegenwärtigen Situation erscheint es deshalb für die Jugendfreiwilligendienste zielführender, auf der Ebene der unterschiedlichen Zuständigkeiten anzuknüpfen, mit dem Ziel, bei der Förderung von jungen Menschen aus benachteiligten Lebensverhältnissen eine bessere Abstimmungen und Kooperation vor Ort herbeizuführen. Mit Blick auf die Debatten um die gleichwertige Weiterentwicklung der Freiwilligendienste ließe sich jedoch auch die Frage der Überführung von Fördermitteln unterschiedlicher Hoheitsträger in ein kohärentes System wieder neu stellen.

6 Ausblick

Der im derzeit realisierten Förderverfahren enthaltene Passus, dass die jetzigen Regelungen zur Förderung von Teilnehmenden mit besonderem Förderbedarf in den JFD unter dem Vorbehalt einer Überprüfung stehen (Rundschreiben des BMFSFJ vom 31.05.2012), gibt Anlass zur Hoffnung, dass die zurzeit andauernden Gespräche zwischen den zivilgesellschaftlichen Akteuren und dem BMFSFJ in eine Umstrukturierung des derzeit realisierten Förderprogramms im Sinne der jungen Menschen aus benachteiligten Lebensverhältnissen einmünden könnten.

Die Notwendigkeit der Öffnung der JFD für die potenziellen Teilnehmer_innen und die Begründung für die Förderung von Teilnehmenden mit besonderem Förderbedarf hat allerdings nicht aus dem Blickwinkel gesellschaftlicher Problemlagen zu erfolgen, sondern aus dem Blickwinkel der gleichberechtigten Zugangschancen aller Jungendlichen sowie des Gewinns an Vielfalt unter den Freiwilligen und in den Einsatzstellen. Hier geht es vor allem um Fragen der Chancengleichheit in Bezug auf Bildung und Teilhabe.

Literatur

Bohlinger, Sandra. 2004. Der Benachteiligtenbegriff in der beruflichen Bildung. *Zeitschrift für Berufs- und Wirtschaftspädagogik* 100 2: 230–241.
Brandt, Andrea, Markus Runge, und Veit Hannemann. 2008. *Freiwilliges Engagement und gesellschaftliche Teilhabe benachteiligter Jugendlicher. Eine Expertise im Fokus der Jugendsozialarbeit,* Hrsg. Deutsches Rotes Kreuz – Generalsekretariat. Berlin: Deutsches Rotes Kreuz – Generalsekretariat.
Braun, Frank, Heike Förster, Ralf Kuhnke, Hartmut Mittag, Gerald Prein, Kerstin Schreier, und Jan Skrobanek. 2005. *Berufliche Förderung benachteiligter Jugendlicher durch eine Verbindung von Arbeit und Lernen: Das Modellprogramm Freiwilliges Soziales Trainingsjahr in Auftrag gegeben vom Bundesministerium für Familie, Senioren, Frauen und Jugend,* Hrsg. Deutsches Jugendinstitut, Arbeitspapier 07/2005. München: Deutsches Jugendinstitut.
Bundesarbeitskreis FSJ, Statistische Angaben zum FSJ-Jahrgang 2012/13 (Unveröffentlicht).
Bundesministerium für Bildung und Forschung, Hrsg. 2005. *Berufliche Qualifizierung Jugendlicher mit besonderem Förderbedarf – Benachteiligtenförderung.* Bonn.

Hoorn, Alexandra, Susanne Rindt, und Tina Stampfl. 2010. *Praxisleitfaden „Freiwilligendienste machen kompetent"* – *Inklusion benachteiligter Jugendlicher in das Freiwillige Soziale Jahr und das Freiwillige Ökologische Jahr,* Hrsg. ISS Institut für Sozialarbeit und Sozialpädagogik. Frankfurt a. M.: ISS Institut für Sozialarbeit und Sozialpädagogik.

Huth, Susanne, und Benjamin Wösten. 2011. Institutionelle Arrangements, Kooperation und Vernetzung. In Endbericht der Evaluation des Bundesprogramms „Freiwilligendienste machen kompetent", Hrsg. INBAS-Sozialforschung GmbH, 75–98. Frankfurt a.M.

Liebig, Reinhard. 2007. *Freiwilligendienste als außerschulische Bildungsinstitution für benachteiligte junge Menschen. Machbarkeitsstudie zu den individuellen und institutionellen Bedingungen des ESF-Programms „Kompetenzerwerb benachteiligter Jugendlicher im Rahmen eines FSJ/FÖJ",* in Auftrag gegeben und herausgegeben vom Bundesministerium für Familie, Senioren, Frauen und Jugend. Dortmund.

Merkblatt zur Förderung von Freiwilligen mit besonderem Förderbedarf nach Nr. II. 4. a. i. V. m. (3) RL-JFD im Jahrgang 2012/2013 des BMFSFJ vom 22. Nov. 2012. (Unveröffentlicht)

Rauschenbach, Thomas. 2006. *Jugendfreiwilligendienste. Lernorte zwischen Schule und Beruf.* Impulsvortrag auf dem Kongress „Unser Engagement für das Engagement – Freiwilligendienste fördern" der SPD-Bundestagsfraktion, 20. Okt. 2006 in Berlin. http://www.b-b-e.de/uploads/media/nl1906_impuls_rauschenbach.pdf. Zugegriffen: 31. Marz 2014.

Rundschreiben gemäß Nr. II. 4. a. (3) der Förderrichtlinien Jugendfreiwilligendienste vom 11. April 2012 (RL-JFD) des BMFSFJ vom 31. Mai 2012. http://www.bmfsfj.de/RedaktionBMFSFJ/Freiwilligendienste/Pdf-Anlagen/rundschreiben-besonderer-f_C3_B6rderbedarf,property=pdf,bereich=bmfsfj,sprache=de,rwb=true.pdf. Zugegriffen: 13. August 2014.

Spies, Anke, und Dietmar Tredop. 2006. „Risikobiografien" – Von welchen Jugendlichen sprechen wir? In *Risikobiografien. Benachteiligte Jugendliche zwischen Ausgrenzung und Förderprojekten,* Hrsg. Anke Spies und Dietmar Tredop, 9–24. Wiesbaden: VS Springer Verlag für Sozialwissenschaften.

Ulrich, Joachim Gerd. 1998. Benachteiligung – was ist das? Überlegungen zu Stigmatisierung und Marginalisierung im Bereich der Lehrlingsausbildung. *Vierteljahreshefte zur Wirtschaftsforschung* 67 4: 370–380.

Thomas Bibisidis M.A. hat Politische Wissenschaft, Öffentliches Recht und Rechts-, und Gesellschaftsphilosophie studiert, ist ausgebildeter PR-Junior-Berater (AKOMM) und Qualitätsbeauftragter (TÜV) und seit 2012 Referent für die Freiwilligendienste im Deutschen Roten Kreuz e.V. - Generalsekretariat. Zuvor war er als Dozent für Politische Bildung sowie als Politik- und PR- Berater für ein Projekt im Rahmen des „Europäischen Jahres der Freiwilligentätigkeit" tätig.

Neuland für die Freiwilligendienste – Wie die Altersöffnung das Format verändern könnte

Rabea Haß, Annelie Beller und Georg Mildenberger

Zusammenfassung

Das Feld der Freiwilligendienste hat durch die Aussetzung der Wehrpflicht und die Einführung des Bundesfreiwilligendienstes (BFD) an Bedeutung gewonnen. Aktuell gibt es mehr Freiwillige denn je. Zudem wurden durch die Altersöffnung im BFD neue Zielgruppen erschlossen, die mit anderen Erwartungen und Motiven als die bisherigen Freiwilligen kommen. Der Beitrag beleuchtet die Motive und Erwartungen der Freiwilligen ab 27 Jahren (27 +) und diskutiert die Altersöffnung sowohl aus Sicht der Freiwilligen als auch hinsichtlich der Implikationen für die Akteure auf Organisationsebene. Die Auswertung einer qualitativen Untersuchung zeigt, dass sich die Freiwilligen ab 27 + im Wesentlichen drei Typen zuordnen lassen: Ein Teil nutzt den BFD zur beruflichen Qualifizierung, ein weiterer als Alternative zum Arbeitsmarkt. Einer dritten Gruppe dient der BFD

R. Haß
Hertie School of Governance GmbH, Berlin, Deutschland
E-Mail: hass@hertie-school.org

A. Beller (✉)
gfa | public GmbH, Berlin, Deutschland
E-Mail: ab@gfa-public.de

G. Mildenberger
Ruprecht-Karls-Universität Heidelberg, Heidelberg, Deutschland
E-Mail: georg.mildenberger@csi.uni-heidelberg.de

© Springer Fachmedien Wiesbaden 2015
T. Bibisidis et al. (Hrsg.), *Zivil – Gesellschaft – Staat*,
Bürgergesellschaft und Demokratie 44, DOI 10.1007/978-3-658-05564-6_21

vorrangig zur Sinnstiftung. Die Empirie lässt den Schluss zu, dass sich aus den Erwartungen der Älteren, etwa nach Anerkennung und gesellschaftlicher Teilhabe sowie dem Wunsch, sich über das Dienstende hinaus einzubringen, neue Ansprüche für die Freiwilligendienste ergeben. Die Ausgestaltung als Moratorium trägt gerade für diese Zielgruppe kaum; das verlangt nach einer Justierung und Neuausrichtung bestehender Konzepte.

1 Freiwilligendienste auf Wachstumskurs

Noch nie gab es so viele Freiwillige in Deutschland wie heute. In den Freiwilligendienstformaten Freiwilliges Soziales Jahr (FSJ), Freiwilliges Ökologisches Jahr (FÖJ) und Bundesfreiwilligendienst (BFD) sowie in verschiedenen Auslandsfreiwilligendiensten engagieren sich derzeit etwa 100.000 Personen (Jakob 2013, S. 13). Der Auf- und Ausbau dieses Angebots ging einher mit der Aussetzung der Wehrpflicht im Juli 2011, die zugleich das vorläufige Ende des Zivildienstes bedeutete. Als Ersatz führte Bundesministerin Dr. Kristina Schröder den Bundesfreiwilligendienst mit einer Kapazität von 35.000 Vollzeitplätzen ein. Der Dienst dauert zwischen sechs und 18 Monaten und wird in der Regel in Vollzeit abgeleistet. Für Freiwillige ab 27 Jahren (27 +) gibt es im BFD Teilzeitstellen mit einer Mindestarbeitszeit von mehr als 20 Wochenstunden. Die Freiwilligen sind sozialversichert und erhalten teilweise eine unentgeltliche Unterbringung, Verpflegung und Arbeitskleidung sowie ein monatliches Taschengeld von derzeit maximal 357 € (Stand: Juli 2014).

Zugleich wurde das Angebot im FSJ/ FÖJ deutlich auf gut 40.000 Plätze erhöht. Neben der massiven Ausweitung der Freiwilligendienste bringt der BFD weitere wichtige Veränderungen. Insbesondere erschließt er eine völlig neue Zielgruppe: Er ist europaweit der erste ,klassische' Freiwilligendienst, der allen Generationen offen steht (Beller und Haß 2013). Durch die vertraglich geregelte Verbindlichkeit in Bezug auf Umfang und Dauer (Jakob 2011, S. 186) unterscheidet er sich explizit von anderen altersoffenen Engagementformen sowie den Pilotprojekten Freiwilligendienst aller Generationen (FDaG) oder Generationsübergreifender Freiwilligendienst (GÜF), bei denen die Mindeststundenzahl nur acht beziehungsweise fünf Wochenstunden beträgt.

Dieser Beitrag beleuchtet die Altersöffnung des Dienstes und diskutiert diese sowohl aus Sicht der Freiwilligen als auch hinsichtlich der Implikationen für die Akteure auf Organisationsebene. Schließlich ordnet er diese Entwicklung in einen gesamtgesellschaftlichen Kontext ein. Grundlage dafür bilden neben Daten des

Bundesamtes für Familie und zivilgesellschaftliche Aufgaben (BAFzA), Fokusgruppeninterviews mit jüngeren und älteren Freiwilligen sowie Expert_inneninterviews mit Vertreter_innen aus Politik und Drittem Sektor.[1]

2   Eine wachsende Zielgruppe: Freiwillige 27 +

Mit der Altersöffnung betrat Deutschland Neuland im Feld der Freiwilligendienste. Die Entscheidung wurde politisch damit begründet, möglichst vielen Personen positive Erfahrungen durch soziales Engagement zu ermöglichen und einer Altersdiskriminierung entgegenzusteuern. Außerdem wurde die Altersöffnung als eine der „unabdingbare[n] Voraussetzungen für das Erreichen einer zum Erhalt funktionierender Strukturen erforderlichen Zahl von Teilnehmenden" gesehen (Bundesbeauftragter für den Zivildienst 2010, S. 20). Dennoch war bei Einführung des BFD unklar, ob sich ältere Menschen von einem Freiwilligendienst angesprochen fühlen würden, der durch einen hohen Grad an Verbindlichkeit geprägt ist.

Im Januar 2012, also etwa sechs Monate nach Start des BFD, waren insgesamt ca. 30.000 Freiwillige im Dienst. Davon waren 23 % 27 Jahre und älter.[2] Seitdem stieg der Anteil der älteren Freiwilligen kontinuierlich, erreichte im April 2012 etwa 30 % und hat sich inzwischen bei gut 40 % stabilisiert. Ende Oktober 2013 stellte sich die Alterszusammensetzung der 47.176 BFD-Leistenden wie in Abb. 1 dar.

Auffallend ist, dass es in den ostdeutschen Bundesländern insgesamt mehr Freiwillige und insbesondere mehr ältere Freiwillige als im Bundesdurchschnitt gibt. So leisten im Oktober in Sachsen 5.943 Personen, in Thüringen 3.297 Personen, aber in den bevölkerungsstarken Bundesländern Bayern und Baden-Württemberg nur 3.428 bzw. 5.412 Freiwillige einen BFD (BAFzA, Stand 30. Oktober 2013). Damit verzeichnet der BFD einen gegenläufigen Trend gegenüber anderen Freiwilligendiensten. Im Format *weltwärts* beispielsweise kommen überdurchschnittlich viele Bewerber_innen aus den westdeutschen Bundesländern (BMZ 2011, S. 30).

---

[1] Die Datenerhebung fand zwischen Juli 2011 und Januar 2013 im Rahmen eines Kooperationsprojektes der Hertie School of Governance und des Centrums für soziale Investitionen und Innovationen (CSI) der Universität Heidelberg statt und wurde von der Gemeinnützigen Hertie-Stiftung finanziert. Siehe dazu auch Anheier et. al. 2012 und Beller und Haß 2013.

[2] Eigene Berechnungen auf Grundlage der Daten des Bundesamtes für Familie und zivilgesellschaftliche Aufgaben vom 10. Januar 2012.

Abb. 1 Prozentuale
Altersverteilung. (Quelle:
BAFzA, eigene Berechnungen,
Stand: 30. Oktober 2013)

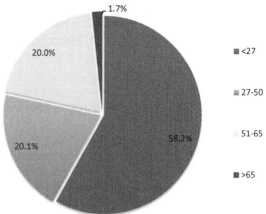

In den ostdeutschen Bundesländern inklusive Berlin liegt der Anteil der Zielgruppe 27 + im Durchschnitt bei 83 %, während er im Westen lediglich 15 % beträgt. Zudem ist der Frauenanteil bei den Freiwilligen ab 27 Jahren etwas höher (54,3 %) als bei den Jüngeren (51,9 %).[3]

Gerade die regionalen Unterschiede lassen sich bisher noch nicht abschließend erklären. Fest steht aber, dass die ungleiche Zusammensetzung der Teilnehmenden im BFD nicht allein mit den unterschiedlichen demografischen Strukturen der neuen und alten Bundesländer begründet werden kann. Vielmehr deutet die Auswertung unserer Expert_inneninterviews auf eine Kombination von Faktoren hin: Der BFD wurde von den regionalen Berater_innen des BAFzA unterschiedlich stark beworben. Gerade in Sachsen und Thüringen wurde der Dienst wohl von Anfang an flächendeckend bekannt gemacht, auch gezielt für ältere Freiwillige. Hinzu kamen teilweise Informationsveranstaltungen der Arbeitsagenturen. Zudem haben einige Träger in Regionen mit vielen älteren Freiwilligen inzwischen unterschiedliche Konzepte für die Dienstformate und vermitteln jüngere Interessenten gezielt ins FSJ/FÖJ, die Älteren hingegen in den BFD. Dies verstetigt offenbar den hohen Anteil der Zielgruppe 27 + im Osten. Schließlich spielen Arbeitsmarktstrukturen eine Rolle: Für viele Arbeitssuchende ist der Dienst eine attraktive Alternative zum (schwierigen) Arbeitsmarkt oder arbeitsmarktpolitischen Maßnahmen, die in vielen Regionen zeitgleich mit Einführung des BFD gekürzt oder abgeschafft wurden (Deutscher Bundestag 2012, S. 15).

---

[3] Eigene Berechnungen auf Grundlage der Daten des Bundesamtes für Familie und zivilgesellschaftliche Aufgaben vom 30. Oktober 2013.

Abb. 2 Altersverteilung der
Fokusgruppenteilnehmenden in
Prozent. (Quelle: Eigene
Erhebung und Berechnung.)

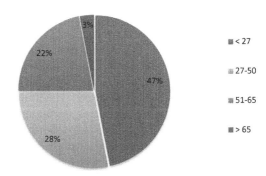

3 Im Fokus: Hintergründe, Motive und Erfahrungen der Zielgruppe 27 +

In Fokusgruppeninterviews an bundesweit neun verschiedenen Standorten bei unterschiedlichen Trägern haben wir 164 Freiwillige, nach Altersgruppen getrennt, befragt. Die Fokusgruppen fanden im Rahmen der Bildungstage statt. Die Teilnahme war freiwillig und erfolgte anonym. Die Gespräche wurden als leitfadenorientierte Gruppeninterviews gestaltet. Die Interviews wurden aufgezeichnet, transkribiert und im Anschluss inhaltsanalytisch ausgewertet. Kern der Befragung waren die Themen Motivation und Entscheidungsgründe für den BFD, bisherige Erfahrungen in den Einsatzstellen und den Seminaren sowie die jeweiligen Pläne für die Zeit nach dem Dienst. Zudem füllten die Freiwilligen einen Kurzfragebogen aus, in dem soziodemografische Daten (Alter, Geschlecht, Status vor dem BFD) erfasst wurden.

Von den insgesamt 164 Befragten waren 87 Freiwillige 27 Jahre und älter. Abbildung 2 zeigt, wie sich die Fokusgruppenteilnehmenden auf die verschiedenen Altersgruppen verteilen.

Ähnlich wie im bundesweiten Gesamtbild ist auch in den Fokusgruppen der Anteil der weiblichen Freiwilligen bei den älteren Teilnehmenden höher als bei den jüngeren. Hinsichtlich ihrer Tätigkeiten vor dem BFD unterscheiden sich die Altersgruppen eklatant. Die Freiwilligen unter 27 Jahren kamen bis auf wenige Ausnahmen direkt von der Schule. Einige wenige traten den BFD nach einer Ausbildung oder einem Studium an. Nur ein Freiwilliger unter 27 Jahren war vor dem Dienst arbeitssuchend.

In der Altersgruppe 27–65 hingegen waren 60 von 82 Teilnehmenden vor dem BFD arbeitssuchend. Sämtlich bezogen sie Arbeitslosengeld II (ALG II). Die Personen über 65 Jahren waren erwartungsgemäß alle im Ruhestand. Zehn Personen aus dieser Altersgruppe gingen vorher einer Beschäftigung nach. Die restlichen neun

Teilnehmenden dieser Altersgruppe gaben „Sonstiges" als Status an und explizierten diese Angabe großteils mit den Angaben Bürgerarbeit, MAE (Arbeitsgelegenheiten mit Mehraufwandsentschädigung) oder 1-Euro-Job.

Zu Beginn unserer Untersuchung erwarteten wir, dass sich aufgrund der Rahmenbedingungen des Dienstes nur bestimmte Personenkreise für den Dienst entscheiden würden, nämlich Personen, die auf „Taschengeldniveau" leben können, da sie beispielsweise noch bei den Eltern wohnen oder durch Privatvermögen oder Familieneinkommen abgesichert sind. Außerdem kämen Freiwillige in Frage, die unter teilweiser Lohnfortzahlung vom Arbeitgeber für den Dienst frei gestellt werden oder Personen, deren Lebensunterhalt durch Rentenbezüge oder Pensionsansprüche gesichert ist. Weiterhin könnten Menschen den BFD wählen, um eine (finanzielle) Statusverbesserung zu erfahren, beispielsweise durch das teilweise anrechnungsfreie Taschengeld zu ALG II-Bezügen oder als Aufstockung zu geringen Rentenbezügen. Schließlich könnten sich Personen von dem Dienst einen Mehrwert für ihre berufliche Zukunft erhoffen, so dass sie die finanziellen Einschränkungen während des Dienstes als (Bildungs-)Investition in ihre berufliche Zukunft sehen (Anheier et al. 2012, S. 12).

Die Angaben der Fokusgruppenteilnehmenden bestätigen diese Annahmen. Aus den soziodemografischen Daten sowie aus den statistischen Erhebungen des BAFzA (siehe Abb. 1) können wir ableiten, dass die überwiegende Zahl der älteren Freiwilligen im erwerbsfähigen Alter ist. Zudem zeigt sich, dass vor Antritt des BFD 73 % der Befragten in der Altersgruppe 27 bis 65 arbeitssuchend (ALG II-Empfänger) waren. Ähnliches ergeben die ersten Ergebnisse der gemeinsamen Evaluation des Jugendfreiwilligendienste- und Bundesfreiwilligendienstgesetzes. In dieser repräsentativen Befragung gaben 65 % der 27 +-Freiwilligen an, vor dem BFD arbeitssuchend gewesen zu sein (Huth et al. 2013). Viele Freiwillige nehmen also keine bewusste Auszeit aus dem Erwerbsleben (z. B. Sabbatical), sondern partizipieren aus anderen Motiven am BFD.

Die älteren Befragten äußerten häufig den Wunsch nach gesellschaftlicher Teilhabe und nach (finanzieller) Statusverbesserung als wichtige Motive für die Aufnahme des Dienstes. Insbesondere für ALG-II-Empfänger_innen stellt das Taschengeld, welches in Höhe von 200 € anrechnungsfrei ist, einen Anreiz dar. In der Gesamtanalyse der Fokusgruppen wurden nach den bereits genannten Anreizen die folgenden Beweggründe am häufigsten genannt: sinnvolle und erfüllende Aufgaben; Ersatz zur Erwerbsarbeit bzw. Mangel an Alternativen; selbstbestimmte Tätigkeit (v. a. im Gegensatz zu 1-Euro-Jobs); Möglichkeit zur Intensivierung des Ehrenamtes sowie berufliche Neuorientierung.

Die Motive der Älteren unterscheiden sich also deutlich von den Beweggründen der jüngeren Fokusgruppenteilnehmenden, bei denen die Berufsorientierung,

Persönlichkeitsentwicklung und das Sammeln von Praxiserfahrung im Vordergrund stehen. Diese Befunde unserer qualitativen Studie werden von den ersten Ergebnissen der Evaluation weitgehend bestätigt: Während die Freiwilligen unter 27 Jahren in allen Dienstformaten die persönliche Weiterentwicklung und eine sinnvolle Überbrückung der Zeit zwischen Schule und Ausbildung/Studium als Hauptmotive nennen, sind es bei der Zielgruppe 27 + die gesellschaftliche Teilhabe und der finanzielle Anreiz (Huth 2013).

Dennoch: Auch innerhalb der sehr heterogenen Altersgruppe 27 + gibt es große Unterschiede. Die Befragten unserer Fokusgruppen lassen sich in drei Typen gliedern.

4 Freiwillige auf der Suche nach Qualifizierung, Alternativen zur Erwerbsarbeit oder Sinnstiftung

Nahezu alle Befragten unserer Fokusgruppen stellen ihre Erfahrungen unabhängig von ihren Motiven und Erwartungen als positiv dar. Sie betonen die Anerkennung und die Dankbarkeit, die sie für ihre Tätigkeit erfahren. Das grundsätzliche Fazit ist erfreulich, jedoch unterscheiden sich die weiteren Erfahrungen und Erwartungen. Es lassen sich drei Typen identifizieren, welche stark mit den Motiven und biografischen Lebensphasen verbunden sind:

Freiwillige, die 1.) den BFD aus Qualifizierungsgründen absolvieren, stellen die Chancen, die sie im Dienst sehen, in den Vordergrund. Sie empfinden den BFD als Ausbildungsabschnitt und können sich vorstellen, dass danach eine weitere Ausbildungs- oder Weiterbildungsphase folgt. Zu diesem Personenkreis gehören beispielsweise Freiwillige im Anerkennungsjahr, Personen, die sich beruflich neu orientieren wollen, aber auch ausländische Freiwillige (Incomer), die sich in Deutschland weiterqualifizieren wollen.

Freiwillige, die 2.) den Dienst primär als eine Alternative zum Arbeitsmarkt ansehen, überwogen in den Fokusgruppen zahlenmäßig. Sie zeichnen ein deutlich kritischeres Bild als der erste Typus von Freiwilligen. Ihre Kritik bezieht sich dabei jedoch nicht auf die Tätigkeit selbst, sondern auf die strukturellen Rahmenbedingungen. Auffallend ist, dass sich diese Freiwilligen stark mit den hauptamtlichen Mitarbeiter_innen ihrer Einsatzstellen vergleichen, nicht aber mit anderen Ehrenamtlichen, die sich außerhalb eines Freiwilligendienstformates engagieren. Obwohl sich einige durch diesen Vergleich als „Mitarbeiter_innen zweiter Klasse" fühlen, verlängern Freiwillige dieses Typs ihren Dienst häufig auf die maximale Dienstdauer von 18 Monaten. Im März 2013 leisteten 60,5 % der Freiwilligen 27 + den

BFD für 18 Monate, bei der Gruppe U27 waren es lediglich 5,5 %. Dieser Befund legt den Schluss nahe, dass der BFD für viele nicht primär die Funktion eines Orientierungs- oder Bildungsjahres hat. Dem Ende des Dienstes sieht dieser Typus besorgt entgegen, da ihm häufig die Anschlussperspektive fehlt. Die mitunter erhoffte Anschlussbeschäftigung – auch wenn kein Freiwilliger berichtete, dass eine solche zu Beginn des Dienstes von den Organisationen in Aussicht gestellt worden wäre – erfüllt sich für viele nicht. Insgesamt erfahren kurz vor Ende des Dienstes nur wenige eine aktive Unterstützung durch die Einsatzstellen bei der Suche nach einer Folgebeschäftigung, sei es im ehrenamtlichen Bereich oder in hauptamtlichen Strukturen. Hier wird erkennbar, dass sich einige Einsatzstellen noch nicht auf die neue Klientel eingestellt haben. In den Jugendfreiwilligendiensten (JFD) stellt sich die Frage, wie es weitergeht – ähnlich wie beim ausgesetzten Zivildienst – in ganz anderer Form: Ein Großteil der jüngeren Freiwilligen, wie einst die „Zivis", beginnt im Anschluss eine Ausbildung oder ein Studium. Mit der Altersöffnung entsteht grundsätzlich eine Chance für die Einsatzstellen, Freiwillige durch attraktive Angebote langfristig zu binden, die allerdings bisher kaum genutzt wird.

Freiwillige, die 3.) den BFD als sinnstiftende Aufgabe – insbesondere im Ruhestand – ansehen, berichten in den Interviews größtenteils über positive Erfahrungen. Sie genießen es in doppelte Anführungszeichen setzen statt einfache und ihre Freizeit sinnvoll gestalten zu können. Der Spaß an der Tätigkeit ist meist eines der wichtigsten Motive. Quantitativ sind jedoch die wenigsten Freiwilligen, nämlich drei Prozent aus den Fokusgruppen und knapp zwei Prozent im Bundesdurchschnitt (siehe Abb. 1 und 2), dieser Gruppe zuzuordnen. Grundsätzlich könnte dieser Typus auch Personen umfassen, die im berufsfähigen Alter sind, durch ihren Ehepartner_in oder eigenes Vermögen finanziell abgesichert sind und sich als „Zeitvertreib" für einen BFD entscheiden. In unseren Fokusgruppen waren solche Teilnehmenden jedoch nicht vertreten und auch die Expert_inneninterviews deuten darauf hin, dass sich diese Personen nur sehr vereinzelt für das Format BFD mit seiner hohen Verbindlichkeit entscheiden.

Alle drei Freiwilligentypen berichten von Schwierigkeiten bei der Integration in die organisationalen Abläufe. Dies betrifft insbesondere den unklaren Status der Freiwilligen in den Organisationen und sich daran anschließende Fragen bezüglich der Teilnahme an Teambesprechungen oder Feiertags-, Wochenend- und Urlaubsregelungen. In den Fokusgruppen mit den U27-Freiwilligen werden diese Punkte nicht thematisiert.

5 Was bedeutet das für das Format der Freiwilligendienste?

Das große Interesse an den Freiwilligendiensten spricht grundsätzlich für eine gut etablierte Engagementkultur in Deutschland. Menschen aller Altersgruppen und sozialer Herkunft sind bereit, sich gegen ein Taschengeld für das Allgemeinwohl einzusetzen. Die gemeinsame Evaluation des Jugendfreiwilligendienste- und Bundesfreiwilligendienstgesetzes zeigt, dass die Überrepräsentation der Hochqualifizierten durch die Altersöffnung durchbrochen werden konnte: 43 % der Freiwilligen 27 + haben einen mittleren Schulabschluss, 20 % einen Hauptschulabschuss und 5 % keinen Abschluss.[4] Damit zeigt der BFD, dass sich auch Personen jenseits der klassischen Mittelschicht prinzipiell engagieren wollen. Diese doppelt geglückte Öffnung in Bezug auf Alter und soziale Herkunft ist aus demokratischen Gesichtspunkten erstrebens- und begrüßenswert.

Gleichzeitig kann jedoch die Frage gestellt werden, ob für die neue Zielgruppe das bisherige Konzept des Freiwilligendienstes als Moratorium tragfähig ist. Die Idee der (beruflichen) Orientierung in einem geschützten Raum taugt für ältere Freiwillige wohl oft nicht. Und auch die sozialisatorischen Effekte hinsichtlich Rollenverständnis, Verantwortungsgefühl und sozialem Engagement, die dem ehemaligen Zivildienst zugeschrieben wurden (BMFSFJ 2011, S. 171 ff.), dürften bei den älteren Freiwilligen geringe Bedeutung haben. Für die Zielgruppe 27 + ist eher die „Erfahrung sozialer Einbettung und Anerkennung als vollgültige Mitglieder der Gesellschaft" (Lempp 2013, S. 628) zentral. Sie „wollen gebraucht werden und Zeit sinnvoll einsetzen" (Huth 2013).

Damit ist die Ausgangssituation für jüngere und ältere Freiwillige zunächst eine grundlegend andere: Auf den jüngeren Teilnehmenden lastet ein zunehmender Druck, die komplexe und lange Übergangsphase ins Erwachsenenleben erfolgreich zu bewältigen. Motive wie persönliche Weiterentwicklung und berufliche Orientierung gewinnen zunehmend an Bedeutung (Huth 2013). Dies ist eine Entwicklung, die sich in anderen Engagementformen ebenfalls abzeichnet: „Ein besonderes Merkmal der Erwartungen junger Menschen an das freiwillige Engagement ist, dass dieses Engagement einen beruflichen Nutzen aufweisen und zum Qualifikationserwerb beitragen soll" (Deutscher Bundestag 2013, S. 238).

Die jugendlichen Freiwilligendienstleistenden stehen vor der Herausforderung, sich zwischen unzähligen Möglichkeiten richtig zu entscheiden (Lempp 2013, S. 620); sie wählen also den Dienst als eine Option unter vielen. Die älteren Freiwil-

---

[4] Im Vergleich haben bei den Jüngeren nur 0,5 % (FSJ) bzw. 1 % (FÖJ und BFD) keinen Abschluss und 10 % (FSJ) bzw. 8 % (FÖJ und BFD) einen Hauptschulabschluss. Alle anderen sind höher qualifiziert (Huth et al. 2013).

ligen dagegen wählen den Dienst mitunter aus Mangel an Alternativen. Sie ergreifen die eine Möglichkeit, die sich ihnen bietet – mit ungewisser Zielsetzung.

Für viele jugendliche Freiwillige werden also formale Kompetenz und Qualifizierungen in den Freiwilligendiensten zunehmend wichtig. Die Zielgruppe 27 + bedarf wohl vornehmlich einer guten individuellen Begleitung, bestätigender Rückmeldung in der alltäglichen Arbeit sowie Wertschätzung ihrer Person auf unterschiedlichen Ebenen – kurz, einer gelebten Anerkennungskultur sowohl in den Organisationen als auch in der Gesellschaft. Interessanterweise finden sich beide Aspekte, Qualifizierung im Engagement als auch Stärkung der Anerkennungskultur, im Koalitionsvertrag von CDU, CSU und SPD (CDU, CSU und SPD 2013, S. 112).

6 Ausblick

Dass ihr Freiwilligendienst gewürdigt wird, ist allen Altersgruppen wichtig. Die Art der Anerkennung, z. B. durch monetäre Kompensation, durch Zertifizierung von Kompetenzen oder durch persönliche Zuwendung im Alltag, hat aber offensichtlich einen unterschiedlichen Stellenwert bei den verschiedenen Freiwilligengenerationen.[5] Die Balance zwischen diesen unterschiedlichen Anforderungen zu finden, wird die Herausforderung der nächsten Jahre sein.

Für die Zielgruppe 27 + trägt die Ausgestaltung des Dienstes als Moratorium kaum und der Erwerb formaler Qualifikationen hat für sie meist eine nachgeordnete Bedeutung. Ihre Motivation, am BFD zu partizipieren, ist eine andere: Der Dienst bedeutet – zumindest für den beschriebenen Typ 2 und 3 – häufig eine Sinngebung und Strukturierung des Alltags, sei es im Ruhestand oder als Alternative zur Erwerbsarbeit.

Was also können die beteiligten Akteure für die neue Zielgruppe tun? An erster Stelle steht unserer Ansicht nach Transparenz. Es muss von Anfang an klar vermittelt werden, dass das primäre Ziel eines Freiwilligendienstes nicht der Einstieg in ein reguläres Beschäftigungsverhältnis sein kann. Denn auch für die älteren Teilnehmenden gilt: Freiwilligendienste sind Lernorte. Von daher muss von Beginn an auf eine gute Begleitung geachtet werden. Diese sollte anders strukturiert sein als herkömmliche Bildungsformate der JFD. Zentral sind fortlaufende Reflexionsmöglichkeiten und begleitende, individuelle Beratungselemente, ähnlich

---

[5] Vergleiche dazu auch die Erkenntnisse aus dem Projekt „Qualifizierung und Anreizsysteme für bürgerschaftliches Engagement" (Batarilo-Henschen et al. 2001).

wie wir sie aus dem Coaching kennen. Dabei sollte das Dienstende früh thematisiert werden, insbesondere, um eine anhaltende – jedoch grundlegend anders geartete – Kooperation anzusteuern. Dienststellen, die es schaffen, mit den Freiwilligen alternative Beteiligungsformen auszuloten, können unter Umständen mit kontinuierlichem Engagement rechnen.

Ein transparenter, auf Kooperation angelegter Umgang ist bei den 27 + Freiwilligen zudem von besonderer Bedeutung. Diese Gruppe bringt häufig wertvolle Arbeitserfahrung mit, muss den Dienst aber oft mit familiären Verpflichtungen in Einklang bringen – eine Anforderung, die sich jüngeren Freiwilligen nur selten stellt. Daher sind klare Absprachen beispielsweise bezüglich Arbeitszeiten sehr wichtig, um Konflikten vorzubeugen.

In Anbetracht des demografischen Wandels dürfte die neue Zielgruppe 27 + für die Freiwilligendienste zunehmend an Bedeutung gewinnen: Zwar gibt es derzeit noch mehr Interessent_innen als finanzierte Plätze, doch dies könnte sich künftig ändern. Die Zahl der Schulabgänger_innen wird in Deutschland deutlich sinken. Derzeit sind 8,6 Mio. Bundesbürger_innen zwischen 15 und 25 Jahre alt, also im Alter der klassischen JFD. 2015 werden es nur noch 8,2 Mio. sein, 2030 lediglich 6,9 Mio., also nur noch etwa 80 % von heute (Statistisches Bundesamt 2010).

Die Altersöffnung im BFD war daher ein folgerichtiger Schritt. Die ersten zwei Jahre konnten als Laboratorium genutzt werden, um Erfahrungen mit der neuen Zielgruppe zu sammeln. Nun gilt es, diese Erkenntnisse in tragfähige Konzepte umzusetzen und womöglich in naher Zukunft sogar auf andere Engagementformen zu übertragen. Im Zuge des demografischen Wandels dürften auch hier die Älteren zunehmend an Bedeutung gewinnen.

Literatur

Anheier, Helmut K., Annelie Beller, Rabea Haß, Georg Mildenberger, und Volker Then. 2012. *Ein Jahr Bundesfreiwilligendienst. Erste Erkenntnisse einer begleitenden Untersuchung.* Berlin: CSI & Hertie School of Governance.

Batarilo-Henschen, Katharina, Georg Mildenberger, und Stefan Tominski. 2011. Qualifizierung und Anreizsysteme für bürgerschaftliches Engagement. Projektbericht, Heidelberg: CSI.

Beller, Annelie, und Rabea Haß. 2013. Experiment Altersöffnung: Politische Ziele und nicht-intendierte Folgen – empirische Befunde aus der Pionierphase des Bundesfreiwilligendienstes. *Voluntaris Zeitschrift für Freiwilligendienste* 1/2013:52–74.

Bundesbeauftragter für den Zivildienst. 2010. Bericht des Bundesbeauftragten für den Zivildienst zum Prüfauftrag aus der Kabinettsklausur vom 7. Juni 2010, o. O.

Bundesministerium für Familie, Senioren Frauen und Jugend (BMFSFJ), Hrsg. 2011. Zivildienst als Sozialisationsinstanz für junge Männer, Abschlussbericht des Forschungsprojektes. Berlin.

Bundesministerium für wirtschaftliche Zusammenarbeit und Entwicklung (BMZ). 2011. Der entwicklungspolitische Freiwilligendienst „weltwärts", Band I: Hauptbericht. Bonn.

CDU, CSU und SPD. 2013. Deutschlands Zukunft gestalten. Koalitionsvertrag zwischen CDU, CSU und SPD 18. *Legislaturperiode*. Berlin. http://www.tagesschau.de/inland/koalitionsvertrag136.pdf. Zugegriffen: 9. Dez. 2013.

Deutscher Bundestag. 2012. Antwort der Bundesregierung auf die Kleine Anfrage der Abgeordneten Sabine Zimmermann, Jutta Krellmann, Diana Golze, weiterer Abgeordneter und der Fraktion DIE LINKE. Rechtswidrige Ein-Euro-Jobs. Drucksache 17/8083 vom 18. Jan. 2012.

Deutscher Bundestag. 2013. *Bericht über die Lebenssituation junger Menschen und die Leistungen der Kinder- und Jugendhilfe in Deutschland – 14. Kinder- und Jugendbericht – und Stellungnahme der Bundesregierung*. Drucksache 17/12200 vom 30. Jan. 2013.

Huth, Susanne. 2013. „*Motive und Erwartungen der Freiwilligen im Wandel.*" Präsentation auf der der Fachtagung „Freiwillig gestalten – erste Evaluationsergebnisse und aktuelle Entwicklungen der Freiwilligendienste", 18. Nov. 2013, Berlin.

Huth, Susanne, Dietrich Engels, und Elisabeth Aram. 2013. „*Präsentation erster Ergebnisse der Evaluation von Bundesfreiwilligendienst und Jugendfreiwilligendiensten.*" Präsentation auf der Fachtagung „Freiwillig gestalten – erste Evaluationsergebnisse und aktuelle Entwicklungen der Freiwilligendienste", 18. Nov. 2013, Berlin.

Jakob, Gisela. 2011. Freiwilligendienste. In *Handbuch bürgerschaftliches Engagement*, Hrsg. Thomas Olk und Birger Hartnuß, 185–201. Weinheim: Beltz Juventa

Jakob, Gisela. 2013. Freiwilligendienste zwischen Staat und Zivilgesellschaft. In betrifft: Bürgergesellschaft Nr. 40. Bonn: Friedrich-Ebert-Stiftung.

Lempp, Teresa. 2013. Freiwilligendienste und Zivildienst als Übergänge. In *Handbuch Übergänge*, Hrsg. Wolfgang Schröer, Barbara Stauber, Andreas Walther, Lothar Böhnisch, und Karl Lenz, 614–631. Weinheim: Beltz Juventa.

Statistisches Bundesamt. 2010. *Bevölkerung Deutschlands bis 2060–12. koordinierte Bevölkerungsvorausberechnung*. www.destatis.de/DE/ZahlenFakten/GesellschaftStaat/Bevoelkerung/Bevoelkerungsvorausberechnung/Bevoelkerungsvorausberechnung.html;jsessionid=598ECE51AB46FAFF6FD1CB0A8297B7D0.cae1. Zugegriffen: 23. Okt. 2013.

Annelie Beller M.A. ist seit 2013 Beraterin bei der gfa I public GmbH in Berlin. Vorher war sie als wissenschaftliche Mitarbeiterin am Centrum für soziale Investitionen und Innovationen (CSI) der Ruprecht-Karls-Universität Heidelberg tätig.

Rabea Haß M.A. ist Research Associate an der Hertie School of Governance in Berlin und wissenschaftliche Mitarbeiterin am Centrum für soziale Investitionen und Innovationen (CSI) der Ruprecht-Karls-Universität Heidelberg.

Dr. Georg Mildenberger leitet die Forschungsabteilung des Centrums für soziale Investitionen und Innovationen (CSI) der Ruprecht-Karls-Universität Heidelberg.

BFD Ü27 – Pädagogische Begleitung für „Fortgeschrittene"

Katrin Ventzke

Zusammenfassung

Mit der Einführung des Bundesfreiwilligendienstes (BFD) erfuhren die gesetzlich geregelten Freiwilligendienste aufgrund der Altersöffnung zahlenmäßig aber auch inhaltlich eine beachtliche Erweiterung an Gestaltungsmöglichkeiten, Entwicklungschancen aber auch Herausforderungen, die in ihrem Ausmaß erst beim Tun sichtbar wurden bzw. werden und in den nächsten Jahren über den Erfolg des Dienstes entscheiden. Wer sich (freiwillig) für andere engagiert, soll auch selbst dabei gewinnen. Pädagogische Begleitung und attraktive Bildungsangebote sind einerseits wichtig für das Gelingen des Dienstes und andererseits ein Teil von Anerkennungskultur. Gilt dieses Postulat auch für Lebensältere? Welche besondere Verantwortung haben Träger von Freiwilligendiensten, einen sehr stark der Erwerbsarbeitslogik folgenden Dienst so zu gestalten, dass die nötige Abgrenzung zu selbiger nachvollziehbar ist? Gelingt es, den BFD als Bürger_innenbildungsjahr zu etablieren und welche unterschiedlichen Anforderungen ergeben sich tatsächlich aufgrund der neuen Altersstruktur? Die Beschreibung von Aufbauprozessen im BFD soll verdeutlichen, welcher Sensibilität es hinsichtlich der pädagogischen Begleitung bedarf, damit Engagement als Ressource wachsen kann anstatt verbraucht zu werden.

K. Ventzke (✉)
PARITÄTISCHE Freiwilligendienste Sachsen, Dresden, Deutschland
E-Mail: ventzke@parisax-freiwilligendienste.de

© Springer Fachmedien Wiesbaden 2015   273
T. Bibisidis et al. (Hrsg.), *Zivil – Gesellschaft – Staat,*
Bürgergesellschaft und Demokratie 44, DOI 10.1007/978-3-658-05564-6_22

1 Einleitung

Lebenslanges Lernen – ob im beruflichen oder im Alltagskontext – überall passen sich Menschen an neue Anforderungen an und wer sich der stetigen Weiterbildung verschließt, droht abgehängt zu werden. Die Politik ist gefordert, den Boden für blühende Bildungslandschaften zu bereiten und hat in diesem Zusammenhang Freiwilligendienste als interessante Bildungsorte, zunächst für junge Menschen, entdeckt. Bleibt man in der Metapher, so kann man den BFD für Menschen jenseits des 27. Lebensjahres als ein junges Gartenprojekt beschreiben, welches eine Menge Gestaltungs- und Wachstumsmöglichkeiten bietet, durchaus mit Wildwuchs zu kämpfen hat und seine tatsächliche Verwurzelung in der Bildungslandschaft noch beweisen muss. Der Aufbauprozess zeigt die Stärken und Schwächen des Projekts und jede Gestaltungsentscheidung ist das Ergebnis eines Abwägens von Chancen und Risiken. Oft sind es einzelne Erfolge, die zur Fortsetzung motivieren.

Alle Kritiker_innen finden genügend Beispiele, die gegen einen Ausbau von Freiwilligendiensten für lebensältere Menschen sprechen. Bildungsinhalte, Bildungsteilnahme, persönliche Begleitung und letztlich auch der spürbare Mehrwert für Ältere geben noch kein überzeugendes Gesamtbild ab. Dennoch wurde durch den Mut zur Altersöffnung gesellschaftliches Engagement auf breitere Schultern verteilt. Die niedrigen Abbruchquoten älterer Menschen deuten darauf hin, dass sie in dem Dienst etwas finden, das zum Bleiben motiviert. Die Paritätische Freiwilligendienste Sachsen gGmbH, auf deren Praxis sich die folgenden Ausführungen beziehen, begleitet derzeit fast 500 Freiwillige in unterschiedlichen Dienstformen, die meisten davon im Freiwilligen Sozialen Jahr (FSJ). Seit 2005 wurde im Rahmen des Freiwilligendienstes aller Generationen (ehemals GÜF) mit der pädagogischen Begleitung älterer Menschen in einem Dienstformat begonnen. Aktuell leisten 124 Teilnehmer_innen einen BFD, davon mehr als 80 Menschen im Bereich Ü27.

2 Ideenwettbewerb für einen neuen Dienst

Die Ziele des BFD leiten sich aus den unterschiedlichen Erwartungen und Interessen der Akteure ab. Je besser diese in Übereinstimmung gebracht werden können, umso größer ist die Erfolgsaussicht des Dienstes. Bereits mit dem Prozess des Abgleichens persönlicher, gesellschaftlicher und einsatzspezifischer Ziele beginnt die pädagogische Begleitung. Grundsätzlich soll der BFD die Befähigung und Bereitschaft zum gesellschaftlichen Engagement stärken und Kompetenzen vermitteln.

Wer sich (freiwillig) für andere engagiert, gewinnt selbst dabei – so der Anspruch, der neben altruistischen Einstellungen bewusst auch andere Motive für freiwillige Arbeit anerkennt. Für einen Dienst gilt dies besonders, weil sich hier Menschen sehr zeitintensiv, verbindlich und vergleichsweise langfristig einbringen. Die Trägerorganisationen stehen im Gegenzug in der Verantwortung, einen sehr stark der Erwerbsarbeitslogik folgenden Dienst so zu gestalten, dass die nötige Abgrenzung nachvollziehbar ist. Ein Erwachsenenfreiwilligendienst sollte gesellschaftlich bzw. biografisch sinnvoll eingebettet werden. Auf der Suche nach Interessent_innen stellt man fest, dass ein Großteil der Menschen heute gefordert ist, deutlich länger, unter sich stetig verändernden Anforderungen und unter Zurückstellung familiärer oder persönlicher Interessen am Erwerbsleben teilzunehmen. Mangelnde Freiräume und hoher Anpassungsdruck steigern das Risiko von Burnout und Langzeiterkrankungen. Demgegenüber steht die große Anzahl derer, die von berufsbiografischen Brüchen und damit verbundener mangelnder Teilhabe betroffen sind.

Der BFD mit seinen Ressourcen und Freiräumen bietet für beide Gruppierungen Gestaltungspotenzial – im ersten Fall als ein Moratorium jenseits der Jugendphase, welches Entschleunigung und (Neu-) orientierung ermöglicht. Das bedeutet den BFD im Sinne eines sozialen Sabbatical zu gestalten. Die andere Ausrichtung wäre ein gezieltes Angebot für Arbeitslose. Wenn es gelänge, dass sich jene Menschen im Sinne eines Kompetenz-Engagements (Schulz 2010) wieder als Teil eines als wertvoll erlebten sozialen Netzes verstehen, wäre dies nicht nur eine Chance für mehr Bürgerbeteiligung, sondern auch eine wichtige Voraussetzung zum lebenslangen Lernen, insbesondere derer, die bisher weniger Zugang zu formeller oder informeller Bildung hatten. (Jungbauer-Gans 2011, S. 24). Ebenso kann die Begegnung ganz unterschiedlicher gesellschaftlicher Gruppen unter einem Bildungsdach als Chance verstanden werden, sich mit anderen Lebensentwürfen, -milieus und -perspektiven auseinandersetzen. Es bietet sich angesichts der unterschiedlichen Zielgruppen an, den BFD als einen der wenigen Begegnungsorte zu nutzen, um der vielbeschworenen Spaltung der Gesellschaft etwas entgegenzusetzen.

Die angerissenen Überlegungen zeigen Potenziale und Nebeneffekte eines Bürger_innenbildungsjahres, die sich umso schwerer entfalten, je stärker man sie einfordert. Pädagogische Begleitung versteht sich hier als eine Dienstleistung, die ermöglichend und prozessorientiert Impulse setzt.

Ganz praktisch nutzten wir die Einführung des BFD für drei konkrete Ziele hinsichtlich der Weiterentwicklung, nämlich für die Flexibilisierung von Freiwilligendiensten; die Ausweitung und neue Gewichtung von Bildungsinhalten und die Schaffung eines generationsübergreifenden Bildungsortes. Bereits vor der Einführung des BFD wurde deutlich, dass der übliche (Schuljahres-)rhythmus in den Freiwilligendiensten nicht allen Interessent_innen gerecht wurde. Die Kombination kürzerer Einsatzzeiten wurde genauso nachgefragt, wie flexible Start- und Abschlusstermine eines Dienstes. Dies war bisher nicht vereinbar mit dem Prinzip des sozialen Lernens in kontinuierlichen Seminargruppen, welches eine wichtige Grundlage in der pädagogischen Begleitung von Jugendgruppen darstellt. Eine veränderte Bildungskonzeption sollte Flexibilisierungen ermöglichen, die dennoch Einführung, Begleitung und Abschluss sicherstellen. Die Auswahl von Bildungsinhalten in Anbetracht der nahezu unbegrenzten Möglichkeiten fällt deshalb schwer, weil jedes Wählen gleichzeitig auch ein Abwählen anderer wichtiger Aspekte bedeutet.

Die Jugendfreiwilligendienste konzentrieren sich thematisch stark auf die Orientierungszeit zwischen Schule und Ausbildung. In Erweiterung dazu sollte das BFD-Bildungsprogramm mehr Fach- und gesellschaftspolitische Themen berücksichtigen und einen deutlicheren Bezug zur Beschäftigung in der Einsatzstelle herstellen. Darüber hinaus wollen wir Freiwilligen viele Wahlmöglichkeiten einräumen, aus denen sie ähnlich einer Menükarte das für sie Passende zusammenstellen können. Von diesem neuen Konzept sollten jüngere wie ältere profitieren. Die Begegnung der Generationen und das gemeinsame Arbeiten an Themen fördern das Verstehen anderer Perspektiven und das respektvolle Miteinander. Durch die gemeinsame pädagogische Begleitung aller BFD-Freiwilligen gewinnen Jüngere auch dadurch, weil sie zwischen der Bildung in Jugendgruppen und einem generationsverbindenden Fortbildungsangebot wählen können.

3 Interessent_innen und Interessen

Der Blick auf die Zahlen zeigt, dass sich Lebensältere vorrangig in den östlichen Bundesländern im Rahmen des BFD engagieren, ihr Anteil übersteigt dort überall prozentual den Anteil der jüngeren Teilnehmenden. Auch die absoluten Zahlen machen deutlich, dass der BFD Ü27 (bisher) ein „Ostphänomen" ist. Von insgesamt 14.854 Teilnehmenden Ü27 leisteten am 13.6.2013 genau 11.000 ihren Dienst in den neuen Ländern. Der überwiegende Anteil befindet sich im erwerbsfähigen Alter, darunter sehr viele, die im Hartz IV-Bezug stehen, d. h. eigentlich bezahlte Arbeit suchen (müssten). In Sachsen ist die Anzahl der Bundesfreiwilligen bezogen auf die Bevölkerung sogar dreimal so hoch wie im Bundesdurchschnitt. (Vgl. Drucksache 17/13797)

Erste qualitative Untersuchungsergebnisse haben drei idealtypische Motive von Freiwilligen Ü27 herausgearbeitet, nämlich Freiwillige, die den BFD als Qualifizierung betrachten, Freiwillige, die den BFD als Alternative zur Erwerbsarbeit bzw.

Maßnahme der Agentur für Arbeit wahrnehmen und Freiwillige, die den BFD aufgrund seiner sinnstiftenden Wirkung ableisten. Die Autorinnen der Studie empfehlen
dringend, die Bildungskomponente im BFD stärker zu verankern, ein vergleichbares
Bildungsangebot für die Zielgruppen anzubieten und mit Blick auf Bildungsinteressen jenseits der klassisch engagierten Mittelschicht zu berücksichtigen, dass es
sich bei vielen Teilnehmenden nicht um eine Übergangsphase handelt. (Beller und
Haß 2013)

In der Praxis erfolgt die Ansprache von Freiwilligen weniger spezifisch, vielmehr
richtet sie sich an alle Volljährigen, die in der Verknüpfung von Bildungsangeboten
und Engagement für sich einen Gewinn sehen. Den BFD als Alternative zur Erwerbsarbeit anzuerkennen führt zu einem Dilemma. Einerseits bedeutet es, die Interessen
und Bedürfnisse einer vorhandenen Zielgruppe ernst zu nehmen und für sie alternative Wege zu öffnen. Diese Menschen haben über Jahre erlebt, keinen Platz in
der Arbeitswelt zu finden. Der damit verbundene Ausschluss vieler Anerkennungs-,
Weiterbildungs- und Lebensqualitätschancen führt zu einem hohen Maß an Fru-
stration bzw. Resignation. Andererseits sind Freiwilligendienste kein Ersatz für
Arbeitsangebote und unlösbare Widersprüche sind vorprogrammiert. Sie beginnen
damit, dass man von einem Taschengeld nicht leben kann und weiter auf staatliche Unterstützung mit allen damit verbundenen Konsequenzen (Hartz IV-Logik)
angewiesen ist. Der BFD kann Ursachen und Folgen von Langzeitarbeitslosigkeit
nicht aufheben. Aber er kann Brücken bauen, aus einem Kreislauf fortwährender
Misserfolgserlebnisse auszusteigen. Ein BFD in dessen Folge Selbstwirksamkeit
erfahren, Anerkennung und Zugehörigkeit vermittelt und Bildung ermöglicht wird,
ist sowohl individuell als auch gesellschaftlich ein großer Gewinn.

Ähnliches gilt für Qualifizierungsangebote. Es scheint naheliegend und sinnvoll,
die Bildungsangebote im BFD so zu gestalten, dass am Ende für die Freiwilligen
verwertbare Abschlüsse erworben werden. Allerdings schwächt die Vermischung
von Qualifizierung und Engagement den Charakter von Freiraum, Orientierung
und Besinnung auf Werte jenseits der Leistungsgesellschaft. Es liegt in der Trä-
gerverantwortung, Freiwilligen, die in erster Linie berufliche Qualifizierung bzw.
Zuverdienstmöglichkeiten suchen, die realistischen Chancen und Grenzen eines
Freiwilligeneinsatzes aufzuzeigen.

4 Bildung – Lust oder Last?

Wann haben Sie sich das letzte Mal Zeit genommen, ein anspruchsvolles Buch zu
lesen, einen Fachvortrag zu hören, ein Seminar zu besuchen oder eines Ihrer Talen-
te zu pflegen? Lebenslanges Lernen braucht intrinsische Motivation, Freiraum und

Anregung. Aspekte, die durchaus Freiwilligendienste kennzeichnen. Die „Paketlö-
sung" Freiwilligendienst als Verknüpfung von Engagement und Bildung entfaltet
jedoch auch „Nebenwirkungen".

Bildung und pädagogische Begleitung sind im Freiwilligendienst keine Option,
sondern ein Pflichtbestandteil seit sie 1964 als eine besondere Form des bürgerschaftlichen Engagements gesetzlich verankert wurden. Gesetzesnovellierungen in
den Jugendfreiwilligendiensten haben diesen Aspekt noch fokussiert. Mit der Einführung des BFD wurde dieses Prinzip wie selbstverständlich auf alle Altersgruppen
übertragen.

Als ich 2001 meine Tätigkeit als FSJ-Referentin aufnahm, freute ich mich auf Ju-
gendbildungsarbeit, die großen Freiraum bot. Ich war auf Vieles vorbereitet, jedoch
nicht auf den Widerstand einer Gruppe, die hochmotiviert für die praktische Tätigkeit
den Sinn und die Notwendigkeit von Seminaren in Frage stellte. Die Ausführungen,
Bildung als wertvolles Angebot zur persönlichen Entwicklung zu verstehen, waren
keine hinreichende Begründung für deren notwendige Kombination mit Engagement. Gleichwohl ich Jahrgang für Jahrgang erlebte, wie wertvoll die besondere
Verknüpfung non-formalen und informellen Lernens auf junge Menschen wirkte,
galt es die Bildungsangebote (oder auch „-zumutungen") besonders gut im Vorfeld
zu kommunizieren und ggf. zu akzeptieren, dass Freiwillige Seminare auch als
störende Unterbrechung und Diskontinuität ihrer informellen Lernprozesse in den
Einrichtungen betrachten konnten. Das heißt: Die Einschränkung von Freiwilligkeit
bezüglich der Teilnahme an Bildung war von jeher problematisch. Nach anfängli-
cher Unsicherheit schreibt die inzwischen in Kraft getretene Rahmenrichtlinie zur
pädagogischen Begleitung des BFD trotz gleicher Zielstellung(!) für Lebensältere
anstelle von 25 begleitenden Bildungstagen mindestens einen Tag pro Dienstmonat
sowie die optionale Teilnahme an einem Seminar der politischen Bildung vor. Es
liegt nahe, dass diese Minderzahl von Bildungstagen ein Kompromiss der Praxis ist.
Einerseits wollte man keine zusätzlichen Hürden schaffen, z. B. für Menschen, die
aufgrund ihrer Lebenssituation (Betreuung von Kindern, Angehörigen) nur schwer
teilnehmen können. Andererseits benötigt es erst einmal ein attraktives Angebot
für ältere Freiwillige. Es braucht eine Menge Mut, Überzeugungskraft und einen
visionären Blick, im Zuge des lebenslangen Lernens die Bildungsbereitschaft von
allen Altersgruppen gleichermaßen zu fördern und zu fordern.

Im Wesentlichen geht es im Rahmen der pädagogischen Begleitung von Freiwilligen darum, dass Menschen anders aus dem Dienst gehen, als sie hinein
gegangen sind. Sei es durch den Gewinn neuen Wissens, anderer Perspektiven oder
persönlicher Stärkung. Will man den BFD als Bürger_innenbildungsjahr mit gesellschaftlichen Zielstellungen bzw. als Angebot der Erwachsenenbildung etablieren,
ist eine grundsätzliche Offenheit der Teilnehmenden gegenüber dem pädagogischen

Konzept unablässig. Die öffentlichen Werbestrategien haben sich 2011 vorrangig auf den Engagementaspekt gestützt, der nicht zwangsläufig mit Bildung assoziiert wird. Es ist daher notwendig, ausführlich und deutlich gegenüber allen Akteuren die Bildungsintention des BFD zu kommunizieren. Inzwischen wird mit der Vertragsunterzeichnung sowohl die Engagement- wie auch Bildungsbereitschaft vereinbart. Die Akzeptanz und Qualität der pädagogischen Begleitung steigt, wenn für Freiwillige Spielräume zur Selbstverantwortung hinsichtlich der Teilnahme und Wahl der Bildungsangebote bestehen. Pädagog_innen bewegen sich diesbezüglich nach wie vor in einem Spannungsfeld. Die derzeitige Förder- und Kontrolllogik droht jedoch Gestaltungsspielräume zu schließen, noch bevor attraktive Konzepte reifen konnten. Bildung allein am Zählen besuchter Bildungstage zu messen, wird der Bildungsinvestition BFD nicht gerecht.

5 Themenwahl – vielfältig, aber nicht beliebig

Das Abwägen von Inhalten sowie die Gestaltung der Bildung und pädagogischen Begleitung lassen sich mit Hilfe eines Werte- und Entwicklungsquadrates (Schulz von Thun 1989) verdeutlichen:

Die Bildungsangebote sollten möglichst offen, frei wählbar und vielfältig gehalten sein, damit sie im Sinne einer Ermöglichung und ansprechenden Einladung zu Bildung wirken. Im positiven Spannungsverhältnis dazu steht die Vorgabe eines Bildungsprogramms, welches Orientierung und eine konkrete Umsetzbarkeit ermöglicht. Bei fehlenden Kriterien kann Offenheit in Beliebigkeit abgleiten, so dass nahezu jedes informelle Setting als Bildungsbeitrag interpretiert werden kann.

Der Bildungsoffenheit diametral entgegen steht in Freiwilligendiensten die Instrumentalisierung. Sie tritt ein wenn anstelle allgemeiner Bildung und Förderung von Engagement andere Zwecke im Vordergrund stehen, z. B. Eingliederungshilfen. Die Schwierigkeit ist die Herstellung einer Balance und die Erkennbarkeit eines „roten Fadens". Das Konzept der Paritätischen Freiwilligendienste gGmbH will fachliche Weiterbildungen ermöglichen, die Persönlichkeit stärken und Lust darauf machen, sich für die Belange des Gemeinwesens zu engagieren. Die entsprechenden Angebote wurden zur besseren Orientierung nach Themenbereichen sortiert und können nach einem Baukastensystem individuell zusammengestellt werden. Unterstützung bei der Auswahl erhalten die Freiwilligen durch eine umfassende Einführung und bei Bedarf eine persönliche Beratung.

1. Fachspezifische Kompetenzen

Dieser Baustein ergänzt das informelle Lernen in den jeweiligen Einrichtungen mit theoretischen Kenntnissen, Grundlagen und Fachhintergründen und soll eine Verbindung zwischen Theorie und Praxis herstellen. Er dient direkt der fachlichen Weiterbildung und kann die berufliche (Neu-) Orientierung unterstützen.

2. Persönliche und zivilgesellschaftliche Kompetenzen

Die Freiräume im BFD sollen Zeit und Raum für die persönliche Entwicklung, die Pflege von Talenten und das Ausprobieren in neuen Bereichen geben. Dazu wird ein Mix aus frei wählbaren Einzelbildungstagen vorgeschlagen, die durch den Träger selbst, seine Kooperationspartner oder vom Freiwilligen ausgesuchte Bildungsträger angeboten werden. Sie dienen der Förderung der Persönlichkeit und Stärkung der Rolle als aktive Bürgerin bzw. aktiver Bürger.

3. Fachwissen für weiterführendes Engagement

Viele Vereine suchen Nachwuchs für die Mitgestaltung ihrer Vereinsarbeit. Darauf soll dieser Themenbereich vorbereiten, z. B. durch Unterweisung im Vereinsrecht und Vorstandsarbeit, Leitung und Moderation von Gruppen, Projektfinanzierung und Techniken der Öffentlichkeitsarbeit.

Für die freie Wahl von Bildungsangeboten wird derzeit noch ein Kriterienkatalog diskutiert, mit dessen Hilfe die Freiwilligen über die Spielräume zur Auswahl unterrichtet werden. Praxisfragen sind hier besonders vielfältig, z. B. ob Sportkurse, Teilnahme an Selbsthilfegruppen, religiöse Gruppenarbeit usw. als Bildungszeit im Sinne der Begleitangebote zu betrachten (und förderfähig) sind. Mit dem Gewinn an Vielfalt ist im Gegenzug immer die Gefahr verbunden, ein wenig fass- und beschreibbares Bildungsprofil für den BFD zu etablieren.

6 Begleitung als „Handreichung" für Bildung

Entsprechend der Zielstellung reicht es nicht, Bildungstage zu organisieren und zur Teilnahme zu motivieren. Stattdessen braucht es ein abgestimmtes Zusammenspiel der Bildungs- und Begleitbausteine und eine sinnvolle Ergänzung der Praxiserfahrung. Verpflichtend festgelegt ist die Teilnahme am Einführungstag, weil dieser Grundlagenwissen zum Dienst vermittelt. Ebenso ist der Besuch von mindestens einem thematischen Praxisreflexionstag festgelegt. Themen können beispielsweise der Umgang mit Nähe und Distanz in der sozialen Arbeit oder die Stellung der Freiwilligen im Team sein. Angeboten werden diese Tage meist in Kombination mit dem Besuch z. B. eines Museums oder der Hospitation in einer regionalen sozialen Einrichtung. Alle anderen Veranstaltungen erscheinen in einem Programm, mit dessen Hilfe die Auswahl und Anmeldung vorgenommen wird. Den Einsatzstellen ist das Bildungsprogramm bekannt. Die persönliche Begleitung erfolgt arbeitsteilig durch Praxisanleiter_innen vor Ort und fest zugeordnete Referent_innen beim Träger. Wichtig ist die Schulung und Unterstützung der Anleiter_innen in ihren Aufgaben. Wenn Freiwillige die Bildungs- und Begleitangebote als stimmige Abfolge und Ergänzung ihres Dienstes erleben, steigt die Akzeptanz des BFD als Bildungsjahr. In Tab. 1 werden die verschiedenen Phasen der Bildungs- und Begleitangebote im BFD zusammengefasst.

Die konkrete Begleitung unterscheidet sich für ältere Menschen weniger in der Wahl der Methoden bzw. didaktischen Prinzipien. Es braucht eine andere Aufmerksamkeit, Ängste wahrzunehmen und Anknüpfungen an bisherige Lebenserfahrungen herzustellen.

Eine große Herausforderung stellte bisher die Überwindung der (Bildungs-)vorbehalte derer dar, die sich von Bildung keine Verbesserung ihrer Lebenssituation versprechen, bzw. mit dem Wert Bildung an sich wenig anfangen können. Hier geht es nicht nur darum, dass diese Menschen schon lange keine formalen Bildungserlebnisse mehr als Gewinn erlebt haben, sondern vielmehr insgesamt ihre Lebenssituationen als wenig erfolgreich einschätzen. Auf diese „Verliererspirale" angemessen zu reagieren, sie ernst zu nehmen ohne mit „schnellen Lösungen" aufzuwarten, erfordert eine hohe Sensibilität sowie eine kritische Auseinandersetzung. In diesem Zusammenhang zeigen sich auch die Grenzen von gesellschaftlichen Engagementerwartungen an Menschen, die selbst über keine gute Absicherung verfügen. Wenn der BFD hier Zugänge ermöglichen soll, braucht es entsprechende Begleit- und Bildungsangebote. Der BFD ist kein Garant für ungeahnte Bildungserfolge, aber seine Bildungsangebote, verbunden mit dem ernsthaften Interesse am

Tab. 1 Phasen der Bildungs- und Begleitangebote im BFD

	1) Vorbereitungs-phase	2) Einstieg	3) Einarbeitungs-phase	4) Hauptphase	5) Abschluss
Ange-bote des Trä-gers	Orientierungs - und Bewer-bungsgespräche in Zusammen-arbeit von Einrichtung und Trägerorgani-sation	Einführung Herstel-lung eines persön-lichen Kontaktes	Individuelle Kontakte nach Bedarf	Einsatzstellen besuch durch die/den zustän-dige/n Referent_in	Verabschie-dung auf dem letzten Bildungstag, Zeugnis und Zertifikats-übergabe
Ange-bote der Ein-rich-tung en	Bewerbungs-gespräch, ggf. Probearbeiten	Begrüßung und Einfüh-rung	Einarbeitung, regel-mäßige Reflexionsges präche mit dem/ der Mentor_in	Einarbeitung, regelmäßige Reflexionsge-spräche mit dem/ der Mentor_in	Würdiger Abschluss, Gespräch, Auswertung, Abschied
Bil-dungs-tage		Einführungs-tag	Regelmäßiger Besuch von Bildungstagen nach persönlicher Anmeldung: Ein thematischer Praxisaustauschtag in Regionalgruppe (Pflichtteilnahme) Wahlpflichtmodule (ca. sechs Bildungstage zu einem Fachbereich in flexibler Reihenfolge) Einzelbildungstage, Seminarangebote (dreitägige Seminare im Bereich persönlicher Kompetenzen, Möglichkeit zur Teilnahme am Seminar der politischen Bildung)		

einzelnen Menschen, hinterlassen mit Sicherheit Wirkungen für ihn selbst und das gesellschaftliche Miteinander.

7   Fazit

Den BFD müssen wir uns als Zivilgesellschaft leisten können und wollen, ohne ihn auf seine Verwertbarkeit zu reduzieren. Pädagogische Begleitung begründet sich nicht aus einer Bedürftigkeit der Engagierten, sondern sie versteht sich als wertschätzende Hinwendung zu Menschen. In einer Zeit in welcher wir zunehmend länger leben und arbeiten, ist es gut, Inseln zu schaffen, die Rückbesinnung und

Freiräume zulassen. Daher profitieren Freiwillige Ü27 – ebenso wie Jüngere – von anspruchsvollen Bildungs- und Begleitungsangeboten.

Wer einen Garten anlegt, braucht Geduld und denkt langfristig. Das Gras wächst nicht schneller, wenn man daran zieht. Die Wirkung eines solchen Projektes entfaltet sich oft erst nach Jahrzehnten in ihrer ganzen Größe. Wir dürfen daher gespannt sein!

Literatur

Antwort der Bundesregierung auf die Kleine Anfrage von Harald Koch, Diana Golze, Matthias W. Birkenwald, weiterer Abgeordneter der Fraktion DIE LINKE. Drucksache 17/13797.

Beller, Annelie, und Rabea Haß. 2013. Experiment Altersöffnung: Politische Ziele und nicht-intendierte Folgen – empirische Befunde aus der Pionierphase des Bundesfreiwilligendienstes. *Voluntaris* 1 (1/2013): 51–73.

Jungbauer-Gans, Monika. 2011. Sozialkapital – Ein Konzept wird befragt. In *Erwachsenenbildung und Sozialkapital*, Hrsg. Stefan Vater, Wolfgang Kellner, und Wolfgang Jütte. Berlin: LIT.

Schulz, Rosine. 2010. *Kompetenz-Engagement. Ein Weg zur Integration Arbeitsloser in die Gesellschaft*. Wiesbaden: Springer.

Schulz von Thun, Friedemann. 1989. *Miteinander reden 2. Stile, Werte und Persönlichkeitsentwicklung*. Hamburg: Rowohlt.

Katrin Ventzke   arbeitet als Bereichsleiterin Freiwilligenprojekte bei Paritätische Freiwilligendienste Sachsen gGmbH.